荆楚风华

天门传

本书编写组 著

海南出版社
·海口·

外文出版社
FOREIGN LANGUAGES PRESS

图书在版编目（CIP）数据

荆楚风华：天门传 / 本书编写组著. -- 海口：海南出版社；北京：外文出版社，2025. 2. -- （一带一路，万水千山）. -- ISBN 978-7-5730-2317-9

Ⅰ. K296.34-53

中国国家版本馆 CIP 数据核字第 2024GP2346 号

荆楚风华：天门传
JINGCHU FENGHUA: TIANMEN ZHUAN

作　　者：本书编写组

责任编辑：刘长娥

特约编辑：蔡莉莉

责任印制：郄亚喃

印刷装订：天津联城印刷有限公司

读者服务：张西贝佳

海南出版社　外文出版社联合出版

海南出版社：

总社地址：海口市金盘开发区建设三横路 2 号

邮　　编：570216

北京地址：北京市朝阳区黄厂路 3 号院 7 号楼 101 室

电　　话：0898-66812392　　010-87336670

电子邮箱：hnbook@263.net

外文出版社：

地　　址：北京市西城区百万庄大街 24 号

邮　　编：100037

网　　址：http://www.flp.com.cn

电子邮箱：flp@cipg.org.cn

电　　话：010-68320579　　010-68996167

经　　销：全国新华书店

版　　次：2025 年 2 月第 1 版

印　　次：2025 年 2 月第 1 次印刷

开　　本：710 mm×1 000 mm　1/16

印　　张：29.5

字　　数：360 千字

书　　号：ISBN 978-7-5730-2317-9

定　　价：158.00 元

《荆楚风华：天门传》编委会

出版顾问： 刘传铭

总　策　划： 陆彩荣　纪道清　肖　敏

执行策划： 从进军　李义军

主　　编： 萧孔斌　戴建华

撰　稿　人（按姓氏笔画排序）：

李国仿　杨运灿　肖新国

张福祥　范齐家　萧孔斌

鲁鸣皋　童正祥　裴治国

统　　筹： 张　芬

序一

　　"天门"是个响亮的名字，故以此名山者众矣，如湖南、安徽、北京等地皆有天门山。

　　唐诗《望天门山》——"天门中断楚江开，碧水东流至此回"唱出了吞吐古今的最高音，也将"天门"那山水之开合、人文之隽永、诗思之绵长，抒写到了极致。

　　都知道李白此诗系吟咏安徽芜湖境内的东西梁山，而我却固执地以为李白是为古之竟陵的天门山而歌。历史上一定是什么地方出了错，我真想跳入皖江，寻着捉月而逝的诗人问一问，你为什么要将天门的"汉江""皖江"之谜留给后人？无论如何说，今天以"天门"为城市命名非竟陵一地莫属。

　　我和天门市结缘起于三年前为"一带一路，万水千山"书系之《天门传》组稿的工作，在戴建华、李义军二位天门人的陪同下首赴天门市，并结识了萧孔斌先生等天门的众文友。座谈时，他们对家乡的一往情深溢于言表，对天门市前世今生的熟悉与解读更让我相信

《天门传》会是天门市一张坦然示人的新名片，一部"打开天门观天下，世界聚焦看天门"的好书。

诚如"鄂菜"以"蒸"见特色。"蒸者"，"真"也，书中真味以待读者慢慢品评。

中国文化有雅俗两条线。一是琴棋书画诗酒花，二是柴米油盐酱醋茶。其中尤以"茶"字最意味深长。《天门传》中对故乡人"茶圣"陆羽有浓墨重彩的描述亦属应有之义。从这一片神奇的雅俗通吃的树叶出发，从天门市这一座小中见大的城市出发，去领略荆楚风华、神州万象，这将是读者诸君的收获，也是作者的殷殷期待。

是为序。

刘传铭

甲辰冬月记于沪上鹤栖楼

序二　生斯长斯，吾爱吾庐

　　"露从今夜白，月是故乡明"，这是诗人杜甫的诗句，妇孺熟知，也道出了天涯倦客、漂泊游子永恒不逝的乡愁。每当月明之夜，不管我离开故土有多远，都会情不自禁地想起家乡的明月与亲人。

　　我的家乡在天门。童年与少年都在那里度过。

　　我出生在江汉平原鱼米之乡，儿时的记忆有乡村少年的天真与快乐，也有挂在天上的那一轮明月。我的出身当是根正苗红，曾祖父曾是中共天门早期革命者，听爷爷说，他是红军，任粮食委员，管着革命队伍的吃穿用度和武装支配。后因叛徒告密，壮烈牺牲。父亲早年参军入伍，驻守边疆，保家卫国，红色基因赓续。曾祖母、祖母于我，隔代犹亲。无论功课好坏，无论闯祸顽皮，在她们眼中，都是孙儿之个性，一力包容祖护。而母亲则兼有严父慈母之两重责任。节衣缩食，课儿读书，教儿做人。有过必罚，不留情面。但对儿子充满信心，充满希望。常记起门前绿油油的菜园和蜿蜒小路，每次远行，年轻时的母亲，必送至长途车处；年老时的母亲，必站在湾头小桥上，目送我从她视野中消失，送我走向远方。儿行千里母担忧。

少年时虽无鲜衣怒马但也不负韶华。正是家乡的沃土、亲人的品德和关爱，滋养着我，给了我力量和勇气，也让我独享那份安宁，那份宁静。

自十七岁离家求学，半生漂泊，天南地北，好像能处处无家处处家，但随着年岁的增长，对生于斯、长于斯的家乡，那份不计回报又无缘无故的爱却愈发强烈。

如今的天门，早已换了人间，那里已是一片宁静祥和、神奇而美丽的天下。

早在唐代，家乡诗人皮日休就曾有《天门夕照》诗：

> 落霞如绮绚晴空，坐看天门欲下舂。
> 十里孤峰层汉碧，数家残照半江红。
> 荒村市暝人归牧，远浦沙明水宿鸿。
> ············

好一个神仙之境，好一个烟火人家。

当然，我更喜欢熊召政先生在《水墨江南》中的文字：

> 水墨江南，是我最为心仪的画轴。峰峦中的涧水、烟树里的人家、晨炊上的鸟啼、落日下的橹声，匐匍在蛰气上的春梦无痕、浮漾于绵雨中的秋叶满山，或宁静、或喧闹、或尺幅玲珑、或无远弗届。我心中的江南，永远是一幅常读常新的水墨。

熊先生写的是千岛湖之景，我虽没有先生的彩笔，但相信先生也不会介意，让我拿来形容我的家乡之美。

我的家乡就是一幅常读常新的水墨画。

天门，古时亦称竟陵，地处江汉平原，天门山耸立中央，绵延二十余里，是江汉之屏障。天门形胜而险要，地阔而天高。北望京山，南瞰沔水，东接汉川，西阻大江。其地山峦隽秀，河流纵横，湖泊密布，物产丰饶，素有鱼米之乡之美誉。

江山如此多娇，风景这边独好。

真可谓："不羡黄金罍，不羡白玉杯。不羡朝入省，不羡暮登台。千羡万羡西江水，曾向竟陵城下来。"（陆羽《六羡歌》）

这里有"20世纪中国百项考古大发现"之一的石家河遗址。先后出土各类文物数万件，又以"中华第一凤"之玉凤惊艳考古界。石家河文化，西进三峡，北到上蔡、西平一带，东抵大别山麓，南至洞庭湖畔，影响深远，与良渚、大汶口、红山、仰韶诸文化一起，编织了一幅新石器时代多彩的文明画卷。

这里是茶圣陆羽的故里，世界茶文化之发源地，中国茶文化之乡。唐之陆羽一生坎坷，不事生计，而嗜茶成癖，精于茶道，著有《茶经》三篇，影响至今。茶与茶文化，经汉水入长江、赴大海。或辗转北上，过河西走廊，或入蒙古、进俄国，融入驼铃清脆的商队。北上南下，随海陆丝绸之路和万里茶道，奔赴世界。今天的天门人仍遵循茶圣的方法，种茶，制茶，烹茶，品茶，也拥有了走向世界的品牌。

这里是中国内陆最大的侨乡，有"内陆侨都"之称。八万华侨，遍布海外四十四个国家与地区。炎黄子孙一体，侨在四海，梦在故乡。

这里是状元的摇篮，自古就有"状元之乡"之美誉。明清两朝共有进士、举人 468 人。明时就有"一巷两尚书""前面一天官，座后一祭酒"之美称。文化厚重，文脉深远，至今还泽及天门学子。

这里还是曲艺之乡。人未散，曲未终。余音绕梁，弦歌不绝。

这里也是蒸菜之乡。无菜不蒸，无蒸不宴。

…………

自 1981 年离开家乡，在邮政行业深耕近四十年，其间，从事报刊图书发行，知识文化传播，致力于邮政与文化结合，以期使邮政融入文化产业大发展之中。

明哲兄在出版界，享有盛名，是我多年好友，他与传铭先生策划之"丝路百城"系列丛书，风行海内外，影响远大。作为天门人，有责任把天门推荐进去，列入出版计划，搭乘"一带一路"之东风，走向世界。蒙二位之允可，得到外文局陆彩荣副局长之支持，三年前，便着手《天门传》的策划，与天门作家商讨创作方案。好事多磨，后来明哲兄转去海南出版社，又推出"一带一路，万水千山"系列，书随人转，也就将《天门传》纳入其中，而后更上层楼，此项目增补为"十四五"国家重点出版物出版规划项目。天门也被赋予了新的意义。

"一带一路，万水千山"是中西文化文明交流传播、邦国拓展、民族融合之路，是西方探秘中国、解码东方之路，也是我们反躬自问之路、回家之路。一条条江河，一座座高山，一条条古道，一座座城市之沧与桑、盛与衰，风物与人文，飞扬与落寞，美丽与风流，都将通过我们的笔墨，走向世界。

我把传铭先生在"丝路百城总序"的文字化改到《天门传》创作之中：天门市的前世今生，天际线风景，盛衰之变，躁动与激情，风物淳美与人文精彩，悲欢离合，内动力发掘与外开拓展望，往事与沉思，魅惑和绝世风华……《天门传》都有精彩的叙说与描绘。

东坡有云："人生到处知何似，应似飞鸿踏雪泥。"尽管我们的心态还年轻，但，我们正在老去。在有限之生命里，为永恒的家乡尽力，为家乡融入世界大潮，吾之愿也。

《淮南子》曰："乘众人之智，则无不任也。"今《天门传》如期而圆满，唯有感动与感激。一谢天门市领导的支持与指导，二谢著作团队的生花妙笔，三谢义军等企业家的热忱与襄助。

谢谢所有为本书出版尽心尽力的人们。

本书最终书名——《荆楚风华：天门传》是明哲兄的手笔，由外文出版社与海南出版社联合出版。看到典雅厚重的书稿，明哲兄让我写几句话，冠于书前，我欣然应约，不仅荣幸之至，也是情之所系，容不得怵惕怠慢。

呜呼！"知我者，谓我心忧，不知我者，谓我何求。"我的余生，当与天门共频。

如果没有天门，荆楚将黯然失色，丝路或失了来路。因为有了天门，荆楚风华万种，华夏方显源远流长。

平安，天佑天门。

平安，我的家乡。

戴建华

谨识于二〇二四年国庆节中

引　子

　　北纬 30° 是一条神秘而又奇特的纬线，贯穿世界四大文明古国。湖北省天门市位于北纬 30° 22'30"—30° 52'30"，东经 112° 33'45"—113° 26'15" 之间，正处于这一拥有灿烂文明的地带。天门因陆羽，因《茶经》，因茶路，与丝绸之路看似貌离，实则神合，彼此之间缠绵千年。

　　天门大开，大开天门。

　　千百年来，在中国这片古老的土地上，人们始终向往着美好的生活境界，总以为在远离尘寰的广袤空间，有一个神仙居住的美妙"天堂"，并世世代代寻觅着通往仙境的"天堂"之门。殊不知，人间自古有天门！

　　当你饶有兴趣地翻开"千湖之省"湖北的版图时，你就会发现天门这个美妙的地方。此时此刻，一种不可名状的冲动或许会涌入你的心头，诱发你欲来探访、领略天门魅力的浓郁之情。

　　天门，居大洪山之余脉，倚汉水之臂腕，有如一块硕大无朋的绿色宝石，镶嵌在锦绣辽阔的江汉平原上。这天堂之门，堪称物华天宝，人杰地灵。人们羡慕她富甲江汉，名倾荆楚，人们更敬佩她自古就是英雄迭出、人文荟萃的地方。勤劳智慧的天门人民，不仅用自己的双手创造了丰富多彩的物质财富，而且培育了一朵朵绚丽的精神文明之花，把天门装点成秀山丽水、花团锦簇的宝地。你也许知道，今日的天门，是以悠久灿烂的文化在全国屡夺魁首的"文化之乡"，是以九种蒸法闻名的"中国蒸菜之乡"，是"中国茶文化之乡"，也是内地旅居海外华侨最多、分布面最广的著名"侨乡"，还是楚国令尹子文，唐代"茶圣"陆羽，著名文学家皮日休，明代文学家钟惺、谭元春，清代状元蒋立镛等名人的故乡。近些年来，在全市干部、群众的努力下，天门成为国家园林城市和国家卫生城市，正在创建全国文明城市。

这里历史之悠久，经济之繁荣，文化之发达，人物之风流，全民饮茶风气之甚，实堪载誉于世。

诚然，天门这个动人心弦的地方，还有待于加倍耕耘，还不是相当富裕，甚至还有她的困难；但她的昨天和今天，已经给你展示了颇具魅力的风姿，会撩起你欣羡的情愫。当你步入这"天堂"之门，你一定会目不暇接，心旷神怡，为这雄浑辽阔的壮丽风光所陶醉……

目 录

南方嘉木，世界之饮

炎黄血脉，心系故乡

如诗如画，宜家宜居

勇立潮头，再创辉煌

后记

悠悠古城，灿烂文明

"以史为镜，可以知兴衰"。跟随历史的足迹，我们可以窥见天门的演变，这个拥有灿烂远古文明的区域，曾历经沧桑巨变。

早在 5000 多年前的原始社会晚期，众多民族部落就在天门这块广袤的土地上择地定居。在这背靠群山、足踏平川的区域里，我们的祖先既可避免深山老林中的毒蛇猛兽的袭击，又可在大洪山余脉绵延的丘陵高岗上捕获野兽，牧养牲畜。那个时代，天门又是云梦泽一部分，河流纵横，湖堰交错，以石器为主要生产工具的原始人群，不但可以捕捞到江汉盛产的鱼鳖，更重要的是能在河岸湖滩垦荒事农，植种五谷，以摆脱愚昧粗俗的孽海，走上智慧文明的彼岸。可以想见，当时我们的祖先，正是看中了这片热土，才得以在此繁衍生息的。

天门的演变，与竟陵不无渊源。翻开司马迁的《史记》，在《越王勾践世家》一篇中有这样一段文字："复雠、庞、长沙，楚之粟也；竟陵泽，楚之材也。"这里的"竟陵泽"即古之竟陵，今之天门，当时以盛产木材闻名。

宋代孙宗鉴在《东皋杂录》中解释说："竟陵者，陵之竟也。"这显然是指山陵到此完结之意。由此可知，当时，从汉水到大洪山山前丘陵地带，都是我们先人生活居住的区域。根据国家和省文物考古队在天门市石家河镇土城村中发掘出来的石箭镞，在罗家柏岭遗址中发掘出来的陶象、陶猴、陶蛙等文物，以及《史记》中关于竟陵泽为楚国木材宝库等记载来综合分析，昔日之竟陵应同时占有莽莽的森林和辽阔的湖沼之地。斗转星移，竟陵地区亦随历史的发展而不断变化。

竟陵烟月似吴天

一、地域貌美而神奇

唐代诗人皮日休一首《送从弟皮崇归复州》曰：

美尔优游正少年，竟陵烟月似吴天。

车螯近岸无妨取，胙艋随风不费牵。

处处路傍千顷稻，家家门外一渠莲。

殷勤莫笑襄阳住，为爱南溪缩项鳊。

看，他把竟陵描写得多么美好！

天门，古称竟陵，为湖北省直辖县级市，武汉市"1+8"城市圈、长江中游城市群重要成员，汉江流域主要的节点城市。天门市位于湖北省中部，江汉平原北部，北抵大洪山，南依汉江，东临武汉，是镶嵌在江汉平原上的一颗明珠。

云梦泽，又称云梦大泽，是湖北省江汉平原上的古代湖泊群的总称，南以长江为界。竟陵就处在云梦泽中部以北。先秦时期，云梦泽周长约 450 千米。后来云梦泽的范围逐渐缩小，到了魏晋南北朝，当时已缩小一半。唐宋时期，云梦泽解体为星罗棋布的小湖群。此后，有的小湖逐渐淤平，有的则有所扩大。如今，云梦泽已消退为一些相互分离的湖泊。

据《左传》《国语》记载，先秦时期楚国有一名为"云梦"的楚王狩猎区。云梦地域相当广阔，东部在今武汉以东的大别山麓和幕阜山麓至长江江岸一带，西部当指今宜昌、宜都一线以东，包括长江以南的松滋、公安县一带，北面大致到随州、钟祥、京山、天门一带，南面以长江为缘。其中有山林、川泽等各种地理形态，并有一名为"云梦泽"的湖泊。"云梦泽"因"云梦"而得名，二者并非同一概念。春秋时，"梦"在楚方言中为"湖泽"之意，与"漭"相通。

先秦时期，由于汉水和长江所带来的泥沙填充，原始地貌开始改变，云梦泽演变为"平原 + 湖沼"的地貌景观。当时云梦泽两侧有两大平原，这两大平原在春秋时期已有村落出现。秦汉时期云梦泽江汉北岸部分已化为平陆；云梦泽西部接纳了大量江水带来的泥沙，不断向东发展，形成汉江陆上三角洲。随着三角洲的扩展，土地也大量被开辟。云梦泽主体被压缩在当时的华容县境内，其东部和北部已退化为沼泽。后来随着荆江三角洲的不断扩大，云梦泽整体东移，至《水经注》时代，云梦泽主体已移到华容县以东，南云梦泽已被新发展的三角洲平原取代。

《水经·沔水注》："又东南过江夏云杜县东，夏水从西来注之。……《禹贡》所谓云土梦作乂，故县取名焉。"按：汉朝时云杜县治今京山市，包括今应城、天门二市，可见先秦时期云梦泽的北限曾远及汉水以北。战国中期以后，应城、天门一带的云梦泽为汉水所挟带的泥沙淹没，云梦泽略见缩小。

天门，位于先秦时期云梦泽的中部以北，经过多少岁月后，现在变成了江汉平原的一片沃土。有了云梦泽的沉淀，才有了丝绸古道的必经之路；有了云梦泽的历史，才有了天门人民的宜居之地。真是"人事有代谢，往来成古今。江山留胜迹，我辈复登临。水落鱼梁浅，天寒梦泽深。羊公碑尚在，读罢泪沾襟。"（孟浩然《与诸子登岘山》）

应该感谢大自然的伟力，为天门塑造了一个独具特色的浑然"模型"：这雄奇伟岸的天堂之门，有如一艘锚泊在汉江侧畔的巨大船舰，翘首扬帆，乘风待航；这灵秀剔透的福祥之地，又像一个枕卧于大洪山麓的睡美人，浑身灵秀，风姿楚楚；这流金泻银的肥沃之乡，定会使你睁大惊异的眼睛。

天门位于大洪山山前丘陵与江汉平原接合部，面朝水，背靠山。如果用经纬度标明它准确的地理位置，则位于东经 112° 33'45" —113° 26'15"，北纬 30° 22'30" —30° 52'30" 之间，古属八百里云梦大泽。东和应城、汉川相连，西同沙洋相邻，南与仙桃、潜江隔江相望，北跟京山、钟祥紧紧毗连。汉江浪涛滚滚，环绕于南；汉（口）宜（昌）公路绵延不断，横亘于北。东西最长处 85 千米，南北最宽处 58 千米。最高点为佛子山，海拔 191.5 米；最低点是多祥镇陈家洲，海拔 23.2 米。总面积 2622 平方千米。耕地面积 249.97 万亩[①]，旱地面积 134.33 万亩，水田面积 115.18 万亩。（据 2023 年统计年鉴）大自然的鬼斧神工，把这块广阔的土地分成了丘陵、平原、滨湖三类不同的地貌，使天门兼备北方的雄浑粗犷和江南的秀丽清新，南水北山，各领风骚，高岗平原，相得益彰。

市境西北，大洪山余脉形成的坡岗，起伏有如波浪，海拔为 30—

---

① 1亩=666.6平方米。

60米，属丘陵地区。这里山水相间，覆土丰富，土质肥沃，多为乌增土、白谱土、青泥土，宜于水稻，是天门粮食的主要产区。这里享有湖北"粮仓"盛誉，历年是水稻高产稳产地区。深厚肥沃的土层，纵横相连的库渠，为水稻的蓄水保肥、丰产丰收提供了便利的条件和可靠的保证，使之亩产都在500公斤[①]以上，有的甚至达到1000公斤。水稻春插夏播，青黄交替，一年两熟；岭峁山巅种植的红苕、玉米、高粱、黄豆、小麦等，四季飘香。

市境西南，广袤的冲积地带，没遮没拦，一马平川，海拔为28—30米，是天门的平原地区。这里阡陌交错，河渠成网，涝排旱灌，极为便利。土壤多属油沙土，宜旱耕，是天门棉花、小麦、油料、黄花等作物的集中产区，素有"棉区"美称。整齐的棉田，无边无垠，犹如一张巨大的棋盘铺展在积湖平原上，任"士卒"来往劳作，凭"车马"纵横耕耘。农民们在这块土地上创造了许多稳产高产田，获得了不少大丰收。你看，金黄芬芳的菜花，招蜂引蝶，散发着春天的气息；粒饱籽满的麦穗，翘望苍穹，迎接着丰收的夏季；金秋时节，银山棉海，铺天盖地，朵朵银棉，犹如一片洁白的珍珠世界，耀眼炫目，使百里棉乡光彩四溢，誉满神州。即使是万木萧疏的冬天，这里也是麦苗青青，充满着绿色生机；那具有强大生命力的苎麻，立在田畔、垄间，奏着热闹的插曲。我们可以毫不夸张地说，这里是田不拉茬，土不打盹，人勤宝聚，地熟金生。

市境东南，河湖交叉，堤垸纵横，海拔在24至28米之间，属滨湖地区，土壤多是油沙土、淤泥土和黏土。此处宜农宜渔，是天门粮棉兼作区，也是名副其实的鱼米之乡。这里的家荸野菱，绿荷白藕，

---

① 1公斤=1000千克；1斤=500克。

金谷银棉，陆上水下，无不相映成趣，生意盎然。

天门这块绿色宝地，这颗荆楚明珠，地势突出，层次分明，整体北高南洼，西平东洼，酷似一片巨大的绿叶。天门北部，由西向东有青山、洪山、龙尾山、天门山、火门山、金杯山、佛子山、大团山、六耳山、五华山等26座大小山岗。这些山岗经渔薪、佛子山、石家河、皂市等地，连绵起伏，形成了一道天然屏障，就像一排英勇的边防战士，坚守在天门的北疆，抵挡着北来的凄风苦雨，忠诚地护卫着天门的沃土。

这些小小的山岗，在我国名山大川中，不过是灵石几方而已，然而，它们却同许多名山一样，有着悠久而光辉的历史，有着生动的传说，装点着天门的土地。

天门山，位于市境西北佛子山镇境内。据《天门县志》载："天门山，县西北五十里，交京山境，即龙尾山之首。两峰峙天，其中如门，故名。"山势舒缓而潇洒，线条圆滑而流畅，形象丰满妩媚，雄姿嵯峨峻拔。山脚下清泉环绕，清清沙白。登上山腰，举目向东，人工造就的大观桥水库西干渠唱着欢歌，带着笑语，逶迤南去，使天门山更显得深情多姿，这时你才真正走进"客路青山外，行舟绿水前"的诗情画意里，置身在世外桃源中了。唐代诗人皮日休曾以《天门夕照》为题写诗赞道：

落霞如绮绚晴空，坐看天门欲下春。
十里孤峰层汉碧，数家残照半江红。
荒村市暝人归牧，远浦沙明水宿鸿。
回首长安何处是？嵯峨宫阙五云中。

佛子山画卷

摄影：张心平

这就是对天门山山水的生动写照。天门山不仅景色秀丽，地势也很险要，既是江汉平原北部的军事屏障，又是大洪山区的南大门。相传，公元 22 年，刘秀，也就是后来的汉光武帝，曾率领新市兵之一部驰援昆阳，因在皂市一带受阻，便夜渡天门山，由中间山口北上，翻大洪山，走随州，过襄阳，穿新野而到前线。东汉建安年间，诸葛亮也选中了这块险要之地，将它作为雄阔的古战场；三国时期，东吴的鲁肃也曾在这里屯兵点将，既有险可守，又无粮草之虑。为了纪念此事，后人便在这里建造诸葛庙、鲁台寺。土地革命时期，这里是中国共产党领导劳苦大众开辟人间天堂的根据地。贺龙元帅曾率领红军经过这里，以瓦庙集为中心摆开战场，与国民党军队展开艰苦鏖战，在革命斗争史上留下了壮丽的一页。当时，革命战士的鲜血染红了天门山脚下的水潭，当地群众为了永远怀念在这次战斗中英勇献身的将士，将这个潭命名为"红水堰"。如今的红水堰碧波荡漾，清流欢涌，它不仅成为当地重要的水产养殖基地，而且，这渗透着烈士鲜血的泉流与环绕于天门山脚下的大观桥水库西干渠一道，在丘陵冲岭中浇灌着层层梯田，滋润着天门的土地。如今天门山脚下的村村寨寨，到处传诵着当年红军英勇战斗的悲壮故事，给这雄奇峙天的天门山增添了厚重的色彩。

青山，位于渔薪镇西 6 公里[①]处，海拔 92.5 米，面积 0.76 平方公里。据道光年间《天门县志》记载："冈峦联缀，一望苍翠，故曰青山，又名青峰……"天门河与天北长渠在它的西边挽了一个结，好像拴在剑柄上的白色穗带被风吹开似地环绕在山前山后。荆沙公路横贯山脚，宛若一条修长而结实的皮带，把这柄青锋剑牢牢地佩挂在天门的腰上。青山脚下，碧波荡漾，突兀而起的群峰，像一把把利剑插在

---

① 1公里=1千米。

湖中，在朝雾晨曦中青烟升腾，寒光夺目。这里山峦层叠，石形各异。东部之石可烧石灰，西部之石可制磨刀石。新中国成立后，这里被辟为天门市的重点石料开采基地，那洁白的石灰，那坚硬的基石，那铺路筑坝的碎石，顺着河水，沿着公路，源源不断地被运往天门的城乡湖滨，为天门市的水利、交通以及各项基本建设作出了巨大贡献。不仅如此，在战争年代，青山还作为革命斗争的红色据点，在中国革命的史册上闪烁着灿烂的光辉。贺龙元帅曾率部在这里与敌周旋，天京潜指挥部领导的革命武装也曾在这里长期斗争，许多天门的优秀儿女为了赢来人民的解放和中国革命的胜利而血洒荒湖，骨埋青山。为了纪念革命战争时期在这里牺牲的烈士，天门县人民政府于1966年在青山南麓建立了一座烈士纪念碑。烈士们头枕青山，俯视长河，安息在青松翠柏之中，为天门在新时代社会主义建设事业中取得的巨大成就感到欣慰。

龙尾山和佛子山首尾相连，坐落在天门市北境。龙尾山有如升腾的龙尾，佛子山恰似一尊坐佛，远远望去，就好像佛子乘龙入天门，摆尾正奋力腾飞。1951年，这里就建立了第一个国有林场，成为天门市的主要林区之一和重要的林木资源基地。这里生长着水杉、油松，栽种着桃、李、梨、橘和茶树。岗前岭后，苗圃葱茏，幼小的树苗承受着雨露的恩泽，茁壮成长；峰巅山腰，万木争荣，合围的树木沐浴着阳光，参天耸立。春夏秋冬，枝叶繁茂，一年四季，花果飘香。要是你在酷热的盛夏走进林中，在如盖的绿荫下纳凉休憩，听林涛澎湃，看百鸟嬉逐，闻果味花香，真像走进了仙境。

倘若把天门市比作一片绿叶，那么，伸展在这里的汉江、天门河、牛蹄河、皂市河、汉北河等29条主要河道，恰似绿叶上的筋脉，遍布全叶。

汉江，亦名汉水，俗称襄河。源出陕西南部宁强县，从西北经襄阳而来，过钟祥市入天门市境，沿市西南和南部边界，迂回东流，经罗汉寺、多宝湾、张截港、岳口、彭市河、麻洋潭，在多祥镇绿林口出市境，境内流长 144 千米。它恰似银色飘带，逶迤东去，给天门人民带来了无尽的福利。但是，在旧社会，汉江干堤，年久失修，千疮百孔，江水像一条凶恶的"巨蟒"，时常决堤毁坝，以致富饶的江汉平原，十年九不收。那种哀鸿遍野、饿殍载道的情景，实在惨不忍睹。中华人民共和国成立后，天门人民堵口固堤，降"龙"伏"妖"，将原有江堤培厚加高，在河滩斜坡、堤内堤外植树种草，堵塞蚁穴，杜绝隐患，使这条"巨蟒"得以被驯服，并造福人类，不仅有效地防止了江水的决口横溢，而且通过在天门上端新建的罗汉寺闸调节控制汉水，滋润了全市百万亩良田，使之成为天门的主要灌溉水源。凭借活水，假以舟楫，如今的汉江已成为天门交通运输的"黄金水道"。油轮、拖轮、驳轮、客轮，满载着天门的土特产与各类物资流向四面八方。

如果把汉江看成是天门南部水上交通运输的枢纽，那么天门河则是天门腹地的水上动脉。

天门河，俗称县河，横贯天门市腹地，像一条素色罗带紧紧束在天门的腰间。它发源于京山市官桥铺盘山砚，流经京山、钟祥、天门、汉川等四县（市），全长 222 千米，沿途汇集大小支流 31 条，流域面积 8655 平方千米，河面宽 80—100 米，水深 4—6 米。经天门市境 107 千米，支流 22 条。正由于它在天门市内流程长，支流多，流域面积广，水上交通发达，故名天门河。此河上游是山丘地带，中下游是平原滨湖地区，上下游落差达 100 米左右。每遇山洪暴发，水位陡涨，洪水便冲出河床，危害庄稼和人民的生命财产。党和人民政府为了根除水患，开发水利，首先在主支流上游陆续兴建拦洪蓄水设施，控制

天门河

摄影：卢斌

来水，接着对妨碍天门河泄水的府河进行了改道，兴建排水闸，减少威胁；随后于1969年冬动工开挖了汉北河，撤走了天门河上游6600多平方千米的客水；同时，在竟陵西堤街处，将天门河拦腰筑坝，兴建船闸，使上游之水流入汉北河，天门河仅排船闸以下滨湖地区近1000平方千米的渍水。如今的天门河，英姿焕发，一扫昔日旧貌，成为天门市人民交易往来的便利水道。巍巍船闸，锁着这条"小龙"的咽喉；天门泰康大桥、义河大桥、星星大桥、天门二桥、黄潭大桥、渔薪大桥、净潭大桥如长虹卧波雄跨两岸，使舟车通畅，南北贯联。

皂市河，本名长汀河，因紧靠天门市北部要镇皂市镇，故又叫皂市河。它发源于京山市的杨集，全长约90千米，流域面积783平方千米。其向下流经天门市东北境，长26千米。由于上段穿崇山峻岭，下段经丘陵湖泊，加之河道曲折，水流受阻，每降暴雨，山洪直泻，水深流急，犹如一匹桀骜不驯的野马，横冲直撞，放荡不羁，常常冲决堤坝，淹没良田，毁坏房屋，并使钉螺蔓延，血吸虫扩散，严重威胁两岸人民的生命财产安全。1959年，天门、京山两地人民开始治理皂市河；1966年，在上游兴建了惠亭水库，控制承雨面积283平方千米，水库拦蓄水量2亿立方米；接着开挖了南北两干渠，灌溉天门、京山、应城三县（市）农田；1975年，皂市河裁弯取直19千米，并在沿岸兴建了许多电力排灌站和涵闸，使皂市河两岸10万亩良田有了丰收保障。

汉北河是1969年冬破土动工、1972年完成的一条人工河，也是天门人民改天换地的结晶。汉北河起点在天门市城西的万家台，与天门河水相通。它宛若一条游龙腾舞在古云梦泽，河道沿城区西北绕行，然后向东，经老龙堤、风波湖、沙滩口、龙坑、艾家台，到水陆李，纳皂市河水，再经猫溪嘴，过新河口入汉川境内，又经应城、云梦二县市，到武汉市新安渡分两支，一支从新沟闸泄入汉江，一支从东山头闸泄入府河，再入长江。河道总长 114.5 千米，在天门市境内长 36 千米，最大流量为每秒 1500 立方米，成为天门举足轻重的河流。每当风调雨顺之时，河水不溢不涸，外地支援天门建设的各种物资溯流而来，富有天门特色的农副产品顺着河道源源而去。如果久旱不雨，地裂田坼，汉北河便洞开沿岸闸门，将涓涓清流引向干渴的农田。若遇洪峰时节，它则一反往日温驯之态，引颈长啸，带着东河、柳河、皂市改道河等支流的滔滔浊水浩荡东去，保护着两岸的安宁。

牛蹄支河也是市境内的一条古老的河流，原为汉水支流。在今陈场牛蹄口与汉水分流，由南向北经龚家垸到谢家滩折向东流，又经干驿、界牌入汉川境内，再经田二河、张池口到脉旺嘴回归汉水。总长 78 千米，在天门市境内流长 54 千米。清道光二十九年（1849 年），在张池口筑堤，截断牛蹄河入汉水之道。咸丰二年（1852 年），塞牛蹄口，从此，牛蹄支河进出口均与汉水绝流。1959 年，天门人民改天换地，将谢家滩至界牌的牛蹄支河故道改挖成天南长渠，从罗汉寺引来汉水，灌溉良田，使其成为天门市的一条屡建功绩的主要长渠。

无论过去还是现在，天门不失为"鱼米之乡"。水为鱼之本，人们自然想到了湖泊。湖北素有"千湖之省"的称号，天门则可说是一个多湖之市。如果打开天门的地图，就见大大小小的湖泊星罗棋布于天门的东南西北中，像一块块闪光的碧玉，更加增添了天门迷人的风姿。

沉湖是市内最大的湖，位于天门东南，形如菜刀，有三分之二在市境内，面积达 100 平方千米，尽管已被开垦，但仍不失湖光水色的自然风韵。虽无"三秋桂子"，却有"十里荷花"，原先野芦斜刺、杂茅横生的湖滩荒堤，现在是杨柳婀娜，修竹婆娑；过去水草结湖、绿苔封水，而今是"水面清圆，一一风荷举"；昔日钉螺密布、孑孓浮

沉湖水杉林　摄影：王赵晶

游的沉寂之区，今天是"蚌胎涵育久，炳耀出沉湖"。最令人赞叹的是沉湖五七电力排水泵站、刘家河电力排水泵站以及多处二级电动、机动排灌站上炫目的灯火，映衬着湖水，在夏夜的苍穹闪烁争辉。

> 长歌欸乃发中流，短棹轻舟任去留。
> 落日烟波三滗晚，蒹葭风露五湖秋。
> 尊盈绿醑酷初泼，鲙切银丝网乍投。
> 明月遨游沧海阔，敲舷又拟下金钩。

唐朝诗人皮日休的这首《三滗渔歌》正是对今日沉湖的生动写照，写出了水乡的无上乐趣。

在天门，像沉湖这样面积宽广的湖泊虽不多见，但面积在千亩以上的却有 35 个之多。勤劳的人民在这里植莲种藕，养鱼育虾，从大自然的怀抱里抱回了一个个"金娃娃"。

天门这块土地的神奇，不仅仅在于她外表秀美，还在于她的宽广胸怀里，深深地埋藏着祖国之珍宝。经过多年勘探，在市境西南和东北地区，发现了丰富的石灰石、大理石和麦青石等建筑材料。在市境南部，则发现了大量的石油、无水芒硝、食盐、钾盐、自然硫、天然气，目前，这些地下资源的开发利用正在筹划中。

天门的生物资源也十分丰富，名贵的动物和稀有的植物遍布市境。西北地区，丘陵起伏，坡岗绵延，正是黄鼠狼、草兔、狗獾、草狐、貉、穿山甲、长吻松鼠、旱獭等动物活动的自由王国；北部林区，树木荫翳，枝繁叶茂，给杜鹃、翠鸟、云雀、白头翁、啄木鸟、黄鹂、白腰文鸟等提供了理想的栖息场所；东南湖滨地区，河渠纵横，水域辽阔，是青鱼、草鱼、鲢鱼、鳙鱼、鲤鱼、鲫鱼、鳊鱼、鲖鱼、龟鳖、鳅鳝以及河豚、对虾等居住其中的水族世界；皮毛珍贵的水獭也在此繁衍生息，出没其间。在天门河、华严湖、龙骨湖等河道湖泊，还生长着义河蚶、圆形蚌、卵形蚌、湖蚌、青壳蚌、长蚌、杜氏蚌、三角帆蚌、褶纹冠蚌和湖螺、田螺、乌螺等软体动物。义河蚶是天门河的特产，形长扁，肉味鲜美，赢得了美食家们的盛誉；三角帆蚌和褶纹冠蚌不仅是餐桌上的佳肴，而且是培育珍珠的优良品种。在天门这块"一脚就能踏出金银"的土地上，半夏、当归、黄连、生地、板蓝根、党参、天花粉、麦冬、活血莲、山药、鱼腥草、金银花、车前子、女贞子、丹皮、地骨皮等中药材到处生长，随处可见；红芳草、四方草、牛筋草、攀膝草、黄金草、月亮红、黄车前、白茅草等牧草生长在堤岸荒坡，为牲畜提供了充足的饲料来源；还有芦苇茎秆、木槿皮、桑树皮、构树皮、棉秆皮等植物茎皮，是造纸工业的好原料。天门，遍地生金，处处有宝，伸手可掬，俯首可拾，简直是一个财源茂盛的聚宝盆。

天门属亚热带季风气候，四季分明，冷暖有节。春天，南方暖湿气流逐渐增强，北方冷空气势力开始减弱，本市处在冷暖空气交替往返地带，雨量增多，气温平衡，平均温度为16℃左右，正是各种作物萌芽生长的时期：水稻产区，犁耙水响，播种催芽，一派人勤春早的景象；棉花产区，则整行松土，撒肥下种，呈现万众争春的图景。勤奋的天门人民抓住大好春光，在房前屋后种瓜、点豆，在菜地园圃育菜、种蔬。此时天门上下，景色宜人，四处桃红柳绿，莺飞草长，百花争艳。夏季，多数年份雨量偏少，平均气温为28℃左右，日照强、气温高，地面蒸发与作物蒸腾耗水量较大，出现"小暑南洋十八天"的伏旱。此时，人们虽因暑热难耐而烦恼，但生长在油沙土质上的棉花，却正遇上了拔枝挂果的好时光。在这样的气候里挂果的棉桃，不仅量多，个大，且纤维长、衣分高，为皮棉高产打下了基础。水稻产区的人们则乘时割稻，打场晒粮，不出几天，金灿灿的早谷已安全地躺进了谷仓粮囤。此时的天门，谷黄棉长，果熟瓜香。秋日，南方暖湿空气势力迅速衰减，北方冷空气很快占领长江流域，天门市受干冷空气控制，雨日雨量显著减少，平均气温在20℃左右。多数年份秋分到霜降期间有一段"秋高气爽"的稳定晴好天气，正是棉农摘棉晒花、稻子含浆进米的好时候。此时天门大地，金风送爽，稻花飘香，雪山云海，斑斓纷呈，粮棉丰收，流金泻银。冬日，气温急剧下降，平均温度为5℃左右，正是万物冬眠的时期。南下冷空气势力较强时，常常是北风怒吼，雪花飘舞，此时的天门完全是一派北国风光。小麦、油菜等越冬作物躺在白襦雪裤之中，温暖舒适，昏昏沉睡。它们积蓄着力量，准备将更大的丰收奉献给勤劳的天门人民。总之，天门这块风水宝地，空气温润，热量丰富，光照潜力大，严寒和酷暑时间较短。年平均气温16.2℃，极端最高气温38.7℃，出现在1977年7月26日，极端最低气温零下17.2℃，出现在1955年1月26日。历来七月气温最高，年平均气温28℃，一月气温最低，年平均3℃，全年无霜期约250天，年平均降水量1100毫米左右。4月至7月，是全年集中降雨期，每年约有百分之六十的雨水集中在这四个月降落。

优越的地理，适宜的气候，是大自然赐予天门人民创造物质世界的有利环境和得天独厚的条件。千百年来，天门的子孙在这块古老的土地上，辛勤耕耘。有所种，必有所获，这是大自然发展的一般规律。在这片沃土上，早黄豆、油菜、花生、黄花菜均能高产丰收，而且是带有天门特色的大宗农产品。

在天门这块神奇而肥沃的土地上，我们驻足流连，感慨万千！

二、古竟陵演变

天门的演变，和竟陵息息相关。

夏商时，竟陵为"禹贡九州"的荆州之域。

春秋时，即有竟陵大城，后为郧乡所在地。《后汉书·郡国志》说："竟陵侯国，有郧乡。"《荆州记》说，竟陵县东有巾水。《大清一统志》说，竟陵故城在（天门）县西北，秦置县。《战国策》说，秦白起攻楚拔郢，东至竟陵。巾水西经竟陵。《水经注》说："（巾）水西有古竟陵大城，古郧国也。"古郧国原在今安陆市。春秋时，楚灭郧，以其地为县设尹。楚之县尹皆称公。楚灭郧后置郧公。至鲁定公四年（前 506 年）时，斗辛为郧公，迁其治所至竟陵，是谓郧乡，在今天门市西北石家河镇的土城村。战国时，竟陵为楚国东方之域。秦昭王二十九年（前 278 年），秦军攻占竟陵，后设县，属南郡（今荆州市）。

汉时，竟陵属江夏郡。西汉初，分竟陵县之一部与京山东北置云杜县。西汉末，王莽新朝时改竟陵县为守平县。王莽地皇二年（21 年），新市人王匡、王凤率领"绿林起义"军在云杜大败王莽荆州兵，乘势攻拔竟陵，还安陆入绿林山。东汉时，将王莽更名的守平县复名为竟陵县。延熹七年（164 年）正月，桓帝刘志幸竟陵，过云梦，临沔水。东汉建安十三年（208 年）九月，刘备兵败长坂坡，斜趋汉津，过竟陵，适与关羽船会，得济沔（沔水，即汉水的一段）。今天门市境内还有留驾河、诸葛岭、阿斗岭等地名。三国时，竟陵县属吴地。

西晋时，武帝改竟陵为长寿县，县治在今钟祥。惠帝元康九年（299 年），分江夏郡西部置竟陵郡，郡设石城（今钟祥市）。太安二年（303 年）正月，义阳农民张昌据江夏起义，国号汉，江沔各地农民积极响应。七月，陶侃与起义军大战于竟陵，起义军失败。怀帝永嘉六年（312 年）正月，胡元聚众于竟陵，自号楚公。东晋时，将竟陵县划出一部分，分设南新市（一说即皂市）、宵城（今天门市北）和云杜等县，均属竟陵郡治。太和二年（367 年），前燕镇南将军慕容尘率兵进攻竟陵，被东晋太守罗崇击败。太元六年（381 年），前秦苻坚派大将梁成、阎振领兵两万攻竟陵，竟陵太守石虔与弟石明率兵阻击，杀秦兵七千，俘一万余人。

南北朝时，宋孝武帝孝建元年（454 年），置郢州于夏口，竟陵县属郢州竟陵郡。明帝泰始六年（470 年），分县境西北置长寿县（今钟祥市境）。南齐高帝建元元年（479 年），竟陵郡治所由钟祥迁到竟陵城北。梁简文帝大宝元年（550 年），西魏尽占汉水以东地区，将竟陵县并入宵城县，仍属郢州竟陵郡，郡治设宵城。北周武帝保定元年（561 年），改宵城县为竟陵县，县治迁至今天门城。

隋代时，文帝开皇三年（583 年）废郡，实行州县两级制，竟陵属北周所置之复州，治所在今天门城。隋文帝仁寿三年（603 年），复州治所迁建兴县（今仙桃市）。隋炀帝大业二年（606 年），京山并入竟陵县，又改复州为沔州，旋废州为沔阳郡。

唐代时，高祖武德五年（622 年），又改沔阳郡为复州，州治移至竟陵县。太宗贞观七年（633 年），州治再迁沔阳。玄宗天宝元年（742 年），再改复州为竟陵郡。肃宗乾元元年（758 年），又改为复州。代宗宝应二年（763 年），州治又从沔阳迁至竟陵。

五代时，虽几易州郡，但治所一直在竟陵县，到了后晋天福元年（936 年），为避高祖石敬瑭之名讳，改"竟陵县"为"景陵县"，后汉又复名为"竟陵县"。

北宋时，太祖建隆三年（962 年），为避赵匡胤祖父赵敬的"敬"

之讳，再改"竟陵县"为"景陵县"。乾德三年（965年），升景陵县白洑巡院为潜江县。熙宁六年（1073年），撤复州建制，景陵县属安州（治所在今安陆市）。元祐元年（1086年），恢复复州建制，州治设在景陵县。

南宋时，景陵战乱连年。建炎元年（1127年），李孝忠率部攻打景陵。建炎四年（1130年），刘超联合宋军叛将彭筠进犯复州。开禧二年（1206年），金兵进逼景陵。端平二年（1235年），蒙古军队南下，景陵县治迁汉水以南西汤镇（今仙桃市）。

元朝时，至元十二年（1275年），县治从西汤镇迁回景陵。至元十五年（1278年），升复州为沔阳府，景陵县属河南江北行中书省沔阳府。元末明初，来自江西等地的大批流民入景陵，垦湖滩种植，故天门今有"江西老表"之称。

明代时，改景陵县为景陵卫。洪武三年（1370年），撤销卫府，仍改为县，并在景陵县治所稍南处修筑县城（土城）。洪武九年（1376年），修筑城堞。正德九年（1514年），始筑砖城，耗银3673两，耗工512,942人。崇祯十五年（1642年）冬，总兵左良玉率领明军与李自成起义军大战兵败，退守九江，李自成部将白旺追击，连克景陵、汉川、汉阳，直抵大别山。李自成克承天（今钟祥）后，派郝、党两营复克景陵。委张采为知县，镇守县城，在城外修筑炮台抗击清军。

顺治元年（1644年），天门人民积极参加李自成领导的农民起义军，英勇抗击清兵，与清军两万余人大战于杨口万人坡，击毙清军将领李光甲、董硕儒等。次年春，清军进逼景陵，李自成军孤立无援，被迫撤离景陵。与此同时，景陵乡民刘思才聚众起义，号称"义军"，拥船只千艘，活动在湖泊港汊，除暴安民。顺治三年（1646年），义军大部被清军镇压。后又有书生鲁所瞻、金家湾农民金超凡等率众反清，都先后被清军镇压。康熙七年（1668 年），知县李馨主修，吴泰编纂《景陵县志》12 卷。康熙三十一年（1692 年），知县钱永续修县志 12 卷。雍正四年（1726 年），为避康熙陵寝（景陵）讳，改景陵县为天门县。天门由县城西北 30 公里处的天门山而得名。乾隆十九年（1754 年），始建天门书院（原址在原天门中学内）。乾隆三十年（1765 年），天门知县胡翼主修，章镳、章学诚编纂的《天门县志》付梓。道光元年（1821 年），由天门知县王希琮主修，张锡谷、蒋祥墀编纂的《天门县志》刻印成书。咸丰三年（1853 年），太平军陈玉成与清军大战于李场乡的文家墩，历时三昼夜，大败清军。

随着隶属关系的变化，天门的境域范围也多次变更。清康熙三十一年（1692 年）的《景陵县志》记载："景陵之名最古，而其地自荆州以北，石城以东，江夏以西皆是。"可见当时竟陵的地域非常辽阔，它拥有汉水下游西部南北两岸的广大地区。汉初，分南郡置江夏郡，竟陵县南境成为云杜县的一部分，到了晋末，分竟陵县东部置宵城县，又分竟陵县东北部地及南新市县地置新阳县。南朝宋明帝泰始六年（470 年），分县境西北部置长寿县，北宋乾德三年（965 年），升景陵县白袱巡院为潜江县，以后，县境再无大的变化。民国时期，天门县的区域基本稳定在清光绪时的范围。中华人民共和国成立后，县境变化较大。1950 年 6 月，天门县汉水以南的毛嘴区划归沔阳县，汉水以北的仙北乡划入天门。1955 年 7 月，潜江县汉水以北的张港区和多宝区划入天门县。

随着世纪风云的演变，天门的历史，在革命战争年代，也发生过几次重大变革。七七事变后，中国共产党领导的抗日武装，将天门东境与汉川西境连成一片，于血雨腥风之中成立了天门县抗日民主政府。尔后，又成立过天（门）汉（川）县和天（门）京（山）潜（江）县。1949 年 5 月，天门县人民政府宣告成立。这一历史的转折，既是黑暗的终端，又是光明的起点，在天门的历史典籍上揭开了新的一页。1987 年 8 月 3 日，经国务院和湖北省人民政府批准，撤销天门县制，设立天门市，1994 年，国务院批准天门市由湖北省直管（直辖市）。尔后，天门市又融入武汉市"1+8"城市圈，成为长江中游城市重要成员，汉江流域主要的节点城市。这标志着天门在实现中国梦的宏伟蓝图中又步入了一个崭新的阶段。勤劳的天门人民，必将使这源远流长的历史，放射出更加灿烂的光辉。

三、丝绸之路节点

竟陵城自然风光秀美，地理优势明显，文化丰富多彩。河街，成了竟陵的风水宝地。

过了鸿渐关，就是埦子街，埦子街上的河街，紧邻着县河。在埦子街与河街交界的丁字路口西，有一家"隐茶轩"的老字号。最初，这里接待来客品茶、听书、看皮影，后来成为丝绸之路上的一个驿站，古老的天门绢就是通过这个驿站运往襄阳，再到国外，才中外驰名的。

天门绢以天然蚕丝为原料，四经四纬，结构紧密，质地坚韧，绢面柔软亮丽，泽纹匀称，华润挺括。1975 年，湖北省考古队在天门石家河发掘明墓一座，从中清理出了三幅精美绝伦的丝织品，这就是天门绢。19 世纪，天门绢就畅销于南洋诸岛和港澳地区。

再说河街的"隐茶轩"，它是明清时期交通网络站点的一个缩影。

这里主要负责管理驿站和接待来客，备有驿马和牛，供过往信使和其他运输人员、投宿人员使用。驿站还建立了检查"驿券"和登记制度，同时也提供饮食、交通等服务。

驿站门口有一副木雕楹联——"天畔云霞祥呈五色，门前桃李覆荫万家"，把"天门"二字嵌进去了。

驿站的二楼有一"大明阁"，楼栏相拥，飞檐翘脊。登此楼阁，把酒临风，看晴川万里，云卷云舒，满目碧水为画，怎不让无数豪杰折腰？隐茶轩门口的路面均为石块铺筑，由于长期人马践踏，路面石块多被磨得光洁发亮。在漫长的岁月里，隐茶轩就这样发挥着迎来送往的职能，不知迎来送走了多少人，起到了它应有的作用。

中华人民共和国成立前夕，隐茶轩扩大了建筑面积，成为一家商店，人来人往，车水马龙。中华人民共和国成立后，天门县对资本主义商业进行社会主义改造时，将隐茶轩收购，成为百货公司的一家百货商店。

天门在丝绸古道上占有一席之地，天门的不少土特产品，都是经丝绸之路运往国外，举世闻名的。

回溯天门这座历史悠久的文化古城，千年古迹，陶骨玉心；五华山上，远古风城；竟陵烟月，演变天门；地域神奇，水秀山清；碧波泽梦，风华世吟；一盏青绿，片叶浮沉；文化之源，陆羽茶圣；状元之乡，举国闻名；千年蒸香，生态之城。这么好的地方，怎不让人赏心悦目，流连忘返，去细细地品味与鉴赏！

举世闻名的石家河遗址

　　石家河的土壤和湖泊，养育了世世代代的天门人；石家河文化遗址，展示了天门人民乃至中华民族的文化自信。

　　很久以来，人们一直认为中华文明起源于黄河流域。然而，从 20 世纪 80 年代开始，长江流域、辽河流域不断传出重大考古新发现，在距今 4000 多年前，这些地区就有非常发达的史前文化。特别是地处长江中游的湖北省江汉平原的天门石家河地区，在距今约 4600—4000 年的时候，就有巨大的城垣、别致的陶塑、精美的玉器、有序的社会分工、奢侈的随葬物品……这一切，都在向人们表明，曾被人们认为是蛮荒之地的石家河，其文化发展、社会演进程度绝不亚于当时的中原地区。这也恰恰印证了著名考古学家苏秉琦先生提出的中华文明起源的"满天星斗"说。想来，石家河文化就是这满天星斗中璀璨的一颗！

　　对天门人民来说，1954 年是一个值得纪念的年份。这年冬季，天门、京山两县人民以愚公移山、改造山河的豪迈气概，开辟了修建石龙水库干渠的"战场"。靠着肩挑手提、人拉板车，天门人民硬是将干渠挖到了石家河镇地段。当开挖到杨家湾、三房湾、昌门冲等村落时，工人们的铁锹下，惊现出一件又一件石器、陶器等古代遗存。一时间，石家河有古人类生活的消息不胫而走。天门县文物管理机构当即向有关部门报告，并采取了紧急保护措施。紧接着，湖北省文化局组织省文物管理委员会、省文史馆、武汉市文管会、荆州专署文管会、天门县文化馆、京山县文化馆、钟祥县文化馆和荆门县文化馆等单位的文物工作者，成立了湖北省石龙过江水库指挥部文物工作队，由中国社会科学院考古研究所王伯洪、张云鹏任队长，湖北省博物馆王劲任副队长。

翌年初春，一场倒春寒袭扰着水库干渠工地，不少耕牛因扛不住寒冷倒下了。考古队员们冒着刺骨的寒风，开始了田野考古。经过 8 个月的紧张工作，考古队发掘了罗家柏岭、杨家湾、石板冲、三房湾四处遗址，面积达 1600 平方米。其中尤以罗家柏岭遗址的发掘面积为大，达 1400 平方米。这是江汉平原一次意义深远的发掘。考古工作者初步确认，石家河一带遗址分布广泛，遗存堆积丰厚，是一处大型遗址群落，其文化遗存从新石器时代延续至西周时期。

20 世纪 70 年代末期，改革开放伊始，考古工作迎来了希望的春天。天门人民期盼多年的石家河遗址考古再次开启。1978 年，湖北省荆州博物馆在邓家湾遗址试掘一条探沟，面积达 30 平方米。1982 年，湖北省博物馆试掘了土城、谭家岭、邓家湾遗址，面积达 200 平方米。1987 年春季，荆州博物馆和北京大学考古系联合发掘了邓家湾遗址，面积达 300 平方米。

在综合分析石家河及其他考古资料的基础上，湖北省博物馆王劲、林邦存发表文章，提出把湖北境内相当于龙山文化时期的遗存统称为石家河文化，认为石家河文化是在继承屈家岭文化的基础上发展的一支文化系统。北京大学考古系则对石家河遗址群诸文化遗存做了进一步的分期，并建立了陶器编年体系。考古工作者一致认定，石家河遗址群的文化遗存从相当于大溪文化阶段开始，经屈家岭文化至石家河文化，有一个基本连续发展的过程。

对石家河遗址群文化面貌的初步认识，引起了著名考古学家、北京大学考古系主任严文明教授的高度关注。这位考古界的大师把石家河遗址群的发掘和中华文明探源工程联系起来，进行了深层次的思考。转眼到了1987年4月底，严文明先生赴四川参加了广汉三星堆和成都十二桥遗址的学术座谈会，尔后，他立即来到天门，在荆州博物馆馆长张绪球和天门县文物工作者的陪同下，于5月8日考察了石家河遗址群。严先生倡议，由北京大学考古系、湖北省博物馆和荆州博物馆三方联合成立石家河考古队。1987年6月24日，三方经过商定，签署了《关于湖北省天门县石家河镇新石器时代遗址群发掘与研究会谈纪要》。该纪要确定，由严文明任队长，王劲、张绪球任副队长，对石家河遗址群进行有计划的考古调查发掘。

1987年9月初，中秋时节，丹桂飘香，考古大军浩浩荡荡开进了石家河。尔后的四年间，参加考古的专家、学者、工作人员和大学生共有150多人，他们住土屋，吃土菜，喝湖水，穿行于起伏不平的丘岗之中，克服了工作和生活上的种种困难，共发掘遗址点25处，重点发掘了肖家屋脊和邓家湾：对肖家屋脊的发掘带有抢救性，共发掘8次，开挖探方260个，发掘面积达6710平方米；对邓家湾发掘2次，开挖探方50个，发掘面积达1275平方米。

1990年春天，严文明先生考虑到对石家河遗址群的发掘已有了很大的实质性进展，决定派北京大学考古系的赵辉、张驰对遗址群进行一次全面勘探。临行前，严文明先生特别向自己的两位弟子交代，要运用聚落考古的办法，把勘探的主要目标放在石家河是否有城上。根

石家河考古遗址公园鸟瞰园

石家河国家考古遗址　摄影：刘银斌

团凤　　　玉龙　　　神人

虎座双鹰佩　　　玉虎　　　下凡

石家河遗址出土的玉器

据地面暴露的城垣和全面勘探的结果，赵辉、张驰认为，在此之前，王红星、裴安平提出的石家河有古城的观点是有根据的，这里确实有座大城。于是，一份石家河有大城的报告很快送到了严文明先生的案头。

和风吹来湖水平，又是一年草色青。1991年春季，严文明先生亲赴石家河考古工地，带着一班人对石家河是否有古城做进一步论证。一天，他们来到遗址群两边的一道大堤边，看到一座窑。建这座窑时，人们把堤挖开了一个缺口，从缺口侧面可以清楚地看到人工夯筑的层层纹理。考古队员在夯层中捡到许多陶片，几乎全是屈家岭文化晚期的。在大堤的最南端向东拐弯的地方，考古队员又发现有一片石家河文化早期的地层压着它，这就说明这座城是石家河文化早期构筑的。根据这一重要信息，专家们对整个石家河遗址群的地形地貌做了仔细考察，并将各遗址点发掘的遗迹遗物做了详细分析，证实石家河确实有一座大城。城址是不太规则的长方形，南北长约1200米，东西宽近1000米，总面积达120万平方米。高大的城墙外面环绕着宽大的壕沟，壕沟围成的面积达180万平方米。这样的规模，在龙山时代堪称首屈一指。

城垣确定以后，一幅石家河遗址群的图景清晰地展现在人们面前：城内的中心区是谭家岭。城内西北角是邓家湾，属宗教活动中心，发掘中出土了大量的陶器、陶塑等宗教性遗物，还有一个从屈家岭文化到石家河文化较完整的墓地。城内西南部的三房湾是一个次要的宗教活动场所，堆积有10万件以上的红陶杯。城外最重要的地方是东南部的肖家屋脊和罗家柏岭。肖家屋脊是一个比较重要的墓地和小居民区，墓棺内存有许多精美的随葬玉器，肖家屋脊还是一个次要的宗教场所。罗家柏岭有比较大型的建筑，还发现了玉器。城垣周围大约 8 平方千米范围内，还分布着二三十个遗址点。

当考古大军奋战到 1991 年的时候，石家河考古工作队召开了一次队长扩大会议，把工作重点转移到内业整理和研究论述上。考古专家们发表的一系列研究报告，勾画出石家河文化的基本特征和基本内涵。

石家河文化，是在继承屈家岭文化的基础上积蓄发展而来的文化系统，其年代约在距今 4600—4000 年。在长江中游，石家河文化是江汉平原的文化中心，形成了较大的传播空间。其范围大致是，西进三峡，北到河南南部的上蔡、西平一线，东抵大别山麓，南至湖南洞庭湖一带，辐射面积约 20 万平方公里。石家河文化带有强烈的地域特色，在当时的生产技术、组织制度、精神生活等方面具有明显的先进性。

由此可见，石家河文化是长江流域新石器时代文化成就的重要组成部分，也是中国新石器时代文化成就的重要组成部分。它与长江下游的良渚文化、辽河流域的红山文化、黄河流域的陶寺文化一起，形成了全国范围内空前繁荣的文化态势。它们恰如满天星斗，争奇斗艳，闪烁着文明的火花，共同编织出一幅绚丽多彩的时代画卷，共同成为中华文明的起源地。

考古大军离开石家河后，天门市政府和天门的文物工作者，一直在为石家河遗址群的进一步保护、发掘、研究，四处奔走。经过多方努力，1996 年 11 月，国务院确定石家河遗址为全国重点文物保护单位。2000 年前后，天门市政府建立了石家河遗址保护新标志。2001 年 3 月，石家河遗址被国务院评定为中国 20 世纪百项考古重大发现之一。2004 年，配合随岳高速、武荆高速公路的修建，省考古研究所发掘了石家河部分遗址点，并发现了一些新的文化遗迹。2004 年底，国家文物局对石家河遗址进行了调研考察，做出了遗址规划和价值评估方案。2005 年 3 月，国家文物局将石家河遗址列入大遗址保护规划。2006 年初，天门市政府拨付专款，并组织专门力量，为石家河遗址保护规划的展开做了一系列的准备工作。

2016 年，天门文物部门已配合中国文物研究所、北京建筑工程学院，编制了石家河大遗址保护发掘利用总体规划，让其更好地为推动社会主义文化大发展大繁荣服务。

2022 年春节后，考古学家又进驻石家河遗址，沉睡了多年的石家河又热闹起来了。这年盛夏时节，草木葱茏，在石家河遗址谭家岭考古发掘现场，湖北省文物考古研究院李晓杨带领队伍开展挖掘作业。"现在最主要的任务就是寻找石家河遗址大型高等级建筑基地，要探明它的性质、等级。"李晓杨说，"作为现今发现的长江中游规模最大、时间跨度最长、等级最高、附属聚落最多的都邑性聚落，石家河遗址已探明，谭家岭古城就是石家河遗址的中心区域，在石家河古城时期，发展成为重要的居住区。在这里发现了房址、墓葬和灰坑，发现了大面积的城壕，还要进一步发现远古大都市和史前豪宅，让这个长江中游持续千年的文明中心再放异彩。"

2023 年 3 月，湖北省文物考古研究院首次确认，石家河古城由内城、城壕（护城河）、外郭城构成，总面积达 348.5 万平方米，为长江中游同时期最大的古城，与长江下游的良渚古城规模相当，是长江中游面积最大、等级最高、延续时间最长的史前古城。同时，考古队还新发现了古城的水利系统，为进一步研究石家河古城及长江文明进程，提供了全新的重要资料。

北京大学终身教授、考古文博学院博士生导师严文明先生曾赋《石家河赞》：

竟陵古迹多，最酷石家河。大城平地起，谭家设宝座。城壕深且阔，绿水泛清波。防洪兼漕运，沟通东西河。南面三房湾，疑是主祭场。大祭须大办，红杯摆成垛。北枕邓家湾，宗教遗迹多。巫偶抱鱼祭，伴者舞婀娜。东有黄金岭，西邻印信台。祈年祭天地，丰收乃可待。成千大陶缸，不啻大谷仓。万千陶塑品，象征禽畜旺。贵胄掌大权，财富如山积。更要拥宝器，不离玉与漆。漆器多已朽，考古难寻觅。玉器重传神，风格独一帜。神人为主体，虎鹰是图腾。龙凤首配伍，历代相传承。文字虽初具，意义难究明。我意三苗氏，先楚创文明。武士挥大钺，雄风震四邻。苗民弗用灵，舜禹来远征。是非且勿论，事实要厘清。仍须多努力，考古解迷津！

一、陶塑工艺显精湛

石家河文化的陶塑品是一张闪亮的名片，是我国原始文化艺术的精华之一，已受到考古界和美术界的重视。

石家河文化的陶塑品，最初是中国社会科学院考古研究所于1955年配合石龙过江水库工程，发掘石家河的罗家柏岭、贯平堰、三房湾和石板冲四处遗址时发现的。在这批陶塑品中，有羊、狗、鸭、鹅、长尾鸟、短尾鸟、龟、鱼等造型。考古人员刚开始调查这些文物时，以为它们是汉代的；后在发掘中，根据地层关系和共存关系，才判断属新石器时代晚期。1973年以后，天门县文化馆在石家河进行文物调查时，又在邓家湾采集到100多件陶塑品，在其中已报道过的65件中，有人、鸡、长尾鸟、羊、龟、猪、猴、狗、象等造型，还发现邓家湾遗址是石家河文化陶塑品的集中产地。

1978 年和 1987 年，荆州博物馆和石家河考古队在邓家湾进行了三次发掘，其重要收获之一，就是出土了数以千计的陶塑品。从发掘现场观察，绝大多数陶塑品都集中出土于遗址西侧的少数灰坑和地层中，而大多数灰坑和一般地层中却并不多见，墓葬中则完全不出。

石家河文化所有的陶塑品都为泥质红陶。陶土经过淘洗，火候与一般陶器接近，制法皆为手捏。这些陶塑品所表现的对象，主要是动物，也有人，体量一般为 5—10 厘米。绝大多数陶塑动物都有鲜明的个性特征，比较容易辨认，但也有极少数的造型带有写意性，难以确切地鉴别和定名。这些陶塑品，大体可分为四类。

一是陶塑人。所见陶人可分为站立和跪坐两种姿势：前一种很少出土，仅见过下半身残部，特征不甚清楚；跪坐姿势的陶人发现较多，形态基本相同，一般高约 10 厘米，其特征为头上戴浅沿帽，式样和现代厨师的工作帽颇相似，身穿长袍，细腰身，宽底摆。陶人耳鼻清晰，颈部修长，正面跪坐，两手于身前横抱一条大鱼，神态庄重而虔诚，似在祈祷。

二是陶禽。绝大多数为鸡陶器和鸟陶器，只有极少数陶器为其他禽类造型。鸡陶器的数量极多，高 6—9 厘米，皆为站立姿势，特征是短喙粗颈，胸腹部特别肥厚，双翅似因退化而变得十分弱小，尾羽短而齐，尾下附一支点，和两腿共同支撑身体。鸡有雌雄之分：雄鸡陶器有高大的冠，而雌鸡陶器则没有这样的冠。鸟陶器的数量亦极多，有长尾、短尾和连尾。长尾鸟陶器长 6—7 厘米，颈部抬起，双翅发达，尾羽很长，尾端大多分叉成燕尾形。短尾鸟陶器长近 4 厘米，和长尾鸟陶器的主要不同是尾巴短小。连尾鸟陶器的发现不多，其特征是两只鸟形态相同，背向而立，尾部相连。鸭陶器的发现很

石家河出土陶偶

　　少，蔡台出土的一件扁喙、长颈。猫头鹰陶器出土数只，头部特别圆大，圆眼尖喙，小尾。

　　三是陶兽。陶兽的种类繁多，姿态各异，占半数左右。狗是陶塑品中最有特色的动物造型之一，观其形态，有的静立，有的奔跑，有的吠叫。最常见的是立式狗陶器，它们往往抬头翘尾，身体稍向前倾，注视前方。卧式狗陶器一般作侧卧状，两条后肢自然交叉，置于右侧，腰身略蜷，颈部粗长，头部高高扬起，好像听到什么动静而正在警惕地张望，造型生动传神。羊陶器，从形态观察，有绵羊和山羊之分：绵羊头较小，角向前弯曲，身体肥大，两眼有神，短尾；山羊头较大，角围绕耳朵卷曲一周，躯体较瘦小。象陶器的出土较多，亦分雌雄：雌象无獠牙，长鼻前伸，小耳朵，躯体壮实，尾伸直，似在向前冲奔，极富动感；雄象的长鼻自然弯垂，有獠牙一对，但不见凶斗之态，尾巴下垂，安娴而立。猪陶器皆作站立状，吻部粗长，吻端可见两个圆形鼻孔，小耳朵，四肢粗短，腰圆体肥，短尾，神态愚憨。出土猴陶器数只，头较小而圆，前肢抱一圆形物品，似在啃食，后肢坐立。此外，有兔陶器、水牛陶器、黄鼠狼陶器、袋鼠陶器等，神态各异，模样灵活机敏。

四是陶水生动物。龟鳖陶器出土很多，形态亦富于变化，有的鳖伸着长颈，睁着圆眼，展开四肢，向前爬行。鱼类陶器较多，呈长条形，剪尾，全身呈菱形，背、腹部有鳍，头部两侧有小而突出的圆眼。

在我国原始文化艺术中，石家河文化的陶塑品以其丰富多彩的艺术造型独树一帜，没有任何一种原始艺术能留下如此众多的作品，直到今天，这些形象生动的陶塑人和动物，仍能给人们以艺术上的全新感受。首先，这些陶塑品都具有很强的写实性。在陶塑形象中，鸟有发达的翅膀和尾羽，鸡有肥实的腹部，象有如蛇的长鼻，羊有卷曲的双角。因此，写实是石家河文化工匠们的主要创作原则，朴质无华也因此而成为作品的基调。其次，石家河文化的陶塑品还具有生动传神的艺术魅力。写实并不是呆板地照葫芦画瓢，实际生活本就是丰富多彩和变化万千的，陶塑品中不乏精品佳作，其中的奥妙就在于，这部分作品已开始摆脱了初级的静态素描，并努力去表现被塑对象的动态和神态。例如侧卧姿势的狗，由于表现出了其扬头、张望、谛听的动态，整个形象都充满了生机与活力。又如象匆忙地奔走，鳖用力地爬行，也都富于动感，生动可爱。石家河文化的工艺师们相当重视对陶塑品的形象神态的刻画，人的虔诚、狗的机警、猪的愚憨都达到了较为传神的程度。另外，在具体表现手法方面，石家河的工匠最擅长运用夸张这一表现手法，只要稍加留意就可以发现，在石家河文化的陶塑品中，夸张的手法，是用得非常普遍的。例如，有的象的头部几乎是整个身体的三分之一，而卧狗的头部和颈部差不多达到了全身的三分之一，这样更能表现动物的特征。从出土的陶塑品可以看到，工匠们对夸张这一表现手法运用得如此熟练，说明当时的人们在创作陶塑作品时，也积累了相当丰富的经验。由于这些陶塑品达到了一定的艺术水平，因此成为石家河文化闪闪发光的名片。

二、三苗文化斜腹杯

三苗文化，特指分布在长江中游和淮河上游地区的一脉相承的屈家岭文化和石家河文化。苗族可以追溯到距今五六千年前的炎黄时代。商周时期，苗族先民便开始在长江中下游建立"三苗国"。斜腹杯是贯穿三苗文化始终的最典型的陶器，很大程度上反映了三苗文化的发展兴衰过程。位于三苗文化核心区的石家河遗址群，其斜腹杯经历了四个阶段的演化过程，成为三苗文化的代表作。

斜腹杯在一般遗址中大量见于灰坑，且在墓葬中成群随葬，以属石家河文化早期的肖家屋脊 M7 号坑为例，在墓主人足端随葬有斜腹杯 29 件，与其身侧的小鼎、壶形器等可能同属酒器，而与其足端二层台上大量罐、碗类盛储器和饮食器有别。斜腹杯不仅是酒器，而且还带有装饰品的特质，在石家河文化晚期尤其如此。就石家河遗址的出土情况看，仅城内的三房湾一带就堆积有数以万计的红陶斜腹杯。

随着时间的推移，斜腹杯逐渐被当作三苗进行特殊巫术活动的重要法器之一，其代表的习俗和宗教行为，成为三苗文化特殊性的重要组成部分。正因为这样，华夏人才说"苗民弗用灵"（《尚书·吕刑》），才有舜"更易其俗"（《吕氏春秋·召类》），才使禹征三苗

（《墨子·非攻下》）有了借口。

斜腹杯所显示的三苗文化的对外影响，最明显的一条路线是从江汉平原、豫西南向北至豫西北、晋南地区。在三苗文化之外，以晋南豫西地区发现的斜腹杯最多，且与江汉平原斜腹杯的变化亦步亦趋，尤其石家河文化早期的斜腹杯通过晋南传播到了陕北。在交流和争斗的过程中，华夏集团日占上风，表现为在石家河文化中，中原文化因素的日益增多，这与"尧战于丹水之浦，以服南蛮"（《吕氏春秋·召类》）的记载吻合。

斜腹杯所显示的三苗文化的另一条对外影响路线是从江汉平原向东北至皖北、豫东、鲁西南地区。石家河文化的高柄杯、刻文尊、折腹杯、长颈壶、折盘豆等，都与上述皖豫鲁交界地区大汶口文化的尉迟寺类型和龙山时代的造律台类型同类器有直接的联系。皖豫鲁交界地区龙山时代的造律台类型可能属于以舜为代表的有虞氏的遗存，其前身大汶口文化尉迟寺类型自然也不例外，有虞氏和华夏集团与东夷集团都关系密切又相对独立。"舜伐有苗"（《荀子·议兵》），可能就是有虞氏逐渐占据上风的结果。

到龙山后期，石家河文化区突然出现不少陶单把筒腹杯、陶粗颈鬲等可能属于有虞氏的文化因素，人头像、虎头像等玉器也可能与有虞氏或龙山文化代表的典型东夷文化有关，说明在"禹征三苗"的过程中，有虞氏和夏后氏很可能联合起来对付苗蛮集团，这应该是导致三苗集团惨败的主要原因之一。

总之，斜腹杯和三苗文化始终息息相关，斜腹杯就是三苗文化的象征和代表作。

三、社祭样板邓家湾

在石家河文化的考古发掘工作中，考古队在邓家湾发现了一种形状奇特、用途不明、由管形器和筒形器相互套接组成的陶器，成组成套，数量较多。考古学家研究认为，这应与远古时代人们的原始祭祀与原始崇拜有关。这种管筒器，围绕灰坑呈半月形分布，出土时均倒置于同一平面上，没有发现埋设管形器、筒形器的沟坑痕迹。根据这些管筒的分布情况，考古专家认为它们最初本应是竖立着的，理由有三：一是根据管形器与筒形器相互套接的情况分析，陶筒应位于下部，陶筒之上再套接陶管，陶筒形器作喇叭之状，下部粗大，上部承接陶管而立于地面，可谓稳当至极。二是所出管筒器多保存完整者，绝非随意抛弃之物，其排列也有一定规律可循。三是管筒器出土时丝毫没有沟坑掩埋痕迹，如果当初即为横放于地，则这些圆形物体是很难放稳并很容易破碎的，保存完整的机会很少。

结合中国古代文献中有关上古时代人们祭祀崇拜、宗教信仰等方面的记载，并联系现存的民族材料进行综合考察，中国远古文化中存在着生殖神崇拜的风俗，这种风俗在古代重要的祭祀形式——社祭之中得到充分反映。上古时期，人们在营建居邑城邦之前，往往要先建造用作祭祀的场所——社。社的内涵是什么？许慎的《说文解字》曰："社，地主也。从示、土。"实则"社"的本义为土。《礼记·郊特牲》云："社祭土而主阴气也。"又云："社，所以神地之道也。地载万物，天垂象，取财于地，取法于天，是以尊天而亲地也。"《礼记》的这两段文字阐明了一个阴与阳的问题。按照中国古代的阴阳观：天为阳，地为阴；男为阳，女为阴。而阴属之女性则又可以理解为具有生殖繁衍功能的"母"或"后"。所以，"社祭土"实际上是祭祀具有生殖功能的"地母"或"后土"。《左传·僖公十五年》曰："君履后土而戴皇天，皇天后土，实闻君之言。""后"字的本义应该是具有生殖功能、受人尊崇的女性。所以，后土亦即地母之意。既然建社，就必须设立"社主"。社主即人们祭祀与崇拜对象的象征物。中国古代的社中，祭祀与崇拜的对象既然有地母或者后土，那么就必然有其专门的象征物体。如上所言，"社祭土"中的土乃是其一，除土之外，还有别的类别。

关于社主的形制和类别，《淮南子·齐俗训》曰："有虞氏之祀，其社用土……夏后氏其社用松……殷人之礼，其社用石……周人之礼，其社用栗。"在更早一些的先秦典籍中，也有类似的记载，"有虞之王……封土为社。"（《管子·轻重戊第八十四》）；"哀公问社于宰我。宰我对曰：'夏后氏以松，殷人以柏，周人以栗……'"（《论语·八佾篇第三》）。如此看来，中国古代的社主大体有土、木、石三类。

以形象而论，邓家湾管筒器中的筒形器，下部粗大，上部较细，顶端内收作圆形敛口，分属为男性、女性器官的象征，但其作为祭祀对象的象征实体，究竟是代表男性还是女性，谁处于主要地位而接受祭祀呢？有些学者在考察了管筒器的形制后认为，其大概属于男性生殖器的象征物，应该是陶祖的形象。以社会发展阶段而论，石家河文化属于新石器时代后期，而此时已经进入了父系氏族社会，由于经济形势的改变，男子的职能得到充分发挥，在社会经济领域中居于主导地位，人们尊崇的对象自然就是男性了。这种状况在考古学文化中的突出反映就是陶祖的大量出现，而管筒器也正好存在于这一时期的环境中，所以，以管筒器为男性的象征不无道理。

天门邓家湾既有屈家岭文化晚期的"陶主"，又有石家河文化阶段碑垣似的"陶社"遗物（即缸列），这就可以说明原始社会后期长江中游地区已有陶社存在。遗憾的是，前者只有"社主"，后者只有"社墙"，都还没有发现完整的陶社遗址。我们相信，随着考古发掘工作的不断开展，比较完整的"陶社"将会被揭示出来。

四、肖家屋脊玉器多

考古专家，原石家河考古队队长刘辉曾在中国石家河文化玉器主题研讨会上表示，石家河玉器工艺水平代表了史前中国乃至东亚地区玉器加工工艺的最高峰。2022年4月，中国社会科学院考古研究所研究员王仁湘对石家河文化玉器的评语是："石家河文化玉器，标志着一个史前玉作的巅峰，代表了一个中国玉文化发展空前绝后的时空坐标。"

肖家屋脊遗址位于石家河聚落遗址群的南端，是该遗址群的一个组成部分。肖家屋脊遗址处在一个由东北向西南延伸的土岗上，以前有一户姓肖的人家曾在此建房居住，故而得名。遗址的东边紧邻东河，河道断面上可看到有文化层。遗址的北边与罗家柏岭、杨家湾两个遗址相连，西北与石板冲、三房湾等遗址隔冲相望。

肖家屋脊遗址面积约15万平方米，一条南北向的土公路穿过遗址中部，将遗址分成东西两部分。单从遗址外观上看，很难看出肖家屋脊遗址有什么特别之处，从暴露出来的断面看，文化层也不是很厚，比起邓家湾、谭家岭遗址要平凡得多，然而奇迹却在这里产生了。

在正式发掘肖家屋脊遗址之前，石家河镇砖瓦厂已在此建厂取土，遗址的南部已遭受严重破坏。为了对肖家屋脊遗址的文化内涵初步摸底，以确定今后是否有必要再进行发掘，1987年秋季，石家河考古队首次对肖家屋脊进行了发掘。此次发掘的主要收获是发现了屈家岭文化和石家河文化的瓮棺墓一座，出土随葬品103件，这是石家河文化中已发现的最大一座墓葬。

在1988年春季发掘工作快结束的时候，砖瓦厂厂长刘洋交给考古队一包玉器，有碎片，也有完整的。其中一件虎头像雕刻精细，栩栩如生；一件玉笄上端的方棱柱上浮雕一只鹰，做工精湛，十分精美。为了弄清这些玉器的确切地层关系，1988年冬季，考古队第三次对肖家屋脊遗址进行发掘。考古队采取大面积集中揭露的方法，先后出土了玉鹰、玉人头像、玉蝉、玉龙等众多珍贵的玉器，造型独特，前所未见。从这些出土的玉器看，石家河文化的玉器制作工艺已达到了相当高的水平，其中的玉人头像是中国新石器时代发掘出土的唯一一件玉雕神人头像。类似的玉雕神像，在国内外的博物馆也见收藏，但均不清楚其年代和出土地点，过去一向被认为是商周之器，终于因肖家屋脊遗址出土的玉人头像廓清了历史的迷雾。

这是一次惊人的发现，石家河文化大型瓮棺墓主人显贵的身份，在考古工作者的铲下被掀开了神秘的面纱。56件制作精美的玉器，在历经数千年岁月尘封之后，奇迹般地呈现在世人面前。

此后，考古队又对肖家屋脊遗址进行了五次发掘，又发现了大批的石家河文化玉器。特别是在1989年春、秋两季的发掘工作中，考古队在石家河文化晚期大水塘西南部又发现了一个瓮棺墓群，随葬有玉虎头像、玉蝉、玉笄、长方形透雕片饰、玉环形器和碎玉片等玉器。在整个发掘工作中，共出土了157件石家河文化玉器。这些玉器一般保存良好，只有个别受侵较严重，绝大部分玉料为青白玉，呈黄

玉人头像

绿色，深浅不同，有玻璃光泽。

研究发现，石家河文化玉器制作的主要过程有锯割、制坯、雕琢、钻孔和抛光等工序。玉器品种主要分装饰品和生产工具两大类，装饰品包括人头像、虎头像、蝉、环、玦、鹰、鹿头像、羊头像、璜、坠、珠、笄和管等，生产工具有纺轮、刀、锛和凿等。

人头像是石家河文化最具典型意义和最有代表性的玉器之一。发现的五批玉器中，就有四批出土有人头像，总数有10余件。在肖家屋脊遗址中就出土了7件人头像，形态特点有正面的、侧面的、片状的、圆柱形的。肖家屋脊有一件出土的人头像，雕于一块三棱形玉片上，玉料为黄绿色，表面有乳白色斑点，长3.7厘米。人头像额顶最宽处3.6厘米，头戴成冠，头两侧上方有弯角形头饰，角下方有两道略向上卷的飞棱，菱形眼，宽鼻梁，鼻尖向外突出，耳郭分明，耳下戴大环，口略开，口内露出四颗牙齿，下颚较尖削，略向前伸，颈部有一道细凹槽，从头顶到颈底有一纵向穿孔。而另一件侧面人像也是难得的珍品，它的绝妙之处在于构思。头像浮雕于一块长5.7厘米的璜形玉片上，以璜形器的外缘为对称轴，将一个完整的人一分为二，分雕于玉片的两面，两面人像相同。人像头戴尖冠，冠上有抓钉状纹饰，冠后有披，直拖后颈下，眼如果核，外眼角上挑，内眼角略向下钩，眼眶和眼珠凸出，鼻较短，下端稍尖，大口微开，厚唇，双耳戴环，下颌和口角有卷云纹，面部表情庄重威严。从肖家屋脊遗址出土的这些人头像，虽然面部形象与冠饰不尽相同，但全都穿戴整肃，表情庄严，并都佩戴耳环，这类人头像大概是代表巫觋一类的神职人物，或是共同尊奉的神祇形象。

肖家屋脊出土的玉器中，蝉是最多的一种，总数33件。玉蝉在古代深受人们的喜爱，因为蝉能够蜕变，羽化后又能"饮而不食"，这对古人而言自然是一种神秘莫解的现象，这也是古人视蝉为神虫的原因。肖家屋脊遗址出土的玉蝉都是带羽翼的成蝉，蝉体一般为长方形片状，身长一般2—3厘米，其中有些蝉雕琢得非常逼真和精致。大多数蝉都是头部口吻凸出，目近似椭圆形，颈部较宽，微向上鼓，绘两个卷云纹，颈后有三道平行凸线，双翼收合，翼上有两道细脉，翼尖向上或向两侧弯翘，翼间露出带节的身和尾，左目和左翼尖的反面各有一个和侧面相通的小圆孔，十分精美，制作艺术达到了新石器时代的高峰。

虎头像是石家河文化玉器中形体较大、制作较精的玉器之一，数量仅次于蝉。在中国古代，虎是神威勇猛和不可战胜的象征，也是沟通人与神关系的神兽。肖家屋脊遗址出土的虎头像，一般为黄绿色的玉，虎额顶有三个尖状凸起，近中偏右边缘有一个半圆形豁口，虎面正中有一道竖凸棱，耳郭近似树叶形，耳角向斜上方伸出，耳内有旋涡状纹，耳蜗穿小圆孔，鼻宽大，鼻梁线与眉相连，网眼，额部较鼓。工匠们雕琢时构思巧妙，抓住了虎的特点，再现了虎的神威。

肖家屋脊遗址出土的一件玉飞鹰，也是精美之作。这件飞鹰，双目圆睁，作展翅飞翔状，形象矫健有力，扁钩形喙，小圆眼，背宽尾圆，有浮雕羽毛纹，双翅略向上抬举，并向后斜展，每翅上有四道平行而带钩的羽翎。像这样精雕细刻的玉鹰，在新石器时代的玉器中，还很少见。在古人的观念中，鹰是神鸟的一种，可以充当巫觋的助手。

龙、凤也是石家河文化非常重要的装饰题材。肖家屋脊遗址出土的玉龙，造型独特，玉为黄绿色，表面有灰白斑，龙体首尾相卷，上颌尖凸下颌短，口微开，额部有一道横凸棱，额顶到颈后部有长角形浮雕，尾为钝尖形。

石家河文化玉器的艺术造型是丰富多彩的，在那些以人面、虎面、蝉、鹰、凤和龙为题材的作品中，有不少堪称新石器时代的珍品。工

石家河出土玉器——虎座双鹰

石家河出土玉器——玉虎

匠们在突出玉器质地和光泽的同时，十分重视细部的刻画，反映和体现了所琢制玉器本身的美感，显示出石家河先民那种自然纯真的审美和精神世界。在造型上，这些玉器既重视对自然物的摹写，又进行了大胆的想象与夸张，创造出一种全新的艺术形象。2015年发现的后石家河文化时期的出土玉器，超过了以往的总和，种类、造型极为丰富，另外还出土了大量玉料，工艺水平极高。其普遍采用的圆雕、透雕、减地阳刻、浅浮雕线刻等工艺，代表了史前中国乃至东亚地区玉器加工工艺的最高水平。因此，"肖家屋脊"对于新石器时代的玉器制品来说，不仅是典型的玉器发掘地，而且是前无古人的高峰艺术。

五、古城初具"大都市"

石家河遗址的古城，是新石器时代长江中游居民群落的重镇，在那个时代，算是"大都市"了。这个重镇的诞生，奠定了天门作为丝绸之路必经之道的基础。

现在暴露于石家河遗址的地表土垣有两处：其一是从三房湾南侧、西侧经由谭家岭西侧直至邓家湾民居南侧的巨大曲尺形土垣，顶面宽8—10米，底部宽度在50米以上，高6—8米，断续长约1800米；另一处土垣位于谭家岭正东的黄金岭，现存形状近似弧形，顶宽20余米，底宽可达80米，较周围低地高出6—8米，南北长约400米，与谭家岭西侧土垣平行。从复原图上可见，这是一个从三房湾南侧、西侧，经谭家岭西侧、邓家湾北侧至黄金岭，其平面形状近似长方形的庞大人工工程，只是在三房湾东侧与黄金岭南侧间，有一个长400米的缺口，这应是整个工程的未完成部分，或是因为某种禁忌而未敢在此动土，或是有意规划的给排水通道。这座城垣南北长度约为1200米，东西约为1100米，土方总量约为76万立方米。

城垣外侧下临至今尚存于地表的环形壕沟，它环绕城垣一周，其中东北角被西周土城及其环形壕打断部分不明，除了东北角部分可能是利用了自然低冲相连外，其余部分均为人工开挖。周长在4800米左右，一般宽度为80—100米，最窄处也在60米以上，壕底与城垣顶面高差在6米左右。考虑到城垣在自然和人为破坏作用下，其高度是不断降低的，而壕沟则相反，渐趋淤平，所以其最初高度还要稍高一些。这道环形壕应是在建造城垣时就近取土所留下的遗迹，但绝非完全是建造城墙的副产品，也许这道护城壕较墙体具有更重要且更完整的功能。在城垣环形壕的外侧，邓家湾的北面和西北面，有两道人工堆筑的土台，均宽80—100米，弧长500—600米。三房湾城垣环形壕外侧也有这样的土台，这些土台应是开挖护城壕堆筑的余土堆积形成的，其作用尚不可考。

这些由城垣、护城环形壕和土台组成的浩大工程，处于整个石家河遗址群的中心位置，除西北角外，四周均有遗址，仅由环形壕圈住的面积就达180万平方米，城垣内可使用面积也在120万平方米左右。它们是这个遗址群某一时期的中心。2023年3月，湖北省文物考古研究院核定，石家河古城总面积为348.5万平方米。

关于这座土城的建造时代，考古专家认为"石家河城的建造只能是在当地有了一定的人口居住，但零落分布密度还不太大的时期进行的"。这一判断给我们的启示是，在屈家岭文化与石家河早期文化时代之间，石家河地区崛起了一座新兴的城，它至少是一个零落群体的居住地，是他们集中活动的区域。在这一文化圈内，它是物流和信息的中心，也是与外部地区进行交流的大本营。从城垣内邓家湾至谭家岭、蓄树岭台地连绵不断的大面积红烧土堆积，可以推想这里曾作为居民建筑区；从三房湾数以万计红陶杯堆积和邓家湾出土数以千计的大量陶塑，可以推测这里可能是一处专业陶器工厂，按产品的不同用途，分为几处窑场。这些产品或作为商品，或作为贡品，或作为交换品，流向不同的部落或聚落，甚至辐射到数百公里之外。

这座城的衰落，大约在石家河文化晚期。从这个时期开始，早期非常流行的红陶杯、大口圈足杯、腰鼓形罐、小型陶塑等十余种器物突然消失或趋于末路，却出现了许多在本地没有谱系传统的小口高领瓮、玉质饰品，并开始流行瓮棺葬式和大面积瓮棺墓地，有的瓮棺甚至打破了城垣，埋在了城垣上。显然，"城"的功能，在人们的观念中已经消失。直到西周时期，这里又建起了一座城，石家河经历了再一次的繁荣。

关于石家河古城内的人口数量，据考古专家推算，应为4万至6万人（以新石器时代至青铜时代聚落人口推算）。至于城垣建设者，当然不一定限于城内居民，可能有城外民众，甚至从更远的地方征集来的劳力。

在生产力水平还不高的条件下，石家河原始先民，要想在没有一个决策并进行设计规划的机构的前提下，构筑这一巨大的城垣工程是颇难想象的。对大规模的人力、物力加以调配，需要强制的力量，想来正是这个建立于聚落民众之上的机构，充当了领袖的角色。当然，即使没有这座城垣，要维持石家河这样较大规模的综合经济体系的正常运转，也需要某种具有权威色彩的统一管理机构。这一机构不可能是建立在血缘联系基础上的产物，因为我们很难想象石家河聚落群体的大量人口完全是一个民族或胞族自然增殖的结果。

石家河古城是目前已知的新石器时代几座城堡中，年代最早、规模最大的一座。它的发现无疑为探讨人类历史上城市起源的问题提供了十分宝贵的资料。石家河城垣和以城垣为中心的石家河聚落群连同外围遗址的面积约 8 平方公里。这样大规模的聚落群体不是孤立存在着的，它至少在石器原料部分依赖其他地区，而其某些陶器产品流布四方，在当时具有非凡的影响力。

石家河古城是新石器时代一座新兴的古城，虽然不属于今天的城市概念，但我们从中看到了城市文明和城市发展的曙光！

六、金属遗存孔雀石

石家河文化遗址中出土的孔雀石，是长江中游已知最早的金属遗存。

在邓家湾和肖家屋脊的石家河文化遗存的地层中，考古工作者发现了许多小块孔雀石。小的指头大小，大的像半个鸡蛋。有少数孔雀石表面已被氧化成褐色，呈蜂窝状。经北京钢铁学院（现北京科技大学）检验，结果证明这些孔雀石为铜矿石。据调查，这里方圆一百里的范围内根本没有铜矿，那么这大量的铜矿石从何而来？作用何在？考古专家对第一个问题还无法解答；但对第二个问题的回答是肯定的：这些铜矿石是用来炼铜的。在石家河文化的遗存中有一种大缸，是用来炼铜的器具。在当时的历史条件下，盛产铜矿石的地方尚未形成大规模的冶铜作坊，人们只好把开采的铜矿石运回加以冶炼。石家河文化时期冶铜的出现，标志着一个新时代的到来。

长江流域青铜文化是一种地方性文化，作为礼器的青铜器必须具有这样的基本品格：质材相对固定，职能专业化，仪式程序化。长江流域有过高度发达的物质文明和精神文明，中华文明具有多元一体的特征。采集和狩猎经济不能产生文明，只有在畜牧业和农业的基础上才有可能，而稻作农业对文明产生的作用不能低估，它甚至比旱作农业更具优势。长江流域发达的稻作农业是这一地区古代文明产生的重要基础。而长江中游是稻作农业最早发生的地区，这是楚文化兴起的基础之一。石家河出土的孔雀石，是长江流域发现最早的金属遗存。它的出现，标志着长江流域青铜文化的兴起，而青铜文化正是与长江流域的稻作文化、畜牧文化及玉、陶等文化密切联系在一起的；同时，也与中原文化相互融合，推动了生产力的发展，展现了中国古代文明的辉煌。

七、丧葬文化有特色

丧葬，是石家河文化的特色。石家河遗址共发现墓葬109座，其中，土坑墓23座，瓮棺葬86座。瓮棺葬有早期的9座，晚期的77座。石家河墓葬分土坑墓和瓮棺葬两大类。

土坑墓的墓葬形制为长方形的竖穴，墓葬方向以南北方向为主，其次为东西方向。墓坑一般口底相当，少数墓口大于墓底，少数墓底出土有二层台。个别墓葬有使用木质葬具的痕迹，绝大多数为二次葬。头向东北方向为主，葬式均为仰身直肢葬。23座墓有17座发现随葬品，数量不尽一致。大型墓葬随葬品多达百件，而一般的墓葬随葬品在20—30件，少数的只有三四件或不见随葬品。随葬品一般放置在墓坑底人骨的头部或脚部，有二层台的放在二层台上。随葬品中绝大多数是陶器，也有少量的石器，还有少数的墓葬有玉器、铜矿石、兽牙。随葬品中的陶器绝大多数为泥质陶，并且以灰陶为主，红陶次之，黑陶略少于红陶。陶器表面以素面为主，纹饰以篮纹为主，弦纹次之，少量附加堆纹、方格和红衣陶。其制作方法主要为轮制，小件器物为手制。器类有高领罐、大口罐、中口罐、壶形器、碗、钵、斜腹杯、豆、罐形鼎、小鼎、器盖和纺轮等。其中绝大多数是高领罐，占随葬品的 45% 以上。

瓮棺葬在石家河文化晚期，成为主要的丧葬习俗。石家河文化早期的瓮棺葬，分布零星，葬具均为陶器，一般是较小的陶釜、罐、缸、瓮、鼎等，有的釜上盖钵，有的鼎釜相扣，有的葬具底部凿有小孔。

瓮棺葬以肖家屋脊遗址为主要地区。肖家屋脊遗址中的石家河文化晚期瓮棺葬，集中分布在同期水塘的东西两侧，可以明显地看出是两个较完整的瓮棺葬墓地。水塘东侧的墓地，集中分布了 28 座瓮棺葬墓地；水塘西侧的墓地，集中分布了 35 座瓮棺葬墓地。这些瓮棺葬墓坑的平面形状主要为圆形，葬具多为小口矮直领陶瓮，这些陶瓮器体均较大，可能是专门用作瓮棺葬葬具的。大型瓮棺葬一般是用两件陶瓮相扣而成，其他稍小的瓮棺一般是用陶盆、钵、圈足盘、豆和器盖作盖。77 座瓮棺葬中有 17 座有随葬器物，随葬品中除少量的陶器、铜矿石和兽牙外，绝大部分为玉器。玉器均出自较大的成人瓮棺墓中，这些瓮棺一般用小口广肩瓮作葬具，容量均较大，腹径在 0.4 米以上，随葬的玉器多寡不等，一般不超过 10 件，最多的有 56 件。

石家河遗址出土的玉器共有 157 件，其中 109 件出于瓮棺葬，这充分说明，古代先民有爱玉、戴玉的传统习俗，这种习俗渐渐潜入人们的心灵深处，渗透到生活的诸多领域。佩戴玉石，逐渐演变为我国悠久的民族传统文化。

从石家河遗址的丧葬情况看，史前社会已经形成了等级制度及其社会关系。那个时代，社会等级礼制化日趋严格，社会关系发生了深刻变化。石家河古城是江汉平原的中心聚落，湖北应城门板湾、陶家湖、荆门马家垸、江陵阴湘城、公安鸡鸣城、石首走马岭、湖南澧县城头山、鸡叫城等城址是各地方中心，属于石家河古城中心聚落的分支。那时，父系单偶制核心家庭是最基本的社会细胞。然而，整个文化区的社会发展得并不平衡，在江汉平原的文化中心地区出现了超越普通聚落，甚至超越了地方中心聚落的权力机构和贵族。贵族们居住在宗教中心聚落中，以垄断神权为依托，将管理权渗透到整个洪水控制体系——城居式和堰居式——的设计、营造和运作中，渗透到组织和管理专业化的纺织与石器制造的生产中，将文化的主流带入等级化、中心化的复杂社会，自己则尽占地利，享受着高级住宅、精美器具和一夫多妻，尽显"唯我独尊"的特权。村社之内、家族之内开始出现贫富分化和等级化，父权和夫权确立，男女之间出现了政治权利不平等现象。这样一来，社会意识形态发生了重大改变，聚敛财富成为通向权力的最有效途径。社会依据财富与权力的根本性差别，划分为统治阶级与庶民阶级，贫富两极分化，社会内部矛盾加剧。

八、稻作农业促进化

我国是一个古老的农业大国，稻作农业的出现可以追溯到公元前7000—前5000年的新石器时代中期。石家河文化遗址的考古证明，早在4600年前，江汉平原上生活的古老先民们已经掌握了成熟的水稻种植技术，稻作农业经济已从狩猎、采集等原始经济中独立出来，成为社会的主要经济部门，为人们提供充足可靠的生活资源。石家河遗址的红烧土中有大量的稻壳和茎叶，以及数量较多的石斧、锄、锛、穿孔石刀、石镰、石凿、蚌镰等生产工具，说明当时耕地面积扩大了，收获量增多，农业经济发达。

农业的进步带动了家畜饲养业的发展，从石家河邓家湾出土的陶塑动物，包括狗、羊、兔、猪、猴、象、鸡、鸭、鸟、龟等形象，这些陶塑工艺品的大量出现，证明家畜已成为人类的伙伴，成为他们生活的一部分。一方面，人类从农业收获中为家畜提供饲料；另一方面，各种家畜的快速繁殖生长，为人类提供了丰富多样的食物和皮革，也为农业生产提供肥料。因此，人类从那时起，就和畜类共处在一条和谐的生物链中。

民以食为天。为了获得稳定的生存资源，人类根据南方长江中下游地区的气候地形土壤特点以及文明进化的条件，不断探索种植和养殖技术，以稻作农业为主的农业系统工程逐步成熟和完善，由此带来社会生活和经济形态的一系列变化，推动了文明进程。其一，人类的饮食结构逐步确立为以稻米为主，保证了碳水化合物和植物蛋白等营养成分的摄入，滋养了人类的大脑和体魄，促进了人类的进化。其二，从社会进步而言，相对稳定的农业收入保证了社会财富的积累，促进了社会分工和阶级分化，在经济生活中，出现了交换和分配差异。其三，为适应农业生产的需要，人们需要掌握季节和气候变化规律，需要整治土壤，建立排灌系统，选育优良品种，进行除草、施肥等田间管理，从而带来了农业系统工程的完善与进步。其四，农业孕育和派生出相关产业，如酿酒、食品加工、仓储保管等。其五，农业生产的民俗事项逐步产生并形成特色，成为社会习俗文化，创造了新的精神文明。

稻作农业是对栽培稻的耕种。现代植物学、遗传学的研究已经提示，栽培稻是由普通野生稻经过人工培育，改变其遗传性状而来的。

普通野生稻是一种多年生的可食用植物，栽培稻则是一种一年生的粮食作物。在人类历史的初期，生产力水平还十分有限的情况下，这个培育的过程是非常漫长的。

从距今 1 万年前的全球气候转暖的时期起，普通野生稻广泛生长在长江流域及其以南地区，为人类提供了天然谷类食物。经过长期的采集实践，人们逐步熟悉了野生稻的生长规律，对野生稻进行了人工干预，但并未达到对野生稻驯化的程度。到新石器时代早期，在人类对野生稻的反复人工选择的基础上，野生稻的遗传性状逐步被改变，初步驯化成功，基本形成稻属栽培种，即原始栽培稻。野生稻的驯化成功，标志着新石器时代的到来。新石器时代早期阶段是史前稻作农业的起源阶段。

公元前 7000—前 5000 年的新石器时代中期，在长江流域产生了较稳定的稻作农业，稻作农业生产开始逐渐成为当时一个独立的经济部门。先民们有了新的食物来源，史前稻作农业成为他们赖以生存和发展的新的物质基础。在这一背景下，较稳固的定居聚落在各地普遍出现，史前文化的内容逐步丰富起来，先民们不仅种植稻谷，食用稻米，还懂得利用稻谷壳和稻草作掺合料来烧制陶器。

公元前 5000—前 3000 年左右，史前稻作农业得到全面发展，长江中、下游成为两个发展较快的新石器时代文化地区。

这一时期，稻米从籼稻不断经过人工栽培，演化成为粳稻。稻作农业的生产工具骨耜和木铲已经出现。农闲时，人们在干栏式长屋中制作漆木器、纺织器，以及陶、石、骨、木质艺术品等，创造出丰富多彩的史前农耕生活。

公元前 3000—前 2000 年的新石器时代末期，即石家河文化末期，史前稻作农业走向成熟，为史前社会的迅速发展提供了丰富的物质基础。可以说，长江中游的石家河文化，为其鲜明的代表。

稻作农业的成熟，促进了石家河文化社会经济的迅速发展，铜的冶炼和铜器的使用，就是当时社会经济发展的重要特征。除了在邓家湾、肖家屋脊遗址多次发现孔雀石铜矿块，特别是在罗家柏岭遗址还出土了 5 件铜器残片，表明作为新的生产力的代表，铜器已在长江中游地区率先出现。石家河城址面积达 120 万平方米，是长江流域已知最大的史前城址，其工程量甚至比长江下游的良渚文化的祭坛还要大。建造这样巨大的城池，需要足够的粮食和劳动力。正是在史前稻作农业发展的基础上，粮食、社会财富和剩余产品急剧增加，土地和劳动力成为产生社会财富的源泉。高大的城池、铜器、礼器和玉器等的出现，标志着史前社会的结束，文明时代的到来。这一切重大成就和变化，都源自新石器时代末期的金灿灿的稻谷和黑油油的土地。

5000 年前，石家河北港湖尚未淤塞，这个巨大的湖泊接纳了从佛子山龙尾山一带南北流向诸多溪沟河流的来水，一直延伸到天门河、汉水一带的湿地，湖中水草丰美，鱼鳖成群。沿着湖的北岸，海拔 30 米以上的平坦地带是石家河先民开垦的水稻田。他们使用石制、木制或骨制，甚至嵌了金属刀口的农具从事耕作。那时，人们最易获得的还是竹木工具，如今天在农村看到的杨扠、木掀、连枷、扁担之类。那时的气候比现在温暖得多，水稻可以一年两熟。每个家庭都饲养了家畜家禽，他们用稻谷的壳和茎混合了黏土，版筑墙壁，厚实的土墙、密集的立柱支撑起颇为结实的草屋。在谭家岭台地上，有一个部落或家族的永久居住点。考古发现，那里积累的文化层厚达 2 米。这是生命足迹的叠加，是人类繁衍不息的记录。

在天门市作家协会主席杨运灿写的《漫步石家河遗址》这首诗中，就可以看出天门人对石家河遗址的深情厚谊。其诗曰：

仿佛回到了几千年前，

和你一起穿越入剧。

那洪荒的过往故事，

让我感同身受三苗国的奥秘，

听说这里是苗族祖先居住的地方，

历史让你向西部迁徙。

这里的石刀、石斧、石凿，

这里的陶罐、陶筒、陶缸、陶鼎、陶壶、陶碗，

这里的玉龙、玉人、玉蝉、双人连体头像、虎座双鹰佩，

这里的刻划符号与象形文字，

创造了长江中游的先楚文明，

留下了远古人类的智慧之迹。

土城、三房湾、谭家岭、

邓家湾、罗家柏岭、肖家屋脊，

我用手机拍下留有地名的石碑，

解读着石家河文化。

遐想生命中的点点滴滴，

仰望遗址，难以离去。

返青的小草随风飘曳，

和煦的阳光照耀大地，

波涛汹涌的内心，想你围墙边是否种植几棵菩提，

去美化我记忆中的诗情画意……

钟灵毓秀的风国城

古风国，在天门历史演变中占有很重的分量。

据《元和郡县志》记载，天门为古风国地，就是伏羲氏的风姓。市境东北皂市镇内的五华山，今尚有"古风城""伏羲殿"的遗址以及"辽阳殿"和石碑等文物古迹。《大清一统志》又曰："风城即天门县城。"综上所说，可推断出，现在的天门城即古风国，而五华山则是风姓的封地。

一、风城封地五华山

五华山，伏羲氏风姓的封地。

五华山位于天门市皂市镇，距天门市中心城区约 25 公里，是历史建筑类人文风景旅游景区。相传因白龙引水，解救一方生灵，人们在五华山北麓设祭坛以祀。白龙寺始建于南朝，在唐、宋、元、明、清曾多次修葺。

五华山，其俊秀与它的名字一样，充满了绚丽的色彩。《寰宇记》

云："五华山岭连属，北接郢州，以其蠡中而枝麓四布如花五出，故名。"人们常说，"竹怜新雨后，山爱夕阳时"，这是赞颂雨后的翠竹，夕阳下的山岭。然而，朝阳照耀下的五华山，更为美丽动人。如果你在旭日东升、霞光四射中登上"蠡中"主峰，举目四眺，五朵相连的带露芙蓉就会尽现眼底。这五朵鲜花像五个挽臂出浴的少女，亭亭玉立，清新隽永，芬芳四溢，令人眼迷心醉，流连忘返。难怪这座周长不过 3000 米、高不过 50 米的小岗，多少年来一直被列为天门十大名景之一，吸引了不少墨客骚人，致使览胜登临、瞻仰风景的游客终年不绝。不过，更使这座小山声名远播的，是它上面的殿堂庙宇，修木古城。昔日，这里曾是古风国的国都，山上有古风城、伏羲庙、神农庙。

城垛巍峨，名刹庄严，楼阁参差，霞光掩映。传说中的伏羲和神农在这里受到了人们虔诚的尊敬。小小山岗，虬松怪柏，古木参天；纹梓香楠，荫翳蔽日；林中细流脉脉，不绝如缕；石间涌泉汩汩，如韵如诗；一年四季，次第鲜花，烂漫多彩；给人一种"斜径幽涧皆有味"的深沉之情。相传，在佛教盛行的南北朝时期，南齐武帝萧赜的次子萧子良被封为竟陵王，这个笃信佛教的王爷，在五华山建起了一座规模宏大的寺庙——白龙寺。从此，这座小山，整日香烟缭绕，钟鼓不断，善男信女，摩肩接踵，骚人墨客，相聚唱和。翻开唐代诗人皮日休的《五华樵唱》一诗，就不难窥其形胜之一斑。诗曰：

> 一声樵唱落云间，伐木丁丁响万山。
>
> 松径有声时汹涌，石潭无雨昼潺湲。
>
> 负薪每下牛羊队，荷担曾经虎豹关。
>
> 欲把诗书抛却后，五华仙境任跻攀。

五华山给皂市带来了灵气。素有"天门北大门"之称的皂市，毗邻京山、应城、汉川三市。作为一座有着三千余年历史的文化古镇，皂市古镇的历史遗迹众多，既是古风国故都所在地，又是明竟陵派文学创始人钟惺故里及归葬地，还存留有古笑城遗址和南朝齐所建白龙寺。

皂市古镇历史悠久，名胜古迹众多。据《大明一统志》载："皂市五华山上有伏羲庙，相传伏羲之后封于此，有古风国故城。"今皂市镇五华山上还留有风城遗址。公元前639年，邾国灭亡须句国，伏羲后裔须句氏早期立国在今山东东平县、梁山县一带，后迁徙到皂市，建立风国。"风国"即伏羲之后子城。上有伏羲庙，现仍留有"羲农殿"遗址和"须句氏旧部"及"风后先型、羲皇古都"的石刻碑文。笑城古城距集镇中心1.5公里，是湖北境内主要的古城遗址之一。2006年考古发掘发现，城址坐北朝南，城址东西长250—360米，南北宽156—305米，城址面积约9.8万平方米，城内面积约6.3万平方米。经勘察，笑城城址除城北有壕外，其余三面均为湖泊，这证明了当时的城址是三面环湖、一面为壕的布局。笑城城墙东、西两面没有发现缺口，南、北面正中各有一残存缺口，可能为城门残迹。

五华山南麓有明竟陵派文学创始人钟惺故居和陵墓。钟惺（1574—1625年），字伯敬，号退谷，明竟陵（今天门）人。万历三十八年（1610年）进士。授行人司行人。迁工部主事，改南京礼部主事。进郎中。天启初年，升任福建提学佥事，以父忧归，卒于家。反对拟古，提倡抒写性灵，但追求幽深孤峭而流于艰涩。为此和同乡谭元春编选《诗归》五十一卷，名扬当时，著有《隐秀轩集》等文集。

此外，位于皂市镇团山村长寿山的自然风景旅游区，山水相绕，交相辉映，是江汉平原难得的休闲去处。此地还有古战场文家墩遗址，清咸丰三年（1853 年），太平军将领陈玉成率部与满清兵鏖战于此，大败清兵。1932 年，贺龙率红三军与国民党军第十军徐源泉部在此激战，生俘敌旅长韩昌俊及所部 2000 余人。

说到五华山，相传古时黄帝周游山川路经皂市，见五华山下大水咆哮奔流，便问是什么原因。一白发樵翁说："昔日山下都是肥沃的田园。一日，青白二龙突如其来，乌云密布，雷电交加，大雨倾盆，顷刻间，山下就一片汪洋，变成了青白二龙的戏水池了。它们时而山前双蛟戏水，时而山后二龙戏珠，大有吞没五华山之势……"黄帝听后，大发雷霆，下旨治罪二龙。众臣子连连称是，哪敢不听，唯独大臣风氏进言黄帝，认为治罪惩罚反而会使二龙更加猖狂，不利于民，不如规劝二龙引水入海，恢复田园，将功折罪。黄帝应允。风氏马上传达旨意："二龙引水入海，还土于民，保佑五华山风调雨顺，百姓世代平安，黄帝不仅不加惩罚，还将奉为神龙。如若不然，碎尸万段，遗臭万年。"青白二龙忙叩头谢恩，愿将功折罪。

青龙自以为是，不择方向扭头而去。只听得一声巨响，金山穿了眼，银山劈两半，虎山转了弯。这惊动了山神爷，金山陡长千丈，银山突高万尺，将青龙压在山下，只留一截龙尾在五华山西北化为山石，如今在皂市西五公里处，称之为"龙尾山"。

再说白龙择向往东，摇头摆尾缓缓而行，穿过云梦泽，越过洞庭湖，把水引入东海。五华山下活土再现，百姓拍手称快。白龙过后留下一条弯弯曲曲的小河，就是如今的长汀河。从此，古风城内五华山下，风调雨顺，百姓平安。有民间流传的儿歌为证：

长汀河，长汀河，九垴十八弯弯多，要问弯弯哪里来，白龙引水抄的窝。金满河，银满河，河水满满鱼虾多，要问鱼虾哪里来，伏羲爷爷送给我。

于是，黄帝将五华山交大臣风氏管理，送白龙图腾给黎民作吉祥物，并筑风城于五华山上，造白龙寺庙于古风城内，世代相传。古风城象征着皂市古镇的文明史，白龙被人们尊奉为保护神。

二、白龙寺上香火旺

白龙寺，位于天门市皂市镇境内，相传该寺始建于南朝，现存之建筑物为明朝重建，清代修葺。白龙寺规模宏大，建筑雄伟，殿阁亭楼，重叠栉比。

白龙寺后渐失修，现仅存殿宇两栋，院内存有明、清以来之石碑五座，碑文字体工整，碑额与龟趺花纹精细，其中以明崇祯年间（1628—1644年）所刻者最为珍贵。1981年12月30日，白龙寺被湖北省人民政府列入第二批省级文物保护单位；2013年，被国务院明确为第七批全国重点文物保护单位。

白龙寺是湖北省境内为数不多的明代寺院建筑，其建筑形制和构件反映了明代建筑风格与地方建筑结合的特征，是研究湖北明代地方建筑的重要实物例证。

白龙寺的建立，相传是因白龙引水，解救一方生灵。人们在五华山北麓设祭坛以祀，南朝齐武帝萧赜次子、竞陵王萧子良，将祭坛改建为佛寺，依坛取名为白龙寺，迄今已有1500余年。唐鄂国公尉迟敬德将寺院扩建重修，使其拥有前殿、大雄宝殿、后殿、大悲殿、五云堂、五华清憩、官房、禅堂等建筑群体，规模宏大，气势雄伟，工艺精湛。明正德八年（1513年）、嘉靖十五年（1536年），白龙寺又经几番装修，使其"廓隘而宏，易敞而整"，"以为改规，不啻倍蓰"。寺内碑文载道："栋楹穹窿，撑柱霄汉，丹碧辉煌，晃耀星日。"明代文学家李濂留下了诗文曰："白龙寺倚五华山，寺下长汀抱楚关。上界藤萝低日月，暮天钟磬送潺湲。"这里毗邻古迹遗址，丰繁的民间传说、历史故事、民歌童谣融汇映衬，使白龙古寺愈发文彩灿然，正所谓"藏修者有清思，登览者有遗兴，憩止者有余怀"。

20世纪初，戎马频仍，古刹屡遭战火，寺院千疮百孔，毁损殆尽，仅存的前殿和大雄宝殿也只是两座空宇。中华人民共和国成立后，各级人民政府和文物部门对这座古刹十分重视，多次拨款维修，使其又恢复了当年的风姿，龙脊兽瓦，红墙朱门，重檐拱斗，兽鸟嵌扉。历代建筑艺术风格怡然自存，大雄宝殿楹柱二十八根，中柱十字通风，两米合围，旁柱斜断落基，千年不动，炎夏不汗。抗战时期，日寇为建碉堡，曾经妄图以两辆汽车系链拽柱，而楹柱俨然不动，世人称绝。寺内尚有明代碑碣三通，虽经多年风霜雨雪，文字仍然清晰。1993年，为回应广大人民群众的迫切需求，皂市镇人民政府多方筹资，用两年时间再行维修古刹白龙寺殿宇，复修佛像三十二尊，这些佛像造型各异，弦金绘彩，形神兼备，栩栩如生。

现在，不少香客和信徒会在他们选定的良辰吉日，纷纷来寺内朝拜，络绎不绝，香火旺盛，经久不衰。善男信女们置身在院内，看绿树成荫，青竹挂翠，钟鼓悠悠，风铃自鸣，升起一派超凡脱俗之感，涌出一番我来禅地之情。如果你置身在院外，看那香烟缭绕，翠绿丛丛，那祈祷低吟声不时贯入耳中，岂不觉得是到了人间仙境？真是"沧桑千古事，惟尔岁相逢"！

民族文化，异彩纷呈

勤劳、勇敢、智慧的天门人谱写了光彩夺目的文化篇章。

天门以其特有的风貌，屹立于荆楚文化之林；

以其鲜明的地域特色，似一颗璀璨的明珠，

镶嵌在中华文明的绚丽天空。

绵延千年的科举文化

从隋大业元年（605年）到清光绪三十一年（1905年），科举制度绵延1300年，众多天门精英应举登科，成就功名。天门进士姓名可考者114人。其中文进士100人，明通榜3人，武进士7人，钦赐进士4人。进士中，状元1人，探花1人，武探花1人，会元2人。蒋立镛、蒋元溥父子中状元、探花，鲁铎、刘必达获会元。明清两代，天门文科举人姓名可考者368人，李登、程飞云、谭元春获解元。

清代，让当时的天门儒生如鱼得水，让当今的天门人自豪感满满。据沈登苗的《清代全国县级进士的分布》记载，天门进士人数为51人。较之于周边县份，天门是一片科举高地：荆门10人、钟祥35人、京山13人、潜江20人、沔阳37人、汉川22人、应城16人。在全省范围内，除武昌府府治武昌、江夏、汉阳、黄冈外，天门进士人数仅低于孝感（77人）、黄陂（67人）、蕲水（55人），比襄阳、郧阳、宜昌、施南四府和荆门直隶州这一大片区域的总和还要多。

天门科举名人中，享誉政坛、文坛者代有其人：如晚唐诗人皮日休；明代国子监祭酒鲁铎，礼部尚书李维桢，云南巡抚徐成位，吏部尚书周嘉谟，户部尚书陈所学，四川布政使胡承诏，竟陵派创始人钟惺、谭元春；清代都察院左副都御史蒋祥墀，状元蒋立镛，甘肃布政使、代理陕甘总督程德润，山西巡抚胡聘之，黑龙江巡抚周树模；等等。在江汉平原腹地，天门进士以人数之众、巍科之显、政坛影响之大、文坛声望之高，成就了家乡"文化高地""状元之乡"的美誉。

一、清廉祭酒鲁铎

明、清以来，天门干驿一带文风甚炽，曾有"五里三状元，一巷两尚书，对面一天官，座后一祭酒，镇中出巡抚，挂角有都堂"之民谚，可见人杰地灵。其中的"祭酒"，即明朝两京（北京、南京）国子监祭酒鲁铎。

鲁铎（1461—1527 年），字振之，明英宗天顺五年（1461 年）生于天东古镇干驿镇。这里南濒沉湖，北滨华严湖，牛蹄支河绕镇而过。干驿镇以北四五里处，有一个松石湖，湖水澄清；相隔不远的华严湖则有浮石一座，据说曾是神仙经过的遗迹，所以水涨石高，水落石平；在美水仙石之间，盘桓着一座土埠，势如长虹，名东冈。高冈之上栽满了松竹柏桧，清风徐来，水石隐显，竹木沙沙，烟笼霭漫，饶有趣致。唐代"茶圣"陆羽曾看中此地，筑庐小居，所以他又号"东冈子"。东冈中还有一座泗洲寺，该寺的始建年代已不可考，但殿宇巍然宽大，寺内设有私塾，老秀才周子轩教授着十几个顽童。

小鲁铎生性好动，极其调皮，六七岁时，便被父母送进泗洲寺，师从周先生念书。小鲁铎虽然家境贫寒，但读书却非常刻苦。每天，他早早起床，带上午饭，牵着水牛，踏着晨露离家，将水牛放在半途水草丰盛的地方后，再进寺读书。中午，别的孩子回家吃饭了，他就在私塾附近的小树林里一边吃午饭，一边温习功课。傍晚放学后，他再披着晚霞，顺路牵上水牛回家。如此日复一日，年复一年。

一日，周先生以《东冈》为题，让学生们各作七律一首，以考察他们的才思和志向。当同学们还在苦思冥想之际，小鲁铎早已一挥而就：

> 湖上东冈旧得名，结庐高处作书生。
>
> 北瞻京国寸心远，下瞰郊原四面平。
>
> 风景闲时皆好况，云霄何日是前程。
>
> 梧桐生在朝阳里，听取丹山彩凤鸣。

小鲁铎放下笔，抬起头看，同学们都还无从落笔，而他自己又觉得意犹未尽，于是又铺开纸写了一首：

> 古树冈头屋数椽，主人家世只残编。
>
> 居临江汉东南会，运到云龙五百年。
>
> 七泽鸢鱼浑道体，九州兄弟或颠连。
>
> 西周老凤雏将近，会见梧桐君影圆。

"好大的气魄！"周先生读罢小鲁铎的诗作，不觉拍案称奇。他一连朗诵了好几遍，认为这小子将来一定会出人头地，成为国家栋梁之材，从此对这个学生便格外尽心教授。

（一）

一日，天光渐渐暗了下来，小鲁铎冒着毛毛细雨牵牛回家。走到半路，他忽听得身后传来一声轻微的响声，回头一看，只见水牛的肚子上多了一个黑乎乎的东西。他联想起近来周围耕牛不时被盗的事情，心里已明白了八九：盗牛贼来了。他本想发话说破，但一来身在旷野，恐生不测，二来与人为善的仁人之心顿起。于是，小鲁铎仍不动声色地将牛牵回家中，拴到了牛圈里。然后，他让母亲备衣备酒，送入书房，说要招待客人。待一切准备齐全后，小鲁铎手执明烛，走进牛圈，对着牛肚子下的黑影道："朋友，你受委屈了，快随我到房间更衣用餐吧，切莫冻坏了身子。"盗牛贼一听，知道自己已被主人发现，连忙跪在地上求饶。小鲁铎忙道："朋友请起，不必惊慌，铎无别意，乃要与你结交为友，请快随我去房里吧！"说完，小鲁铎扶起盗牛贼将其引入书房更衣饮酒。席间，小鲁铎循循善诱，从国法家规到为人之道，无所不及，畅所欲言。盗牛贼直听得面红耳赤，热泪满面，当着小鲁铎立下誓言："今后若不洗心革面，誓不为人！"酒足饭饱之后，小鲁铎又拿出了一点儿银两，对着盗牛贼道："我家也不富足，这点儿散碎银两，如不嫌少，就请带着暂度时日吧！"盗牛贼坚决不收，但奈何不了小鲁铎的一片真情，只得收下，长跪在地，千恩万谢而去。

（二）

聪明好学的鲁铎十五岁就考上了秀才，二十岁时又高中举人。湖广提学副使薛纲读了鲁铎的文章，很欣赏他的才情和见解，特予召见。薛纲将鲁铎留在府中饮酒对诗，并将他推荐给湖广的主要官员，使之名动荆楚。

鲁铎作举人时，有一次出外远行游学，遇到大雪。夜宿旅舍之中，鲁铎十分怜悯马童所受风寒露冻之苦，让其进屋睡在自己的被窝里，并赋诗表明他对这个身穿破旧衣衫的弱小马童的同情：

半破青衫弱稚儿，马前怎得浪驱驰？

凡由父母皆言子，小异间阎我却谁！

事在世情皆可笑，恩从吾幼未难推。

泥涂还借来朝力，伸缩相加莫漫疑。

转眼到了明弘治十五年（1502年），鲁铎凭着自身才华取得会试第一，俗称"会元"，擢进士高第并被朝廷授以翰林庶吉士之职。因公务不多，他便闭门自守，慎重交友，精心著述。

有一件小事，极能说明鲁铎生活的俭朴和为人的憨直。当时，鲁铎和一位司空（后改称为工部尚书）赵永很有交情。一天，赵永经过鲁铎家门口，巧遇鲁铎。鲁铎问道："您到哪里去？"赵永说："我记得今天是西涯（即李东阳）先生的诞辰日，特意前去祝寿。"鲁铎说："我应当和您一道去。您带的是什么礼品？"赵永说："头巾两块。"鲁铎说："我带的礼品应该和您的一样才好。"他进屋打开竹柜子，没有找到头巾。思考了很久，他才想起老家曾寄来一条干鱼，马上命家人去取，家人回报说鱼已经被吃得只剩下一半了。鲁铎考虑到家里实在没有东西了，就带着那半条鱼，与赵永一起去西涯先生的住所表示祝贺。西涯先生李东阳毫不介意，就用这半条鱼，加上买来的酒食招待了赵、鲁二人。他们饮酒作诗，相互唱和，尽兴而散。李东阳时任礼部尚书兼文渊阁大学士，对鲁铎的才华十分欣赏，特推荐他任编修，参与撰著《孝宗实录》。

（三）

不久，南面番邦作乱，屡犯大明边关，武宗皇帝朱厚照见鲁铎才思敏捷，为人谦和，且极善辞令，于是赐鲁铎一品服，诏谕安南正使，委以出使番邦息兵和好的重任。

所谓安南番国，就是现在的越南。在唐代，属于我国安南都护府地，五代晋时独立，建国号大瞿越、大越等。北宋开宝八年（975 年）封其王为交趾郡王；南宋隆兴二年（1164 年）改封为安南国王，此后即称其国为安南。明永乐五年（1407 年）以其地置交趾省。宣德二年（1427 年）复独立建国，仍称安南，俗称番邦。

到安南必经南蛮障夷之地。当行至古昆仑关时，鲁铎曾吟诗一首：

> 路出昆仑关，中林不见天。
> 巢卑幽鸟护，树老怪藤缠。
> 空翠疑成滴，阴崖戒近旁。
> 前驱知不远，膂箫隔巷烟。

鲁铎一行数人，捧着圣谕，带着丝绸美酒，一路上风餐露宿，翻山越岭，历经千辛万苦，好不容易来到了边界，却被一座蛇山挡住了去路。遥望之间，只见山巅岭下，岩畔洞边，满山遍野，尽是大大小小、花花绿绿的长虫。看样子，只有肋生双翅，才能飞越此山。鲁铎一行人历经了种种艰难险阻，终于到了番邦。

这安南国早就觊觎我中原大好河山，恨不得一口吞下而并之，只是惧我大明神威，不敢轻易冒进，但还是不断派兵骚扰边境，以试探朝廷的动态。今见明朝天子不仅没有派兵征剿，反而派来一个态度和善的文臣，带来丝绸茶酒，以图缔结盟约、永世和好，安南国不免认为朝廷无人，做起了侵吞大明江山的美梦。

有了这种卑鄙的想法，他们自然就不把鲁铎放在眼里了。常言道："两国交兵，不斩来使。"他们不敢贸然杀死明朝的使臣，于是采取了种种阴险歹毒的办法来对付鲁铎，企图使鲁铎知难而退，让和约难以签成。

起初，他们采取的是拖延时间的办法，当鲁铎提出要会见安南国王，商议和约之事时，对方竟提出了等到鲁铎轿杆返青发芽时再议的无理要求。个人受屈事小，国家安定事大。为了使人民不再流血，永结秦晋，鲁铎毫不犹豫地答应了这个无理要求。安南使臣见鲁铎应允了他们的条件，不觉自以为得计。其实，鲁铎深知自己的轿杆用的是家乡的杨树，看似树枯皮黄，其实，只要深栽土中，不出一个月，就会发出嫩绿的枝芽。

时隔不久，鲁铎的轿杆果然发芽了。负责监视鲁铎的番邦使臣对此不免瞠目结舌，惊奇万分，慌忙报告了国王。愚蠢的国王认为这是天意，不可违背，只得下令宴请大明使臣。但是，他们并不甘心，于是又生一计，企图在酒宴上干脆将鲁铎毒死，再对外谎称因水土不服而病亡。

这天深夜，鲁铎正在为次日会见国王时的措辞在卧榻上辗转反侧，忽然听到了轻轻地叩门声。他开门一看，不由惊喜地叫出声来："呀！是你！"只见来人连忙返身将门关上，小声道："恩公不可高声，小人有紧急情况相告。"

原来，深夜来访的不是别人，正是鲁铎少时送走的盗牛贼。话说，盗牛贼自从那次与鲁铎饮酒告别后，便金盆洗手，不再干偷盗的勾当了，而是跟着一位厨师学会了烹调的手艺，做得一手好菜。但因盗过牛而名声不好，他在家乡难以立足。于是，他一气之下，远走他乡谋生。后流落到了番邦，凭一手做菜的绝活被国王的手下看中，选到王宫司厨，并颇得国王的欢心。白天，他听说国王要借设宴之机谋害明朝使臣，想到自己是大明子孙，于是连夜冒险赶来相告，万没想到这位明朝使臣竟是自己昔日的恩人。

第二天，鲁铎应邀赴宴。酒过三巡，安南国王朝手下一使眼色，亲自把壶，要为鲁铎"敬"酒，以谢怠慢之罪。鲁铎知道此壶乃阴阳壶，壶内分为两层，壶柄装有机关，专门用来害人，执壶人只要不按动机关，斟出来的就是美酒，如一按动机关，斟出来的则是预先放置的剧毒无比的鸩酒。鲁铎见国王眼内凶光一闪，已动杀机，便不慌不忙地接壶在手，言道："为了贵邦与大明世代友好，我代表大明皇上，借花献佛，敬陛下一杯，以感谢国王的盛情款待。"说完，按动机关，给国王满满地斟了一杯鸩酒。国王心怀鬼胎，自然看得明白，知道诡计又要落空，不由得暗暗叫苦，口里却连连推说肠胃不好，不便饮酒，并想借机退席。编修当然不能让他就此溜掉，他一眼瞥见桌下有一只正在啃鱼骨的猫，便灵机一动，借挽留国王之机，将鸩酒用袖口拂翻，使鸩酒流到了猫啃的鱼骨上。国王见鸩酒已泼，不由松了一口长气，谁知桌下的猫却惨叫一声，倒地抽搐而死，阴谋还是暴露于众了。

（四）

国王的阴谋诡计接连落空，但仍贼心不死，又在公馆摆了一张化骨床，将鲁铎从简陋的旅馆接到高级公馆，想将鲁铎害得尸骨无存。这化骨床说来奇怪，初睡时舒服无比，比之当今的高级床垫有过之而无不及；但等到人睡熟，人体的热量慢慢渗入床板，便会启动机关，化骨床瞬时就会燃起熊熊烈焰，顷刻将床上之人化为灰烬。鲁铎不知是计，反而以自己的仁厚之心推测："国王见我两次都识破了他的阴谋，可能已回心转意，故现在将我接到了高级宾馆，看来签订和约已指日可待。"想到此处，鲁铎不由兴奋起来，决定给皇上写一份奏折，派人送回，让大明皇上放心，但又一想这奏折如何写法呢？鲁铎自受命南来，带着大明与番邦人民的美好希望，虽满怀信心，但屡遭国王的刁难，时至今日，和约仍然没有签成。想到这里，鲁铎不由得忧心如焚，苦思良策，通宵达旦，没挨床沿。直到日上三竿，他才想好奏折的措辞，挥笔而成。写毕，鲁铎才感到精溃力崩，不禁伏案而卧，安然入睡。

再说国王因心怀叵测，也是一夜未能安睡。待到早朝完毕，他亲自匆匆赶到公馆来探视。待他走进鲁铎卧室一看，不由大吃一惊，只见鲁铎不仅没有化为灰烬，反而点着明烛，静坐案前。看到这种情景，国王才知编修一夜未曾上床。走近一看，只见鲁铎已酣然入睡，再看案上，一封墨迹未干的奏折赫然在上，只见奏折上写道："臣受命赴番以来，深蒙厚待，番邦各部，尽皆善良，其民之朴实，将之豪爽，与大明无异。昔日边关烽火，多是强人所为，时值在今，日渐疲惫。番邦人民，亦盼和好，望我主圣察，切不可偏听偏信，依仗武力，妄动干戈！至于盟约，臣以为，精诚所至，金石为开也……"国王越看越羞，越看越愧："大明重臣的气度、智慧，以及大明王朝的国力，自己实在是不及万一。而自己的蠢蠢妄动，无异于以卵击石，自寻烦恼。"看到最后，他不禁激动万分，火速派人传下号令，排好仪仗，以最隆重的礼节恭迎大明使节。

经过种种波折，双方终于签订了永世修好的和约。此后，鲁铎在国王的盛情邀请之下，遍察了所属各部，并根据其民意，提出了不少安邦的好建议。各部酋长见他大智大勇，虚怀若谷，不以大国使臣的地位而趾高气扬，不以势孤力单而胆怯畏惧，故纷纷要拥戴为王，并馈赠给他大量的金银财富和价值连城的古玩，但都被他一一婉言谢绝了。

（五）

鲁铎和番回国后，深得人民的爱戴和武宗皇帝的器重，被封为两京国子监祭酒。在古时官场宴会中，必先由一位德高望重的尊者以酒奠地，比喻主持者才隆望重、四方景仰之意。明、清两朝，掌握朝廷教化者，称为国子监祭酒。而明代，有南京和北京这"两京"，往往各设祭酒一名，而鲁铎却任两京国子监祭酒，此可谓绝无仅有，独标青史。

鲁铎在任祭酒期间，为学不专章句，如果太学士们有假归废学者，往往严训重教，直至悔改为止，所以建树较广。后来，明武宗朱厚照宠幸阉党刘基，陷害忠良，朝纲不正，鲁铎看不惯，愤而辞职，称病回归故里。他在竟陵东湖之东修建别墅，俗称莲北庄。他时而闭门著书，时而垂钩钓鱼，逍遥晚年，并自作七律一首自娱：

> 窗外群峰远更佳，吾庐自可号山家。
>
> 飞来好鸟寻常语，移种新丛次第花。
>
> 木客每因求石蜜，贩夫频到送溪茶。
>
> 不妨兼有渔翁乐，秋水东湖一钓槎。

鲁铎虽有莲北庄，尤嫌不足，又在干驿镇老家筑己有园，每日里与儿时朋友谈笑饮酒，悠闲自得。他在《己有园赋》中描绘了建己有园的用意和政通人和的情怀。他还兴致勃勃地写了一首《己有园》诗，明确了己有园所处的地理位置，与城里老百姓同居巷陌间，过着"重树阴全合，虚堂暑不侵。一台凌百里，野色上吾琴"的归田生活，抒发自己怡然自得的心情。他时时不忘农耕本色，种了不少蔬菜瓜果，常向人称道："我这园子里的蔬菜瓜果齐全，一年四季都够享用的了。"有乡人劝他："您朝廷大官的荣华不去享受，何苦在这村野之地自食鸡豚呢？"他笑着说："我是在寻找安分之福啊！也是在实现自己晚年的天伦之乐呢！"

后来，阉党刘基阴谋败露被杀，武宗及后来的嘉靖皇帝又多次请鲁铎出山任要职，但鲁铎已无意宦途，一一谢绝。在乡闲住期间，他将历年所著巢结刊印，计有《莲北稿》《使交集》《东厢西厢诗稿》《己有园集》《梧亭小稿》《劝善俗言》等。

明嘉靖六年（1527年），鲁铎在己有园病故，终年67岁。嘉靖皇帝诏谕一坛，赐谥"文恪"，命湖广官员予以厚葬。鲁铎生前曾在张家湖沿湖口卜得风水宝地一处，将原地名"腊林"改为"止林"。鲁铎逝世后，湖广有司将他祭葬于此。

鲁铎生有二子。长子鲁彭，字寿卿，号梦野，明正德年间举人，为人正直，博学多才。曾任广东乐会知县，科平恺悌，勤恤赈济，深受黎民拥戴。去任后，当地士民给他立祠奉祀。次子鲁嘉，字亨卿，号观复，以敏捷的才思考中己卯举人。鲁嘉不求宦仕，一心一意研究程朱理学。朝廷屡派中丞来请他去任职，均不就。他的诗文很有名，"两两凤雏毛五色，背人常自宿丹邱"之句，被传诵一时。

据考证，鲁铎回乡归隐后，还与明代宫廷大画家郭诩（字仁弘，号清狂道人，江西泰和人）有过一段交往，并留下历史上最早记录竟陵山水且传存至今的一幅画作——《竟陵四景图》。

二、天官周嘉谟

周嘉谟（1546—1629年），字明卿，号敬松，天门干驿人。明代隆庆五年（1571年）辛未科进士。任户部主事，韶州知府。万历十年（1582年）为四川副使，分巡泸州。旋升为按察使，令所属抵制榷税宦官丘乘云横征暴敛。后巡抚云南，曾弹劾黔国公沐昌祚侵占民田八千余顷。后督两广军务兼巡抚广东，加右都御史。积极加强边防，防止交趾（今越南）兵侵犯。主持修复南海、三水、高要等邑被洪水所毁圩岸。后历任户部尚书、工部尚书、吏部尚书等职。旧时吏部或吏部尚书习称天官，因此天门人习称周嘉谟为"周天官"。

万历末年，齐、浙、楚三党争权，官员的任免升降，吏部不能做主。周嘉谟出任吏部尚书后，用人唯才是任，罢斥朋党之首及奸邪者。针对"上官注考，率用四六俪语，多失实"的陋习，周嘉谟请以六事定官评：一曰守，二曰才，三曰心，四曰政，五曰年，六曰貌。各注其实，毋饰虚词。此法获得皇帝肯定，在朝廷推行。光宗继位后，他反对郑贵妃邀封皇后。熹宗即位时，与杨涟、左光斗等迫使宠妃李选侍移宫。周嘉谟以顾命大臣的身份，竭忠尽智，支撑晚明大局，终因触犯魏忠贤而被削籍。

明末党争始于明神宗万历中期，终于明朝灭亡，一直延续了半个多世纪，周嘉谟始终处于政治斗争的旋涡之中。在朝廷粉碎魏党后，崇祯元年（1628年）五月，周嘉谟被重新起用，任南京吏部尚书，加封太子太保。次年周嘉谟病故于南京任上，享年84岁。崇祯皇帝追赠其少保头衔。周嘉谟虽一生在外为官，但他在家乡也深受父老乡亲的喜爱。当年他升任吏部尚书后，家乡的父老乡亲奔走相告，四境八乡喜气洋洋，乡党纷纷至周府称贺。周天官得悉后，深为乡亲们的深情厚谊所感动，嘱家人万万不可怠慢了乡亲。苦于乡民众多，无法置锅灶、设宴席酬答盛情，周天官想出一个好办法，集山珍海味、十样锦于一体，称"全家福"，以表达对父老乡亲的谢意。周天官虽居高官显爵，但不傲视乡里，乡民们也为良吏风范所感动，把"全家福"

敬称为"天官赐福"，此菜名至今仍在民间流传。

三、礼部尚书李维桢

李维桢，字本宁，号翼轩，又号大泌山人。明嘉靖二十六年（1547年）出生于皂市镇书香之家。明隆庆二年（1568年）中进士时，年仅弱冠。初选为庶吉士，后授翰林院编修，万历年间曾参与《穆宗实录》的修撰。尔后，外放陕西右参议，迁提学副使。浮沉外僚近三十年，始擢布政使。年届古稀时辞官返家闲居。两年后，奉旨出山，任南京太仆卿，旋改太常卿，李维桢坚辞不就，再返故乡。时值朝廷钦命编撰《神宗实录》。在给事中薛大中、太常董其昌的荐举下，皇上下旨以南礼部右侍郎召回李维桢，三个月后晋升为礼部尚书。四年后（即1626年），奉旨荣退家居，当年病逝，终年80岁，崇祯追赠为太子少保。

李维桢熟读诗书，博闻强记，年轻时就与同僚、当朝大儒许国齐名，朝野有"记不得问老许，做不得问小李"的歌谣。李维桢为人豁达，广交宾朋。诗文宏肆，才气横溢。钱谦益称赞李维桢："碑版之文，照耀四裔。"

李维桢第一次辞官在家时，正是泉州人林云龙任景陵知县的第三年。林知县非常崇尚陆羽，看到陆子品茶的井泉尚完好无缺，而《茶经》却已脱落焦乱难以辨认，便找来比较完善的版本加以校对，进行重刻，还请耆宿李维桢作了序。

李维桢的诗文清新隽永，颇有李白之风，为人所喜爱。如《观崖得微字》：

翠壁摩空鸟道微，斋钟隐隐出山扉。

到门流水清尘鞅，对酒桃花点客衣。

石洞经春龙自蛰，松巢将暝鹤初归。

最怜明月窥人意，早向疏林透夕晖。

在明代后期，李维桢撰写的碑文题字几乎遍及海内。传世著作有《大泌山房集》《南北史小识》《史通评释》等。

四、户部尚书陈所学

陈所学（1559—1641 年），字正甫，号志寰，别号松石居士。明末景陵干驿人。明万历七年己卯（1579 年）中举，万历八年（1580 年）庚辰科进士，时年仅 21 岁，其父亲陈篆认为他太年轻，不宜入朝为官，便让他回到故乡，拜耆儒为师，专攻经世致用治国之学。

三年后，陈所学已是满腹经纶，一腔豪情，再赴京参加廷试，癸未科殿试金榜第二甲第十三名赐进士。录取后，他被任命为刑部主事，转工部虞衡。因操守方正，学识超群，奉旨典试云南，为国取才。回京后即外放徽州知府，其间体察民情，严肃吏治，做了不少利国利民的事情。为此，陈所学朝考优异，升任山西提学使，并分巡冀北。他率领军民修城堡、兴屯储、练兵马、平叛乱，功绩卓著。升任福建右布政使后不久，又转浙江左布政使，勤于政事，颇受民众称颂；再晋山西巡抚、雁门关提督，成为文武兼备的治世良才。朝廷极重视陈所学的才德，不断地予以重任：先是调进京都任户部右侍郎，又晋南京总督，不久又被任命为户部左侍郎，升工部尚书转户部尚书。当时阉党魏忠贤结党营私，陷害忠良，危害天下。左副都御史杨涟连篇上疏，严厉弹劾魏党的罪恶，但遭罪入狱。陈所学挺身而出，引领众大臣上疏抗争，力主正义，舍身救杨，但无力回天，还得罪了魏忠贤。

陈所学平生钻研理学，极有心得，为世人所敬佩，就是不容于魏忠贤，多次遭到奸党的诬陷。因此，他愤而辞职，回到老家干驿，修筑松石园，著书立说，洁身自好。崇祯皇帝继位后，粉碎魏党，起用忠良。时内乱外患不断，崇祯皇帝特颁圣旨诏陈所学为闽浙总督，起重臣而镇东南。但陈所学看透朝政腐败，力辞不就，虽然崇祯下旨二十余次，陈所学却不为所动，仍在松石湖畔逍遥诗酒，后无病而终。

五、状元蒋立镛

在封建社会里，靠真本领于全国数万举子中考取头名状元，比登天还难。素有"文化之乡"美称的天门，从唐朝开始实行科举制度到清朝的一千多年的历史中，真正考上头名状元、有据可查的只有蒋立镛一人。从1644年清朝入主中原到1911年结束统治的260多年中，开科113次，在黄冈的刘子壮于顺治六年（1649年）被点为状元后，过了160余年才出了天门的蒋立镛。

蒋立镛（1782—1842年），字序东，号笙陔，湖北竟陵人，今天门市净潭乡状元湾村人。清嘉庆十六年（1811年）辛未科状元，授翰林院修撰。官至内阁学士兼礼部侍郎。书法佳作多有流传，诗文雄健隽永，自成一家，并著有《香案集》。其父蒋祥墀及以下四代一门共出了五位进士：自蒋祥墀起，依次是蒋立镛、蒋元溥、蒋启勋、蒋传燮，分别为清代乾隆、嘉庆、道光、咸丰、光绪进士。其中，蒋立镛中状元，蒋元溥中探花。

嘉庆十六年，蒋立镛在殿试对策时提出"助淮以敌河""合黄淮以治漕"的治河主张，颇得嘉庆帝赏识，由阅卷大臣初拟的一甲第三名钦擢为第一名。同科二甲第四名即是日后大名鼎鼎的民族英雄林则徐。

蒋立镛及第后，朝廷从国库中拨出巨资，给立镛修造状元府。一则显示朝廷皇恩浩荡，二则奖掖状元之乡人才辈出。蒋状元回湖广路过河南兰考。其时，兰考已大旱三年，六苗不生，饿殍遍野，"乌衔纸钱挂枯树"，惨状目不忍睹。清高之行，显于衰乱之世：蒋状元当即将修造状元府的巨款就地赈济灾民。事后，当地百姓为蒋状元修庙塑像，供恩祖牌，以永志不忘其鸿卓之义。到了 20 世纪 50 年代，有河南人路过湖北天门，还打听过蒋状元的后裔家事。道光二十二年（1842 年）春，蒋立镛回归故里治丧，恰遇家乡闹饥荒，又以行囊所存二百金换米救济乡里。后来蒋立镛每忆及总以"杯水车薪"为憾。

在天门流传着不少关于蒋状元的趣事逸闻，其中"巧对嘉庆成状元"最为流行。

传闻，嘉庆帝在御花园召见新科进士，进行"御批"。他翻看了初拟的一甲前十名的卷子，突然发现蒋立镛为湖北人，便问："汝系湖北人？湖北人要开天门才能点状元的。"蒋立镛不慌不忙地回答："臣正是湖北天门人，此次是从天门赶来应试的。"嘉庆帝一听，心想，我只是一句戏言，想不到来人正是从那里来的。然而，君无戏言，嘉庆帝正要点他为状元，又转念一想，这不是让他轻而易举地中了状元？不行，我还得试一试他的才学。打定主意，嘉庆帝和颜悦色地说："朕出一联，还望卿能立即对上。"他瞥了一眼旁边的莲花池，便吟出了上联："青衿争出玉宫"。"青衿"是古时对读书人的称呼，"玉宫"即皇宫。这上联的意思是说，读书人齐集在皇宫，争相脱颖而出。蒋立镛一听，心想，内涵虽然如此，但表面上还是写的眼前景物："青衿"又可理解为荷叶，而"玉宫"还可理解为水晶宫。这一句如此解来，便成了描写青翠欲滴的荷叶，从碧玉般的水面争相而出的美景。他注意到皇帝曾向莲花池瞥了一眼，自己也暗暗地向那里瞅了一眼，只见株株粉荷含苞待放，直指苍穹，顿时心里一亮，便朗声对出下联："朱笔独点天门。"嘉庆帝听罢，不由得拍案叫绝。于是朱笔一挥，蒋立镛便成了状元。

六、洋务先锋胡聘之

看过电视剧《乔家大院》的观众都应该知道剧中对主人翁乔致庸给予大力帮助的"胡大人"。剧中的"胡大人"的原型就是山西巡抚胡聘之。胡聘之（1840—1912年），字蕲生，湖北天门人。他是晚清重臣、洋务先锋。

1896年，胡聘之在山西巡抚任上，向光绪帝上书《请变通书院章程折》。胡聘之站在历史前沿振臂疾呼，对清末教育制度发起挑战，提出改革旧学的进步思想，引发了山西的教育革命。这道奏折是我们今天研究胡聘之教育思想极为珍贵、最为直接的文献资料。

"变通书院章程"，用今天的话说，就是"对教育制度进行改革的构想"。

1840年鸦片战争爆发，帝国主义对中国的侵略日益加剧，清政府日趋腐败，中国社会经济发生重要变化，国内阶级矛盾迅速发展到空前尖锐的程度，中国社会处在剧烈动荡的年代。在列强的坚甲利舰的炮口之下，我国的国门已经洞开，西方宗教、教育、自然科学……不断涌进国门，对我国城乡产生越来越广泛而深刻的影响，这就是"西学东渐"。

正是在这样的历史背景下，胡聘之上书朝廷，提出对传统书院制度进行变革。

胡聘之大胆地揭露了严酷而又真实的现状：国家急需德才兼备的股肱良臣，而国家兴办的书院虽储才万计，却多数不堪任用，所以朝廷"不免乏才之叹"。

书院，是我国古代特有的一种教育形式，对我国文化传承、教育发展起过重大作用。到了清代，全国有书院2000余所。摇摇欲坠的清王朝，一方面在全国实行军事统治，推行民族压迫政策，一方面又以儒术控制思想、禁锢学术，实行文化专制主义。众多书院已是毫无生气，甚至成为扼杀性灵的场所。

如何变革呢？胡聘之主张要对西学和中学进行认真的比较研究，辨证施治。

胡聘之认为，西方为普通教育设置的课程，并非只始于西方，一些学科在我国古代就存在。对此，胡聘之进行过审慎的考辨：

"臣观西学所以擅长者，特精于天算、格致，其学固中国所自有也。考《周礼》，宾兴贤教习国子，皆于德行而外，次以六艺。孔门七十二子，史特以身通六艺表之。数者，六艺之一也。汉魏以降，代有专家。至宋胡瑗教士，其治事一斋，亦以算数分科。是中土教法，本自赅备无遗。且凡西土递创新法，动谓中土所未闻者，如地圆、地行、地转之说。《大戴礼》《尚书考灵曜》及《张子正蒙》皆言之凿凿；光学、重学，《墨子》经上、经下篇奥旨可寻，并在西人未悟其理以前。即就算术言，西法之借根，远逊中法之天元，后乃变为代数。若宋秦九韶正员开方、元朱世杰《四元玉鉴》，西法终莫能逾。对数为法绝诣，然推算极繁，自李善兰著《对数探源》，省算不啻百倍，突过西人。可见同此一理，只在善用其心，不必尽弃所学。"

这段精彩文字，为我们传递了以下重要讯息：

第一，西方说的"数学"，在我国古代早就被列为"六艺"之一。六艺者，即礼、乐、射、御、书、数。根据《周礼·地官·保氏》记载，"数"包括方田、粟米、差分、少广、商功、均输、方程、赢不足、旁要等"九数"，这是我国早于西方的古典数学。

第二，汉魏以来，我国历史上不乏杰出的数学家。胡瑗就是我国历史上最早"以算数分科"的著名教育家。

第三，西方自然科学领域关于"地圆、地行、地转"的学说，在我国古代典籍中也早见记载。至于西方所说的光学、重学（力学），《墨子》中有《经上》《经下》两篇，可以寻到其奥旨之处。我国古代学者在这些方面的探讨"并在西人未悟其理以前"。

第四，中国早在7世纪，便已获得了求三次方程的近似解法，13世纪宋人秦九韶又发现了高次方程的近似解法。而欧洲到16世纪才发现三次、四次方程的一般解法。我国在这方面早西方几百年。

第五，李善兰（1811—1882年），清天文学家、数学家，对数学研究有突出的贡献，其所创"尖锥术"中已有初步的定积分思想。他还得出一些有关二项定理系数的恒等式和判断素数的定理。他的译著十分丰富，涉及天文学、数学、植物学、重学等多个领域。

胡聘之在奏折中的这一段文字，简要地回顾了我国历史上被时人称为"西学"的一些辉煌成就，不仅不逊于西方，甚至在许多方向上曾处于领先地位。所以他主张在向西人学习新学、"师夷之长"的时候，要进行比较研究，不能"举中国圣人数千年递传之道术而尽弃之"。

身为封疆大吏的胡聘之，畅言变革容易，朝堂上不乏巧言令色夸夸其谈者，诚所谓"非知之艰，行之惟艰"。胡聘之深识其理，早在呈递奏折之前，就已经开始了变革学制的实践。他深知作为大臣，不可发无验的虚妄之言。

第一，关于课程设置。胡聘之说：诗文等课酌量并减，"参考时务，兼习算学，凡天文、地舆、农务、兵事与夫一切有用之学"。至于与兵备、工程技术、机械制造等专业教育有关的课程设置，胡聘之建言："水师、武备、船炮、器械及工技、制造等类，尽可另立学堂，交资互益。"

第二，关于生源。改制后的学堂，学生来自两个方向，一是"择院生能学者，按名注籍，优给膏奖"，一是"省外各府属如有可造之士……甄录调院"。

第三，关于师资。胡聘之立足于从新学堂中选拔人才，在学堂中"学者有心得算法通晓者，准令分教外府属各书院，递相传习，借资鼓舞"。

第四，关于办学经费。胡聘之并不企求户部拿出多少银两，"其一切费用，即于各书院汰额减课项下量为挹注，或有不敷，由臣等设法捐筹，不另开销公帑"。

第五，关于教材。新学缺乏教材，在胡聘之看来，这不是什么克服不了的困难，"于天津、上海广购译刻天算、格致诸书，俾资讲求"，先用洋人的再说。

胡聘之在担任山西布政使代理巡抚期间，便开始了对传统书院制度进行变革的尝试。胡聘之向皇上报告说，"臣此次到任后，调阅算学课卷，所有三角、测量、代数、几何诸题，多能精核，相继来学者人数亦增"。山西尝试书院制度改革，已见成效。

清末民初，前后有两套关于推行教育制度改革的文件问世：《癸卯学制》和《壬子癸丑学制》。这两套教育文书，吸收了胡聘之的改革成果。

胡聘之积极引进新学，又注重继承和弘扬中国文化的优秀传统。既要勇敢地"拿来"国外的优秀文化成果，又要批判地继承我国传统文化，其目的是推进教育的创新发展。

推进教育改革，只是胡聘之在山西推行新政的一个方面。他在山西任上，励精图治，兴利除弊，创设招商局、矿务局、机器局，创办机械厂、纺织厂、火柴厂，改练新军，开拓蒙边屯垦，兴修正太铁路，深受百姓拥戴，其彪炳政绩已被载入史册。

七、黑龙江巡抚周树模

周树模，清咸丰十年（1860年）生，字少朴，号沈观，晚号泊园老人，是天门干驿镇人。树模家道贫寒，从小沉默寡言，但他敏而好学，极富上进心。七岁时启蒙入学，所读之书皆过目不忘。他十分刻苦节俭，大人给的零花钱从不乱用，而是积攒下来，待家中有困难时拿出来，令父母赞叹不已。遇到晚上油灯用尽之夜借着月光就读。家中无钱买书，他便从同学家借来所需之书，手抄成册，日夜诵读，务求甚解。塾师所提问题他总是回答准确，有时还向老师提问，所提问题令宿儒都瞠目以视，难以回答，因之被称为"神童"。

光绪元年（1875年），十五岁的少年树模考中秀才。光绪十一年（1885年）再考中举，四年后高中进士，被选为庶吉士；光绪十七年（1891年），得授翰林院编修。光绪二十一年（1895年）后因父母相继去世，丁忧回到天门干驿老家守制。

光绪十六年（1890年），湖广总督张之洞创设两湖书院于武昌都司湖，以著名才子梁鼎芬（字星海，号节庵，广东人）为总教习，设有经学、史学、理学、文学、算学、经济六科，每科设分教习一人，如现在大学的系主任，主持者都是当时的名人，具有某方面的特长。丁忧在籍的周树模早已为张之洞敬佩，便将他延揽到书院任理学分教习，嗣改为文学分教习。其间，周树模循循善诱，嘉惠乡亲子弟，颇得张公礼遇。

光绪三十二年（1906年），清廷废除科举。朝廷便饬令各省广设学堂，每省置提学使（如现在的省教育厅厅长），受督抚节制。周树模因在两湖书院业绩显著，而被光绪皇帝钦点为江苏提学使。上任后，他督促各府、州、县设立各级新学校，并经常选拔品学兼优的学生，去日本、美国等东、西洋留学深造，吸取外国物质文明与科学技术。这些学生回国后，大都成为辛亥革命和民国的栋梁之材。

从光绪二十六年（1900年）至光绪三十二年（1906年），周树模曾在清廷中央任台谏七年之久。在担任监察御史期间，他以纠弹奏举、直谏刚正著称。1903年3月，两广提督苏元春养兵坐大，靡费超饷，且兵匪混杂不清，屡战无功。周树模得知后，立即上奏光绪皇帝严密查办，苏元春遂被革职查办。后来，周树模又弹劾闽浙总督魏光焘贪赃枉法、鱼肉百姓等诸多逆行，魏即被罢黜。周树模以五品之监察御史，参掉一品之军政大员，可见其不畏权势、正直不阿的高贵品格。

清朝开国之初，海禁未开，南粮北调，都是以运河漕运，所以设有机构庞大的漕运总督衙门。到光绪中期，粮糈已由海上北运，而漕运总督仍置如故，叠床架屋浪费公帑。周树模看到这里面的弊病后，便奏请朝廷裁撤漕运总督衙门。

光绪三十一年（1905年），清朝鉴于甲午战败和庚子割地赔款、签订屈辱条约之教训，深感不变法不足以振兴朝廷、强国富民，遂决定派员出洋考察。周树模受命参加考察团赴欧美各国，实地考察了那里的政治、经济、军事和文化，从中受到很大启示。考察归来后，周树模详尽地向光绪汇报了诸国君主立宪的做法及利弊，并替泽贝子代拟了《呈请立宪疏》，提出先从改革官制着手，实行精兵简政等改革措施，均被朝廷所采纳。正当周树模即将施展救国抱负之时，他却遭到了中枢保守派亲贵要人的忌妒。这些保守派诋毁改革立宪，阻挠新政的实施。因周树模在欧考察期间已从谏垣调任江苏提学使，他们此时便暗中活动，唆使江苏巡抚电奏朝廷，催周速速赴任，并奉旨交军机处饬令周立即启程。这种做法在当时的清朝是很特别的。周树模离京赴苏后，立宪改革便随之停滞下来，直至流产。

清廷认为东三省是"皇脉"发祥地，那里地广人稀、物产丰盛，应予妥善开发，便于1907年（光绪三十三年）改建行省，节制军民以事建设。同年四月，光绪特派周树模为奉天右参赞，襄助总督徐世昌掌承宣厅担任一切机要总汇，管理财政人事各种政务。次年二月，又擢升周树模从二品加副都统衔署理黑龙江巡抚；再一年，实授巡抚。自任巡抚后，周树模审情度势，认为对于外交应谨慎周旋，精密以应：对内则增强防务，安抚百姓，建立保甲制度，厘定行政区域……于是上奏朝廷："欲于爱珲、呼伦贝尔、墨尔根、布特哈四城旧副都统所治。请添设爱珲、呼伦贝尔道员两缺。黑河、胪滨、佛山、嫩江知府四缺，爱珲、呼玛、漠河、呼伦、宝韦、萝北、武兴、讷河、布西、甘南直隶厅同知十缺。舒都、乌云、车陆、春源直隶厅通判四职……以资镇摄。"奏稿经光绪御笔亲批，悉加实行，从而使黑龙江全省建置划一、政权整齐。另外，他在各地编配保甲、划定疆界，鼓励关内人民移往黑龙江开垦荒野、开发资源，以事各项建设。他还动员天门老家的人民迁往黑龙江开荒谋生。后来这些人一部分定居下来，留下"天门街""天门乡"；一部分人流浪到俄国及欧洲各国，成为天门华侨的先辈。同时，他不忘以教育为本，儒教为根，在各府州县设立学校和图书馆。光绪三十四年（1908年）八月，他又派员在全省丈量土地，清查烟地，规定凡种植鸦片烟者，一律在翌年改种他物，以彻底贯彻禁烟令。九月，嫩江水位暴涨，居民受灾严重，他便率先电报清廷以策赈济；同时，策动富裕大户，紧急开仓救灾，自己则捐出俸禄以倡养廉，辑抚灾民。

清宣统三年（1911年），周树模被授权兼任中俄勘界大臣。当时，除黑龙江、额尔古纳河为天然国界外，其余各地均为无边无际的荒漠，勘定国界非常困难。根据界约，额尔古讷河上游以蒙达尔巴干为界。然而依据界图，蒙达尔巴干却有两个；一个为湖，在俄国境内；一个是山，在中国境内。周树模针锋相对，寸土必争，带领一班幕僚，深入荒漠踏勘，广泛搜集证据。在谈判桌上，他广征博引史志文献和有关条约，据理力争，坚持到底，决不让步。在他的不懈努力下，俄国人不得不低头服输，其侵占中国领土满洲里的阴谋终于未能得逞。

周树模虽在外地做大官，但乡情极重，对故乡的后起之秀，不遗余力地予以提拔；对故乡发生的事情，无不关注。

湖北蒲圻张国淦先生，是一个品学兼优的秀才。他于光绪二十八年（1902年）中举后，即北上考取进士，嗣以知县分发东三省。总督徐世昌很欣赏其器识宏达，便委任他考察东三省吏治政绩。当时，周树模正任黑龙江巡抚，张国淦对乡贤早已仰慕，便首先去拜谒。在周巡抚的指导下，张国淦对黑龙江省的吏治考察得很顺利。在张国淦考案的余暇，周树模常将他留在抚衙署理案，以资磨炼。以后，周树模多次上奏清廷和上书徐世昌，极力推荐张，说他"识知广博，才堪重用"。张国淦也不负周巡抚之望，历任清朝道员，民国国务院秘书长、农商总长、司法总长、教育总长、平政院长等要职。

光绪三十年（1904年），周树模正在监察御史任内。当时天门东乡一带的襄河（汉江）两岸经常溃堤，水患频仍，良田淹没，灾民流离。远在京城的周树模心急如焚，连夜写成疏文数千言，次日一早即奏请将天门县之渔泛泆河口，予以堵塞；这样可使靠近天门县城的上帐湖（今华严湖）、下帐湖（今沉湖）、青山湖、熨斗湖及乾河岑等支流之域，均杜绝水患，淤为良田，从事耕作。光绪准奏。从此，天门东乡一带水患锐减，故乡谚有"周树模一本塞九河，消除水患为良田"之美誉。

周树模一生持理端谨，刚正不阿，为世人所赞。

民国3年（1914年），周树模任平政院院长，该院主要是审理、纠察、弹劾全国行政官吏之违法行为，下设肃政厅，主管政府官吏风宪。次年6月，都肃政史庄蕴宽弹劾津浦铁路局局长赵庆华贪污舞弊，周树模立即批令赵停职受审。严审赵后，得知此案牵涉交通次长叶恭绰、京汉铁路局局长关赓麟、京绥铁路局关冕均及沪宁铁路局、正太铁路局的部分负责人。周树模不畏权贵，令他们全部停职受审，这便是当时轰动京华及全国的"五路大参案"。到了民国5年（1916年），袁世凯复辟帝制的真实面目日渐明显，他不顾国人的反对，僭位称帝，改元洪宪，为笼络逊清的遗老遗少和各界实权人物，大肆示惠加封。周树模被封为中卿，但他毅然不受，严词拒封，并辞职回天门干驿老家赋闲，临行还密访黎元洪，以大义相劝，使黎氏下定决心拒受袁之"武义亲王"封。

袁世凯在亿万人民的唾骂声中暴亡后，黎元洪继任总统。民国6年（1917年）7月7日，周树模应黎氏的恳请，再度出山任平政院长。但黎元洪颇受国务总理段祺瑞掣肘，常发生"府院之争"。周树模认为难遂大志，于次年辞去平政院长之职交由熊希龄继任。

民国7年（1918年）8月，徐世昌在安福系的拥戴下出任总统，以钱能训为国务总理。次年5月4日，北京大学等十三所院校学生，抗议巴黎和会对中国的干预及曹汝霖、章宗祥等人的卖国求荣行为，集体游行，火烧赵家楼曹宅，痛打章宗祥，是为著名的"五四运动"。钱内阁在满城风雨中辞职。此时，该由谁任国务总理呢？徐世昌首先想到的是老友周树模，便邀周出掌阁揆。但周树模认为军阀割据，武人专权，不谈总理，就是总统也要仰人鼻息，很不愿意就职。但徐世昌为自己的老上司，情面难却，周树模只得虚与委蛇，不作正面回答。徐世昌认为周树模在摆架子，便派安福系大将曾毓隽到周府游说并敦促周树模出山组阁。周树模见曾后，推说："好像不知道这回事，我要问问东海（徐世昌）。"曾毓隽则对国内外形势和徐世昌任总统、周树模任总理之如何利国利民利己大加分析，希望周树模勉为其难。周树模不但充耳不闻，且就座打鼾。曾毓隽见状，气得拂袖而去，在徐世昌和安福系诸人面前指责周树模"架子太大"，出任总理并组阁的事也就没有勉强周树模了。

这样一来，徐世昌只得请出勒云鹏任国务总理。勒云鹏到职后，有志促成南北和谈以谋统一，希望皖系段祺瑞、直系曹锟、奉系张作霖等军阀都能捐弃成见。于是，勒云鹏策动全国名流举行"和平联席会议"，指定各派名望高的代表参加。湖北定为周树模，然周乃以军阀拥兵自重、尔虞我诈、均无诚意为由，无意出席，便婉言谢却。自此，周树模决意退出政坛，率全家赴上海隐居。

周树模寓居沪滨后，已是垂老光景，每日里抚琴弄砚，自得其乐。同时，他常与当时的一些前清遗老和诗友文士往返。同乡左绍佐（字笏卿，光绪庚辰进士，官广东琼崖道台）、陈曾寿（字仁先，光绪癸卯进士，官监察御史）、樊增祥（字嘉父，光绪丁丑进士，官巡抚）等名流，都是周树模的好友，他们组成"秋社"，每月必聚会咏吟，互出新作，唱和品评。民国23年（1934年）四月，著名诗人汪辟弻（中央大学教授）、陈衍（作家）根据同治、光绪以来的诗文名家骚客108人成就比拟梁山水泊好汉之天罡地煞星，评列《光宣诗坛点将录》，将周树模列为首批"五虎将"之"天空星急先锋索超——周树模"，另外四名虎将为袁昶、林旭、范当世、樊增祥。当时有人写诗称赞周树模：

　　　　六辔不惊挥翰手，也能恣肆也能闲。

　　　　泊园诗骨知谁似，上溯遗山与半山。

近代著名文人高拜石先生曾在《古春风楼锁》中记载："沈观之作，清真健举，不失雅音，其诗属同光体，以达官能诗，当推泊园老人，其诗于奔放恣肆之中，有冲澹闲远之韵。长篇险韵，尽成伟观，王梅溪评昌黎诗所谓'韵到窘束尤瑰奇'者也。谨选周树模五言及七言各一首，如后：

杜鹃花

老嫩断百恋，偏于花有因。

猩色三两株，伴此樟木身。

众芳各自萎，一室我乃春。

璀璨墙壁间，映日特光新。

蓄花越数年，花亦如故人。

长感未可期，相安情弥亲。

庇花人谓迂，惟迂始得真。

斋中卧雨

梦里不知春去半，画帘香尽雨如油。

烟村杏桃寒无语，雾市蛟龙昼出游。

囊括尚余三寸舌，花开已自五分头。

门前剥啄讯来客，多是中朝旧辈流。"

周树模心胸开朗，为人幽默。民国 2 年（1913 年）春，周树模曾返天门故乡小住，乡亲父老都来周府谈闲话。

民国 14 年（1925 年），周树模病逝于上海，终年 65 岁。著有《沈观斋诗集》五册，经樊增祥点评影印问世，并有《抚江奏稿》《谏垣奏稿》等著作刊行。

跨越时空的诗歌文化

现代诗人邹荻帆在《竟陵历代诗选》的代序中说："中国曾被称为'诗国'，我们竟陵自可自豪地称为'诗县'，历史上皮日休的诗和著名的'竟陵派'钟惺、谭元春二先生，在我国文学史都是流传千古的，所以以诗歌显示竟陵也很恰当。"

一、针砭时弊的晚唐诗人皮日休

皮日休（约838—约883年），字逸少，后改袭美，襄阳之竟陵（今湖北省天门市）人。他出身贫寒，初隐鹿门山，自称"鹿门子"。嗜酒，癖诗。咸通七年（866年），皮日休应试落第，退于肥陵（今安徽省寿县），编撰诗集《皮子文薮》。次年考中进士。翌年游苏州。次年为苏州刺史崔璞军事判官。与陆龟蒙等结为诗友，唱和颇多，世称"皮陆"。

后来皮日休入京为著作郎，迁太常博士，复出为毗陵（治今江苏省常州市）副使。878年前后，皮日休参加黄巢起义军。僖宗广明元年（880年），皮日休随黄巢入长安，做了翰林学士。黄巢起义失败后，皮姓族人迁居皮家河口（今天门市横林镇匡家岭）。

皮日休一生著述颇多，如《新唐书·艺文志》著录其《皮氏鹿门家钞》九十卷，《皮日休集》十卷，与陆龟蒙唱和之《松陵集》十卷等。

皮日休非常崇尚"茶圣"陆羽的学识和为人，他写下《茶中杂咏》十多首以茶寓情之诗，其中《茶笋》是代表作：

> 褎然三五寸，生必依岩洞。
>
> 寒恐结红铅，暖疑销紫汞。
>
> 圆如玉轴光，脆似琼英冻。
>
> 每为遇之疏，南山挂幽梦。

后来，他还将陆羽的《茶经》两次刊印。

皮日休在文学创作上十分推崇孟子，他曾上书请将孟子学说立为取士科目。孟子"民为贵，社稷次之，君为轻"的思想，对恶道之君弑之无罪的思想，对皮日休的人生观和创作都产生了很大的影响。

他在《鹿门隐书》里揭露官吏之恶："古之杀人也怒，今之杀人也笑。古之用贤也为国，今之用贤也为家。古之酗醟也为酒，今之酗醟也为人。古之置吏也，将以逐盗；今之置吏也，将以为盗。""古之官人也以天下为己累，故己忧之；今之官人也以己为天下累，故人忧之。"从客观上反映了唐末广大士子及民众对统治者的不满。

皮日休提倡用文章指斥时病，说自己的文章"非有所讽，辄抑而不发"（《桃花赋·并序》），皆"上剥远非，下补近失，非空言也"（《文薮序》）。皮日休的文章在思想上多离经叛道之论，政治上敢于蔑视君权的神圣性。

在诗歌方面，皮日休推重白居易，称白诗"所刺必有思，所临必可传"（《七爱诗·白太傅》）。他谈乐府，说："乐府盖古圣王采天下之诗，欲以知国之利病，民之休戚者也。"今人"唯以魏晋之侈丽，陈梁之浮艳，谓之乐府诗，真不然矣"，而应"有可悲可惧者，时宣于咏歌"（《正乐府十篇·并序》）。因此，皮日休留给后人的诗歌，颇具影响力。

唐末，朝内宦官专权，朝外藩镇割据，天灾人祸，民不聊生，"一塌糊涂"。皮日休敢于创作反映百姓疾苦、针砭时弊的作品，非常难能可贵。鲁迅曾评价他为唐末"一塌糊涂的泥塘里的光彩和锋芒"（《小品文的危机》）。

二、"独抒性灵"的"竟陵派"文学创始人钟惺、谭元春

"竟陵派"——明文学流派，形成于万历、天启间，以主将钟惺、谭元春皆为竟陵人而得名。他们既受公安派影响而反对拟古，强调独抒性灵，却又"另立深幽孤峭之宗"，以矫"公安体"趋于浅俗之失。尤以所选评的《唐诗归》《古诗归》二书风行一时，使钟、谭名满天下，其创作称"竟陵体"，但以流于僻涩而颇遭诟斥。（《辞海》第七版）

（一）代表人物

钟惺（1574—1625年），字伯敬，号退谷，又号止公居士、晚知居士，别号退庵。天门市皂市镇人。明代文学家。17岁中秀才，29

岁中举人，36岁中进士，授行人司行人，任职八年，其间出巡四川、山东，典试贵州。40岁到41岁两年间，与同乡谭元春评选唐人之诗，作《唐诗归》；又评选隋以前的诗，作《古诗归》。因此钟、谭誉满天下，同为明后期的文学流派——"竟陵派"的创始者。其文学主张提倡抒写性灵，反对"前后七子（指由李梦阳、何景明、李攀龙、王世贞等为领袖的十四人）"提倡的文学复古主义，对散文的发展起过一定的作用。

钟惺一生勤奋好学，潜心著书，不与世俗人往来。于南京任礼部郎中的三年间，将正史自《左传》《国语》起，至宋元浏览泛观，万历四十八年（1620年），46岁的他终于著成《史怀》一书。他的著作现今流传下来的有30种之多，除与谭元春合作评选的《古诗归》《唐诗归》外，其代表作有《隐秀轩集》《周文归》《宋文归》《诸经图》《毛诗解》《名媛诗归》及《钟评左传》等。

钟惺晚年，因父丧居家三年，研究佛经，直到病逝，葬于皂市镇南鲁家畈苏家山，至今墓碑尚存。明清时，县内立有"钟谭合祠"，坊题"天下文章"四字。

谭元春（1586—1637年），字友夏，号鹄湾、蓑翁。天门市岳口镇新堰人。明代文学家。19岁为诸生，36岁为贡生，42岁中举，为第一名，故又称谭解元。52岁赴京会试，卒于旅店。平生喜游大山名川，足迹遍及中国东南。博学多闻，而立之年，便与同乡钟惺合选评点《古诗归》《唐诗归》，系统地提出了别具慧眼的诗文理论，形成以钟、谭为代表的文学流派——"竟陵派"。提倡抒写性灵，追求幽深孤峭。谭元春比钟惺晚去世12年，钟惺谢世后，谭元春始终高举"竟陵派"的旗帜，终其一生，再也没有出现过足以与之抗衡的文学流派，对此，谭元春功不可没。

谭元春一生留下近 900 首诗、150 余篇文章，除与钟惺共同选评的《唐诗归》外，还有《诗触》《遇庄》《东坡诗选》等传世。代表作《岳归堂合集》10 卷、《谭友夏合集》23 卷、《谭子诗归》10 卷，均收入《四库全书总目》。卒后葬于黄潭镇松岭坡源氏祖茔。

（二）文学主张

"竟陵派"在理论上接受"公安派""独抒性灵"的文学主张，但同时从各方面加以修正。他们提出"势有穷而必变，物有孤而为奇"（钟惺《问山亭诗序》），即反对步趋人后，主张标新立异。"竟陵派"倡导一种"幽深孤峭"的风格，主张文学创作应抒写"性灵"，反对拟古之风，同时主张向古人学习以成其"厚"，以自己的精神为主体去求古人精神所在。

"性灵"是指学习古人诗词中的"精神"，这种"古人精神"不过是"幽情单绪"和"孤行静寄"。所倡导的"幽深孤峭"风格，指文风求新求奇，不同凡响，刻意追求字意深奥，由此形成"竟陵派"创作的特点：刻意雕琢字句，求新求奇，语言佶屈，形成艰涩隐晦的风格。他们也主张向古人学习以成其"厚"（谭元春在《诗归序》中说他和钟惺曾"约为古学，冥心放怀，期在必厚"），但这又不像"七子派"那样追求古人固有的"格调"，而是以自己的精神为主体去求古人精神之所在。所以他们解说古诗，常有屈古人以就己之意。

"竟陵派"提倡学古要学古人的精神，以开导今人心窍，积储文学底蕴，这与单纯在形式上蹈袭古风的做法有着很大的区别，客观上对纠正明中期复古派拟古流弊起到一定的积极作用。

在文学观念上，"竟陵派"受"公安派"的影响，提出重"真诗"，重"性灵"。钟惺以为，诗家当"求古人真诗所在，真诗者，精神所为也"（《诗归序》）。谭元春则表示："真有性灵之言，常浮出纸上，决不与众言伍。"《诗归序》的这些主张都是"竟陵派"重视作家个人性情流露的体现，可以说是"公安派"文学论调的延续。

"竟陵派"着重向古人学习，钟、谭二人合作编选《诗归》，以作诗而言，他们提倡在学古中"引古人之精神，以接后人之心目"（《诗归序》），达到一种所谓"灵"而"厚"的创作境界。"竟陵派"弘扬求真重情的文学精神，其影响延及明末甚至是清初的文坛。

"竟陵派"文学理论在中国文学史上有很重要的意义，它实际是资本主义萌芽时期新的社会思潮在文学领域中的直接反映。明朝"狂人"李贽反对以儒家经典规范现实社会与人生；"公安派"代表袁宏道等反对以前代的文学典范约制当代的文学创作，而提倡一种具有时代性、个人性、真实性，能够表现内在生活情感与欲望的文学。他们的观点在不同程度上都意味着对旧的精神传统的破坏。

（三）文学成就

《古诗归》与《唐诗归》是钟惺和谭元春合编的两套鸿篇。

《古诗归》——总集名。明代钟惺、谭元春合编。十五卷。所选皆唐以前古诗。旨在通过选评古诗，宣扬"竟陵派"的诗歌理论。原与《唐诗归》合刊，名为《古唐诗归》，亦称《诗归》；后单行，遂用此名。有明万历间刻本。

《唐诗归》——总集名。明代钟惺、谭元春合编。三十六卷。为唐诗选集。凡初唐五卷，盛唐十九卷，中唐八卷，晚唐四卷。有圈评。旨在通过选评唐诗，宣扬"竟陵派"的诗歌理论。本与《古诗归》合刊，名为《古唐诗归》，亦称《诗归》；后单行，遂用此名。有明万历间刻本。

《古诗归》，亦称《诗归》。它以时代为序，从古逸至晚唐，逐代评选；古体、近体、乐府、歌谣、古语，无所不备。共选诗三千三百多首，八十五万多字。《诗归》收录的作品，从皇娥、白帝子、黄帝、唐尧、虞舜起到晚唐无氏的《萧山发地石刻诗》，时间跨度大约为四千年。收录作品的作者十分广泛。钟、谭二人根据自己的文学主张确定入选对象，不拘一格，公平公正。对粉饰太平、歌功颂德的应制诗很少选录，却选了许多具有批判性的作品。对名家的平庸之作不选。虽非名家，其作品堪称名篇者，则入选；虽非名家名篇，但其句属名句者，亦入选。帝王将相，名之凿凿；无名氏辈，亦赫然来归。

以如此开放、民主性的意识操作《诗归》，足以与西方文集相媲美。

三、喜诗好文的清代博士熊士鹏

熊士鹏（1755 年—？），字两溟，又字鲲，号莼湾，清乾隆二十年（1755 年）生于横林口（今天门市横林镇）。9 岁丧母，15 岁丧父。依兄为生，发愤攻读。乾隆四十年（1775 年）补弟子员。乾隆四十三年（1778 年）食廪生（享受官费读书），后在襄南任教数年。嘉庆六年（1801 年）中举。嘉庆十年（1805 年），50 岁时才中进士，以知县录用，辞不赴任。改任武昌府学教授，才欣然就职。常言："此乃儒者本色，卒可终岁矣！"任教十八年之久，喜爱关怀、培养孤贫有志之子弟，教书育人，极为后生和地方敬仰，为一代鸿儒。后以品学高优调任国子监博士，不久，移居黄冈东坡居住，号"东坡老民"。道光六年（1826 年）回故乡主讲于天门书院。

熊士鹏喜诗好文，所作别具一格，宗竟陵风骨而不落窠臼。他为文辞章清丽，风节凛然；论理言简意赅，动荡流走。论者赞其得昌黎真谛。他同情下层人民，创作此类诗篇颇多，如《悯丐》《流民叹》《贫士叹》《无家别》《孤儿行》等。其中一首写道："鸡鼠向人疑有粟，流民如雁已无家。"形象地反映了封建社会劳动人民的悲惨生活。

熊士鹏曾参与编修道光《天门县志》。著述有《瘦羊录》十四种，包括《竟陵诗选》《竟陵诗话》《荆湖知旧录》《鹄山小隐文集》《鹄山小隐诗集》《东坡诗集》《东坡文集》《天门书院杂著》《桐芭杂著》《壮游草》《耄学集》等。

四、揖拜太阳的现代诗人邹荻帆

邹荻帆（1917—1995 年），著名诗人，出生于天门竟陵古镇一木工家庭。其作品深受青年人的喜爱，曾几次参加国际笔会，荣获第 24届"斯梅德雷沃城堡金钥匙"国际诗歌奖。

邹荻帆在其选编的一部诗人译诗选集《迷娘歌》的序言中写道："记得当我还是个中学生时，就读一些诗人的创作，也读了他们的译诗。"作品多是中外名家名作，如郭沫若的《太阳礼赞》《匪徒颂》《春莺曲》，冰心的《繁星》《春水》，艾青的《透明的夜》《大堰河——我的保姆》，戴望舒的《雨巷》《我的记忆》等。其所读译作如郭沫若所译之惠特曼、歌德的作品，冰心所译之泰戈尔的作品，艾青所译之凡尔哈伦的作品，戴望舒所译之《西班牙抗战谣曲》等。当然，邹荻帆从一开始步入诗坛，就注重读名家名作。我国源远流长的具有中国气派和民族风格的文学，是任何优秀的外国文学所不可取代的。邹荻帆在他写的《我的启蒙老师》一文中，生动地描述了接受中国文学启蒙和熏陶的过程。

可见，诗人读名家名作，对于自己和他人是何等地重要。

1993 年 5 月，香港现代出版社发行邹荻帆的诗集《情诗种种》，邹荻帆在后记中说："现在不少年轻诗人、作家的诗文集，都爱以'情'字作为书名，或者有些人不知我心，指责我'将谓偷闲学少年'。我总认为诗离不开一个'情'字，那是包括了一切从心里爆发出来的喜怒哀乐之情。"还引《文心雕龙》的两句话说："'登山则情满于山，观海则意溢于海。'这是一种神思的境界，我不行，虽不能至，心向往之。"

对于当今诗文集多冠以"情"字的现象，邹荻帆未加评判，只是说大家"爱以'情'字作为书名"而已。

邹荻帆的《情诗种种》，收有情诗三辑：抗战情歌、心律情韵、山水寄情。据诗人说，"心律情韵"是献给师长、朋友和爱人，以及革命先辈，上数至古代将相、诗人的诗篇。其中《我的心律》初稿日期，正是诗人"患心肌梗死"之日，可见，那些可尊敬的、亲爱的朋友，总在诗人"心律上发出声韵"。强大的情韵起搏，使诗人再次扬起生命风帆，驶向秋水如碧、紫花满树的"荻"湾。

邹荻帆从事诗歌创作六十年，创作了大量的优秀诗篇，为繁荣我国新诗创作和发展对外文化友好交流作出了杰出的贡献。

他在《乡音》中写道："我有重浊的家乡口音，我的乡音难改。我饮过家乡的水，家乡的小河、沙湖，永远在心上波动！""乡音未改鬓毛衰，我仿佛高树繁枝揖拜太阳，我愿我家乡的年轻人的乡音，在五风十雨和平与自由的空气中，养成最强音……"在其一生的创作中，无论是呐喊、怒吼，还是咏叹、高歌，他的诗歌始终具有民族的乡音，人民的乡音，如同"高树繁枝揖拜太阳"而不改。"不改乡音"，既是他质朴平和的人品，也是他的诗歌始终保持与自己国家、民族共通的心律情韵的艺术特色。

有一些成就的诗人，当以不自诩"异峰矗立"为好，自诩的结果会使自己产生"一览众山小"的错觉；应当学习邹荻帆先生的情操，毕生写诗，毕生揖拜太阳。谁能说我们的心律情韵，心脏的强劲搏动，其能量不是永恒的太阳呢？

五、讴歌革命先烈的军旅作家陈立德

陈立德，男，生于 1935 年 7 月 1 日，湖北天门县（今为天门市）皂市镇人。中共党员。1949 年参加解放军，历任江汉军区江汉公学学员，恩施航空站电台报务员，海南岛航空站报务员，广州空军通讯团电台台长，广州空军宣传部文化干事，武汉空军宣传部创作组组长，八一电影制片厂编剧，天门农具厂工人，空军政治部创作室专业作家，文学创作一级。中国电影家协会第四届理事，中国电影文学学会理事。1952 年开始发表作品。1979 年加入中国作家协会。1956 年，创作电影剧本处女作《北伐先锋》。1958 年，创作电影剧本《吉鸿昌》，于 1978 年投入拍摄，1980 年获第三届百花奖最佳编剧奖。1961年，调入八一电影厂任编剧，创作电影剧本《黄英姑》。1972 年，调武汉部队空军政治部任创作员。后发表长篇小说《前驱》《翼上》《长城恨》，中篇小说《情仇》，话剧剧本《向井冈》以及电影剧本《飞行交响乐》等。继长篇小说《翼上》《长城恨》《神州飞将》《城下》《前驱》等作品之后，年近 70 岁的老作家陈立德又埋头伏案，拟以百万字的长篇小说讴歌中华民族的抗日英雄，纪念那些为民族解放事业献出生命、抛洒热血的人。

陈立德是一位少年早慧的多产作家，18岁即以电影文学剧本《北伐先锋》引起读者关注。几十年来，他以高昂的创作热情，不知疲倦地为革命历史歌唱、为先烈们歌唱，迄今已有900多万字的作品面世。其中《吉鸿昌》《刑场上的婚礼》等作品被拍成电影后，深受人们喜爱，可以说影响和教育了几代人。纵观陈立德的创作，不难发现：从青年时期至今，他不但一如既往地保持了旺盛的创作热情，而且几乎所有作品都取材于革命战争的各个阶段。有评论家指出，这是作者的革命历史情结使然。

童年的陈立德是在日寇的铁蹄下度过的。那时，家乡沦陷，日军就驻扎在离他家50多米远的地方。不满10岁的陈立德每天都能看到日军的暴行，这些在陈立德幼小的心灵上打下了深深的烙印。从此，强烈的爱国情感和英雄主义气概一直伴随着他的成长过程。入伍到某部后，陈立德接触到了《中国共产党烈士传》等一批思想教育图书。他如获至宝，每天读诵，直至烂熟于心。书中，烈士们崇高的思想境界和勇于牺牲的大无畏精神强烈地打动了陈立德。他决心以先烈们为榜样，以先烈们的人生观为导向，用手中的笔把他们的气节和斗争精神表现出来。1951年，陈立德以"高鲁"这一笔名发表了自己的处女作《翻身牛》，紧接着又有作品接二连三地发表。"是初次的成功鼓舞了我写作的信心，也是许多先烈的形象使我饱含深情地不断写下去。"回忆早年的经历，陈立德深有感触地说。

后来，陈立德利用近一年的时间，创作了电影文学剧本《北伐先锋》。此作拍成电影并获成功之后，周恩来、贺龙等领导同志接见了陈立德，并对这位年轻的作者给予了热情鼓励。陈立德感到，虽然电影已经上映了，却还没有一部反映这段历史的书。于是，他决定创作一部反映这段历史的长篇小说。定下计划后，他迈开双脚，沿着当年北伐军英雄斗争的路线实地采访、考察，收集了许多珍贵的历史资料。1964年，他倾力创作的反映北伐战争的长篇小说《前驱》终于由人民文学出版社出版。

1987年9月，他为《天门纵横》出版题诗一首：

　　　　一代茶圣尊陆羽，百世文章数钟惺。

　　　　西江后浪送前浪，竟陵风骚有传人。

陈立德的一部部作品再现了一幅幅可歌可泣的革命历史画面，塑造了一大批革命前辈的艺术形象，唱出了爱国主义和革命英雄主义的交响之声，在书林中也形成了一道葱郁、挺拔的景观。

（本小节内容出自《解放军报》2004年5月24日第7版李积清）

根植乡土的戏曲文化

天门是中国曲艺之乡。碟子、莲湘、三棒鼓，民歌、曲艺、花鼓戏，狮子、龙灯、蚌壳精，高跷、故事、采莲船等丰富多彩的民间文化为百姓喜闻乐见。其中，糖塑、民歌、皮影列入国家级非物质文化遗产名录。渔鼓、歌腔、说唱、莲花落以其优美旋律、丰富曲调、不拘一格的表演形式深受群众喜爱。

一、花鼓戏

"干活不听花鼓戏，浑身上下无力气"，民间流行的这句俗话充分说明了人民群众对天门花鼓戏的喜爱。

天门花鼓戏发源于天门、沔阳，流行于江汉平原。关于其的记载散见于清康熙、乾隆年间的个别文献。如旧版《天门县志》及《沔阳州志》中曾有记载，花鼓戏雏形之孕育大概在清康乾时期，作为戏曲形态出现是在清道光年间。早期的花鼓戏叫"沿门花鼓""架子花鼓"或"推车花鼓"，后慢慢发展为"平台花鼓"或以"六根杆"搭成的较为宽大的舞台，以"锣鼓伴奏、人声帮和"为主的演出形式，昔称"花鼓子"，或称"骷髅花鼓"。戏曲史家周贻白在其所著的《中国戏曲发展史纲要》中说："其（花鼓戏）起源相传在明代末年，天、沔一带遭受水灾，耕地多成湖泊，农民无以为生存，乃流散各地，以采莲船、三棒鼓、踏高跷、敲碟唱曲等民间说唱形式乞资为生。后来乃成为习惯，农民在农闲时仍以此作副业，出外跑场赶会。进而以一丑、一旦的踏高跷、春跷而作平地演出，并吸收了高腔和黄孝花鼓的唱腔和剧目，由是形成一个剧种。"1954年，这一演出形式定名为"天沔花鼓戏"，1981年改称"荆州花鼓戏"。

天门花鼓戏自形成剧种后，便带着浓郁的乡土气息，流行于江汉平原的天门、沔阳、潜江、洪湖、监利、汉川、京山等县，并逐渐向邻近的钟祥、荆门、江陵、云梦、汉阳及湖南的岳阳、华容、常德和鄂东南的崇阳、通城、蒲圻等县推进。由此可见，当时天门花鼓戏流行范围之广。此时花鼓戏已走出了"田园时期"，初具戏剧形态，谓之花鼓戏的"草台时期"。

1951年，花鼓戏名艺人刘兴祥、李新年在汉川脉旺镇组织"复兴班"演楚剧，后到沔阳县仙桃镇，改名为"复联楚剧团"。1952年剧团迁到天门县岳口镇，在岳口春秋阁演出。天门花鼓戏名艺人沈山、魏泽斌、肖作君、刘伏香、张守山、程云鹏、陈尧山、李新年、李茂盛、杨义林等加入这个剧团。1953年，著名艺人沈山带着《打莲湘》《绣荷包》等节目，参加全国民间音乐舞蹈会演，获得好评，为该剧种扩大了影响。1954年，省文化局批准将天门复联楚剧团改名为"天门县天沔花鼓剧团"，成立了全省第一家县级专业戏曲表演团体。同期，天门花鼓戏音乐家吴群为花鼓戏配上了管弦乐伴奏，改变了花鼓戏传统的"帮腔加锣鼓"的伴奏形式，建立了乐谱制。之后，天门花鼓剧团排演了第一台现代花鼓戏《两兄弟》，并在大型神话剧《张羽煮海》中第一次配置了灯光和布景，为该剧种的提升和发展开创了新局面。

天门花鼓戏中的音乐属打锣腔系。在唱腔音乐上分主腔和小调两大类。主腔属于板腔体，分为四大主腔，即"高腔（悲腔）""圻水（败韵）""四平""打锣（还魂腔）"。唱词多为七字、十字句。传统的演唱形式为"一唱众和，锣鼓伴奏"，演唱高亢朴实，曲调音域宽阔，旋律进行中大跳较多。男女唱腔多采用"本音"和"假嗓"相结合的方法，加上"唱、帮、打"三者紧密配合，演唱起来，节奏明快，旋律优美，抒情叙事，形成了花鼓戏独有的演唱风格。小调分单篇牌子、专用曲调、插曲三类，有一百多种，多来自民歌和各种民间说唱音乐。单篇牌子是一人载歌载舞、抒发情感或叙述故事的腔调。专用曲调主要用于小戏，一戏一曲，多专曲专唱，互不混同。插曲是附属小调，是剧目中做"戏中戏"时插入演唱的民间小调及其他曲艺、剧种的曲调，主要起丰富唱腔色彩的作用。小调乐曲短小，旋律优美，节奏轻快，色彩丰富，特别是其音乐曲调与语言声调的有机结合，使唱念浑然一体，十分协调，充分体现了花鼓戏浓郁的乡土风格，深受群众的喜爱。

花鼓戏的打击乐主要来自江汉平原一带的民间锣鼓，如"车水锣鼓""道士锣鼓"及闹年的"采莲船""高跷""狮子""龙灯""蚌壳精"等所用的锣鼓点，打法有草钹、乱劈柴、走锤、高腔、悲腔、打锣腔梗子、圻水三起板等，在发展过程中又吸收了其他剧种（如汉剧）的锣鼓点，但曲牌的打法、击乐的配备等具有自己独特的风格。早期剧团中的乐队只有武场，即打击乐，使用的锣鼓乐器总称"家业"或"火爆"，常用乐器有大锣、小锣、海钹、马锣、堂鼓、板、

天门花鼓戏《站花墙》

竹兜（代边鼓）等。

花鼓戏中的主要行当有小生、小丑、小旦。后来随着演出形式的发展和剧目变化，行当角色有所发展，出现了小生、生角、正旦（相当于青衣）、花旦（又称"铁扁担"）、丑角五个行当。

小生：多扮演青年男子，唱念均用大嗓。其饰演的角色有以唱见长的戏，如《白扇记》中的胡金元；文雅书生戏，如《访友》中的梁山伯；武功戏，如《戏蟾》中的刘海等。

生角：多扮演正直、豪爽、刚毅、洒脱，以及爱打抱不平的人物，如《乌龙院》中的宋江等。

正旦：主要饰演端庄贤淑、性格刚强的中青年女子，如《三官堂》中的秦香莲、《秦雪梅》中的秦雪梅等。

花旦：又称"铁扁担"行当，多扮演泼辣的中年妇女和活泼伶俐的小姑娘。其表演步法轻快灵活、动作细腻、道白清脆。所饰角色如《辞店》中的卖膳女、《乌龙院》中的阎惜姣等。

丑角：此行当戏路较宽，多饰演雇工、书童、教书匠、店家、恶少等。其所饰人物或机智敏锐、诙谐风趣，或奸诈狡猾、刁钻圆滑。如《张先生讨学钱》中的张先生等。

近百年来，天门花鼓戏上演的剧目有 200 多个，包括《掐菜薹》《站花墙》《双撇笋》《打莲湘》《秦香莲》《香魂恨》《秦雪梅》《断臂姻缘》等深受大众喜爱的经典剧目。剧目内容大都取材于民间，贴近老百姓生活，生动活泼。演唱的内容和表演形式反映了广大人民群众的愿望和要求，深受社会各界的欢迎。

谈到花鼓戏，就不能不谈沈山。

"害病不用吃方药，单听沈山的哟哎哟"，这一在江汉平原妇孺皆知的俗语，是对天门花鼓戏沈山表演艺术造诣的充分肯定和赞誉。

　　沈山（1912—1994 年），原名沈炎山，字明举，天门卢市沈家中台人，著名的花鼓戏表演艺术家。曾任天门县花鼓剧团团长，荆州花鼓戏学会会长，中国戏剧家协会会员，湖北省第一、二、三届人大代表，省政协委员。代表剧目有《绣荷包》《打莲湘》《补背褡》《掐菜薹》等。

　　沈山从艺 63 年，他把对花鼓戏艺术永无止境的追求当成了生命的全部，使一个地方小戏曲从江汉平原农村演到集镇，演到省城，一直演到了北京，发展成为湖北最大的地方剧种之一。

　　1912 年，沈山出生在一个普通木匠家里。他 7 岁开始操持家务，织过布，学过木匠，做过农活。他从小特别喜爱民间音乐，对农民们在田间地头哼唱的渔鼓、小曲、花鼓戏，一听就会。1931 年，家乡遇到洪灾，刚刚 19 岁的沈山背上渔鼓，开始了他的"艺人"生涯。在京山，沈山碰到了花鼓戏名艺人廖幺，成为廖幺的弟子。天资聪慧的沈山勤奋好学，很快就成为戏班的主角。尔后，他随戏班在京山、天门等地演出，深受百姓喜爱。1949 年，中华人民共和国成立，沈山被请到天门戏院演出，迎来了他艺术生涯的春天。

　　沈山扮演的旦角，不论是《掐菜薹》中俏丽的村姑，还是《绣荷包》中思春的少女都表演得出神入化。他的唱腔清脆动人，身段表演独具特色，尤其是扮演的小村姑，浑身都洋溢着浓郁的清纯俏丽的气息。1953 年，沈山应邀参加湖北省地方戏调演，成功地演出了拿手戏《绣荷包》《打莲湘》。他的表演受到了时任中南局文化部门领导、著名电影艺术家崔嵬的高度肯定。与会代表一致同意，《打莲湘》节目代表中南地区赴京演出。天门花鼓戏这朵散发着江汉平原泥土芬芳的艺术之花，第一次登上了首都的大舞台，演出后获得了首都观众和同行们的好评。沈山也受到了毛泽东、周恩来、朱德等党和国家领导人的亲切接见。

1954 年，天门县花鼓剧团正式成立，是湖北省第一个花鼓戏专业剧团，沈山担任第一任团长。为了使刚成立的剧团跟上新时代前进的步伐，沈山向省文化部门求援，请来音乐家吴群为花鼓戏唱腔配曲，并组建管弦乐队伴奏，从此结束了花鼓戏一唱众和、锣鼓敲打的原始演唱形式。古老的花鼓戏获得了新生。

天门县花鼓剧团的繁荣带动了剧种的发展。继天门县花鼓剧团成立之后，沔阳、潜江等县相继成立了花鼓剧团，江汉平原花鼓剧种呈现出蒸蒸日上的发展态势。

1956 年，沈山与陈伯华、沈云陔、王玉珍等著名艺术家同期赴京参加了文化部主办的戏曲讲习会。这使他有机会同来自全国各地的艺术家共同学习文艺理论，交流经验，切磋技艺。在学习期间，他得到了京剧艺术大师梅兰芳、程砚秋的指导。经过三个月的紧张学习，沈山如同凤凰涅槃，终于形成了自己独特的艺术风格，成为花鼓戏的代表人物。他成名后，对艺术仍然孜孜以求。20 世纪 60 年代中期，传统戏被禁演了。为了适应演现代戏的艺术要求，沈山突破了自己的花旦老本行，学演现代戏老旦。这对于一个 50 多岁在本行中已形成了独特风格，在观众中产生了深刻影响的名演员来讲，不能不说是一个大胆而艰难的选择。为了尽快转换角色，在练功场上，转点途中，沈山完全没有名演员的架子，积极向后辈们学习。经过一段时间的刻苦磨炼，他完成了从花旦到老旦的行当转变。在舞台上，观众看到的不再是过去那种玲珑活泼、婀娜多姿的古代少女、少妇的艺术形象，而是端庄娴淑、朴实可亲的现代老年女性的艺术风采。在沈山的带动下，剧团演员切磋演艺，刻苦学习蔚然成风。

花鼓戏从乡村街道走上灯火辉煌的现代舞台，这是沈山等老一辈艺术家呕心沥血、不断创新的结果。特别是 1980 年，天门花鼓戏

《花墙会》由珠江电影制片厂拍摄成电影，标志着花鼓戏登上了一个新的台阶，进入了一个崭新的天地。作为这部电影的艺术指导，沈山更是功不可没。他为花鼓戏的发展尽心竭力，奉献了毕生的精力。

1994年2月19日，沈山走完了他的戏剧人生之旅。江汉平原人民深深地怀念着这位著名的花鼓戏表演艺术家。

> 江汉平原之子，为桑梓百万乡亲哭深深笑深深，毕生奉献总向下里巴人鞠躬尽瘁；
>
> 花鼓事业之父，率梨园八千子弟恨切切爱切切，几代努力终成阳春白雪死而后已。

这副挽联是对沈山一生生动而真实的写照。

二、天门渔鼓

天门渔鼓属于曲艺类民间艺术。天门渔鼓究竟源于何时，因无文字记载而无从考证，但按艺人们师承关系的时间推算，大约在清代嘉庆年间。天门渔鼓主要发源于天门境内汉水沿岸，在天门的十多个乡镇流传。

天门渔鼓原为一人坐唱和走唱：艺人怀抱渔鼓、手拿简板，击节演唱。渔鼓用直径三指、长约1.83尺 [①] 的竹筒制成，一端蒙以鱼皮或猪护心皮为鼓皮，拍打成音。渔鼓由流入天门境内的道情发展而成，

---

① 1.83尺=61厘米。

后与皮影合流，因叙事的需要，发展成两人演唱、多人帮腔的形式。此间，渔鼓的唱腔从单一的腔调发展到多腔种、多板式的音乐格局。

中华人民共和国成立后，天门渔鼓走上正规舞台，又加入了四胡、扬琴、琵琶等伴奏乐器，演唱方式由双人演唱皮影戏和单人赶酒的非表演性演唱，发展成男女演员对唱或多人演唱的舞台表演的艺术形式，成为群众喜闻乐见的曲艺品种。天门渔鼓的主要价值在于唱腔，有九腔十八板，经典的唱腔有五类十八种。渔鼓唱词雅俗共赏，多为渔鼓艺人现编，即兴口占是天门渔鼓的一大特色。

近代的天门渔鼓有三大门派：天南的杨双林、天东的夏华清、天西的孙元贵。20世纪80年代，又产生了一批新的渔鼓艺人，如彭先浩、郭智亚、肖木宣、汪雪庭、甘炎中、周志刚、胡东林、王荣华、王洁等。

过去的渔鼓唱腔单一，唱词简单。民国初年，皮影渔鼓合流后，由于叙事和塑造人物的需要，渔鼓的唱腔有了长足的发展，许多戏曲唱腔和民歌小调被艺人们融进了渔鼓唱腔，形成了渔鼓的曲牌体系。20世纪60年代，天门渔鼓开始用文乐伴奏，随之又加入了女演员敲碟子对唱，既韵味古朴，又清新活泼，可登大雅之堂。

从20世纪70年代开始，天门渔鼓一路高歌，先声夺人。1975年，由天门市文工队改编演出的渔鼓《智斗》《智取炮楼》，在全省农村文艺汇演中获得一等奖。歌剧《洪湖赤卫队》的曲作者欧阳谦叔看了渔鼓《智斗》后说："这是移植样板戏最好的曲艺节目。"1977年，县文化馆选送的渔鼓《大战老虎塌》获全省农村文艺汇演二等奖。在随后的十九年中，先后又有《鸡蛋案》《舅舅》《迟到的团年饭》《再造秀美好山川》《希望的田野响春雷》等渔鼓节目在省、地、市获奖并在省、市电视台播出。2001年，天门渔鼓《一口咬定》在全国第十一届

天门渔鼓《一口咬定》

群星奖比赛中获金奖。2002 年，天门县文工队被文化部调进北京为党的第十六次代表大会演出，从此，天门渔鼓被推向了全国。

天门渔鼓有单口唱、对口唱和唱皮影戏三种演唱形式。中华人民共和国成立前单口唱的渔鼓艺人大多是沿街乞讨，中华人民共和国成立后红白喜事赶酒的艺人仍是单口唱。对唱主要在舞台上表演：一男一女，男演员右手拍渔鼓，左手执简板，女演员双手敲碟子对唱，说唱相间，辅以身段动作表演。唱皮影戏则是一个戏班子。皮影幔子右方的演唱者称为"上签子"，左方的演唱者称为"下签子"，由上下签子为主唱，后台的武乐师傅拍渔鼓，打击乐、帮腔。20 世纪 70 年代，皮影戏加上了乐器伴奏。单口唱和皮影戏的唱词都是艺人们现编的，行话叫"浩水"，也叫"打水本子"。而对口唱的词大多是由作者编写给艺人唱的，称为"死词"。拍渔鼓是衡量一个艺人的才艺是否娴熟的标准：资历较浅的艺人手指的力量小，只能用手指在渔鼓上撞击，称为"撞指"；而资深艺人则手指力度大，富有弹性，指头能在鼓面上滚动翻花，这叫"滚指"。

渔鼓的唱腔有五类十八种，每类唱腔都有其特有的表达功能。平腔类：有"男平腔""女平腔""丑平腔"。"男平腔"是渔鼓中的主要唱腔，以叙事见长，旋律明快简洁、语言性强。"女平腔"是女角色的主要唱腔，在皮影戏中通常由男艺人用假声演唱，唱腔柔婉、轻盈。"丑平腔"是皮影戏中丑角的唱腔，旋律风趣滑稽，甩腔别致，具有鲜明的喜剧风格。

悲腔类：有"男悲腔""女悲腔""男哭灵""女哭灵"等，旋律主要表现哀愁、悲痛的情绪。"男悲腔""女悲腔"通常是成年男女角色的悲调，"男哭灵""女哭灵"则是未婚少男少女角色的哭腔。悲腔类的词格可分为七字句、十字句、五七句 3 种。

鱼尾腔类：鱼尾腔分"单鱼尾"和"双鱼尾"。此腔一般在戏的开场和结尾处运用，旋律开朗向上，迂回刚美，富于喜庆、祝福的意味。"单鱼尾"两句一甩腔，"双鱼尾"一句一甩腔，词格是七字句，为徵调式调性。

琵琶腔类：有"单琵琶"调和"双琵琶"调，词格为十字句、七字句和五七句。琵琶腔的说唱性较强，特色在腔尾上，其甩腔高低有致，跌宕起伏，诙谐夸张。琵琶腔在皮影戏中是丑角的哭腔，在现代渔鼓演唱中被改编成热烈欢快的喜调。

花腔类：这是许多杂腔小调的统称。有皮影戏的"花腔""聊子""倒板""杂花调"（花脸的唱腔），有神仙道士的"观音调""还魂腔"等，是渔鼓的辅助唱腔。

天门渔鼓不同于北京的京韵大鼓，也不同于湖北省的湖北道情、湖北大鼓这些单曲体的曲种。它是一个颇具规模、门类齐全的联曲体曲种，既能用来演唱一个小段子，也能用来演唱一些大戏，具有很强的艺术创造功能。正因为如此，天门渔鼓才能久唱不衰，流传至今。

异彩纷呈的民俗文化

天门是中国民间文化艺术之乡，几千年的文化积淀，形成了独具地方特色的民俗文化。

一、天门民歌

天门民歌是楚音乐的一个重要分支，歌词具有楚辞清雅、新奇的特点，音乐具有楚乐"八音"的特征，又饱含江汉平原水乡地域特色。它是天门乃至整个江汉平原众多艺术的母体，孕育了荆州花鼓戏四大主腔的高腔、打锣腔，它的小调成为歌腔皮影的唱腔和碟子小曲、三棒鼓的固定曲牌。

据统计，传统天门民歌约840首。内容涉及宗教、历史、劳动、生活、爱情。体裁分为号子、田歌、小调、灯歌、宗教歌、儿歌六大类，其中，田歌、小调数量居多。传统民歌《幸福歌》《小女婿》《薅黄瓜》等至今仍广为传唱。

从中华人民共和国成立初期到20世纪80年代初，以我省著名歌唱家蒋桂英为代表的一批艺人把天门民歌唱出湖北，唱到北京，唱进中南海。在那个时代，天门民歌几乎成为湖北民歌的代名词。

1959年，毛主席视察武汉，晚上在洪山礼堂观看了文艺演出。蒋桂英在晚会上演唱了天门民歌《小女婿》。晚会结束后，毛主席回到东湖宾馆寓所，饶有兴致地对时任湖北省委书记王任重、省长张体学说，他最喜欢那首《小女婿》，对歌词中的"一滴尕"这个词尤感兴趣，因为湖南方言中也有"一滴尕"。他说，如果把"那个"（指"一滴尕"）翻成"小不点儿"或普通话"一点点"，就没有荆楚的地方特色了。时隔36年后，湖北著名曲艺表演艺术家何忠华还将《小女婿》带出国门，参加奥地利布契柏格第十届和法国费尔素第二届国际民歌民乐节，受到各国友人和华侨的热烈欢迎。

对经典歌剧《洪湖赤卫队》的影响，使天门民歌的地位达到了前所未有的高度。

天门民歌《襄河谣》创作于1955年。当年，湖北省文化厅派音乐工作者吴群到天门花鼓剧团，帮助改造戏曲音乐，顺便采集天门民歌。其间，吴群借鉴天门传统民歌《月望郎》，创作了《襄河谣》。1958年，湖北省实验歌剧团创作《洪湖赤卫队》之初，到天门花鼓剧团采风，为期一个多月。其借鉴《襄河谣》的音乐和歌词，创作出主题曲《洪湖水浪打浪》。后者与前者，不仅在音乐上如出一辙，连衬词也大体相近。

天门民歌有其独特的风格特色。它不像高原民歌那么粗犷高亢，也不同于草原民歌的辽阔悠长，也不像新疆民歌那样欢快跳跃、节奏明朗，更不像江南民歌吴侬软语、浅吟低唱。天门民歌旋律优美抒情，如行云流水，曲调妩媚缠绵，纯朴甜美，委婉动听。

天门民歌在中华人民共和国成立后的几十年间，在各方词曲作者

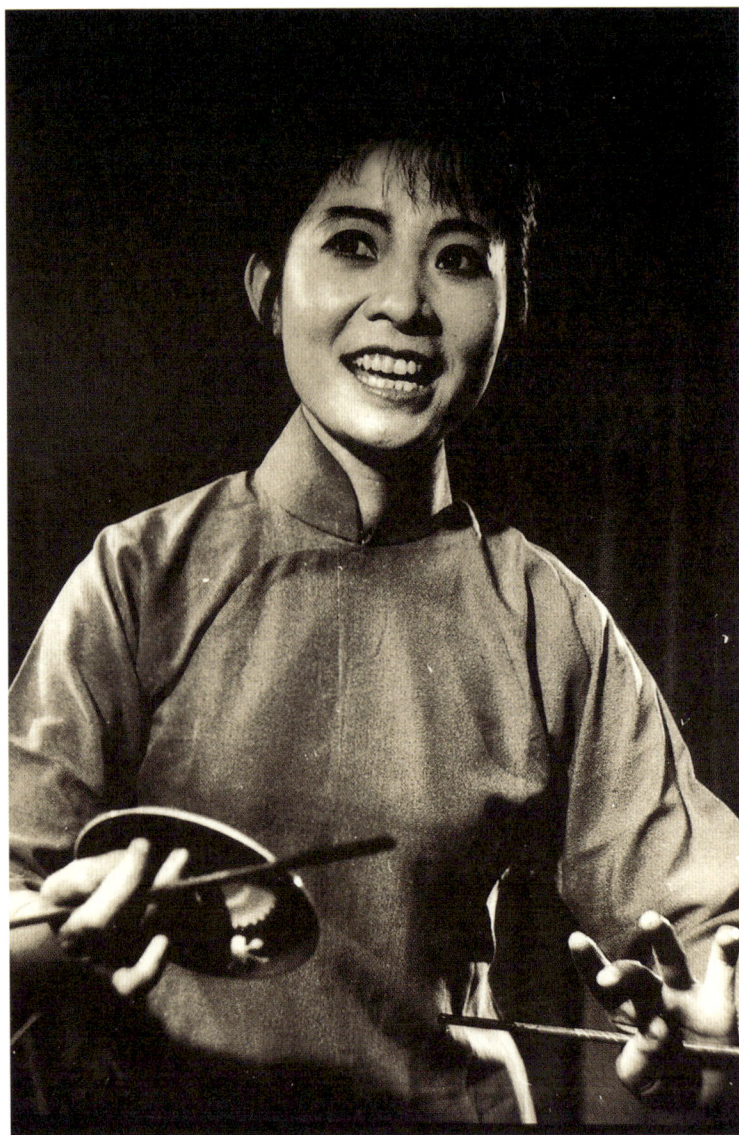

蒋桂英演唱天门民歌《幸福歌》

的努力下，得到了很好的传承和发展。20世纪50年代，天门涌现出了一大批文艺骨干，如优秀民歌歌手周兰先、蒋桂英、宋明英、倪政华等。

天门民歌深深扎根于群众生活的沃土之中，可以说根深叶茂、花繁果丰。正如一首民歌所唱："唱歌不是人发癫，也是前朝古人传。一人传三三传九，歌海淘沙渐渐深。"世代传唱，歌海淘沙，这才使天门民歌达到词句优美、曲调动听的境界。特别值得一提的是新民歌，它唱出了天门人民的新声，和的是时代前进的节拍，扬的是传承现代文明的旋律，是天门热土上绽开的一朵精神文明之花。

二、天门糖塑

江汉平原，立秋过后，暑气渐消。过了寒露、霜降，天高云淡，雁群南飞，空气分外洁净。这时节，深受小朋友们喜爱的，甚至成年人也常止步围观的"糖人担子"，便出现在城乡的里巷村头了。

天门糖人的历史，无信史可考，连古今《天门县志》都缺乏记载。

天门糖塑，俗称"吹糖人"，"糖塑"则是今名。天门糖塑主要分布在境内的小板、干驿、马湾、杨林、麻洋、彭市、卢市、竟陵、岳口等地。

糖塑，古称"糖供"，主要是在祭祀仪礼上当供品。糖供在唐、宋的古籍上均有记载，后来人们在寿礼、婚礼上也将糖塑作为礼品赠送。天门糖塑兴起于明朝末年。据传，朱元璋的军师刘伯温用沾满麦芽糖的稻草人破掉了敌人设下的毒蜂阵。受此启发，吹糖人这一行业

天门糖塑艺人杨志谱"吹糖人"

应运而生。明清两朝及民国年间，天门经常发大水，成千上万的天门人被迫背井离乡，出门谋生。一个糖塑艺人，出门四个月，收入往往可供一家人全年的生活。因为有利可图，许多年轻人乐意学艺。随着一代代糖塑艺人孜孜不倦地努力，糖塑逐渐发展成为一门成熟的手工技艺。

天门糖塑涉及的题材十分广泛。神话传说、历史典故、人物故事、民间戏剧、吉祥喜庆、自然风景、飞禽走兽、花鸟鱼虫、器物用具等都可以作为糖塑的题材，堪称民俗生活的大观园。代表性的作品有：《连年有鱼》《牧童骑牛》《二龙戏珠》《麒麟送子》《西天取经》《老鼠拖葫芦》《穆桂英挂帅》《杨宗保点兵》《清河桥比箭》《姜太公钓鱼》《齐天大圣》《赵子龙救主》《林冲夜奔》《哪吒闹海》《时迁盗鸡》《送子观音》《安安送米》《福禄寿三星》《老君骑牛》《打莲湘》《打花鼓》《双狮戏球》《龙盘狮》《龙凤烛》《莲藕》《鸡啄鸡》《蚱蜢》《龙虾》《鹦鹉》《武松打虎》《关公勒马望荆州》《天官赐福》《八仙庆寿》《独占鳌头》等。

糖塑制作的原材料有麦芽糖、颜料，工具有糖人挑子、罗盘、剪刀、竹片、弹簧、石膏粉、木梳、小篾刀等。

天门糖塑以家庭传承为主。自明朝末年以来，经过漫长的发展，糖塑艺术逐步走向成熟，形成了严格的行规及较为固定的糖塑品种，产生了一批糖塑行业公认的有代表性的艺人。有些糖塑艺人拥有自己的独门绝技。据说，郭汉儿白天看一场戏，晚上就可以塑造戏中的人物和场景了；汪培林被公认为一代糖塑宗师，代表作品有《麒麟送子》等。

小小糖人担子虽落地即可营生，信手即能成艺，却并不是雕虫小技。

糖塑以麦芽糖为原料，麦芽糖过老、过嫩都不行。糖塑是季节性的手艺活，每年农历九月至次年三月为糖塑艺人出门谋生的季节，因为只有这段时间麦芽糖才可以凝固。制作糖人时，微燃锯末于其下，让容器里的麦芽糖发热变软，一坨被挖出来的麦芽糖经艺人捏成一个气袋，拉出一根气管，艺人朝里面吹气，手指不停地拉、扯、揪、捏，气袋在艺人手中不断旋转变化，在糖变冷硬化之前，一件糖塑如辣椒、葫芦、老鼠、小狗、水牛等便告制成。吹糖人时要求眼疾手快，气息均匀。不经多年的训练，作品难以达到形神兼备的境界。

天门糖塑和其他地方的糖塑的不同在于，除了"吹"，还有"塑"的功能，并且吹塑结合。借助一些工具，通过吹、拉、捏、压、剪等工序制作出来的飞禽走兽、人物故事，无不栩栩如生，巧夺天工。如《龙凤烛》《麒麟送子》《双狮戏球》《姜太公钓鱼》等等。天门糖塑在制作和工艺上始终高人一筹，颇具看点。天门糖塑不仅在湖北省内流传，也流传到了安徽、湖南、江西、河南、山东等地。

天门糖塑造型生动，色彩鲜艳和谐，人物形象丰富饱满。天门糖塑通过"吹""塑"工艺，再加上弹簧等一些部件让作品活动起来，活灵活现。天门糖塑可以根据需要调配出多种不同的颜色，呈现出变化万千的形态。糖塑作品中的小猫、小狗、小兔等小动物，力求神似，造型抽象、生动，线条简洁，夸张传神。例如，要表现一株枯树，糖塑艺人并不表现它的盘根错节，而是通过几处简单的枝丫，显出它的苍老、朴拙，虽枯而不失其灵气，具有审美价值和强烈的艺术感染力。这些很受小朋友们的欢迎。

糖塑艺术是民间工艺和民间美术的活化石，透过糖塑作品可以找到其历史遗迹和民间艺术鲜活的血脉。糖塑大多取材于中国传统文化，保留民间手工艺的原生形态，在如今这个非物质文化遗产濒临失传的时代，天门糖塑保存了完整的传承谱系，拥有杰出的艺人，具备独特的艺术价值和深厚的历史文化内涵，在民间工艺和民间美术的研究中具有不可替代的作用。

天门糖塑是民俗文化生活的组成部分，过去每逢春节、元宵、庙会、社火等民俗节日或民俗文化活动，都可以看到糖塑艺人的身影，也可以看到艺人们塑造的糖人。

1999 年由湖北美术出版社出版的《民间美术》刊登了天门糖塑的图片。《湖北民间美术》专题片在东南亚和欧洲巡回放映，其中天门糖塑的图片和介绍引起了民间美术爱好者的关注。著名糖塑艺人杨志谱成为全国小学美术教材中的人物。广州电信还用天门糖塑印制了精美的电信磁卡。2002 年 2 月，由中央电视台、武汉电视台联合摄制的纪录片《天门糖塑》在中央电视台中文国际频道和英语频道播出。在北京举办的非物质文化遗产保护成果展湖北展区，展出了天门糖塑的精美图片。2007 年，天门的糖塑艺人杨志谱、杨文成参加湖北省博物馆"第八届中国艺术节特展·湖北省非物质文化遗产保护成果展"，现场制作《双狮戏球》《龙凤烛》《牧童骑牛》《三英战吕布》等糖塑作品。

随着社会的发展，人们的生活方式和生活习俗的改变，糖塑逐渐失去市场。天门糖塑面临缺乏传承的尴尬，濒临失传，抢救、保护变得刻不容缓。在国家普遍重视民间文化遗产保护的时代背景下，天门糖塑凸显其文化价值，糖塑艺人多次受邀参加国家级和省级非物质文化遗产展演，受到群众的追捧。市政府拨出专款用于糖塑保护。2007 年，天门糖塑被列入湖北省首批非物质文化遗产保护名录。2008 年 6 月 27 日，天门糖塑被列入全国第二批非物质文化遗产保护名录，为天门糖塑这个珍贵的文化品牌的传承、保护与发展注入了新的活力。

内涵厚重的红色文化

一、天门革命斗争史

　　说天门的土地是红色的，一点也不过分，因为这块土地曾经过很多年的斗争烽火的洗礼；说天门的人物风流，半点也没夸张，长夜漫漫，多少天门的优秀儿女为了寻求人类的解放、追求真理与光明，在这片英雄的土地上浴血奋战。沿着历史的长河回溯，我们为那可歌可泣的一幕幕战斗场面而激情满怀；翻开英雄的画卷缅怀，我们为那可敬可佩的一位位风云人物而低首致敬。回首往昔，那悲壮的岁月，浴血的战场，英雄的身影，仍然历历在目。

　　历代农民起义军与抗拒外敌的战士，不少曾在天门留下战斗的足迹。西汉末年（约 21 年），绿林军起义军曾大败两万王莽军于云杜城，接着乘胜攻破竟陵城（见《资治通鉴》）。唐僖宗乾符三年（876年），农民起义领袖王仙芝曾攻克郢州（今钟祥市）和复州（今天门市），活跃在汉江一带，给封建王朝以沉重打击（见《唐史》）。宋高宗时，抗金将领岳飞任竟陵防御使，驻兵岳家口，有力地阻止了金兵的南下（见《天门县志》）。明崇祯十六年（1643 年），农民起义军领袖李自成领导郝、党两营，攻破竟陵城，委派知县张采和马都尉等官员镇守，抗拒敌军（见《明史》）。清咸丰三年（1853年），太平军将领陈玉成与清兵大战于文家墩（今天门市皂市镇文墩村），历时三昼夜，大败清兵。

到了20世纪初叶，天门人民挣扎于痛苦的深渊，他们仰望茫茫苍天，渴望着光明。终于，在中国共产党的领导下，天门人民在自己的土地上燃起了革命的熊熊烈火。

1924年冬，共产党员彭正浩受以董必武为首的中共湖北省党组织的派遣，回到家乡——卢市彭家垴，在彭家祠堂办起了第一所进步夜校，继而发动教员和青年学生成立了"荆江学会"。他以此为阵地，宣传马列主义，传播革命真理，发展党的组织，培养了大批革命的骨干力量。1926年1月，天门县第一个中共党小组在彭家垴成立。不久，竟陵、卢市、干驿、渔薪、西蒋场也先后成立了党小组，党员发展到200多人。随着党员人数增多，各区的党小组扩建为党支部。同年7月，在卢家口小学成立了中共天门县支部委员会。县支部委员会的组建，标志着天门人民的革命斗争由自发阶段走上了在党的统一领导下进行斗争的新里程。随着党组织的建立，各地的群团组织也相继建立起来了。首先成立的是农民协会，这些世代遭受残酷剥削和压榨的人，在党组织的领导和农协的具体组织下，挥大刀、持梭镖、扛火铳，闹起了轰轰烈烈的农民运动。百里田畴，活跃着他们矫健的身影；芦荡山林，闪烁着他们机警的目光。他们打土豪，分田地，清算剥削账，令土豪劣绅心惊胆战。他们高举反帝反封建的大旗，配合北伐战争，镇压了北洋军阀的官员，赶跑了北洋军阀的县长杨昌寿，并将中和场教堂的反动传教士驱逐出境。接着，县总工会和工人纠察队成立，它们和农会一起，结成了反帝反军阀的坚强同盟。他们举行了声势浩大的罢工示威游行，"打倒军阀""打倒土豪劣绅""打倒帝国主义"的口号声响彻云霄。他们抵制洋货，焚毁毒品，扣押奸商，查封赌场，配合农协，惩办土劣，创办工厂，开展自救，建立书报流通社。工人们扬眉吐气，斗志高昂，革命的旗帜在天门的城镇乡村高高飘扬。

随后，天门妇女协会在竟陵女子高小召开成立大会，从此，天门的妇女挣断了束缚千年的裹脚带，大踏步地迈进了革命斗争的行列。接着，儿童组织也成立了。妇女和儿童自动承担起站岗、放哨、送信、宣传等任务，有力地支持和配合了农协、工会的斗争，使全县的工农运动迅猛发展。

敌人是不甘心失败的。如火如荼的革命运动使得反动派惊恐万状，被打倒的土豪劣绅暗中勾结地痞流氓、土匪恶霸，向农协、工会进行疯狂的反扑，企图遏止工农运动的澎湃怒潮。他们派人混入农协、工会，刺探机密；纠集流氓地痞，破坏农协、工会，刺杀工人农友和共产党员，散布谣言；同时还勾结叛军，盘踞城镇，奸掳烧杀，无所不为。仅1927年3月5日这一天，被反动派公开枪杀的农友就有20余人。之后，反动派又手执机关枪、盒子炮向集中在一起的5000余农友密集扫射，当时被枪杀者不计其数，血流成河。面对反动派的血腥反扑，工人农友义愤填膺。在党组织的领导下，天门人民迅速组织起了自己的武装：首先，将党掌握的县保卫团改编为国民革命军先遣队；接着，在县农会的具体组织下，建立了农民自卫军，并且扩充了工人纠察队。革命武装立即奔赴全县各地，在农协、工会的积极配合下，迅速惩处了反扑的土豪劣绅和恶贯满盈的土匪恶霸——在皂市、竟陵、渔薪、灰埠头、干驿、沉湖等地将罪恶昭彰的劣绅和土匪李福萃、李平原、李其环、李伯贞、黄权法、杨小道等逮捕公审，游街示众，就地正法。将混入农协、窃取领导权、暗中搞破坏的刘集土顽（土顽指当地的反动顽固武装）的走狗刘福安识破撤职，送区法办，使土豪劣绅们闻风而逃。同时，革命武装协助国民革命军李富春部击退了反叛革命的川军，巩固了革命的成果，狠狠打击了反动派的嚣张气焰。人民群众无不欢欣鼓舞，拍手称快。"大刀闪，长矛尖，军阀土豪丧胆魂；红旗舞，亮了天，工人农友笑开颜"，这就是当时天门大地上红红火火、轰轰烈烈的革命运动的真实写照！

风云突变。1927 年，正当人民革命以雷霆万钧之势迅猛扩展于古老的中国大地，帝国主义、封建军阀眼看就要土崩瓦解的时候，反动头子汪精卫与蒋介石勾结起来，背叛了革命。一时间，白色恐怖笼罩全国，天门上空也是一片阴霾。反动的外逃豪绅蒋登甫、潘典华组织的"清乡团""保卫团""红枪会"，把天门变成了刽子手的屠场，大批革命志士惨遭杀害。县农协执委周映泉和区农协执委周才运来不及转移，被土豪劣绅捉住，用乱刀砍死。袁传鉴，一位优秀的共产党员，天门拖市人，时任京山县委书记。他接到党的指示，赴武汉开会，路经灰市，住在省师同学孙凤祥家里。不料，袁传鉴被孙出卖，孙凤祥向渔薪河"保卫团"告了密。次日，当袁传鉴走到灰市附近的郭家湾时，被敌人包围。袁传鉴同志沉着应战，终因寡不敌众，光荣牺牲，年仅 23 岁。像这样惨遭杀害的坚强的共产党员何止一个！仅天西一带，被杀害者就达 4000 人，被杀绝的有 50 多户，被烧毁房屋2000 多栋。在血雨腥风中，共产党员的殷殷血水洒遍了大地，染红了天门的山、天门的水、天门的土地，更染遍了大批觉醒了的天门人的心。

野火烧不尽，春风吹又生。在这种情况下，众多革命先辈转入地下，继续发动群众、组织群众，不断壮大着革命力量。史可全、李国良、宋庆生、王绍南等（中华人民共和国成立后均授少将军衔）大批天门优秀儿女在反动势力最嚣张的年代里毅然决然加入了中国共产党，带领天门人民，同反动派进行了不屈不挠的斗争。1929 年 3 月，中国共产党天门县委员会在黑流渡潘家大湾重建并召开会议。会议决定："继续发展党的组织，扩大革命武装，建立苏维埃政权。"利用各种身份掩护进行地下活动的共产党员，重新与党组织取得了联系。他们擦干身上的血迹，掩埋好同伴的尸首，拿起了武器，同敌人展开了面对面的残酷斗争。鄂中区游击队在天门成立了，天潜游击队成立了，天北赤卫队成立了，他们反"清乡"，反"围剿"，打白匪，惩恶霸，战斗的旗帜飘扬在河湖港汊；卢市暴动了，天汉暴动了，他们除叛徒、灭土匪、杀豪绅、惩顽劣，暴动的枪声回响在天门长空。天门的父老乡亲，更是以鲜血和生命拥护革命、支援革命，敌人派兵"围剿"，他们替游击队站岗放哨、传消息、作掩护，与革命同生死、共存亡。红军来了，这里出现了母送子、妻送夫参加红军的感人情景。我们可敬的别祖厚、李人林、范忠样、范保顺、黄忠学等出生入死的将军（中华人民共和国成立后均授少将军衔），就是在这时候参加赤卫队和红军的。红军作战时，天门人民为自己的部队作向导、送情报、筹粮饷、抬担架、护伤员、看俘房，表现出对革命的耿耿赤诚与忠心。

1930 年 7 月，艳阳高照，军旗猎猎。汉水两岸，欢歌笑语，贺龙同志亲自率领红三军由洪湖来到了天门。红军打土豪、分田地，给浴血奋战的天门人民以极大鼓舞。人民群众协助红军向盘踞在天门的反动武装发动了猛烈的进攻，不到三个月，就夺取了皂市、岳口等主要据点，在天东、天西、天北建立起区乡苏维埃政府，并领导全县人民开展了声势浩大的清算复仇和反封建斗争运动，使革命根据地不断扩大。红军在天门的节节胜利，使国民党军第十六路总指挥兼第十军军长徐源泉坐立不安，决定对襄北地区大举"清剿"。其间，有叛徒出卖了戴良楷。戴良楷是中共天门早期革命者，参与组建农民协会，打土豪，分田地。大革命失败后，他参加红军，在贺龙同志领导下的部队担任粮食委员，曾多次组织发动群众筹集粮食、资金，保障红军的物资供给，为土地革命作出了重要贡献。1932年，因叛徒告密，被"清乡团"抓住，坚贞不屈，致石头苇席裹身，沉溺而死，年仅32岁，彰显了共产党人为理想不怕牺牲的崇高品格，正气留千古，丹心照万年！1932年3月，贺龙同志率领红三军在天门的文家墩迎击了前来"围剿"的国民党军队，取得了襄北大捷之一的文家墩战斗的辉煌胜利，在天门光荣的革命斗争史上增添了灿烂的一页。当时，国民党第十军第一一四旅由皂市出动，妄图打通天皂公路，联合潜江泗港、张截港国民党驻军，向天门渔薪河、灰埠头一带"进剿"，消灭红三军主力。当敌军因雨停驻于李场、文家墩时，英勇机智的人民群众早把这一情报送到了贺龙军长手中。足智多谋的贺龙同志决定乘其不备，围歼这支敌军。他急令红九师从渔薪河奔赴柳河、陆岭一带，担任主攻；红七师从吴堰岭向皂市隐蔽逼近，牵制敌人；汉川独立团从东蒋场冒雨疾进，承担阻截包围任务。贺龙军长亲率军部直属机关人员，冒雨赶赴前线指挥战斗。1932年3月6日夜晚，三颗红色信号弹腾空而起，红军以迅雷不及掩耳之势向敌人发起了猛烈进攻。敌人还没弄清是怎么一回事，就被红军歼灭了一部。红军乘势占领了文家墩、杜家岭阵地，并向方圆十多里展开作战。贺龙同志指挥沉着，红军战士作战英勇，文家墩战场上，炮声隆隆，硝烟滚滚，枪弹如雨，杀声震天。敌人四散奔逃，溃不成军，哭爹喊娘，求饶投降。在战斗中，天门人民自动组织起来，手拿梭镖、镰刀、锄头纷纷参加战斗，他们抬担架、送伤员、搞慰问、肃残敌，谱写了一曲军民团结战斗的胜利凯歌。战斗于 7 日拂晓结束，红军大捷；俘虏敌军官兵 2000 余人，并活捉国民党第四十八师一四四旅旅长韩昌俊，被打死的敌军不计其数，尸首堆于文家墩东达半里之遥，群众称之为"骨城"。从此，文家墩因红军的胜利而成为革命纪念地，名标青史。紧接着，红军取得张家场等地反"围剿"战斗的胜利，彻底粉碎了敌人进攻苏区的妄想。尔后，李富春、段德昌等同志指挥部队在天门浴血奋战，加速了革命的进程。红军队伍所到之处，百姓无不欢欣鼓舞，反动势力无不闻风丧胆。

正当武装斗争的烈火在天门越烧越旺的时候，因王明"左"倾路线的错误，湘鄂西苏区内的第一次肃反扩大化在天门开始了。大批优秀的共产党员被戴上形形色色的"反革命"帽子投进了监狱，吴新武、姚普生等县委主要负责人相继惨遭杀害，红军也被迫撤离了天门，反动势力乘机甚嚣尘上。王明的"左"倾路线给天门党组织造成了不可估量的损失，给天门人民带来了深重灾难。多少革命功臣、进步群众没有死在敌人的屠刀下，却倒在了"左"倾路线的枪口前。苍天有眼，怒目难瞑！天门人民的鲜血又一次融进了滔滔汉江水，染红了碧波荡漾的天门河！但是，狂风扑不灭革命的烈火，暴雨冲不垮如剑的青山。国民党的屠刀，"左"倾路线的戕害，并没有使天门人民退缩，他们满含热泪，送走了长征的红军，高昂着头颅，又投入了艰苦的战斗。一个倒下了，继起者无数，他们重新组织了自己的武装，成立地方游击队，蓬勃的革命火种在天门的土地上从来没有熄灭过。艰苦的斗争一直坚持到 1937 年 7 月，卢沟桥事变爆发了，祖国大好河山惨遭日寇铁蹄践踏，关内关外，相继失陷。英雄的中华民族岂能甘受蹂躏？

1939 年春，日本侵略军攻占了天门，盘踞在天门的反动地方武装也投降日军，充当汉奸，古老的天门遭到了空前的浩劫。日寇飞机在天门上空狂轰滥炸，仅干驿、岳口、张截港三地被敌机轰炸致死、致伤的无辜百姓就有成百上千，炸毁的房屋建筑无以计数，整个天门一片焦土。横行在天门的日军，更是抢劫掳掠、奸淫烧杀，残暴绝伦，无恶不作。仅 1939 年春，日军在岳口镇内和附近奸污的妇女就达 160 多人。同年冬月 13 日，日军将在邹家花园、八大台等地搜捕到的 400 多个男女老幼全部活埋。日伪汉奸也助纣为虐，为虎作伥。日伪交际官周献庭，一次抓走竟陵镇贫民 10 余人，并令保安队分队长崔毛二用军刀将这些人全部砍死在古雁桥边；岳口伪警察署长朱一非寻觅妇女 10 余人，在得月楼开"慰安所"，专供日军凌辱；伪营长陈子臣先后在红板桥、尹家垸等地奸污妇女 20 余人；伪和平建国军第二十七师师长古鼎新驻扎干驿镇坏事干尽，人民对他恨之入骨，至今还流传着"天见古，日月不明；地见古，六苗不生；人见古，有死无生；物见古，化为灰烬"的歌谣。日伪汉奸，罪行累累，罄竹难书！不堪凌辱、不愿做亡国奴的天门人民心在滴血，眼在冒火。为着同胞不受凌辱，为着民族不再流血，他们在血与火的残酷环境中又同日本帝国主义及其汉奸走狗进行了殊死的搏斗，用自己的血肉之躯筑起了一座座巍峨丰碑！抗战之初，共产党就派来了到延安学习过的天门籍八路军干部从事抗日活动，重新成立了中共天门县委。在党组织的领导下，皂市成立了抗日先锋队，竟陵组织起抗日宣传队，岳口成立了"抗日救国剧团"。城镇、乡村、工厂、田间到处响起宣传队员们鼓动的口号，四处活跃着他们宣传抗日的身影；他们声泪俱下的控诉，揭露了日寇的暴行，宣传了党的抗日主张，话剧《放下你的鞭子》，使天门人民抗日的热血沸腾。不久，社会服务团、妇女救国会、女青年协会、乡村工作会、儿童战时服务团、天门青年救国团相继成立，老弱妇孺个个为抗日献智出力。妇女们做征服、编草鞋，送往前线；儿童学生搞宣传，募捐钱粮，支援抗战；青年们参加抗日训练班，拿起武器，参加人民武装。天门人民同仇敌忾，使日本侵略军陷入了全民抗战的汪洋大海之中。

陈云仙，一个天门的普通妇女，不幸被日本侵略军捉住，欲行侮辱。云仙不从，拼死反抗，并急奔长行堰投水自尽，充分表现出中国妇女宁死不受辱的坚贞美德。司庆林，一个善良淳朴的农民，不愿为日军送东西，被日军用铁丝捆在树上活活烧死。年过花甲的皓首老人贺立银和其儿媳被强迫拉去修工事，二人不从，当场被杀害。这耿耿的民族正气，感召日月。周运恭，一位深知廉耻的爱国人士，拒任日伪天门县长，触床而死，以身殉国，充分体现出中国人民"宁为玉碎，不为瓦全"的铮铮铁骨。伍伯雄、张英才等热血农民，看见日军将无故捕捉的十余名百姓用来当枪靶，被机枪扫射，义愤填膺，遂乘送木材进日军据点之机，杀死了据点里的 5 名日军。这就是天门人民报仇雪耻的民族精神！这些也仅仅是天门人民壮丽的民族斗争画卷中的一角，更为生动的是天门人民配合地方武装对日寇的巧妙打击。他们反"扫荡"，围据点，断交通，截运输，打得日寇寸步难行：沉湖万福闸攻打日军运输船，壮我声威；汉宜路伏击日军运输车，战绩辉煌；渔南白土地袭击日伪据点，使敌胆寒；净潭抗日政府处决汉奸严富舫，威镇顽凶……

正当天门人民与日军艰苦奋战的时候，靠喝天门河水长大的李人林率领部队回到了天门，与天门人民一道，进一步开拓了天汉湖区的抗日局面，扩大了抗日根据地，壮大了抗日武装力量。随后，李先念、陈少敏等同志先后踏上了天门的土地，领导天门人民进行抗日斗争。天门东是茫茫芦荡，天门西是百里平原，成为杀敌的好战场。敌后的人民，与日伪进行了巧妙灵活、不屈不挠的斗争：雷八家战斗，消灭了敌人的有生力量，铲除了汉奸；段家岭反伏击战，打击了日寇的嚣张气焰，表现了天门人民誓与国土共存亡的英雄气概；吴刘新场围点打援，则是一场迫使日寇投降的辉煌战斗，也是天门抗战史上最壮丽的一页。大大小小 200 余次战斗，给敌人以致命打击。终于，经过十四年艰苦卓绝的抗战，中国人民胜利了，日本侵略者被赶出了国门，天门也获得了新生。

然而，刚刚获得胜利的天门人民还来不及喘息，挂在脸上的笑容还没有消失，新的灾难又一次降临。1945 年 8 月，国民党反动派为了抢夺抗日战争的胜利果实，纠集了 20 多个师的兵力，向豫、鄂抗日革命根据地进犯：国民党七十五军从鄂西东下，经荆门、沙洋，东渡襄河，抢占了天门县城；十六师进驻天门，向解放区疯狂进攻。国民党的各级政权和地方武装随之先后建立，在大小集镇和交通要道都布设了据点，在通衢大道布满了岗哨。到处都有国民党军队，革命根据地日益缩小，使我革命政府财政收入减少，粮食供应困难，根据地军民环境异常艰苦，天门人民备受压榨。然而，经过十四年抗战洗礼的天门，有坚强的党组织和地方武装，有不屈不挠的广大人民群众，有一大批在残酷的斗争中成长起来的智勇双全的志士。他们无所畏惧，以新的姿态投入对敌斗争，重新投入保卫根据地、保卫革命胜利果实的斗争中。活动在天门的天京潜县指挥部及时地传达贯彻了中共中央关于揭露蒋介石反对和平、坚持内战罪行的指示，使天门人民彻底认清了蒋介石的真面目，更加坚定了对敌斗争的勇气和信心。在天京潜县指挥部的领导和指挥下，天门人民战斗在敌特横行，反动武装密布，敌人据点、岗哨林立的残酷环境里，与反动派巧妙周旋，取得了一个又一个胜利。在刘家集英勇迎击了国民党何键部队的进犯，粉碎了敌人企图"剿灭"解放区的阴谋，胜利地保卫了革命根据地；在金河滩、拖船埠袭击了敌人的乡公所，处决了国民党乡长汪品珊，重挫了敌人的士气；在夏家场营救了被捕的革命干部和游击队员，使革命同志免遭敌手，保存了革命的有生力量；在朱场乡、陆寨乡策动了富有正义感的国民党士兵的起义，壮大了革命的声威。就这样，天门人民在党的领导下，配合人民军队在辽阔的平原、湖乡与国民党反动派进行了殊死搏斗，历尽千辛万苦，用成百上千的烈士鲜血迎来了人民解放战争的全面反攻，迎来了天门的辉煌胜利，迎来了新中国诞生的灿烂曙光。1949 年 10 月 1 日，天门人民在庄严、嘹亮的《义勇军进行曲》的乐曲声中，在迎风上升的鲜艳的五星红旗下，迎来了翻身解放！漫漫长夜过去了，天门人民又开始耕耘起崭新的生活！轻歌曼舞的旋律，溢满了他们对美好未来的憧憬。他们热爱生活，拥抱生活，用无穷的智慧和灵巧的双手描绘着幸福美好的图画！

二、红色文化遗迹

（一）天门第一个党组织诞生地彭家垴

从卢市镇往卢家口县河以南行约两公里，可抵达一片松柏环绕的地方——天门第一个党组织诞生地彭家垴。

苍松翠柏掩映下的红色圣地，格外庄严肃穆。

进入彭家垴革命烈士纪念园，首先映入眼帘的是巍峨的纪念碑。纪念碑是该纪念园的标志性建筑物，碑高 9 米，碑基高 1.3 米，方 5

米，碑身正面用钛合金嵌着"天门第一个党组织成立纪念碑"13个大字。纪念碑背面刻有碑文，真实地记述了先烈们的丰功伟绩。

穿过硝烟，回望历史，烽火岁月不能忘。

1924年冬到1927年夏，在武汉读书的彭家垴村人彭正浩，受党组织的派遣，回乡开办平民夜校，宣传马列主义。后在省特派员马振邦的指导下，于1925年12月建立了彭家垴党小组，彭德普任组长；1926年春，扩建为党支部。抗日战争时期，这里的老红军和一部分青年党员配合天门县委和以后的县南工委，多次组织群众开展反扫荡、反蚕食的斗争。在解放战争中的中原突围中，这里的地下党组织为护送干部安全转移付出了极大的努力。

从1925年底建立党小组到1949年，彭家垴先后有77人加入党组织，3次重建党组织，24名党员为之捐躯，70多人被杀害，其中5户被杀绝。这里是天门红旗不倒的地方，是一部具有鲜明特色的地方党史资料。

（二）红三军文家墩战斗遗址

红三军文家墩战斗遗址及纪念碑位于天门市皂市镇文墩村。1932年1月，红三军在皂市至应城县龙王集、陈家河一线战斗告捷，活捉了国民党政府军旅长张联华。同年2月18日，国民党湖北省主席何成浚派出3个师11个团分三路围攻红三军主力；不久，又令第四十八师一四四旅于3月3日自皂市出动，沿天皂公路南进，向天门县渔薪河、灰埠头一带"进剿"，图谋消灭红三军主力。一四四旅在行进途中因大雨受阻，即在文家墩、杜家岭、胡家嘴一带暂驻，旅部设在杜家岭。中共地下交通员蔡贞祥连夜冒雨向红军报告。军长贺龙得知消息后急令红七师进逼皂市，牵制敌人。6日中午，贺龙率红军发起进攻。在这次战斗中,红军生俘敌旅长韩昌俊及以下官兵 2000 多人,缴获了大量的枪炮,获得了重大的胜利。在严酷的战斗中,红军伤亡也较大,其中天门籍的就有 100 多名红军战士在战斗中壮烈牺牲。

为了纪念此次战斗胜利和在战斗中牺牲的党政军烈士,20 世纪 70 年代至 80 年代初,当地党委和政府在此修建了一座简易纪念碑。1992 年 9 月,李场乡政府报经市民政局和市政府批准,出资两万元在文墩村一组种子台新建一座革命烈士纪念碑。同年 12 月,纪念碑主体工程竣工,主碑呈梯形塔顶,高 10.5 米,碑座宽 3 米,四周砌有阶梯围栏,占地面积 100 余平方米。碑座东西两面刻有天门籍 100 余名红军战士和地方党政军人员烈士的姓名、职务和牺牲的时间,碑体设计新颖,雄伟壮观。

(三)襄河、襄北地委旧址白土地村

白土地村位于拖市镇南 8.5 千米,离夏家场 4 千米,有 9 个村民小组,10 个自然村。旧址面阔三间,进深 9.5 米,建筑面积 108 平方米,系抗日战争时期襄河、襄北地委机关所在地。1942 年 10 月,天汉地委撤销,襄河地委、行政专署和军分区成立,机关由京山罗桥迁入天门坟禁至观音湖一带,1943 年春迁入天门拖市白土地村。1944 年 11 月,襄河地委、行政专署和军分区撤销,以襄河为界,建立襄南、襄北地委、行政专署和军分区。襄北地委党政军机关设在白土地村一带。襄河、襄北地委的建立,对新四军五师进军襄南,开辟、扩大洪湖老苏区,阻止日军向襄南进攻,起到重要的桥梁和纽带作用。该旧址是天门市保存下来的唯一的抗战时期地级以上机关旧址,具有重要价值。现为革命传统和爱国主义教育基地。

传承千年的宗教文化

佛教传入天门历史悠久。据清道光《天门县志》记载，早在距今 1600多年前的东晋时就建有佛教寺院。现存的白龙寺、西塔寺等寺院是天门佛教文化传承千年的证明。而城区基督教堂、岳口伊斯兰教堂说明天门人民宗教信仰的自由及文化的多元化。

一、南朝名刹白龙寺

相传，白龙寺为南朝齐武帝的次子萧子良（因其封地在竟陵，故称竟陵王）始建。据史载，竟陵王萧子良"少有清尚，礼才好士，天下才学皆游集焉"。他"笃好释氏，招致名僧，讲语佛法，数于邸园营斋戒，或躬亲其事"，似乎礼佛太过，"世颇以为失宰相体"。子良倒不在乎人们的议论，仍"劝人为善，未尝厌倦，以此终致盛名"。

白龙寺因何而命名呢？我们知道，传入我国最早的佛教寺院为东汉明帝永平十一年（68年），建于河南洛阳东郊的白马寺。该寺因印度僧人迦叶摩腾和竺法兰最初自西域以白马驮经而来而得名。龙、马都属天干、地支十二生肖。萧子良以"白龙"立寺，与"白马寺"相对应，当可谓用心良苦。

关于"白龙"，上古曾有不少传说。在《墨子·贵义》中说："帝以甲乙杀青龙于东方，以丙丁杀赤龙于南方，以庚辛杀白龙于西方，以壬癸杀黑龙于北方，以戊己杀黄龙于中方。"这里的"杀"，是说天帝以天干五行将五种色别的龙定位于五方。西方庚辛金，色白，故"以庚辛杀白龙于西方"。齐武帝乃齐高帝的长子。齐高帝，南兰陵人，姓萧氏，名道成，字绍伯。其废宋顺帝而自立，国号齐，都建康。建康，即今之江苏省南京市。按当时南齐的形势图，竟陵郡自然位于国都建康极西了。齐武帝小字龙儿，萧子良在竟陵郡的范围建寺院，以"白龙寺"命名，一则礼佛，二则敬亲，也就好理解了。

白龙寺的殿式级别是比较高的。佛教中的大殿（大雄宝殿）属宫殿样式，其特点是宏伟壮丽，建筑形式、瓦饰等都有佛教的意谓。采用黄琉璃瓦，重檐庑殿式屋顶，这种屋顶的前、后、左、右皆有斜面，加上重檐其等级是最高的了。

白龙寺主殿屋脊的装饰物，最引人注目的是"宝剑插鱼"。汉以前，人们多将凤凰、孔雀、朱雀置于重要建筑物正脊两端，以示高雅、吉祥。到了汉代，因宫殿累遭火灾，屋脊上变换饰物了：蚩是东海中的一种鱼，据说能喷浪降雨，把它安放在屋脊上，可消除火灾，于是人们设蚩鱼之形象于屋脊，为防止蚩鱼逃遁，人们便将一柄宝剑插进蚩鱼尾部，使其安分司职。因蚩与鸱同音，后来人们把蚩鱼换成了鸱。及至宋以后，鸱又逐渐变成龙形，于是蚩鱼演变为龙的九子之一螭兽了。重脊上的兽叫"重兽"；戗脊上的兽叫"戗兽"；围脊转折处的兽叫"合角吻兽"，吻为脊与脊的吻合之处。另有以龙、凤、狮、天马等为首的前趋走兽。

　　白龙寺自唐鄂国公尉迟敬德主持重建以来，历代都有毁损、修建。《白龙寺改造记》和《白龙寺增修殿阁记》分别记载了明正德八年（1513年）、嘉靖十五年（1536年）竣工的维修、增建经过。另据清乾隆《天门县志·寺观》记载：雍正年间，邑士刘爱莲率众重葺，独建楼阁。

　　明竟陵派文学创始人钟惺作有《重修华严阁碑》（《钦定四库全书》集部第1409册第766页），记载了当年重修白龙寺中华严阁的经过：

　　　　市有白龙寺，殿颇壮，有地藏、华严二阁者，左右翼之，则已圮；华严之处其右也。甚发论或欲修之，莫先焉。曰：恐斯地之不必为寺，有是，委众力于壑也。夫圮而弗之修，则将废，废则其象疑不为寺；疑不为寺，则将与居民共之；将与居民共之，则将反为欲之者资，曷可弗之修也！圮而亟修，修而复其旧，物或益焉。其使有目者确然见斯地之必为寺，而知其非；有则无生其心，是使之终为寺，有者之道也。修之奚先？先其甚者！役成，请铭，钟子铭曰——

　　　　有寺岿然，而两其翼，如左右手。或废其一，人将入怀，攫其所有。若或新之，引其臂焉，将卫其首。陛楯森如，过其堂下，莫之敢狙。予宣斯义，告退转者，俾坚其守。命曰善哉，单有众力，光复其旧。工之后先，相厥圮者，孰甚孰否。否特未甚，终亦及之，请视其右。苟终斯愿，将复铭焉，铭则不朽。受事者谁，列名其阴，里人某某。

　　　　　　　　　　　　（选自明代贺复征《文章辨体汇选》）

　　白龙寺迄今已有1400余年的历史。现存白龙寺为我国古典建筑结构，即抬梁式结构。所谓抬梁式结构，即在地面上先立柱（柱下立有石磴），柱上架梁。这种结构便于适应不同的气候条件，有减少地震危害的功能。殿宇有前殿、后殿，整个建筑气魄雄伟，富有民族建筑风格。

2013 年，白龙寺被国务院公布为全国重点文物保护单位，之后又经过了多次修缮。今天我们徜徉五华山上，屏息静听白龙寺的晨钟暮鼓，思考那人迹与佛香的距离，想必也会体会到明代竟陵人鲁彭在《五华山白龙寺》诗中描述的心境：

> 碧落群山合，珠林古刹开。
> 水迎风氏国，云断楚王台。
> 落日逢仙侣，飞花到酒杯。
> 长安望不及，徒倚独徘徊。

二、丛林胜境西塔寺

西塔寺始建于东汉，迄今已有 1700 多年历史，为历代高僧驻锡。

东晋永和至升平年初（约 353—357 年），被后世尊为佛教史上里程碑人物的支遁曾驻锡该寺。西塔寺初名青云寺；唐时因西湖覆釜洲上有龙盖山，故名龙盖寺。西塔寺是江汉平原最古老的寺院，也是天门最大的佛教寺院。

及至唐开元二十一年（733 年）"陆鸿渐应运而出，此寺更称奇焉"。据史籍记载，"竟陵僧有于水滨得婴儿者，育为弟子"。竟陵僧，即唐代大德智积禅师；婴儿者，即是成年后写出世界上第一部茶学专

千古名刹西塔寺

摄影：张业华

著《茶经》的"茶圣"陆羽（字鸿渐）。诚所谓"慈航普渡，积公护弃儿；佛天花雨，古寺育圣婴"。后智积禅师圆寂，建塔于寺中，龙盖寺故易名西塔寺。至今寺名犹存。

宋太祖赵匡胤曾赐"百轴御书"，收藏于御书阁，有宋代诗人宋祁《复州广教禅院御书阁碑》（西塔寺时名广教院）赞其盛事。

明代杨一俊有《西塔寺记》称："藏经楼，妙阁云留，龙华充阙；斋僧堂，虚敞宏阔，几筵盛设。"圣殿巍峨，林木葱茏；飞檐斗拱，规制恢宏。东临沧波，莲叶千重；西江义水，法雨漾风。好一处丛林胜境，天下名刹。

但清以降数百年间，因兵燹水火，连年为患，西塔古寺渐至毁损，辉煌不再。清代吕祖乩曾作《西塔寺源流》描述了西塔寺的历史渊源：

> 炎汉一茅庵，青云寺名传。历年二百载，始由支公还。盛明开霁色，大启宫殿三。塔因此时著，邹野记一番。五废五兴旺，晋唐势全完。陆子始于此，野老话相关。而今三千载，废坠了不堪。追念始末事，走马日复酸。诚是有心者，元明清实难。俺今话大略，以后不必谈。

进入 21 世纪以来，天门佛教事业得到迅速发展。2003 年，天门市人民政府在西湖北岸划地 30 余亩，重建西塔寺。2007 年，西塔寺大雄宝殿落成，法相庄严。此后山门落成，由世界佛学巨匠台湾佛光山大德高僧星云大法师题写"西塔寺"匾额。海峡两岸，佛教同源。相继落成的还有天王殿、经堂、三公祠、寮房、斋堂，西塔寺规模日渐宏阔，成为荆楚大地著名的净土丛林宝刹，领万众香火，福十方百姓。

源远流长的饮食文化

天门是中国蒸菜之乡。以天门蒸菜、黄潭米粉、义河蚶为代表的天门美食，对于在外游子具有勾魂摄魄的魅力。

一、天门蒸菜

"无菜不蒸，无蒸不宴"，是天门菜系的一大特色。天门蒸菜以"滚、淡、烂"为基本风味。荤蒸、素蒸、混蒸为天门蒸菜的三大系列，其包括畜禽肉类、水产类、果蔬类三大原料类别，以粉蒸、清蒸、炮蒸、包蒸、封蒸、扣蒸、酿蒸、花样造型蒸及干蒸九种技法，契合现代养生健康理念，凭借厚重的饮食文化积淀、独特的风味和精湛的技艺，跻身楚菜代表品种之列，亮相央视《舌尖上的中国》纪录片，入选国宴菜单。

天门蒸菜文化历史源远流长，最早可以上溯到新石器时代。在石家河遗址出土文物中，有距今 4600 多年的陶锅、陶壶、陶罐、陶甑。天门先民在新石器时代，可能就已经使用陶甑蒸制米饭和菜肴了。他

天下第一蒸

摄影：张国华

们也许创造了中国烹饪中最早的"清蒸"技法。

"三蒸九扣十大碗，不是蒸笼不请客。"在天门广泛流传的这一说法，形象地点明了蒸菜在天门饮食文化中的突出地位。2010年，因天门蒸菜"不仅拥有完整、成熟、独特的蒸菜传统技术体系，而且拥有久远的发展历程、深厚的文化积淀、鲜明的风味个性和广阔的消费市场"，全国首个"中国蒸菜之乡"称号花落天门。如今，天门蒸菜已发展到九大系列3000多个品种，其中传统蒸菜500余种，代表天门蒸菜独特风味的菜式100余款。

蒸味即"真味"，天门蒸菜倡导源于自然、追求"真味"的理念，体现了人与自然的和谐统一，体现了对健康生活的向往。天门蒸菜既传承了不断演进的创新文化，又弘扬了"无菜不蒸、菜蒸天下"的包容精神；既诠释了保持菜品原汁原味的求真品质，又体现了"蒸者，上行之气"的进取精神。

随着"中国蒸菜之乡"名定天门，天门蒸菜正蒸蒸日上，蒸腾天下。

二、黄潭米粉

黄潭米粉起源于300多年前的黄土潭，也就是现在的黄潭镇，由明末著名孝子梅公首创。一次，梅公的老母生病，不思饮食，日渐消瘦。梅公心疼老母，因此苦思良策，终制成鳝鱼米粉孝敬老母：主料籼米健脾润肺，鳝鱼则富含蛋白质，营养价值很高。老母吃过米粉，果然没过多久就恢复了健康。鳝鱼米粉后发展成沈兴元、卢永盛、中和园三家米粉馆。后来这三家中落，只有余文成在黄潭创办的"余义盛"长盛不衰。秘诀就在于黄潭米粉的"万事如意"四件套，包括米粉、鸡蛋、炒米、油条，酥脆的炒米和油条下到汤汁浓郁的粉里，浸透鳝鱼和鸡蛋的鲜香，想到都让人流口水。

一碗粉丝细白、糊汤醇香的黄潭米粉不仅仅是一道美食，还蕴含了深厚的人文情怀。"竟陵派"文学创始人钟惺与谭元春经常在此品尝美食，吟诗作赋。2019 年，黄潭米粉入选《中国楚菜大典》。2022 年 6 月，"天门黄潭米粉师傅"被认定为湖北省重点劳务品牌。这一品牌的认定，成为天门市黄潭镇传统饮食文化的一张亮丽名片。黄潭米粉的美味，不仅让远道而来的人称赞，也让从这里走出去的人念念不忘。

黄潭米粉难做，其要求制作者以独到精湛的"工匠精神"制粉，其制作堪称街头巷尾的艺术。黄潭米粉是纯手工制作，从头到尾要经工序 30 多道，历时 10 天左右才能完成，其色洁白如碧玉，其形纤细如青丝，其味鲜美香醇，汤浓如汁，别开生面，独树一帜，有"黄潭米粉甲天门"之说。手工技艺在口传心授的同时，也传递了耐心、专注和坚持，这是黄潭米粉制作人所必须具备的特质。作家杨运灿和音乐家张良义还专门为黄潭米粉创作了一首名为《黄潭米粉》的歌：

在我很小很小的时候，
记忆中奶奶十分清瘦，
爷爷端回一碗黄潭米粉，
说，吃哒可以延年益寿！

当鲤鱼跃过龙门的时候，
父亲送我走出田畴，
上街吃哒一碗黄潭米粉，

说，总有一天龙会抬头！

在我初出茅庐的时候，
时常忙到月上西楼，
捧上一碗爽口的黄潭米粉，
顿时感觉精神抖擞！

当双鬓染上雪花的时候，
带着孙伢故乡走走，
朋友请我吃碗黄潭米粉，
一股暖流涌上心头！

黄潭米粉，千年的守候；
黄潭米粉，人生的雨露；
黄潭米粉，不变的温度；
黄潭米粉，永远的乡愁！

现在，黄潭镇将发展黄潭米粉作为美丽乡村农旅文化产业融合发展的主要内容，着力打造黄潭米粉展示馆和体验店，促进黄潭经济社会发展。

三、义河蚌

义河蚌学名橄榄蛏蚌，贝壳狭长，厚而坚硬，酷似短剑，一般长约 15 厘米，宽约 3 厘米。壳内壁白色，肉呈黄白色，营养丰富，味极鲜美，品质在车螯、蛤之上，分布于天门河黄潭至天门城区段。2013 年 7 月，天门义河蚶成功获批国家地理标志证明商标。

关于义河蚶，有一个美丽的传说。相传有一个山西蒲州的少女，名叫京娘，她随父去南岳朝山拜佛，不幸中途与父亲走散。孤苦无依的京娘在天门巧遇落魄的江湖义士赵匡胤。赵匡胤乃见义勇为之人，毅然改变了投奔复州御史的初衷，不远千里护送京娘还乡。这一天，二人来到了竟陵河边龙潭湾渡河。身无分文的赵匡胤只好将祖传短剑一柄交付艄公，以作渡河费用。善良的艄公坚辞不受，不仅免费送二人过河，还另外赠送银钱给二人。哪知船到江心时，风浪骤起，京娘险些跌进河中。急忙去扶京娘的赵匡胤不慎将随身短剑失落于水中。赵匡胤当上了大宋朝开国皇帝后，难忘天门艄公的恩情，便敕封天门河城区段为"义河"，还免除了义河段所有艄公和渔民的赋税。民间传说赵匡胤失落河中的短剑，日后变成了毛蚶，这就有了"义河蚶"的美称。

义河也就是唐代"茶圣"陆羽所赞誉的"西江"。义河水质明净，流速悠缓，两岸林木葱郁。义河的河床为黏土砾石结构，天然饵料丰富，最适于蚶子穴居繁衍，故义河所产蚶子最佳。冬季与孟春，是食蚶的季节，当地视之为食中上品、席上珍馐。早在唐代，义河蚶就作为食材出现在餐桌上了。

义河蚶自古食法颇多：炙烹、红烧、爆炒、煮羹、氽汤等，均能烹制出别有风味的美味佳肴。清代美食家袁枚在《随园食单》中说："蚶有三吃法。用热水喷之，半熟去盖，加酒、秋油醉之；或用鸡汤滚熟，去盖入汤；或全去其盖作羹亦可。但宜速起，迟则肉枯。""义河蚶汤"是黄潭的特色美食之一，是当地厨师和家庭主妇的拿手好菜。这道菜需先用清水养蚌，排出蚌体污泥，然后洗净剖开，切成细丝，随之加入原汤煮沸，加少许肥肉丝和胡萝卜丝，煮上片刻，即成。不论是海外游子返乡探亲，还是黄潭本地亲朋好友聚会，都以围在一起共品"义河蚌汤"为最大乐事。

四、老城关的两句民谣

天门竟陵古城四面临湖，东西南北四湖环绕城区，形成江汉平原独有的水乡园林城市格局。在竟陵老城关民间流行的两句民谣："东湖鲫鱼西湖藕，南门包子北门酒。""东湖鲫鱼西湖藕"，正好印证了天门"民食鱼稻，水衍陆饶"这一古老的说法；"南门包子北门酒"，形象地展示了天门丰富多彩的民间饮食文化。

（一）东湖的鲫鱼

一般的鲫鱼"背面青褐色，腹面银灰色"，而东湖的鲫鱼却不然。其体格肥大，背厚腹宽，鳞片灿灿如金，光泽耀目。那么，鱼的鳞片色泽不同，与鱼的品质有何关系呢？鳞是鱼的皮肤衍生物，鱼鳞相当于人体的皮肤，既然可以通过肤色辨别人身体的健康状况，同样可以从鱼鳞的色泽上认识鱼的品质。东湖鲫鱼的色泽与众不同，鳞片灿灿如金，确立了它在鲫鱼中的珍品地位。

东湖鲫鱼，肉质肥嫩、细腻，少丝刺，富含蛋白质及铁、钙、磷等多种人体所需元素。

东湖鲫鱼之名贵，与其良好的生态环境是分不开的。东湖上承西湖、北湖。红花港则将东湖与义河相连，经红花港调节东湖虚盈与水质，因而碧水长流，水草丰茂，活性饵料异常充足。

如果你仔细观察东湖鲫鱼就会发现，在其金色的鱼鳞覆盖的鱼体两侧，各有一条连贯首尾的"虚线"，这就是它的侧线。鱼类都有侧线，有的鱼还不止一对侧线。侧线是鱼类适应水中生活的重要器官，如果没有它，鱼将难以生存。东湖鲫鱼的侧线非常发达，在水中它们可以通过侧线感受内耳所不能感受的低频振动，捕食各种浮游生物、小鱼、小虾。轻风吹动浮游生物所引起的微微波动，东湖鲫鱼都能准确无误地捕捉到，从而得到这些饵料。东湖鲫鱼还有食性杂的特点，由于饵料广泛，所以它们个体肥大，品质出众。

（二）西湖的藕

据记载，明代以前，现在天门城北陆羽社区一带即在西湖种植莲藕，其规模已相当可观了，沿坑筑埂纵横交错，红莲、白莲毗邻，真是风蒲猎猎，荷香十里。

西湖藕的外形具有头大、节粗、尾细的特征，俗称为"团头鱼尾"（"团"在天门方言中与"圆"同义）。其花苞油绿，花苞绽开时花瓣洁白如练，晚间清香直袭鼻尖。夏至后，即有新藕上市。其色洁白如玉，其味生脆清甜，乃伏天去暑佳品。这时节，常见村童赤足短裤，臂挽一碟形篾篮，内藏湖藕，外掩以荷叶，沿街叫卖："卖湖藕哟，卖湖藕哟！"莲藕可直接生食。如果切片后用白糖渍制，其甜、脆、清、香会让你渐入品尝新味之妙境。

冬季则是西湖藕大量上市的时节。你路过某家小酒馆，便可能听到店东的吆喝："跟走'竹篙子打老虎'一个！"何谓"竹篙子打老虎"？就是将五花肉、藕切丁，然后拌生米粉上笼旺火蒸制，因藕有节，喻为竹。这种吃法风味卓然！到了自己的家里，厨房里炉火殷殷，砂铫子里正在煨制龙骨（或排骨）藕汤，其香诱使你忍耐不住，硬要品尝一口鲜汤，落得一张油嘴。藕的吃法百味百格，不一而足。

1982年7月，日本恒隆株式会社派员远涉重洋，与陆羽村签订合同，于是西湖藕得以到异国他邦展现其风采，赢得日本人民的赞赏。

（三）南门包子北门酒

南门，泛指天门古县城（明清古城）以南的社区范围。明代，竟陵的街衢多在城内。明清以来，随着商业、手工业的迅速发展，竟陵的街衢逐渐由城内向城南延伸。河街、埠子街、南堤街，为近代所称的南门。埠子街古名"四通衢"，即以此为起点，可东至汉川，西达京山，北及应城，南抵潜江、沔阳。南门在县城与义河之间，"船舶粮艘俱泊岸下"，作坊、商号鳞次栉比于闹市，街衢间但见各商家的招牌、匾额、"望子"（布招儿）异彩纷呈。

南门包子的品种繁多，人们至今都难以忘怀的要推"鲁谷记肉包"。鲁谷记专营包面、肉包等，极负盛名。你进得店来，店家招呼你落座，不用问便送上刚刚出笼的肉包子。这肉包子热气腾腾，每个包子上都有师傅包馅后收束、捏制的一丛指花，指花中间的微微开口处，溢出诱人的汁液和香味来。吃鲁谷记的肉包还有讲究：享用之前，取一小盏，注入少许酱油，然后将控在指间的肉包轻轻摇动，这时你会感觉到包子中的那小团肉馅也随之活动。此时掰开肉包，那团滚烫的肉馅便由你徐徐品尝享用。将肉包的面皮蘸上酱油，然后"消灭"之。这种吃法在南北面点小吃中，实属少见。有些爱挑剔的客人会将鲁谷记的肉包拿在手上，并不即刻啖之，而是将其轻轻拉扁，然后视其可否恢复原状，以验鲁谷记肉包的松、软、泡的特色。

鲁谷记十分注重对肉馅的选料及加工：选用肥、瘦相间的正肉，去皮，除去附着其表面的黏膜、脆骨等。在砧板上缓缓剁细而不成茸（泥状），然后将剁细的肉馅渍在上好的酱油中经过一宿。上好的酱油，则是从酱园晒制酱油、豆豉的硕大的酱缸中，一瓢一瓢沥出来的。这般制作的肉包，吃起来鲜美爽口，满口生香。今天的绞肉机、化学酱油、味精使得鲜肉大包有了不同以往的"科技味道"，而这又使得人们尤其怀念鲁谷记肉包的"原始"。

据孟长卿老师傅介绍，要把肉包子的面盘好，蒸出来个个都像丝瓜瓢，就要巧用春夏秋冬四季水，真正的诀窍就在厨师自己的灵活掌握运用之中。

说南门的包子，不可不忆及阔别近半个世纪的葱包子。葱包子以香葱拌和少许猪油为馅。香葱为君，猪油为佐，一素一荤，一实一虚，相得益彰。葱包子的口感与肉包子就大不一样了，其入口清香，矫味生津，是其他面点无可比拟的。20世纪40年代，在鲁谷记做葱包子的蔡老师傅当时已七旬高龄，老人家的绝技就在于能一把把半寸长的葱段，包进面团，蒸制出笼的包子，其馅不失青葱之色。春节临近，一些客人将葱包子买回去，晚间老少爷们围着火盆，一面侃大山，一面烤葱包子，其乐融融。

陀螺包（状如陀螺，俗称"得螺"）、枕头包、馒头、糖包等，都在南门的包子之列。南门的糖包子，以白糖、红丝、绿丝为馅，还佐以桂花，其风味又是别具一格了。也有一种说法，"南门的包子"专指陀螺包。

北门，泛指天门古县城以北的社区范围。如果说"南门的包子"有确指的话，"北门的酒"则从无确指某家的酒。

天门酿酒的历史十分悠久，西汉便有关于酿酒作坊的记载。宋代诗人张耒与秦观、黄庭坚、晁补之合称"苏门四学士"。宋哲宗即位后，他因元祐党籍被一贬再贬。这位熙宁进士、曾居馆阁八年的大诗人被贬到复州监酒税。张耒居所当时便建造在酿酒作坊的群落间，其方位即是近代所指称的北门。

北门的酒，50度以上者称老酒，以下者称花酒，但不能低于45度。自古以来，北门的酒均用传统的水作法酿造。酿酒的工艺流程包括蒸、晒、拌曲、发酵、蒸馏等环节。酒的品质如何，与选料关系最切。北门的酒在选料方面以荞麦、高粱为上。所酿之酒，必须经过封坛窖藏，绝不即酿即售。北门照墙街倪祥盛的酒，为竟陵古镇槽坊之冠，其质澄澈清冽，其味醇和甘美，其韵绵香无穷。

南方嘉木，世界之饮

天门的文化值得称道。
在这底蕴深厚的文化中，
茶文化可谓家喻户晓，深入人心，
特别是在新时代的清风吹拂下，
更是声名鹊起，享誉海外。

"茶圣"陆羽耀古今

"茶圣"陆羽虽然去世了 1200 多年,但他的《茶经》,天天有人诵;茶,时时有人品;茶文化,陪伴着华夏民族,世世代代,愈传愈盛。

"茶圣"陆羽,出生即遭遗弃,被寺庙长老发现并抱回收养。因不愿削发为僧,他于 12 岁逃出寺院,后如闲云野鹤一般,游历大半个中国。他终日醉心于深山野林,寻茶品泉,而立之年便完成世界上第一部茶学专著《茶经》,被誉为"茶仙",祀为"茶神",尊为"茶圣"。

我们知道,李白被称为"诗仙"、杜甫被称为"诗圣"、王羲之被称为"书圣"、吴道子被称为"画圣",还有"医圣"张仲景、"医神"华佗、"药圣"李时珍。而一个人能同时被冠以"仙、神、圣"三大顶级荣誉的,唯陆羽而已。

陆羽,被誉为"茶仙"。大历十才子之一的耿湋,在《连句多暇赠陆三山人》一诗的首联即唱道:"一生为墨客,几世作茶仙。"这是称陆羽为"茶仙"的缘起。宋代诗人舒亶说"谁会茶仙补水经";喻良能在《题煮泉亭》一诗又说"始知鸿渐是茶仙";杨万里在游览了无锡惠山后，于《题陆子泉上祠堂》一诗中大发感慨道："惠泉遂名陆子泉，泉与陆子名俱传。一瓣佛香炷遗像，几多衲子拜茶仙？"元代辛文房《唐才子传》又说"羽嗜茶，时号茶仙"。明代胡应麟与人谈到陆羽时说："吾闻陆羽称茶仙。"清代全祖望在其所著《淡巴菰赋》一篇中，以"酒户则祖杜康，茶仙则宗陆羽"一联，把陆羽与杜康并提。自唐至清，绵延一千余年，世代相传尊陆羽为"茶仙"。

陆羽被祀为"茶神"。唐代李肇撰有《国史补》一书，书中记载着这样一则故事：江南有一个驿站仓库，管这个仓库的官吏常以能干自称。此时，属地来了一名新的刺史，掌管驿站仓库的官吏便向这位新来的刺史报告说，驿站的仓库都整理得很好了，请视察一下吧。刺史便去了。他首先看见一室，门楣上写着"酒库"二字，里面储藏着各种美酒，门外画一神像。刺史问："这画的是谁的像？"管仓库的官吏回答说是杜康。刺史听后说他画得对。二人又到另外一室，门楣上写着"茶库"二字，里面储藏着各种茗茶，门楣上也画有一神像。刺史又问："这画的是谁的像？"管仓库的官吏回答说是陆鸿渐。刺史更加给予了肯定。李肇此书撰写于陆羽去世后不久，可见在这之前，官方已将陆羽祀为"茶神"了。此后，宋代计有功在《唐诗纪事》中说："当时有人做一尊陆羽像，看作是'茶神'，茶好卖就祭祀他，茶不好卖就用茶汤浇他（今为鸿渐形，因目为茶神。有售则祭之，无则以釜汤沃之）。"元代的辛文房在《唐才子传》一书中也说："卖茶的店家请一尊陶瓷做的陆羽像，祀为神。"明代人王永吉又当歌唱道："惟兹桑苎神，可爱不可渎。"更是体现了对"茶神"陆羽的敬畏之心和崇尚之意。

陆羽被尊为"茶圣"。将陆羽"尊为茶圣"，要比"誉为茶仙""祀为茶神"晚了很多年。明代王寅撰《茶经序》说"作圣乃始于羽"，蕲州知府谢朝宣撰《三贤祠堂记》一文说："晋代王羲之、唐代陆羽、宋代苏轼三公，既然把他们看作圣人，那么书法艺术便有了最顶端的标准，茶的烹饮便有了气节可循，行文便可让修辞最好地传情达意。"清代人吴绮在他的《慧泉和立斋学士韵》一诗中说："欲证茶仙佛，能分酒圣贤。"可见将陆羽作为圣人看待起于明清时期，这是在历史典籍中所能查到的最早提出应将陆羽称为圣人的史料。今人张轸先生1987年著《茶圣陆羽传》一书，篇首即列参考书目曰：颖明撰《茶圣陆羽》，湖北省茶叶协会撰《一代茶圣，功垂万世》。说明在1987年之前便已有学人和机构撰文称陆羽为圣人了。后一年，陆羽故里湖北省天门市积极响应颖明、张轸先生的提法，在1988年7月1日《天门报》创刊号上，以《日本友人寻访茶圣陆羽故里》为题，首次以"茶圣陆羽"这一称谓报道了此次国际茶文化交流活动。1997年，国家邮政总局发行"茶圣陆羽"首日封一套。1998年，日本学者成田重行撰著《茶圣陆羽》一书出版发行，在推动中日茶文化交流方面功不可没。从20世纪80年代至今的40余年间，以《茶圣陆羽》为题撰著出书者以十数计，其中又尤以新疆大学出版社以官方名义，旨在充实爱国主义教育文库，于1995年编辑出版的《中国古代十大圣人》一书堪称善本（陆羽茶圣列于卷五）。其中有一篇短文评价说："《中国古代十大圣人》一书选取历史上文、武、史、诗、书、画、医、药、酒、茶十个行当、领域中受崇拜的人物，为之作传，述其生平经历、治学之道、事业贡献、情操品行、历史影响，以简约的笔法勾勒出传统文化的一个缩影。"该书以爱国主义普及文本大行于校园，对于弘扬和传承中华优秀传统文化、提升广大学生的文化自信大有裨益。

更值得一提的是，半个世纪以来，全球范围的陆羽热不断升温，以陆羽、陆羽茶文化为研究和传承对象的社团组织层出不穷，除日本、韩国成立了不少茶文化的社团组织外，国内有湖北省陆羽茶文化研究会，办有《陆羽》季刊会刊，浙江省湖州市陆羽茶文化研究会，办有《陆羽茶文化》半年刊会刊。全方位研究陆羽的社团组织，当推陆羽故里的天门市陆羽研究会，办有《陆羽研究集刊》年刊会刊。该机构虽属民间社团，却是我国全面、系统研究陆羽的专业团体。自20世纪80年代成立至今，该机构已召开专题学术研讨会二十余场，会刊发表来自国内外学者的专业学术论文逾百篇，会员在国际国内专业刊物上发表研究陆羽的文章近百篇，内容涉及陆羽的身世、交游、著述、思想等诸多方面，在陆羽研究的疑难问题上屡有突破。

俗话说："吉人自有天相。"陆羽从弃儿到"茶圣"的传奇经历，会不会是吉人天相的属性？用唯物史观来看，陆羽的吉人天相当是他的聪颖与机遇和勤奋拼搏共同造就的。聪颖受之父母，是为内因；勤奋拼搏则在下文详说；所谓机遇，当指他在不同时期遇见了不同的几位贵人。

一、智积拾婴育禅院

在一千六百多年前的东晋，有一位名叫支遁的大名鼎鼎的文学家、佛学家来竟陵布道。他于竟陵城的西边创建了龙盖寺，广收弟子，传授佛法，于是龙盖寺香火鼎盛，佛法大兴。时间到了唐代中期，龙盖寺又来了一位高僧，俗姓陆，法号智积，人们叫他积公。传说唐玄宗开元二十一年（733年）一个清秋的早晨，积公照例来到龙盖寺旁的西湖边散步，忽见前面水草边几只大雁伸长着脖子向他发出叫声，又隐约听见婴孩的啼哭声，积公于是三步并作两步来到跟前，发现几只大雁张开翅膀护着一个婴儿。见此情景，积公顿觉物皆有灵，合掌念了一声"阿弥陀佛"后，伏下身去，抱起婴孩回了寺院。这便是陆羽的来历。二十多年后，陆羽在他的自传中说他"不知何许人"，讲的即是这段经历。

积公将婴孩抱回寺院后，并没有从孩子身上发现任何信息，于是到周边打听有没有谁家丢了小孩。半个月过去了，并没有父母来认领这个孩子，积公便依中国古人的习惯，先给这个孩子取小名叫疾，以季疵为字，并让他随自己俗姓陆。

关于陆羽婴孩时期的抚养，历来有一个传说：积公将陆羽抱回寺院后，僧人们都没有抚养婴儿的经验与能力，欲寻找有与陆羽大小相仿的小孩子的人家代养一下。说来也巧，那时在竟陵城内离龙盖寺不远的小巷，就寄住着一户人家。那男主人因是一位饱学之士，街坊邻里都以李儒公相称。这李儒公膝下正有一女名叫季兰，与陆羽年龄相仿。积公便寻上李儒公的门来，将陆羽托付给了李儒公的夫人。三年后，因李儒公一家要回江南老家，积公便把当时还只叫季疵的陆羽接回了龙盖寺。这一传说中的李儒公一家，可能系后人根据陆羽游历湖州时结识李季兰而杜撰的，但把婴儿时的季疵托付给有经验的妇人抚养当是可信的。季疵回到龙盖寺后，积公又正式给他取名羽，以鸿渐为字。北宋的大文豪欧阳修主持编修的《新唐书》说："陆羽字鸿渐，一名疾，字季疵。"

积公虽为出家人，没有家室，自然也没有子女，但他在陆家是有兄弟的。陆羽既随了积公的俗姓，便也随陆家子侄辈，排行第三。陆羽后来在与文人士大夫交往时，对方多有以"陆三"相称的，唐代大诗人戴叔伦就有《赠陆三》《劝陆三饮酒》等诗。排行第三的这件事情当然是陆羽告诉别人的，不然外人怎么知道呢？当代的大学问家岑仲勉先生在编纂《唐人行第录》时，也将陆羽编入陆三排行中。

二、佛门叛逆小陆羽

小陆羽自从进入寺院后，便吃着斋饭一天天长大，一晃到了六七岁。智积禅师亲自教陆羽读书识字、学佛法、习茶艺。陆羽的悟性极高，很快煮得一手好茶，连积公都非陆羽煮的茶不饮，这为陆羽日后走上茶学之路奠定了基础。同时，积公也暗自打定主意，要把陆羽带入佛门，继承自己的衣钵。

大约在陆羽 9 岁时，积公便开始教他写文章。有一天，积公拿出佛书交给陆羽，叮嘱他好好地读，将来好皈依佛门，弘扬佛法大业。对此，小陆羽却说了一段让积公大失所望的话："终鲜兄弟，无复后嗣，染衣削发，号为释氏，使儒者闻之，得称为孝乎？羽将校孔氏之文，可乎？"

积公坚持自己的意愿不变，小陆羽决定从儒的意志也很坚定，二人相持不下，最后积公一声长叹："善哉！子为孝，殊不知西方之道，其名大矣。"

积公既是陆羽的救命恩人，也是启蒙老师。如今，小陆羽却不听从积公的安排，积公很是失望。

积公决定让小陆羽通过劳作来修身定性。积公让才 9 岁的小陆羽打扫寺院，清洁寺院僧人的厕所，用脚和泥去修抹墙壁，背上瓦片到房顶上检修屋子，还要到西湖放 30 头牛。积公试图让小陆羽回心转意。

小陆羽并没因此而屈服，反而对儒学愈加喜爱。当时，小陆羽无法获得写字的纸，就用竹枝在牛背上写字，勤学不辍。有一天，他从一位先生那儿得到了汉代文学家张衡的《南都赋》，便每每于放牛处正襟危坐，展开书卷，模仿那些已小有学问的少年，有模有样地高声朗读起来。其实他对书上的字大多都不认得，只是口在动而已，但这却是潜藏在陆羽天性里的喜爱文学的种子的一种初露。

积公知道了小陆羽偷偷地学习这件事，唯恐他执迷不悟，离佛家的教义一天比一天远。于是，积公又将他封闭在寺院里，让他每天修剪芜草，还指派年长的徒弟对他严加看管。

小陆羽有时候会在剪草时忽然变得神情恍惚，呆呆地不干活。其实，他是在心里琢磨着书上的文字，入了境。看管的人认为他在偷懒，不愿意干活，就用鞭子抽打他的后背。小陆羽感叹说，时光在一天一天地过去，可我一点儿也不理解书里说的东西，这样下去如何是好啊！因此，他常常独自呜咽，有时哭泣得不能自禁。看管的人觉得小陆羽这是不服气，怀恨在心，故意不想干活，又鞭打他的背，直到抽打的树条折断为止。后来，小陆羽实在无法忍受这样的日子，有一天乘人不备，逃出了寺院。这一年，他才十二岁。

没有父母，没有家，如今又离开了龙盖寺这个唯一的生存之所，陆羽能去哪里呢？陆羽自己也不知道。

这时的陆羽成了一个流浪儿，后来被竟陵的杂戏班子收留。在戏班子里，他能做什么呢？据他后来在自传中说，就是"弄木人、假吏、藏珠之戏"，相当于现今的木偶戏和独角戏，多以插科打诨、滑稽纵辨、诙谐幽默地引人发笑为主，一人扮演多个角色。

不久，陆羽在街头巷尾演戏的事传到积公的耳里，禅师便追至戏班处，要带陆羽回去，但陆羽坚决不回寺院。于是，积公大叹道："想必你佛缘已经丧失，真可惜啊！我们的祖师说过，我的弟子在一天的十二个时辰里，允许一个时辰学习佛教以外的知识，好让他来制服异教邪说。因我弟子众多，现在就顺从你的愿望吧。你应该舍弃乐工这个行当，跟我回寺院去读你喜欢读的书吧。"很明显，积公所表现的宽容里包含了多少无奈。积公的这种无奈则是陆羽坚强意志的反映。当然，积公对陆羽说的这段话还饱含着对陆羽的一片深情与忠告，但当时的陆羽哪里懂得呢？

陆羽当时虽然只是一个十二三岁的小小少年，却以诙谐幽默的表演风格，超越年龄的成熟演技，每每赢得观众的喝彩，为戏班子带来好口碑的同时，也为一班人赢得了更大的生存空间。这段时间，也是小陆羽感到特别自由、心情特别舒畅的日子。在排戏、演出之余，他努力读书学习，运用所学知识，还写出了笑话书《谑谈》三卷。由此可见，陆羽的领悟能力和文学天赋非同一般。一天，郢地的人在沧浪之水的边上大摆宴席，饮酒狂欢，又请戏班在那里演出助兴，陆羽出色的表演折服了在场的官员，随即被地方官府任命为"伶正之师"，即戏班子里的老师。

然而，一个人的出现令陆羽的命运出现了转机。

三、太守慧眼识英才

唐天宝五年（746 年）七月，在朝廷任中书令的李林甫因与之前任右丞相的李适之有过节而诬陷李适之与韦坚结为朋党，勾结已被废黜的太子李瑛。因此，李适之被贬为江西宜春太守。当时任河南尹的李齐物因为与李适之相好，受到这一事件的牵连，于是也被贬到竟陵郡来任太守。

李齐物到竟陵一上任，一帮官僚士绅便为李齐物接风洗尘。几番觥筹交错之后，有人提出，竟陵的戏班表演的地方戏反映了一方的风土人情，尤其是戏班里叫陆羽的那个小孩的表演，时时让人捧腹开怀，何不请李齐物大人一赏呢？于是，经众人商议，择定三日后的八月十五，在竟陵郡官府内的大槐树前搭台唱戏、赏月。李齐物还指示手下，到时大开衙门，与民同乐。中秋之夜转眼就到了，城内百姓很快便把偌大的院子挤得满满当当。霎时间，皓月当空，人影在地，清风伴着开场的锣鼓，抹去了满场的嘈杂。只见一个半大小子似立非立、似蹲非蹲地出现在戏台中央，还没开口，已引得满场喝彩。在卖了几个关子后，略带童声稚气的陆羽说自己是司马相如与卓文君合体下凡，先是以他的口技天才表演了一曲精美绝伦的《凤求凰》，继而又以假声演起了卓文君陪司马相如当垆沽酒，很快又显出哀伤之情，模仿卓文君唱起了"八月仲秋月圆人不圆 / 七月半，秉烛烧香问苍天 / 六月伏天人人摇扇我心寒"的《怨郎诗》。坐在前排台下的太守李齐物早已被陆羽的表演天赋与语言才华所折服。

月上中天，戏已散场。李齐物并没有立即离开，而是让手下招来陆羽，充满慈爱地说："听说你的茶煮得好，明天就到我府上来，帮我煮煮茶，没事就在我的书房里读书。好不好？"

陆羽本是因为不让读喜欢的儒家经典而逃离龙盖寺的，现在太守请他去府上煮茶、读书，这都是他欢喜的事，真是遇到贵人了。他定了定神，确定这不是在梦境里，便从心底迸出了个"好"字。

从此，陆羽便生活在太守李齐物的府上，有时还跟随李齐物参与公事活动。他后来与颜真卿谈起这段往事时曾回忆说，李太守初到竟陵，我便随他生活在竟陵郡的官府之内。那时竟陵郡的风气不大好，李太守便与各色人等约法三章说："官吏有不勤于政事、兢兢业业的，僧人、道士有不遵守戒条、法则不严，弘扬佛法、传播玄学不精的，百姓有随波逐流、萎靡不振的，在我没来这里之前，一律不予追究。但从今以后，决不容许再发生这样的事。"在经过太守李齐物治理几年后，汉水、沔水地区的民风就与之前大不相同了。

只可惜老天吝啬地只给了陆羽半年的时光。李齐物为了陆羽今后的前程，对他有了新的安排。

唐代是中国封建社会发展的一个高峰，政治统一，经济繁荣，朝廷十分重视教育。国家设立的国子监、弘文馆、崇文馆及各州、县学馆，是仕途的主要入口。各州、县设立的学馆，由州、县长官直接管理。唐天宝六年（747 年）的春天，设在竟陵城西北四十里火门山的州学开学了。太守李齐物修书一封，又从书架上挑了些诗书，一同交给陆羽，让他背着这些去火门山跟随邹夫子（邹野）读书。

陆羽来到邹夫子学堂，因他基础好，人又聪明好学，深得邹夫子的赏识与喜爱。不仅如此，陆羽对茶的爱好，又与邹夫子的兴趣高度地契合，于是，陆羽在读书之余，采火门山的野生茶，还在山坡上凿井一眼，取水煮茶，与邹夫子共品。一天，陆羽告诉邹夫子说，在他完成学业之后，他想外出考察各地的茶事，写一部关于茶的专著。邹夫子听后觉得陆羽这个门生志存高远，便将自己对当时全国茶区的地理形势等的了解教给了陆羽，并说，考察与读书也一样，要先易后难，先近后远，让他先从复州边上的淮南道开始。陆羽将邹夫子的叮嘱一一记在心里。

四、崔员外助陆羽出游

崔员外（司马）名国辅，生卒年不详，有人说他是今之绍兴人，又有人说他是苏州人，但据史学家们考证，他实为今山东省益都县人。他是盛唐时期的著名诗人。天宝十一年（752年）四月，首都长安的长官王铣因罪被处死，他是王铣的近亲属，受到株连，被贬到竟陵郡来任司马。

崔国辅遭贬后，便携带着文槐书函及若干诗卷书札等物品，由长安向东出函谷关后一路南下，晓行夜宿，经十多天的跋涉，来到襄阳。当时的襄阳太守为李憕，是崔国辅的老朋友，登门拜访、歇歇脚自在情理之中。老友相见，诗酒唱和，这让崔国辅把遭贬的事抛在了九霄云外。崔国辅又在李憕的陪伴下，登襄阳古城，访诸葛亮古隆中，忆昔日孔明被刘备赏识，转念想起自己今天已是过了知天命的年纪，竟遭此厄运，顿时凄然于色。李憕见状，少不了安慰几句。

崔国辅歇脚于李憕府上已有七日，因赴任限期已到，崔国辅拟第二日启程南去，向李憕辞行。

次日一早，官船已在江边的码头等候。李憕来为崔国辅送行，将一头白颅乌犉牛交到崔国辅手上，说道，这是西域国送的野牛，非常适合骑行，就让它陪伴你到竟陵去吧。

襄阳至竟陵，沿汉水而下，不过五百多里的水路，此时正值汉江的丰水期，水流湍急，船行速度很快。不过三日，船已停在了竟陵城西的连水口，崔国辅上得岸来，登上高处，远望竟陵城，不无感慨地说道，竟陵的山水好似江南啊！

司马一职虽然是州或郡长官的上佐，即二把手，但一般会授给被贬谪的官员，实际上是一个有名无实的闲差。一天早晨，崔国辅闲步来到竟陵城外西湖的覆釜洲上，见前面水边一棵大垂柳，柳丝如瀑，随风涌动。柳下有一青石如凳，倚柳而立。一束发青年危坐石上，展卷凝神，清秀的眉宇间似乎若有所思。崔国辅不忍打扰，便远远地打量着这个青年。此时，陆羽也似乎感觉到有人来到附近，便抬眼望去，只见一面生的魁梧长者，慈眉善目，正以和蔼而又睿智的目光注视着自己。见此情境，陆羽便放下手中的书卷，起身迎了上去，谦逊地躬身拱手道："先生吉祥！敢问先生所从何来？"崔国辅答道："老朽乃青州青河人士，本为朝廷集贤直学士、礼部员外郎，因事贬竟陵郡司马，进士崔国辅是也。"陆羽拱手道："回禀崔员外大人，后生陆羽，字鸿渐，不知所生，居龙盖寺，年一十有九，为苾刍之所生活。""可否请员外大人进龙盖寺寻一隅坐下，向您讨教一番？"崔国辅颔首微笑，与他一同走进古刹。穿过浓荫蔽日的甬道，首先进入大殿，崔国辅虔诚地参拜了佛祖。出得殿来，在陆羽的导引下，崔国辅一路观览了礼佛室、诵经房、僧舍等处，便在院子东南隅的道林亭里坐下。陆羽虽说是与崔国辅初次相逢，却感觉如旧识一般，很快便打开了话匣子：先是简要介绍了这龙盖寺的来历，他自己去年为纪念支遁，经积公允许，创了这个亭子，便以支遁的字"道林"命名了这座小亭。说完这些后，又把自己身为弃婴被智积禅师收养长大，后不愿听从师父的安排逃离寺院而沦落为伶人；又承蒙李齐物太守的知遇之恩，捉手抚背、授以诗书并被介绍到州学从邹夫子学习五年；因对茶有特别的兴趣，去年的春天考察了淮南道的茶事情况，并根据一路的笔记撰写了《茶记》一篇等事娓娓道来。虽然在这道林亭下，却没能"道"尽胸中的"林"林总总。崔国辅频频点头，对眼前这个年轻人刮目相看。很快，时间已近正午，崔国辅当天下午还有点公干，约定改日再聊。于是，少长二人起身相对，击掌结为忘年之交。

陆羽送走崔国辅后，从心底庆幸自己在这一年多来的迷茫时间里，似乎又看到了一盏明灯。此后，陆羽便和崔国辅频频往来，或诗歌唱和，或寻泉评水，或煮茶品茗；学业上经常接受来自崔国辅的指点，日渐精进；崔国辅又时不时地教陆羽一些关于各地的山川地貌、风土人情的知识，这为陆羽日后外出游历做了必要的知识储备。

五、跋山涉水寻茶路

天宝十年（751年），陆羽十九岁。这年春天，已在火门山随邹夫子学习了五年的他，告别老师，经京山县北上，至淮南申州（义阳郡，今河南省信阳市）、光州（今河南省潢川县）、舒州（大致相当于今安徽省安庆市）、寿州（今安徽省淮南市）、蕲州（今湖北省黄冈市蕲春县）、黄州（今湖北省麻城市）一带，行程约1500公里，完成对六个州十余个县的茶事考察。回来后，陆羽住在竟陵东冈，自号东冈子，根据出游考察笔记撰写《茶记》一篇。

天宝十三年（754年），陆羽二十二岁。这一年的春天，崔国辅资助陆羽出游剑南道考察茶事，他将自己非常珍惜的白颡乌犎牛和文槐书函赠送给陆羽，并于竟陵城西的连水口送陆羽出游。此次陆羽外出考察茶事从竟陵出发，溯汉水北上，考察襄州、金州、梁州的茶事，然后折而向南进入剑南至绵州、汉州、彭州、蜀州、邛州、雅州、眉州、泸州、渝州考察茶事，然后由渝州登船顺江东下至峡州（今湖北宜昌）、荆州继续考察茶事，八月回到竟陵。历时八个月，共十四个州，数十个县，总行程近5000公里，可谓万里寻茶路。尽管有日行三百里的白颡乌犎牛助行，有渝州至宜昌的顺江东下，但要平均日行四十余里，且需翻山越岭，攀岩爬壁，其艰辛可想而知。

在顺长江东下时，他曾于归州品玉虚洞下香溪水。此水位于今湖北省秭归县归州镇东边的谭家山一带。他又顺流东下至峡口，品峡州

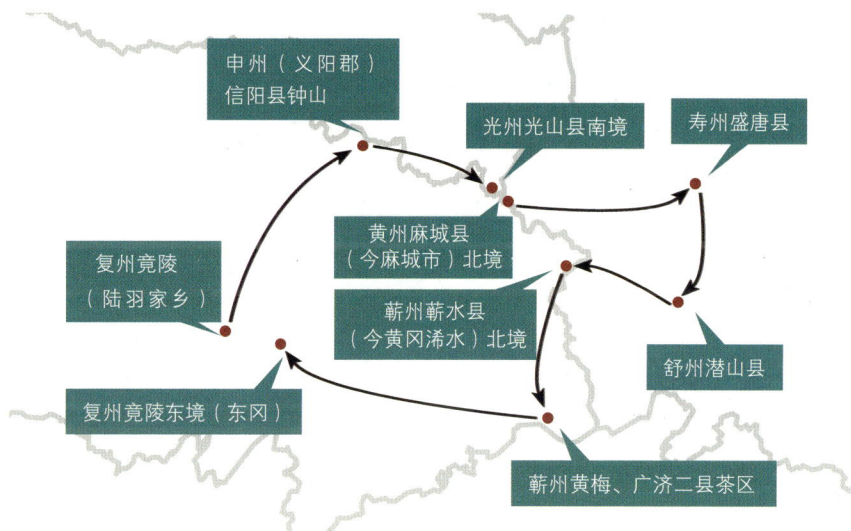

陆羽淮南道寻茶图

虾蟆碚泉水。此水在今长江西陵峡口与黄牛峡之间。南宋陆游《扇子峡》诗云："巴东峡里最初峡，天下泉中第四泉。"说的就是这个地方。陆羽考察回来将考察笔记、游记文稿请崔国辅斧正。崔国辅因没去过剑南，便不时地询问陆羽关于蜀地的山川地貌、风土人情等，又问陆羽到没到成都寻访诸葛武侯祠，到临筇寻没寻访到司马相如与卓文君当垆沽酒处，等等。陆羽都一一作答。崔国辅不时地对人物、事件、掌故发表些观点和看法，与陆羽沟通交流，也打心底里敬佩陆羽踏实、严谨的治学风格，不畏艰险、勇于探索的刚强意志与进取精神，以及志存高远、心无旁骛、豁达大度、阳光开朗的人格魅力。

陆羽还带回不少各地的茶叶样品，与崔国辅煮饮品评，后结合一路的笔记，写出了第二篇《茶记》，为日后撰著《茶经》积累了丰厚翔实的资料。陆羽的两篇《茶记》均不存于世，只在宋代的目录书《崇文总目》中有记载，可见这两篇《茶记》在宋代还在传播。

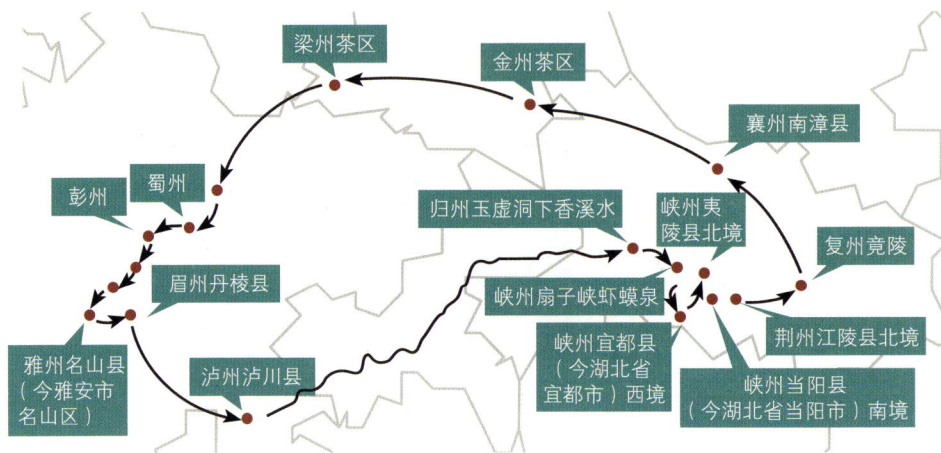

陆羽山南道、剑南道寻茶路线图

天宝十四年（755 年），陆羽二十三岁。这一年的九月九日，崔国辅携陆羽离开竟陵，相约外出考察江南茶事。出得城外，崔国辅登上他三年前初来竟陵时登过的高处，再次在此回望竟陵城，怎不让他浮想联翩，感慨万千。崔国辅老泪纵横，于是即兴赋《九日》诗云："江边枫落菊花黄，少长登高一望乡。九日陶家虽载酒，三年楚客已沾裳。"崔国辅生卒年不详，从他于开元十四年（726 年）进士及第看，当比陆羽长 30 岁左右，故诗以"少长"明言两人的年龄关系，从"枫落菊花黄"一句所描绘的景色，可知当时已是深秋时节，还有担着陶家酒的送行人，于江边饮酒话别。就这样，陆羽随崔国辅开始了他人生的第三次出游。

两人由竟陵西门外连水口乘舟一路顺流而下，来到蕲水县（今浠水县）兰溪镇，小住于此。陆羽与崔国辅品评兰溪泉水，歌诗唱和，留下一段佳话。

正是崔、陆二人小住蕲水县兰溪镇期间的十二月，安禄山在河北的范阳起兵，安史之乱爆发。至德元年（756 年）正月，安禄山攻陷洛阳，两京难民汹涌南下，按《陆文学自传》记载："秦人过江，余亦过江。"说他随着从秦地避乱来的人一起过江。陆羽与崔国辅一同渡江后，突发的战乱打乱了他们原来设定的行程，二人不得不沿长江南岸陆行，向西至今天的湖南。二人在洞庭湖一带遇上奉唐玄宗诏旨统兵北上抗击安史叛军的岭南节度使何履光的部队。因崔国辅毕竟是朝廷命官，值此国难当头，无奈之下，崔国辅于此加入何履光部。二人自此分别。

话说陆羽与崔国辅在洞庭湖一带分别后，便一路向南，游南岳衡山，考察衡州茶事。在茶陵县游览了道教名山景阳山后，陆羽又往东来到湘赣交界处属于罗霄山余脉的云阳山，于此考察茶事，后又顺势向东进入江西，一路跋山涉水，来到余干县。在余干县城的东边有一座形状像帽子一样的小山包，人们便称它叫冠山。在这冠山之巅，有一座寺庙名思禅寺，陆羽便在这座寺庙里住下了。一条溪水在流过冠山的前面时，忽然变得阔大起来，当地人称之为市湖。天气清朗，泓然无波，其纹或圆似镜，或长似练，不与众水混，其味甘甜爽滑。陆羽在冠山凿石为灶，取市湖水煮茶，品鉴自与崔国辅分手后一路考察所采得的茶叶，撰写寻茶笔记，《茶经》"八之出"中关于湖南衡山、茶陵产茶及其优劣的叙述，即是来源于这一时期的实地考察。宋代有很多名流吟诗作画怀念陆羽。宋人李彭《书龙寿寺煮泉亭壁》诗云："石灶怀桑苎，洼尊忆漫郎。""擎来妙喜叶，尽属法王家。不见青鞋士，来煎黑面茶。"另有古籍说："琵琶洲上，往时徐明叔，就壁上书陆羽烹茶像，甚清逸，今尚存。"

此后，陆羽一路向东，来到江州，即今九江市的庐山，品谷帘泉水，次年经饶州至歙州考察茶事。当时正值安史之乱初期，唐玄宗的儿子永王李璘由荆州擅自率军东下广陵（今扬州），使长江下游陷入战火纷飞之中。陆羽为避战乱，便选择往南至浙东婺州（今金华）、明州（今宁波）、台州、越州（今绍兴）一带考察茶事。

陆羽在结束了浙东的茶事考察后，便进入浙西，对睦州、杭州、苏州、常州、宣州、湖州进行茶事考察。

在杭州，陆羽因茶事至天目山游历，寻访径山兴圣万寿禅寺，并于此小住，取吴山泉水煮茶，当地如今仍存有陆羽泉。当地人徐锐写有题为《径山雪霁》的诗，诗中云："雪水稳应仙品试，茶经仍向石林删。"陆羽后来再次来到这里，删改《茶经》。南宋吕祖俭在他所著的《卧游录》一书中说："吴山双溪路侧有泉，羽著《茶经》，品其名次，以为甘洌清香，堪与中泠惠泉竞爽。"陆羽游灵隐山，访天竺寺并居此考察钱塘、萧山等处茶事。

在苏州，陆羽居永定寺，并为永定寺书额，今寺已不存，有永定寺弄。陆羽游览虎丘寺，汲水烹茶，留下遗迹名陆羽石井。当地志书记载说："俗名观音泉，傍剑池北上，井口方丈余，四旁石壁下连石底，泉甘洌，相传陆羽品定为第三泉。"他游览太湖洞庭山并考察茶事，品松江四桥水。据宋代范成大在《吴郡志》中记载："松江水，在水品第六，世传第四，桥下水是也。桥今名甘泉桥，好事者往往以小舟汲之。"甘泉桥上有亭名垂虹亭，宋代大书法家米芾有《吴江垂虹亭作》一诗怀念陆羽。诗云：

> 断云一片洞庭帆，玉破鲈鱼金破柑。
> 好作新诗寄桑苎，垂虹秋色满东南。

陆羽又居苏州吴江县平望乡（今苏州市吴江区平望镇），品莺湖桑盘泉。明代陈良谟写有《过桑盘》诗怀念陆羽。诗云：

> 昔有桑苎翁，烹茶碧水中。
> 农家真淡泊，神宇何玲珑。
> 桑树垂莺脰，于盘无渐鸿。
> 谁栽四古柏，犹有宋唐风。

在常州，陆羽至义兴县（今宜兴市）君山悬脚岭考察茶事，访善卷洞之侧善权寺。此处今为宜兴市善卷洞风景区，位于宜兴市西南约 25 公里的祝陵村螺岩山上。陆羽游览无锡惠山，取惠山泉水烹茶。《无锡县志》记载说："（陆羽）尝品水味，列无锡惠山泉第二，至今称为'陆子泉'。泉上有祠，祀羽画像。"陆羽往润州江宁县（今南京市江宁区）牛首山、摄山考察茶事。

宣州，乃今安徽省宣城市。乾元二年（759 年），陆羽至宣州，考察宣州宣城县雅山一带的茶事。宋代梅尧臣诗云："昔观唐人诗，茶咏鸦山嘉。"

至此，陆羽已完成了湖南道、浙东道、浙西道茶区的茶事考察、访泉品水的游历活动。湖南道、浙东道、浙西道寻茶访泉游历路线详见下图。

唐肃宗上元元年（760 年）的秋天，陆羽由苏州吴江县平望乡迁居湖州乌程县苕溪（位于今湖州市吴兴区）之滨。自陆羽随崔国辅出游至今，已四年有余，在这期间他是居无定所的，行程当以万里计，所历艰辛常人难以想象。我们现在只能从皇甫冉、皇甫曾兄弟赠陆羽的诗中略知一二。皇甫冉在赠诗中说陆羽"旧知山寺路，时宿野人家"，皇甫曾则说陆羽"千峰待逋客，香茗复丛生。采摘知深处，烟

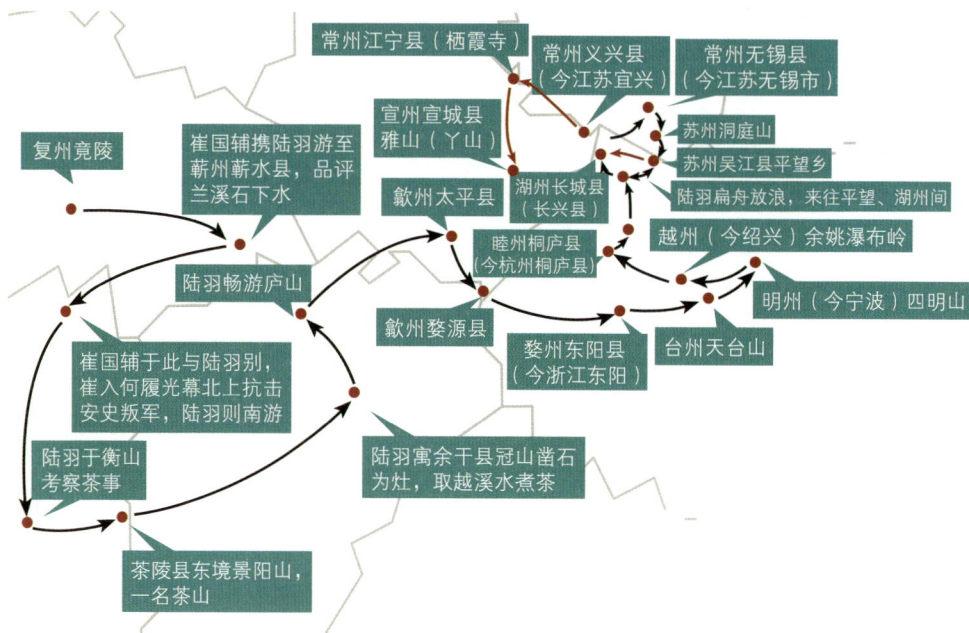

陆羽湖南道、浙东道、浙西道寻茶访泉游历图

霞羡独行。幽期山寺远，野饭石泉清。寂寂燃灯夜，相思一磬声"。可见，陆羽在茶事考察期间，以山间的寺庙为主要的落脚点，时常也借住在山野人家，饿了便寻山间的野果充饥，渴了便就地喝上几口石泉水，这与野人几乎是无异的。后世有人说陆羽为"茶癖"，然而，"茶癖"二字恐难囊括他对茶的探寻与追求。

六、南零品水传佳话

唐广德二年（764 年），据裴治国所著《陆羽年谱稿》，陆羽居扬州大明寺。扬州历史上的冶铜、铸铜业就非常发达；至唐代时，扬州的铸铜工艺更是堪称精湛，唐朝宫廷的铜镜等高档铸铜物件均来自扬州。陆羽为了煎茶二十四器中最为关键的一器——风炉而来到扬州，请当地铸铜匠人帮助铸造。在朋友的引见下，陆羽找到当地一家以铸鼎闻名的铜匠铺子。他说明了来意，递上图纸，又就一些细节与师傅进行了深入的讨论。师傅制作好砂模后，陆羽就在模体的三足上分别阴刻了"坎上巽下离于中""体均五行去百疾""圣唐灭胡明年铸"共二十一字。经冶铜浇铸、冷却破胎、打磨抛光等工序后，一尊精致的风炉便呈现在陆羽的面前。至此，陆羽设计的煎茶二十四器便全部制作完成了。

在唐代，大凡经历战争、灾荒之后，都会安排朝廷要员担任宣抚使，也称宣慰使，分赴各地出巡抚慰百姓。陆羽在所铸风炉有题款"圣唐灭胡明年铸"，即广德二年，这一年正是经历安史之乱战争的后一年。朝廷依照惯例，向全国大部分地区派出了宣抚使。当时的吏部侍郎兼御史大夫李季卿为宣抚使宣慰河南、江淮。世上真是无巧不成书：这一天，扬州刺史崔圆在城北的蜀冈迎接李季卿登岸后，恰好碰上陆羽从铸造风炉的铜匠铺回扬州大明寺，手里还提着煎茶二十四器。崔圆远远地就跟陆羽打招呼，陆羽健步上去，见过崔大人。他放下手中的都篮，正准备与刺史大人行礼，崔圆却顺势把陆羽引到李季卿面前。崔圆向陆羽介绍道：这是吏部侍郎兼御史大夫、本次宣抚使李季卿大人。转头又把陆羽介绍给了李季卿。李季卿虽未曾与陆羽谋面，但对陆羽早已有所耳闻，二人相见，甚是欢喜。寒暄之后，李季卿邀陆羽一同至扬子驿馆舍一叙。刺史崔圆命人备酒烹馔宴请，而此时的李侍郎却笑对陆羽道："陆君善茶，天下闻名，况煎茶二十四器在侧。扬子南零水殊绝无比。今者二妙，千载一遇，不饮佳茗，何畅雅怀？"陆羽点头会意，表示愿用南零水煎茶与李、崔二位大人共品。于是，陆羽对李季卿说："这江心的南零水，其实是扬子江江心底下的一眼泉，汩汩向上冒着的泉水，没等冲上江面，便随江流散失在江水中了，取此泉水需用油纸蒙覆住瓶口，以绳拴瓶吊入江底泉口，吊瓶时以一长竹竿随着取水瓶一起下去，到泉口后以竹竿捅破瓶口油纸取水，然后提起来才行。只是今天风大浪涌，恐入江心取水有点困难，还请大人妥为安排。"

李季卿对南零水也有所耳闻，对陆羽的严谨极感敬佩。于是，李季卿对陆羽说道："陆先生所见极是。"他转而又对崔刺史说道："还烦劳崔大人安排熟悉此水的可靠军士，按陆先生所说，备好舟楫及铜瓶等物什。"崔刺史依言吩咐下去，几名军士领命而去。

这时，陆羽打开身边的都篮，从里面一件一件地取出煎茶二十四器，边取边向李季卿介绍各种器物的名称、作用，又生火掌勺，等候泉水到来。

不出半个时辰，两名军士抬着取满水的瓶子来到陆羽面前。陆羽舀了一勺尝了一下说："水倒是江水，但并不是江心南零泉水，好像是江岸边的水。"军士急忙分辩说道："我操舟江中，汲水南零，众人皆见，绝非虚假。"

陆羽一声不吭，取盆把水倒掉一半，又品了一口，说："这才是南零水。"军士大惊失色，不得不如实相告道："因江面风大，船将靠岸，受激浪摇荡，瓶水晃出一半，怕您嫌少，便取岸边水加满。没想到先生如此神见，我也不敢相瞒了。"

陆羽娴熟地支釜、注水，不一会儿便口中唱着一沸、二沸、投茶、救沸、育华、分茶，把李季卿看得目瞪口呆。还没等李季卿醒过神来，陆羽便举碗，请李大人、崔刺史品茶。李季卿接过茶碗，一连啜了几口后，抬头与崔刺史相顾而笑道："好茶，真不枉淮南此行！"

陆羽啜下一口茶后说道："承蒙李大人抬举，好茶须好水才行。若不是您命军士操舟江中取得这南零泉水，怎可能有这好茶啜呢！"

李季卿听陆羽如是一说，想起陆羽鉴别天下水味一事，便对陆羽说道："先生曾别天下水味，可否对您品尝过的泉水做个评价呢？"陆羽回答说："楚水第一，晋水最下……"李季卿边听边命人把陆羽口授的《水品》一一记载如下：

一、庐山康王谷水帘水；

二、无锡惠山石泉水；

三、蕲州兰溪石下水；

四、峡州扇子峡虾蟆口水；

五、武丘寺井水；

六、庐山招贤寺下方桥潭水；

七、扬子江南零水；

八、洪州西山瀑布水；

九、桐柏淮源水；

十、庐州龙池山顶水；

十一、丹阳观音寺井水；

十二、扬州大明寺井水；

十三、汉江中零水；

十四、归州玉虚洞香溪水；

十五、商州武关西洛水；

十六、吴松江水；

十七、天台千丈瀑布水；

十八、郴州圆泉水；

十九、严陵滩水；

二十、雪水。

经过千百年来的沧桑巨变，中零泉早已汇聚于金山寺以西一座绿树环合的小楼与一座双层八角亭之间。长方形的泉池由大石垒砌而成，清澈的玉液从池底涓涓涌起，终年不竭。水面时时泛起秀丽的涟漪，一串串水泡如无数珍珠浮出水面，游鱼时隐时现，仿佛在逗弄游人。泉水醇厚甘洌，表面张力大，盛入杯中，水竟高出杯面一二毫米而不溢，观者无不叫绝。陆羽的品泉遗迹在传说中被保留下来，诚可告慰他的在天之灵！

以上是关于零泉历史变迁的一段插话。这一天的宴会后，李、崔、陆等人接着品茶，交流，至晚方散去。

李季卿因公务在身，经常外出巡访，回扬州时便从大明寺召陆羽至馆驿，品茶交流，少不了文人之间的诗歌唱和。有时李季卿也闲逛至大明寺拜访陆羽，参禅礼佛。

七、御前煮茶会恩师

代宗这位颇有嗜茶癖好的皇帝，曾经听闻下世不久的太傅李齐物在生前常常谈起竟陵龙盖寺智积禅师及其门徒陆羽皆善品茶的故事。他觉得，这也是一则人间趣事。时值清明，渭水河边，芳草如茵；潜龙池畔，繁花似锦。在一片艳丽春色里，来自各地的新鲜贡茶涌入宫中。代宗在一天退朝时，传中书舍人、知制诰杨绾降旨复州竟陵，召龙盖寺住持僧智积进宫。他想先试一试陆羽师父的品茶本领。

　　智积禅师领旨进宫。一经叩见，代宗即命太极宫赐茶，御前供奉宦官传旨宫中煎茶能手端上御赐的新茶一碗。智积接过精制的莲花碗，轻呷一口，只觉徒有馨香，而失之鲜醇。于是，禅师将手中的瓷碗放回荷叶形的茶托之中，并不复啜。

　　居中而坐的代宗看见智积不复饮茶，便直截了当地问他品味之感。智积立刻顿首合掌说道："老衲亲沐陛下天恩，不胜惶恐。贫僧早年嗜茶，幸有小徒侍奉。渐儿汲水煮茗，其色清朗，其味隽永；无奈他未及弱冠，无意佛事，即明志要'授孔圣之文'，于天宝三年（744年）离寺出走，浪迹江湖。此后，老衲以白水为饮，凡二十年矣。"智积回避品味所感，只管陈词。代宗命其平身归座，笑道："难怪太傅尝云禅师'非渐儿所煮不饮'。"说罢，命智积安歇。

　　代宗从太极宫返回长乐宫，暗想智积只啜一口而知其味，未必有如此之神见。难道宫中的煎茶能手真的不如他的小徒弟陆羽吗？他还是不相信智积的品茶本领，于是又命杨绾下诏江淮一带，寻访陆羽并密召其进宫。

　　诏书抵达扬州，刺史崔圆派手下往大明寺召陆羽前来接旨。这天正好宣抚使李季卿也从外地回到扬州馆驿，他从陆羽手中接过诏书看后说道："扬州至上都，近三千里路程，限期三月到京，时间还算宽裕。"李季卿又抬眼看了一下陆羽，见他有些忐忑不安，便安慰道："代宗帝嗜茶，为人宽厚，不会有别的事。"经李季卿这么一说，陆羽悬着的心才稍稍放下。李季卿又接着说道："扬州是我本次宣抚的最后一站，还有旬日即告完成，之后便启程返京。陆先生不必急着上路，十日后随我一同进京不迟。"他又扭过头去对刺史崔圆说道："还烦崔大人妥为安排，取几瓶南零水，到时我们带回宫去，让陆先生用这南零水为皇上煎茶。"刺史崔圆自是满口应承道："本官一定遵照妥办，请李大人放心。"陆羽听后对李季卿周到的安排自是万分佩服，满心欢喜地说道："回禀大人，白衣陆羽听从安排，在此先谢大人相携之恩！"

陆羽在行前的十日里，与当地的各色匠人一同赶制了几套煎茶二十四器，当时就送了李季卿一套。他又利用晚上的时间，工工整整地抄写了两轴《茶经》，准备进京之用。

转眼到了出发的日子。这天一早，刺史崔圆安排人送来几瓶南零水。陆羽将水放在都篮之中，同李季卿在刺史崔圆等一帮地方官员的簇拥护送下，来到长江岸边的码头。陆羽与众人一一拱手称谢道别。

陆羽上得船来，立在船头，江风从他耳边掠过，浪花在船头激起的水沫不时打在他的脸上，他却全然不知。他只是呆呆地看着岸上送行的人，还远远地招着手，久久不肯离去。这使他想起了十余年前，崔国辅在竟陵城西边的连水口送他外出考察茶事时的情景。陆羽在心里默念着崔国辅写的送行诗："送别未能旋，相望连水口。船行欲映洲，几度急摇手。"想到这里，他情不自禁地大幅度地向岸上的崔圆刺史一行人挥了几下手，便回船舱在李季卿对面坐下，与李季卿聊起了本次旅程要经过的地方及时间。陆羽说："船溯九江后将转入汉江，两三天的水路便到复州竟陵，李大人是否愿意在复州停留一两天，领略一下我的家乡竟陵的湖光山色，也让我尽一尽地主之谊？"李季卿说："陆先生的美意我领了，只因我是奉命宣抚河南、江淮两地，复州属山南道，不属我领旨的范围。此外，跟随我们的还有这样大的一班人马，也不方便路途停留。再说，皇上还等着您去呢，我们还是赶路进京吧。"说完，便向陆羽抱拳。陆羽立即回以抱拳说道："全听李大人安排。到长安进宫后，还请大人引见，多多美言才是。"李季卿道："陆先生不必客气，您的大名朝廷上下无人不知，进宫后我一定尽力，请您不必多虑。"待李季卿说完，陆羽觉得心里更踏实了一些，便起身告辞道："请李大人歇息会儿，我回房去了。"

此后，便是水陆更替，晓行夜宿。途中，陆羽多与李季卿对谈交流，还不时问一些宫内礼仪等应对方面的事，李季卿知道陆羽这是在为进宫后做知识上的准备，便很细致地一一作答。

李季卿率一行人从扬州出发，溯长江经九江至鄂州，再入汉江上溯至襄阳，然后转陆路北上至函谷关，入关西行不几日便到达长安城。入得城来，中书舍人、知制诰杨绾领一行人已在春明门内迎候。杨绾与李季卿寒暄问候之后，李季卿转身将陆羽领到杨绾面前介绍道："这是中书舍人杨绾大人。"陆羽行礼道："在下竟陵陆羽，有礼了。"接着，李季卿对杨绾说道："我可是帮你把人找着带来了，现在就交给你了，你可要好生招待陆先生。"说完，他又转身对陆羽说道："一路上与陆先生谈古论今，煎茶品茗，受益匪浅，但有关照不周之处还请陆先生海涵。"陆羽自是忙不迭地回礼称谢。李季卿忽向杨绾问道："杨大人把陆先生安排在何处？"杨绾说："早年谪仙人李太白来京便住在终南山玉真公主别馆。陆先生乃茶仙，此来长安，就住我别业，方便我向陆先生讨教。"说完，杨绾同陆羽与李季卿等众人道别后，便领着陆羽穿街过巷，约莫走了半个时辰，来到位于朱雀门街东边的兴道坊的一栋宅子。陆羽打量一番后，心想这哪是别业呢，不过也不好多问，便在杨绾的张罗下住了下来。两人虽是初次见面，却如老朋友般熟悉、放松。杨绾对陆羽说："请陆先生将就在这住下，我就住这旅馆的西头几间。刚才在春明门时说住我别业，是我调侃自己的。我这个人从安史之乱时就跟在皇帝身边，因不会理财，也就不像朝廷的其他官员那样，在这一片坊里头建有自己的宅子。还请您不要笑话我才是。"接着又说道："皇帝嗜茶，听说您写了一部

《茶经》，而且茶也煎得好，便下诏召陆先生来，想尝尝您煎的茶。"
杨绾没有提起陆羽师父智积禅师在京的事。陆羽听后说道："承蒙杨
大人抬举，在下只不过会一点雕虫小技，不足挂齿，还请杨大人在皇
帝面前美言才是。在下来京时，准备了几套煎茶二十四器，又把在下
的拙著《茶经》工工整整抄写了两轴。煎茶二十四器已赠李季卿大人
一套，现在赠杨大人您一套，不成敬意，请您笑纳。还留有一套煎茶
器及两轴《茶经》，准备面呈皇帝，不知妥否？还请杨大人示下。"杨
绾听陆羽如是说，便道："陆先生您是公认的茶仙，不必过谦。在您
入长安前，早有快马报您今日入城，宫内已安排明日早朝后，皇帝将
在大明宫思贤殿召见您。明日早朝后我会来接您一同前往大明宫朝见
皇上，为皇上煎茶。"陆羽兴奋地回道："一切谨遵杨大人安排。"接
着，杨绾又提醒陆羽道："今天也不早了，旅途劳累，您就在馆内歇
息，等明日拜见皇上后，我来带您到京城到处走走。"杨绾之所以做
出如此安排，是因为陆羽的师父智积禅师就住在朱雀门东第三街的奉
慈寺，与此处只隔着两条街，为防止陆羽出去逛街碰着智积，使诏陆
羽进京煎茶让他师父鉴别的事不致失去意义。对此这陆羽当然是浑然
不知的。杨绾说完便起身告辞说道："改日请您去我那边坐一坐。"陆
羽起身顺手递上一套煎茶二十四器，将杨绾送出门。

日上三竿，风露已消，约是辰时之中，杨绾来到门前，招呼行礼
后问道："陆先生在此歇息得可好？"陆羽满脸笑容地拱手回答道：
"托杨大人的福，京城一梦，终生难忘。早朝已过，大人可是来领我
去拜见皇上了？"杨绾回道："陆先生说得正是，请您带上呈给皇上
的二十四器及《茶经》书卷，我们走吧。"

陆羽一手提着一个装着二十四器的都篮，一手拿着两轴《茶经》，
跟着杨绾穿街过巷，来到大明宫思贤殿。在杨绾的安排下，陆羽叩见

了代宗，呈上了煎茶二十四器及两轴《茶经》。代宗诏杨绾将《茶经》送弘文馆收藏，二十四器交御茶房保管。代宗欣然问道："鸿渐处士，听说你游历淮南、剑南、湖南、江南几十个州，寻茶品泉，亲自制作煎茶二十四器，创煎茶法，还撰有《茶经》一部。今日见你所呈煎茶二十四器及《茶经》，果然名不虚传。你可否就大唐各道产茶优劣给朕简要道来？"此时的陆羽尽管做足了心理准备，但还是略显紧张，有些结巴地给代宗帝道了万安后，便把《茶经》中的"八之出"一节大概叙述了一遍。越说越放得开的陆羽，居然一点也不结巴了，反而口若悬河，于是得到了代宗赏识。说了些夸扬陆羽的话后，代宗命随侍太监带陆羽去御茶房煮茶。

陆羽走后，代宗便命杨绾快去把智积禅师请来。

智积才在宫内坐定，宫女便端上两碗茶来。代宗知是陆羽所煎，便示意宫人将另一碗送智积品饮。当智积接过越窑茶碗时，他顿觉香气馥郁，仔细一看，汤色清朗，既啜之，茶味鲜醇，且回味隽永，乃一饮而尽，并惊曰："这好像渐儿所煮！"代宗龙颜大悦，杨绾等在场官员相顾而笑。于是，代宗命陆羽前来与智积会面。师徒一见，双臂相挽，四目而对，"竟无语凝噎！"

次日，陆羽来到朱雀门东第三街奉慈寺智积禅师住处看望师父，询问师父这些年来可好，几时来京。智积都一一作答。陆羽相约师父一同回复州，智积说道："为师既然已到长安，意北上五台山一游，渐儿就随你便吧。"陆羽问师父何时动身，智积道："本寺长老等僧众一同前往，总在这几日，你也不必牵挂。渐儿你的长进让为师着实高兴，没白抚养你一场。在外漂泊，你多多保重，若累了就回复州，师父在龙盖寺等你。"没等师父说完，陆羽早已潸然泪下。见此情景，智积撩起僧袍一角为陆羽拭泪。过了一会儿，陆羽与师父告辞道：

"师父保重，渐儿一定会回来的。"

此后，陆羽在长安又住了十来天，在杨绾的陪伴下游览了长安城，也拜会了一些文化名流，当然也对杨绾的了解更为深入。杨绾，陕西华州人，其父做过醴泉县的县令，因病早逝，是他母亲一人把他和他的弟弟拉扯大的。杨绾特别地孝顺母亲，又很爱读书，成人后依然在家侍奉着母亲。亲友们规劝杨绾说，你应该去考取功名，获得俸禄来养家糊口。于是，杨绾考中进士，历任起居舍人、司勋员外郎、职方郎中，至今升为中书舍人，且一直担任为皇帝起草诏书的重任。陆羽在长安时，因与杨绾住一处，也经常上门拜访杨绾，看望杨绾的母亲及其弟弟，因此与杨绾一家人结下了深厚的友情。杨绾于大历五年（770年）升任国子祭酒一职。

陆羽在长安待了将近半月，临行时，李季卿、杨绾为陆羽饯行。陆羽又回到江南，于顾渚山置办茶园，专心茶事。建中二年（781年）陆羽将顾渚茶园采来的新茶制成紫笋茶饼，寄给杨绾，并修书一封云："顾渚山中紫笋茶两片，此物但恨帝未得尝，实所叹息。一片上太夫人，一片充昆弟同啜。"陆羽这封信说的是，他采得顾渚山中紫笋茶制作的茶饼两片。这种上等的好茶代宗帝都没有尝到过，实在是值得叹息的事。这两片茶饼，一片呈给太夫人，一片给您与兄弟一起品尝。由此可见，陆羽在长安时与杨绾一家所建立的友谊之深厚了。

自从陆羽赠送李季卿、杨绾的煎茶二十四器在长安一带出现后，引得朝廷上下、王公大臣争相仿制，以至稍后的封演在他所撰写的《封氏闻见记》中说："楚地人陆鸿渐，为茶立论，撰写了《茶经》，述说茶的各种好处及功效，并告诉大家煎茶、炙烤茶的方法，又造茶具二十四种器件，收藏在一个都篮里。远近的人都非常地向往爱慕，很多喜好茶而又有条件的人都家藏一副。因此使饮茶的风气大行于长安一带，王公朝士没有不喝茶的。"相比于御前煮茶，这才是陆羽长安之行的最大成功。

八、游历名山比太白

"五岳寻仙不辞远，一生好入名山游。"这是李白对自己爱好游历名山大川的真实写照。对于没能前往一游的浙东名山天姥山，李白以一首《梦游天姥吟留别》，让天姥山为之增色。陆羽在没有游庐山之前，也是以"梦游"为先的。南宋王象之在《舆地纪胜》中说："陆羽尝梦游庐山，天宝末抵庐山，果如梦中所见。复欣然曰：庐山今非梦矣。"

李、陆二人都好入名山游，但两人之游又是有区别的。李白入名山是带着目的的隐居，希望以此来引起朝廷的注意，从而召他出来做官。不过，李白只是一个理想主义者罢了。陆羽则不同，他完全看透了官场这一如围城的桎梏。朝廷曾先后任命陆羽为太常寺太祝和太子文学，他都没有去朝廷就职，而是逍遥于山林野水之间。

陆羽也曾因为做官之事而隐居于今天江苏句容市的茅山，当时自称"五言长城"的诗人刘长卿曾有《送陆羽之茅山寄李延陵》诗云："延陵衰草遍，有路问茅山。鸡犬驱将去，烟霞拟不还。新家彭泽县，旧国穆陵关。处处逃名姓，无名亦是闲。"刘长卿在诗中为何说陆羽去茅山是"鸡犬驱将去"呢？原来，当时在浙东发生了袁晁率领的农民起义。袁晁要求农民政权的几十位公卿大臣均由普通百姓担任。但普通百姓毕竟缺乏文化，为了保证农民政权的正常运转，袁晁便大肆招募有一定文化而又没在唐朝廷做官的人士。陆羽当时在浙江一带已是非常有名气的人物，袁晁便派人前往湖州，请陆羽前去越州为官。陆羽不愿卷入政治旋涡之中，便隐姓埋名逃走了。于是，刘长卿送陆羽走茅山便有"处处逃名姓"一说。宋代欧阳修主持编修《新唐书》时，纂修官苏颂说陆羽、秦系避伪政权邀请，可列入"隐逸"一门，指的即是这次事件。李白隐居庐山，受李璘之请便欣然出山，很快便招致被流放之祸；陆羽的处理则全然不同。由此可见，李白在政治上比起真隐士的陆羽还是有点逊色的。

陆羽与李白一样，一生都是处在游历之中的。

陆羽的游历活动，在唐代当时即已闻名。其中很多地方历经千百年的传承，已是历史文化圣地，不乏文人墨客吟诗作对、撰文题刻，或寄托怀念之情，或表达仰慕之意。

独孤及在代宗一朝，是事实上最有影响力的古文作家，号称"天下文伯"。独孤及只比陆羽大八岁，应该算是同时代的人。他在《慧山寺新泉记》一文中说："竟陵陆羽，多识名山大川之名。"独孤及此文大约撰于大历九年（774年），此时的陆羽才四十岁出头，其游历与见识已为士大夫阶层所称道赞赏。

陆羽之所以被独孤及在《慧山寺新泉记》一文中提及，是因为陆羽曾游历无锡慧山，取慧山泉水煮茶，实地踏勘慧山所处方位、地貌、出产等地理特征、特性，并通过深入了解慧山厚重的历史文化，撰成《慧山寺记》一文。于是，独孤及在《慧山寺新泉记》一文中便有"（陆羽）与此峰白云相与为宾主，乃稽厥创始之所以而志之。谈者然后知此山之方广，胜掩他境。"原来，慧山是因为陆羽的游历活动及所撰《慧山寺记》的传播而名扬宇内的。据裴治国所著《陆羽年谱稿》的考证，陆羽游历慧山在唐大历四年（769年），这年陆羽三十七岁，僧皎然（字清昼）有《同李司直题武（虎）丘寺兼留诸公与陆羽之无锡》云：

> 陵寝成香阜，禅枝出白杨。
> 剑池留故事，月树即他方。
> 应世缘须别，栖心趣不忘。
> 还将陆居士，晨发泛归航。

从皎然诗题可知，此诗是皎然与李纵、陆羽在苏州虎丘时所作。诗中说陆羽"剑池留故事"，当指陆羽在剑池旁凿井一事。此井后被称作"陆羽井"。陆羽能选点凿井得泉，说明陆羽具备相当高深的地质构造方面的知识，其眼光堪比现代的高科技测量仪器，令人佩服。这一年，按皎然的说法，陆羽在剑池留下凿井这一故事后，便去了无锡慧山，住进了千年古刹慧山寺。慧山寺有泉一眼，甘甜爽口，特别适宜煮茶，陆羽便取慧山泉水煮茶，与慧山寺的僧人们一同品评。慧山寺因其历史悠久而藏书颇丰。陆羽晚上便在这寺里读书。从慧山寺的藏书中，陆羽知道了"无锡"一名的来历。于是，他便按书上说的，对无锡一地的慧山、锡山等进行了一番实地考察，写下了脍炙人口的《慧山寺记》。从后来人们于苏州虎丘、无锡惠山两地对陆羽的怀念可知，陆羽确也于此两处留下了不少佳话。

据《吴郡志》等多部苏州地方志书记载，陆羽凿井于虎丘剑池西南，品为天下第三泉。宋代此地即建有五贤祠，祀顾彦先、韦应物、白居易、刘禹锡、陆羽五人。

据多部《常州府志》《无锡县志》记载，在无锡县慧山建有尊贤祠，祀陆羽。又载历代诗人怀念之作，宋代钱绅署"建炎九月十五日"作云："亭下百尺井，空传天眼老。陆子赏遗味，至今泉浩浩。"

元代邓文原有《惠山夏日酌泉》一诗，其中有二联即云："试将水品证泉味，一语须唤山僧参。层台桑苎肖遗像，古屋弥勒空香龛。"从这一诗看，在无锡慧山，不仅建有陆羽祠，还绘有陆羽像供奉在祠堂之上。

南京市栖霞风景名胜区，在陆羽生活的唐代，属润州上元县地，有摄山，山上有栖霞寺。上元元年（760年），陆羽自湖州往栖霞寺采茶，途经阳羡，即今之江苏宜兴市南五里的荆溪一带的山中，大历诗人皇甫冉有《送陆鸿渐栖霞寺采茶》诗云：

> 采茶非采菉，远远上层崖。
>
> 布叶春风暖，盈筐白日斜。
>
> 旧知山寺路，时宿野人家。
>
> 借问王孙草，何时泛碗花。

陆羽在栖霞寺一带采茶，取白乳泉水煮茗，撰写或删改《茶经》。栖霞寺坐落在摄山的中峰，中峰之南有纱帽峰、紫盆峰、千佛岩。千佛岩的东边有白云庵。在这庵的上面，陆羽搭建过一座亭子，取名试茶亭。距离亭子不远处有一眼泉，名白乳泉，这里便是陆羽当年采茶、试茶之所。为永久留下在此活动的痕迹，陆羽又在千佛岩下的崖壁上，刻上了六个隶体大字——"试茶亭白乳泉"。

今天，在陆羽曾经试茶的地方，建有四层仿唐风格的陆羽茶庄，登顶可瞭望长江、紫金山、南京城，栖霞山美景一览无余。

陆羽在湖州期间，曾于湖州长城县，即今长兴县西北的顾渚山置茶园。陆羽每年春天必往打理茶园，采茶制茶，取顾渚山金沙泉水煮茶品评。他又曾于乌程县的杼山创建一亭。因落成于以我国古时天干地支纪时的"癸丑岁、癸卯朔、癸亥日"，于是，他给这座亭取名"三癸亭"。该亭历史上累毁累建，现仍为湖州重要的游览胜地之一。

大历十三年（778年），陆羽离开湖州，移居杭州钱塘县龙山。他在这里住了两年，也在这一带有过不少的活动，我们留待另外的章节里面去说。

建中元年（780年），陆羽离开杭州钱塘县的龙山，向南游历，于越州上虞县（今绍兴市上虞区）曹娥江乘船上溯，经剡溪到达剡县（今嵊州市）。在曹娥江上，陆羽写下《剡溪》一诗，怀念古代越州以王羲之、支遁为代表的一帮文人墨客。六月至东阳县，即今浙江东阳市，戴叔伦于同年五月到东阳任县令，陆羽于此小住。戴叔伦有《敬酬陆山人二首》：

其一

党议连诛不可闻，直臣高士去纷纷。

当时漏夺无人问，出宰东阳笑杀君。

其二

由来海畔逐樵渔，奉诏因乘使者车。

却掌山中子男印，自看犹是旧潜夫。

戴叔伦是被贬谪来东阳任县令的，由"笑杀君"一说可推知陆羽的赠诗，一定含有涉及戴叔伦为东阳县令的内容，可惜陆羽诗今已不存。

陆羽在东阳戴叔伦处仅作短暂停留，便继续向西南行，来到处州（今浙江省丽水市）。东阳至处州有四百余里的路程，无水路可行船，只能步行。假若没有风雨阻碍行程，在途也得七至十日。陆羽到处州后，与时任处州刺史崔清、青田（缙云）县令李繇交往，并应邀为一个姓陶的妇人作《陶孝妇文》。有记载说："李繇，建中间为缙云令，有政声，邑有孝妇陶氏，丧姑，负土成坟，一哭三绝，繇为立碣，请陆羽撰文以表之。其知所重如此。"可见，陆羽的文学才能早已被士大夫们所推崇。

处州西南与建州浦城县（今福建省南平市浦城县）接壤。据古志书说有界岭名柘岭。陆羽曾由处州经柘岭入闽，并用脚丈量了该岭的高度。据《浦城县志》说："柘岭在南浦镇东北41公里，忠信乡溪东北，海拔1050米。南起浦城十八店，北至浙江江山龙井坑，长5公里，为闽浙界岭。陆羽《记》：'高一万七十余丈，绝顶周回一百步，地多柘树，故名。'"这些史料说明陆羽在游历过程中，非常注重对一景一物的观察与记录，尽管全文已佚，此二十字却也足以清晰而准确地告诉我们，陆羽曾游历于此。

建州此时的刺史为陆长源，亦是陆羽的老朋友，拜访、交流自在情理之中。陆羽又到州南云际山品水，该地至今留有陆羽泉。不久，陆羽辞别陆长源，北上道教名山武夷山。

陆羽游武夷山，曾撰写了《武夷山记》一文。如今全文已佚，今赖道家文献存有片段。陆羽在武夷山可能住了一年有余，此后去了江西的上饶。

建中四年（783年），陆羽在信州，今为江西上饶市，居上饶县东冈，号东冈子。次年，陆长源又来信州任刺史，老朋友再次相逢，自有交游无疑。陆羽后又于信州城北构筑山舍，由上饶东冈移居过来。又过了一年，御史萧瑜，信州刺史陆长源任转运留后，此时正好诗人孟郊来访。孟郊写有《赠转运陆中丞（陆长源）》《题陆鸿渐上饶新开山舍》两首诗。《题陆鸿渐上饶新开山舍》诗云：

> 惊彼武陵状，移归此岩边。
>
> 开亭拟贮云，凿石先得泉。
>
> 啸竹引清吹，吟花成新篇。
>
> 乃知高洁情，摆落区中缘。

从上诗可知，陆羽在上饶不仅开有山舍，还凿有一眼泉。明代的朱国桢说："天下第四泉，在上饶县北茶山寺。唐陆鸿渐寓其地，即山种茶，酌以烹之，品其等为第四。"该泉现位于上饶市第一中学学院内，只可惜因人为破坏，现只存井址了。

贞元元年（785 年）正月，陆羽的老朋友崔子向由湖州经此至南海（今海南），顺道相访。陆羽原有王维画孟浩然像一轴，欣然题款相赠，后有人称赞陆羽题款"辞翰奇绝"。次年冬天，萧瑜回洪州，即今天的南昌，代理江西的政事，陆羽受邀赴洪州，途经弋阳县，品万寿泉以为信州第三泉。

此后，陆羽曾再次来信州茶山居住。贞元九年（793 年），姚骥任信州刺史，因钦慕陆羽的风范，经常来访。他还与陆羽一起，凿出像大海一样的水池，垒石成嵩山、华山一样的形状。唐以后，此处即为茶山寺。后人为怀念陆羽，又在茶山寺的一侧建五贤祠，祀陆羽等五贤于此。

明户部尚书张有誉（无锡人）《重修茶山寺记》：

> 信州城北数武岿然而峙者，茶山也，山下有泉，色白味甘，陆鸿渐先生隐于尝品斯泉为天下第四，因号陆羽泉。

明按察使黄溥《茶山五贤祠记》：

> 距城西北有茶山，峰峦叠秀，溪壑逶迤，挟舆清淑之气之所会也。祠于其间，莫知所始。……按陆先生初未知所生，及长以易自筮，得骞之渐……乃以陆为氏，名羽字鸿渐。拜太子文学徒太常太祝不就，由苕溪迁居信州北城。性嗜茶，环所居植茶，因号茶山；山有泉甚乳，每自汲煮茶，后人亦以陆为泉名。初号东冈子，又曰东园先生。

贞元三年（787年）正月，陆羽在洪州住玉芝观，权德舆作有《萧侍御喜陆太祝自信州移居洪州玉芝观诗序》。序文称"太祝陆君鸿渐"，可知在上年末或本年初，陆羽已被朝廷授予太祝一职。太祝为朝廷太常寺的下级官员，主要参与一些祭祀活动。由是可知，太祝一职是需要去长安朝廷供职的，陆羽没有去，因此《陆羽传》说他"不就职"。陆羽太祝一职，应该是大历末任吏部尚书的颜真卿奏请，只可惜，没等到陆羽授职，颜真卿便因不愿屈服于叛将李希烈的威逼利诱而遇害了。

同年五月，裴胄出任湖南观察使，陆羽在常州李栖筠幕府建议进贡紫笋茶时，就与裴胄有过交往，于是受裴胄的邀请赴湖南。在湖南长沙，陆羽结识了草书大家怀素。陆羽与之交往并讨论书法艺术，后以极其传神的笔调、精妙独到的书法评论撰著了《僧怀素传》传于世，至今仍是人们了解怀素、研究怀素的重要史料。

贞元五年（789年），陆羽由湖南入岭南，途中游历韶州泷溪石室，题"枢室"两个大字。据《韶州府志》记载："（韶州）乐昌县泷溪岩，一名仙人石室，俗呼西石岩，在县西三里，高三十余丈，下有

枢室题壁石刻影拓片与照片

石室高三丈，广五丈，左右各有斜窦可通游，右入则有石床，六祖往黄梅时曾憩于此岩。僧惠远谓其神采非常，往必得道，仙经七十二福地之一也。有飞来碑，刻真武赞八句，字如岣嵝，古异不能尽识，云飞自武当。陆羽题名并镌'枢室'二字。"又有书说："陆羽题名，在仙人石室中。古传鸿渐尝水至此。"清代人陆增祥说"仙人室陆羽题名，高七寸，广一尺一寸六分。五行，字径一寸七分，正书在乐昌西三里泷溪岩。'陆羽　范容　熊知　秦邕　朱□宗'题名五人以陆羽冠之者。"

"枢室"题壁石刻经现代测量，高 230 厘米，宽 156 厘米。其中，"枢"字高 112 厘米，宽 133 厘米；"室"字高 105 厘米，宽 118 厘米。

前面提到的"题名五人以陆羽冠之者"，指在陆羽题写"枢室"及署名的后面，又有仰慕陆羽的文人而题名于后。历来也不乏吟诗、撰文来称赞、纪念陆羽。

五月，陆羽离开韶州继续南行至清远峡。他的好友戴叔伦于同年正月到容州任容管经略使，才三个月，朝廷又下诏书调任他处。此时，戴叔伦已处病中，曾上书请求罢免官职度为道士，未获批准。戴叔伦不得不拖着病体上路，此时正停泊在清远峡。两人在此碰巧相逢，戴作《容州回逢陆三别》诗赠陆羽。六月，陆羽在广州李复幕府得知戴叔伦过世。闻此噩耗的陆羽真是肝肠寸断，不承想清远峡一别竟成为两人的诀别，所赠之诗也成为戴叔伦的绝唱。

李复，岭南节度使兼广州刺史，他的父亲就是前文提到过的、从河南尹被贬到竟陵来当太守的李齐物。陆羽因受李齐物的赏识而出入府上，与儿时的李复已有交往。陆羽此时入李复岭南幕也算是投靠故旧。

陆羽系李复从事，为李复收复琼州（今海南岛）建言献策。十月，失陷一百多年的琼州终于归顺唐朝廷，陆羽欣然提笔为李复撰写了《收复琼州表》上报朝廷。李复念陆羽的功劳，经奏请朝廷，擢升陆羽为太子文学，按唐朝官职，太子文学为正六品上，这可为陆羽带来较高的俸禄。南宋时祝穆在《方舆胜览》一书中，把陆羽归在"名宦"一门，说："陆鸿渐，佐南海陇西公幕府，自号东园先生，即广州东郊园也。"清人王衍梅说广州"东园在布政司署，有春熙亭、兰雪轩诸胜。米芾题药洲石原庋，春熙亭"。可见，此处当是历史流传地名，祝穆说陆羽在广州居东园应该就是这里了。

贞元十二年（796 年），陆羽由信州移居蕲州蕲水县（今湖北浠水县），于县城西边凤栖山的清泉边建了住宅，在他后来离开时便舍宅为清泉寺了。陆羽年轻时来过蕲水县，似乎还和谁有过约定，不然奚元吉《陆羽茶泉》诗不会有"闻说桑翁结契幽"一说。据有关史料记载，该处遗迹至元代时还存在。元代末期，因徐寿辉领导的反元武装曾聚集于此，以致该寺被毁，后又重建。陆羽在清泉寺有宅，清代乾隆皇帝圣驾东巡，至蕲水曾有御制诗云：

> 黄是书云红是霞，殊方偏自有奇葩。
>
> 可知陆羽茶神宅，合近陶潜处士家。

关于陆羽在蕲水舍宅为寺一事，清代的山铎真在禅师撰有《黄安县碧云山龙兴寺碑记》一文。文中说："天下能真私为己者，必能为大公……昔王右军舍柴桑别业为归宗，陆羽舍浠水家宅作清泉，宋王介甫舍金陵私宅为保宁……"

陆羽在蕲水的活动令当地后人景仰，宋时便在凤栖山立三贤祠祀王羲之、陆羽、苏轼，后被毁，明时又重建并有记。

明正德年间（1506—1521 年），蕲州知府谢朝宣撰《三贤祠堂记》：

> 《传》曰：神依人而行。又曰：鬼神不歆非类。三贤旧祠于凤栖山下，人迹罕游，栋宇渐废，继迁神光观内，道不同谋，位号周存，今改建学宫之西，正有寝堂，旁有翼室，士皆攸归，人因向慕，曰依曰歆两得之矣。三贤为谁？晋内史会稽王公羲之、唐处士竟陵陆公羽、翰林湄山苏公轼也。三公生不同代，产不同方，出处亦不同迹。王陆游寓斯地，苏则宦谪斯郡。蕲人祠之所以景仰者，同一心焉。凤山有洗笔池，人知王之迹矣，不知兰亭有记，笔阵有图，后世仰为书仙；兰溪有第三泉，人知陆之迹矣，不知茶有《经》，水有《品》，后世祠为茶神；题桥有词，磨

崖有书，人知苏之迹矣，不知有卓荦之才，忠义之心，后世称为文宗……

宋代以后，蕲水一地因怀念而吟咏陆羽的记文、诗篇，以数十记，均载在《黄州府志》《蕲水县志》，此处限于篇幅，不录。

从上文来看，陆羽所到之处，要么撰记，要么留题，要么置园，要么构筑，等等。总之，与李白一路游历一路高歌的风格迥然不同，陆羽是一个善于创造、勇于实践的实干家。

九、天下贤士半与游

前面我们已经谈到的李齐物，因是朝廷的宗室，回朝廷后官至刑部尚书，转太常卿、太子太傅、金紫光禄大夫、宗正卿，也就是到了卿相级别。崔国辅的官职虽然不高，但他是盛唐时期的著名诗人，元代的辛文房在《唐才子传》一书中认为，崔国辅的诗有古人不能超过的地方。这是陆羽早期结识的两个人，这两个人对陆羽的成长起了决定性的作用，尤其是李齐物，他与智积禅师一样，是陆羽生命中的贵人。

陆羽的朋友周愿在《牧守竟陵因游西塔著三感说》一文中说陆羽，"天下贤士大夫，半与之游"。这里对"大夫"一词略为释义：在唐代，从五品以上的官员，都以不同的名称冠在"大夫"之前，用来区分官员的层级，县令最高只能是正六品，不得称某某大夫，故六品以上（不含六品）才能冠以"大夫"之号。所以，周愿这句话的意思是说，当时唐代的贤良之士、六品以上官员，有一半与陆羽有交往。这话

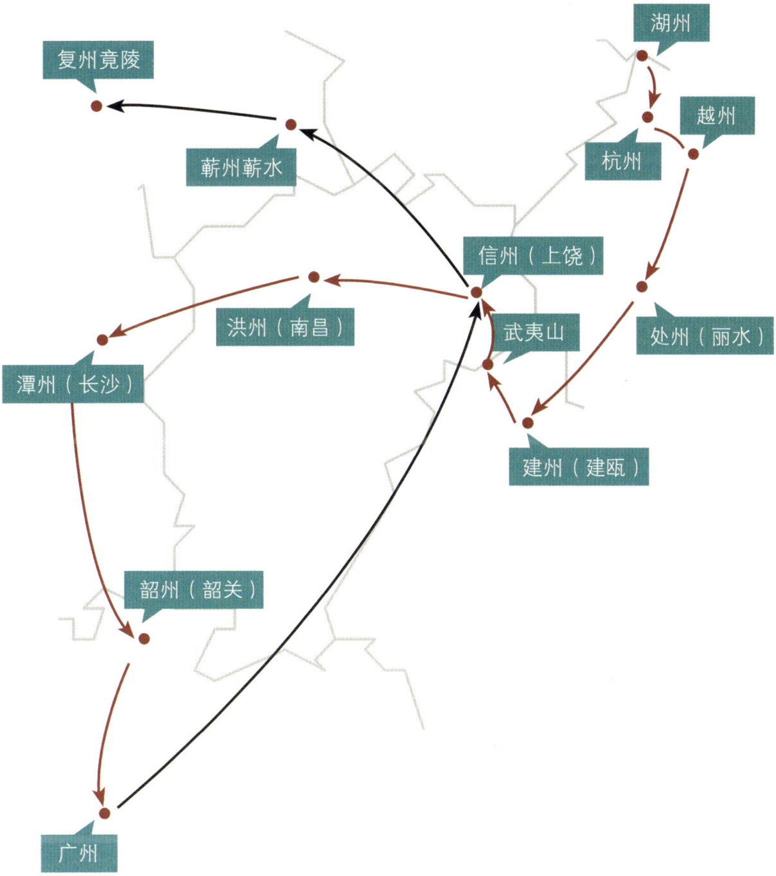

复州竟陵

蕲州蕲水

信州（上饶）

武夷山

洪州（南昌）

潭州（长沙）

韶州（韶关）

广州

湖州

越州

杭州

处州（丽水）

建州（建瓯）

陆羽晚年游历图

虽有些夸张，却又很精练地概括了陆羽一生与上层社会交往的概貌。在这长达半个世纪的时间里，陆羽大多是过着颠沛流离的生活，也正是在这种颠沛流离中，陆羽结识了很多达官显贵和儒、释、道名流。据现有史料考证，陆羽结识的五品以上官员有以颜真卿、权德舆、韦渠牟、马总等为代表的十余位卿相级官员，还有以刘全白、刘长卿、周愿、姚骥等为代表的几十位中级官员。按在文学艺术方面取得的成就来说：书法家有颜真卿、怀素；文坛领袖有颜真卿、独孤及、戴叔伦、刘长卿、权德舆；被后世称为大历十才子的有皇甫曾、耿湋；释家有皎然、灵一、灵澈、道标等高僧；道家有女冠诗人李季兰，烟波钓徒张志和。即便是在交通与资讯如此发达的今天，陆羽这般交友的质量与数量，都是难以企及的，那陆羽在他所生活的唐代，又是怎样做到的呢？前面我们说陆羽结识这么多的达官显贵是在颠沛流离的过程中实现的，而他的这种颠沛流离不就是一种游历吗？那我们不妨从陆羽的游历中，选取几个有代表性的片段及陆羽所交往的人物，一睹陆羽在与这些人物的交往过程中所展现出的儒雅风范，以及这种儒雅风范带给我们的人生启示。

要说陆羽交友结友，首先得从他"扁舟放浪"结识皎然的故事说起。

陆羽自安史之乱随崔国辅出游，经过几年的游历，于乾元二年（759年）来到今天苏州吴江区的平望镇，莺脰湖畔，有茅菴数间，陆羽便借住于此。这一带水网密布，北可上苏州，西即通湖州，南宋释祖琇在《隆兴佛教编年通论》一书中说："时陆羽隐松江，扁舟放浪。每至雪川见昼，必清谈终日忘返（陆羽当时隐居在松江，经常荡一叶扁舟。每次往湖州去见皎然，都因与皎然交谈得投机，以致忘了返回的时间）。"驾一叶小舟往返毕竟不方便，于是，陆羽索性移居湖州。

按《陆文学自传》所载，陆羽于上元初年即移居苕溪。苕溪是一条河流，上游在今天杭州市临安区的天目山，下游在今天的湖州。陆羽为什么不说某一个具体的地点，比如说吴兴，或者是乌程，而是说一条线。恐怕陆羽那段时间不是稳定地住在哪一处，而是在这条溪边来回地移居。后来，他在朋友的帮助下，在湖州城的青塘门外建过一个居所，被朋友们称为青塘别业。这别业虽说眼前无长物，却窗下有清风，引得新朋旧友寻访聚集，好不热闹。

皎然有一首五言诗《寻陆鸿渐不遇》，诗云：

> 移家虽带郭，野径入桑麻。
> 近种篱边菊，秋来未著花。
> 扣门无犬吠，欲去问西家。
> 报道山中去，归时每日斜。

大历八年（773年）春，大理少卿卢幼平承诏祭会稽山。卢幼平按照代宗帝的旨意，从西京长安出发，到今之浙江绍兴的会稽山举行祭山活动。陆羽得知这一信息后，便从湖州赶到平望镇，随卢幼平一同南下至会稽山。在寻访了王羲之、支遁等人的足迹后，陆羽于兰亭之侧的山涧里，见早已被毁坏的古石桥，尚有一枚小巧精致的石柱静静地卧在涧底的水中，陆羽便把它捞起来带回了湖州。皎然见后便作了以上的记录传于后世，我们从而得知陆羽在这一年的春天有这样一个游历的过程。

大历十四年（779年），陆羽居杭州的龙山。这一年的冬天，皎然也来到杭州，住在灵隐山的天竺寺。一天，陆羽从龙山来天竺寺看望皎然，这是在两人分别一年多后的第一次见面。陆羽告诉皎然，说他这一年多，曾到新城县，即今杭州市富阳区新登镇，为追寻曾创建竟陵龙盖寺的晋代高僧支遁的足迹，寻访当时的宁国院，并在此院小住了一段时间。但不知陆羽小住于这宁国院时留下了何种的痕迹。到了宋代，从杭州来游玩的一位女诗人还写有一首诗说及此事，诗云："游客陆鸿渐，居人支道林。"陆羽在天竺寺陪皎然住了几天。皎然对陆羽从龙山来天竺寺看他感到非常高兴。二人聊了聊分别这一年多时间各自的生活状况，有些什么诗作。此外，陆羽还不时地回忆近二十年来，与皎然交往的一些往事，有时又说些感激的话，这让皎然感觉有些异样。一天，两人在灵隐山梦谢亭下，陆羽用带来的煎茶二十四器煎得上等龙井，与皎然一边赏月，一边品茗。陆羽之所以选择此处，是因为他在撰写《天竺灵隐二寺记》一文时，对此亭的来历与典故尚有不清楚之处，故借此机会邀上老友皎然来此一叙。陆羽第二天就准备回龙山去了，便把自己今后的一些安排告诉了皎然。他对皎然说，自己准备明年开春了就离开杭州，循着谢灵运南下建州的路径，到建州去转一下：一来考察一下建州的茶事；二来到武夷山游历一番，看看道家第十六升真元化洞天的秀山佳水。然后到江西的信州去走走。自己已近知天命之年，叶落总归根，也该慢慢转回竟陵去了。皎然听了陆羽的这一番话后，虽然感到非常的伤感，但想想叶落总要归根的道理，也表示了对陆羽离开的理解。第二天一早，皎然写了《赋得夜雨滴空阶送陆羽归龙山》一诗，云：

闲阶夜雨滴，偏入别情中。

断续清猿应，淋漓候馆空。

气令烦虑散，时与早秋同。

归客龙山道，东来杂好风。

诗人以闲阶的夜雨滴入别情之中，衬托出无限的伤感情绪。这种伤感令诗人夜不能寐，忽又闻山间清猿发出断断续续的凄厉的叫声，这让诗人联想到，从今以后，能被称为候馆的刺史府将随着陆羽的离去而空空如也。想到这里，诗人不免有些烦躁。虽身处冬天，但这种烦躁带给诗人的感觉，就如同早秋尚未退去的暑气一般。由此可见，陆羽与皎然的交情至深，是一般人难以企及的。

陆羽交友的第二个人，我们说说率先上贡紫笋茶的常州刺史李栖筠。

永泰元年（765年），李栖筠在朝廷任工部侍郎，即朝廷负责全国各种工程、工矿业、山河湖泊等事务的部门的副职。当时，元载为相，因深得唐代宗的宠信，便志得意满，独揽朝政，专权跋扈，排除异己。李栖筠因不愿为其所用而得罪元载，被贬到常州任刺史——虽说是因得罪元载被贬，但也是代宗点头同意的。所以，李栖筠一到常州，便寻思着怎样改变代宗对自己的看法。经过来常州后一段时间的了解，他知道了本地的茶叶是一大特产，联想到代宗嗜茶，还曾诏陆羽入宫去御前煮过茶一事，他便萌生了进贡常州地方所出产的茶叶的想法。时机很快就来了，大历元年（766年）春天，李栖筠让所属各县向官府进献佳茗，又着副手李纵修书至湖州，请陆羽前来帮助鉴别常州各地进献的茶叶。

三月的一天，陆羽从湖州来到常州，李纵将其引至常州官府。刺史李栖筠见曾为代宗御前煮茶的茶学专家亲临府上，兴奋异常，忙不迭让座，问好。寒暄过后，李栖筠便设晚宴为陆羽接风洗尘，一阵推杯换盏，好不热闹。席间，李纵说道："今乃望日，我们一会儿移步城外，请陆君煮茶，品茗赏月，两美同时，何如？"待李纵说完，李栖筠称赞道："李别驾安排极是，我们这就前往。"

原来，常州城外有水名荆溪，溪之上有驿馆名毗陵驿，后来称为荆溪馆。馆之西有桥名驿桥，宋代天禧年间重修后改名天禧桥。桥的西南是一片平静的水面，桥头有一小亭。李栖筠与众人出得城门，趁着月色，来到这小亭落座后，陆羽便从都篮中取出煎茶二十四器，打来桥下的荆溪水，为大家煮茶。这时，一轮满月早已挂上了东方的天幕，又倒映在荆溪的水中。微风徐来，明月随吹皱的溪水荡漾着，煞是壮观。不一会儿，茶已煎好，陆羽说："请李大人及各位品茶。"等大家端起茶碗，那明月便又投在了各人的茶碗里。李栖筠有感于此景，说道："微风拂过湖面，吹皱一池春水。我却对着茶碗，吹翻一轮明月。"边说边笑间，大家早已把一轮明月吸进了胸膛。不觉已近午夜，众人起身入城，又与陆羽约定，次日公堂有请。

次日一早，在李纵的带领下，陆羽如约来到李栖筠的公堂上，坐定后，几人又接着昨晚的话题，聊得很是开心。这时，忽有门房禀报说，一个山野之人求见大人，说是来献茶的。李栖筠即让判官裴冑去把那献茶之人领进来。很快，那人进得堂来，拱手道："阳羡山民叩见大人。"正坐堂上的李栖筠看着堂下这人说道："山人免礼，听说你是来献茶的，快把茶呈上堂来。"山人急步趋前，低首将一个油纸包递了上去，李栖筠接过来打开看了看，又放到鼻子底下闻了闻，微笑着点了点头，顺手便交给了陆羽。又向立在堂下的山人说道："这茶采自何处？"山人道："回大人，采自阳羡山中的善权寺及悬脚岭一带的山涧。"李栖筠又说道："山人所说可否属实？"山人急忙道："回大人，小的不敢妄言，这都是我亲手所采。"然后，李栖筠便命别驾李纵给山人赏钱十千。这山人领了赏钱，喜滋滋地回阳羡去了。陆羽这边早已生火煎茶，分与大家品评，众人都觉得这茶不错，但没一人能说出个所以然来。还是陆羽开口道："此茶名紫笋，甘甜馨香，略带辛辣之味，实乃茶中上品，可贡于上。"李栖筠听陆羽如此一说，顿时喜笑颜开道："谢陆先生指点。着明日即往阳羡山中，请义兴县令安排当地百姓，上山采茶，万两为限。还烦劳陆先生一同前往，督造不误。"

次日，陆羽随李栖筠一行人马前往阳羡山中督造阳羡紫笋茶，忙乎半个月才得以完成。李栖筠立即命人将这万两阳羡紫笋茶日夜兼程送达朝廷。代宗及王公贵族、文武卿相品尝后都啧啧称赞，于是，代宗便命常州将此茶作为常贡。但不料，因为贡茶给当地百姓增加了很重的负担，在李栖筠离开常州后，便有人于阳羡山中建有茶舍，立了茶舍碑。碑文对李栖筠进贡紫笋茶导致贡茶制度确立，从而给义兴一带百姓带来的苦难表达了深切的同情，而对李栖筠的贡茶行为则毫不客气地给予了批评。

陆羽交友的第三个人，我们说说太子太傅、鲁郡公颜真卿。

大历八年（773年）春，颜真卿到湖州任刺史。到任后，他照例到顾渚山主持一年一度的贡茶事宜。事毕后，他返回湖州，即重启多年前尚未完成的《韵海镜源》一书的修纂。陆羽的学识为颜真卿赏识，受聘为《韵海镜源》一书的主修纂人。到了这年的秋冬之间，颜真卿为答谢陆羽，在湖州西偏的杼山为陆羽修筑了一座亭子，并请他命名。陆羽因亭修成于癸丑岁癸卯月癸亥日，便称为"三癸亭"，于是，颜真卿作《题杼山癸亭得暮字》诗，题下有一小注云："亭，陆鸿渐所创。"

杼山多幽绝，胜事盈跬步。
前者虽登攀，淹留恨晨暮。

及兹纤胜引，曾是美无度。

欻构三癸亭，实为陆生故。

高贤能创物，疏凿皆有趣。

不越方丈间，居然云霄遇。

巍峨倚修岫，旷望临古渡。

左右苔石攒，低昂桂枝蠹。

山僧狎猿狖，巢鸟来枳棋。

俯视何楷台，傍瞻戴颙路。

迟回未能下，夕照明村树。

此时正是深秋时节，秋高气爽。一天晚饭后，颜真卿领着一群子侄游览杼山，陆羽也陪在一侧。这时，西边火红的霞光落在杼山的桂树上，把本就金黄的桂花映照得更加金灿灿的。陆羽被这金色所吸引，便随手摘下一枝送给颜真卿。不料，陆羽随手摘得的这一枝桂枝，竟引得颜真卿诗兴大发，赋得《谢陆处士杼山折青桂花见寄之什》诗云：

群子游杼山，山寒桂花白。

绿萼含素蕚，采折自逋客。

忽枉岩中诗，芳香润金石。

全高南越蠹，岂谢东堂策。

会惬名山期，从君恣幽觌。

到了这年冬十二月，慕颜真卿大名而来的文人已达三十人，形成了以颜真卿为首的浙西文人集团。这些人或三五人，或七八人、十余人，诗歌联唱，一时热闹非凡。在湖州城南不出二里，有一座山名

叫岘山。这座山上有一处天然的石尊，李适之在湖州做官时，曾携酒
来此饮宴。一个暖阳之日，颜真卿让子侄们抬上酒，领门生弟侄游岘
山，意欲重现当年李左相登岘山饮宴的场面。陆羽等一帮文人随颜真
卿来到当年李左相饮宴的石尊处，清扫石尊后，便将抬来的酒倒入石
尊中。待大家席地坐定，陆羽介绍道："此山本名显山，晋太守殷康
筑亭其上名显亭，至唐，为避庙讳改岘山。天宝年间，刺史韦景先创
五花亭，时在此任别驾的李适之曾携酒来此饮宴，后李适之回朝任左
相，故此处便被称为李左相石尊。"待陆羽介绍完毕，颜真卿说道：
"我们今日仰慕先贤遗风，效法游乐治学之道，登岘山，观左相石尊，
饮酒联句。"说毕，他提笔写下《登岘山观李左相石尊联句》的诗题
后，首先领唱道："李公登饮处，因石为洼尊。"其后刘全白、裴循等
29 人相继联句，高潮迭起，颜真卿挥毫一一记录如下：

真卿　刘全白（评事，后为膳部员外郎，守池州）裴循（长城县
尉）张荐 吴筠 强蒙（处士，善医）范缙 王纯 魏理（评事）王修甫
颜岘（真卿兄子）左辅元（抚州人）刘茂（魏县尉）颜浑（真卿族弟，
官太子通事舍人）杨德元 韦介 皎然（名僧）崔弘 史仲宣 陆羽 权
器（校书郎）陆士修（嘉兴县尉）裴幼清 柳淡 释尘外（自号北山子）
颜颉（以下三人并真卿族侄）颜须 颜顼 李萼（字伯高，赵人。擢制科，
历官庐州刺史）

李公登饮处，因石为洼尊。真卿
人事岁年改，岘山今古存。全白
榛芜掩前迹，苔藓余旧痕。循
叔子尚遗德，山公此回轩。荐

似秋興花 風來 河下裴偁 前染縣尉

帷名益彰乎 心自樂下

守道 前呲中侍御史廣漢李萼 足詠滄浪

澱沉澄濯 練容 陸羽處士 行

千竿不作 卷

魚樂憐 顏顗 清淺禽閑

長稍依牆 還近砌藤

芳 顏祭 籍裾染眾 草生

宇馴輕翼 蓊林河南房薹檐

帶拂席坐

季春三月 會大曆九

學鄭鄉述上 棲地無心

藻映縑緗 偶得幽 永穆承顧岉

對枕席靄 遙峯 觴河東柳淡

宵傳野客

《竹山堂连句》书帖　故宫博物院藏

竹山連句　顕潘書

光禄大夫　行湖州刺

史魯郡公　顔真卿敍

笋書　竹山招隠

處潘子讀

推官會稽康造
發勝河陽　支策

曉雲所接　琴春日長

評事沁陽　湯清河
聊學稼野　水田

釋皎然
圍試條桑　巾折定

因雨

顔潁
意頗行　空園種桃

京兆韋介
李遠野下　牛羊讀

易三時罷　碁百事

洛陽丞趣
忽郡李觀　幽神自王　垁

詹事司直
道在器猶　書

藏

维舟陪高兴，感昔情弥敦。筠

蔼蔼贤哲事，依依离别言。蒙

岖嵚横道周，迢递连山根。缙

余烈暖林野，众芳揖兰荪。纯

德晖映岩足，胜赏延高原。理

远水明匹练，因晴见吴门。修甫

陪游追盛美，揆德欣讨论。岘

器有成形用，功资造化元。辅元

流霞方沜淡，别鹤遽翩翻。茂

旧规倾逸赏，新兴丽初暾。浑

醉后接篱倒，归时驺骑喧。德元

迟回向遗迹，离别益伤魂。介

览事古兴属，送人归思繁。皎然

怀贤久徂谢，赠远空攀援。弘

八座钦懿躅，高名播乾坤。仲宣

松深引闲步，葛弱供险扪。羽

花气酒中馥，云华衣上屯。器

森沉列湖树，牢落望郊园。士修

白日半岩岫，清风满丘樊。幼清

旌麾间翠幄，箫鼓来朱轓。淡

闲路蹑云影，清心澄水源。尘外

萍连浦中屿，竹绕山下村。颀

景落全溪暗，烟凝半岭昏。须

去日往如复，换年凉代温。项

登临继风骚，义激旧府恩。鄂

　　大历九年（774 年）春，颜真卿照例要入长城县顾渚山督造贡茶。陆羽作为贡茶制造的专家，也照例随颜真卿前往顾渚山，全力协助颜真卿置办贡茶。湖州置办贡茶虽比义兴稍晚，但也经历了小十年的时间，因此，组织贡茶的活动早已有了非常顺当的章法，一般都是委以副手具体负责，颜真卿通常是与一帮文人在那里或游山玩水，或饮宴联唱。一日，长城县丞潘述为了尽地主之谊，邀颜真卿、陆羽、皎然等十余人，到城内自家的宅第做客。在一番觥筹交错推杯换盏后，少不了联句赋诗，于是众人移步潘氏书堂，仍以颜真卿为诗坛盟主，以所处之地首唱道："竹山招隐处，潘子读书堂。"随后陆羽联唱道："万卷皆成帙，千竿不作行。"接下来是李萼、裴修等踊跃联唱，最后是当日的主人潘述对大家在联唱中给予的褒扬谦逊地唱道："偶得幽栖地，无心学郑乡。"唱完，照例是颜真卿挥毫按顺序录下，计一十八人，又撰了序，题了款。《竹山连句题潘氏书堂》，如下：

　　颜真卿　陆羽　李萼　裴修　康造　汤清河　清昼（皎然）　陆士修
房夔　颜粲　颜颙　颜须　韦介　李观　方益　柳淡　颜岘　潘述

　　竹山招隐处，潘子读书堂。真卿

　　万卷皆成帙，千竿不作行。陆羽

　　练容餐沆瀣，濯足咏"沧浪"。李萼

　　守道心自乐，下帷名益彰。裴修

　　风来似秋兴，花发胜河阳。康造

　　支策晓云近，援琴春日长。汤清河

　　水田聊学稼，野圃试条桑。清昼

巾折定因雨，履穿宁为霜。陆士修

解衣垂蕙带，拂席坐藜床。房夔

檐宇驯轻翼，簪裾染众芳。颜粲

草生还近砌，藤长稍依墙。颜颉

鱼乐怜清浅，禽闲意颉行。颜须，行当作"颃"

空园种桃李，远墅下牛羊。韦介

读《易》三时罢，围棋百事忘。李观

境幽神自王，道在器犹藏。房益

昼歇山僧茗，宵传野客觞。柳淡

遥峰对枕席，丽藻映缣缃。颜岘

偶得幽栖地，无心学郑乡。潘述

颜真卿在湖州期间，张志和慕名从越州来访，陆羽与之交往甚密。最有趣的一则故事当数陆羽与张志和的一次颇显尴尬的对话。一天，颜真卿、陆羽、裴修、张志和等人在一起谈天，张志和说他的兄长怕他游荡江湖不归，便在越州的会稽买地搭一茅庵，张志和就住在那里十年不出。陆羽听后随口问道："有何人往来？"意思是说你张志和闭门十年不出，有谁跟你往来呢？素以诙谐幽默著称的陆羽，万万没料到张志和更加幽默地反问道："太虚作室而共居，夜月为灯以同照，与四海诸公未尝离别，有何往来？"他说他一向把宇宙当作一间屋子，大家同住在一起，夜晚有明月为灯，大家共同享受着光明，与五湖四海的各位朋友未有片刻的离别，哪有什么往来可言呢？此事后被颜真卿写入了他的著作之中。

颜真卿在湖州任刺史的四年半时间，也是陆羽在湖州生活最稳定的一段时光：一是有适合自己的事情做，如参与《韵海镜源》的修纂，参与官方的茶事活动；二是融入颜真卿的浙西文人集团交游酬唱，精神生活非常丰富；三是生活有着落。颜真卿虚怀若谷、礼贤下士与疏财仗义的品德既赢得了文人雅士的敬戴，也团结了一批人在他的身边。有一次，仅参与联唱的就多达 29 人，无怪乎颜真卿在大历十二年（777 年）夏奉诏回朝廷才几月，便写帖向同僚借米，其帖云："拙于生事，举家食粥来已数月，今又罄竭，祗益忧艰，辄恃深情。故令投告，惠及少米，实济艰勤。仍恕干烦也。真卿状。……病妻服药，要少鹿肉脯，有新好者，望惠少许，幸甚幸甚！"一个相当于今天在中央任正部级的官员，其生活窘迫到如此状态，让人无法想象。

陆羽交友的第四个人，我们说说大才子宰相权德舆。

权德舆生于乾元二年（759 年），比陆羽小了近三十岁，是陆羽朋友中的年轻一辈。两人曾有过一次短暂的交往，这得从陆羽居住在江西的上饶时说起。

兴元元年（784 年），陆羽从福建的武夷山游历至信州，即今天的江西上饶市，住在城北的一座小山上。因陆羽在这里环山植茶，此处后被称作茶山。当时的信州刺史先是他的老朋友陆长源，后为萧瑜。萧瑜非常仰慕陆羽，经常来茶山与陆羽交往，时间虽然不长，却已有了很深的感情，甚至到了难舍难分的地步。贞元三年（787 年）早春，江西观察使李兼按唐朝惯例，要进京述职，便命萧瑜来洪州（今南昌市）代理江西事宜，萧瑜遂邀陆羽一同前往洪州。当时李兼爱权德舆之才，聘其在门下为从事。陆羽一到洪州，萧瑜即召崔载华、权德舆等一帮文人为陆羽接风洗尘，诗歌唱和。于是，权德舆大展其才华，写下了盛赞陆羽的《萧侍御喜陆太祝自信州移居洪州玉芝观诗序》，序云：

太祝陆君鸿渐，以词艺卓异，为当时闻人。凡所至之邦，必千骑郊劳，五浆先馈。尝考一亩之宫于上饶。时江西上介殿中萧侍御公瑜权领是邦，相得欢甚。会连帅大司宪李公入觐于王，萧君领廉察留府，太祝亦不远而至，声同而应随故也。先是尝舍于道观，因复居之。竹斋虚白，湖水在下，春物萌动，时鸟变声，支颐散发，心目相适。萧君悦其所以然也，既展宾主之贶，又歌诗以将之。其词清越，铿若金璧，得诗人之辩丽，见君子之交好。诗即成，而太祝有酬和之作，复往之盛，粲然可观。客有前法曹掾崔君茂实，文场之旧，以六义为己任，攘臂拔笔而为和者。惟三贤师友风骚，迭为强敌，志之所之，发为英声。其于奇正相生，质文相发，若笙磬合奏，组缋交映。君子曰："侍御唱之，大祝酬之，法曹和之，是三篇也，不可以不纪，况合散出处之未始有极耶？"以鄙人尝学于是，俾冠以序。其或继而和者，用先成为次序云。

这是陆羽第一次，也是唯一一次与权德舆交往，权德舆便作如下评价："太祝陆君鸿渐，以词艺卓异，为当时闻人。凡所至之邦，必千骑郊劳，五浆先馈。"陆羽是当时有名望的人，也因此而受到当时文人士大夫们的仰慕，从权德舆此说便可窥其一斑。

从以上选取陆羽交往的皎然、李栖筠、颜真卿、权德舆四人来看，陆羽当是以性情趋同与皎然相融，以专业为李栖筠所倚重，以博学为颜真卿所重用，以文学为权德舆所欣赏。若是用今天的话来说，陆羽是通过做强自我，以超强的硬实力游刃于文人士大夫之间，且都属于君子之交淡如水的高尚往来，不带一丝的铜臭味。这对于今天的我们，又何尝不是一面明亮的镜子。

十、著作等身经为首

一代伟人毛泽东曾对陆羽的《茶经》予以高度评价："唐朝陆羽作的《茶经》，是世界上第一部茶的专著，是中国茶文化的瑰宝，这也是中国人对世界做的贡献。"

宋代大文豪欧阳修说："关于茶的一些记录，早在唐之前的魏朝、晋代以来就有，而在唐以后谈到关于茶的方方面面，必定以陆鸿渐为鼻祖，因他是为茶著书的第一人。陆鸿渐因为茶而称名于世已经很久了。从他写的《自传》知他著述颇多，岂止《茶经》一种呀！可惜其他的书都失传了。"

宋代人费衮说："陆鸿渐本就为唐代的文人达士，因特以好茶，人们只称他能品味泉水、鉴别茶茗罢了。所著书也有很多种，然世间广为传播的仅《茶经》一书，其他书皆不传，所以，他的著述皆为《茶经》所掩蔽了。"

欧阳修、费衮两人都是宋代人，且都说陆羽其他的书皆不传，可见现在我们能见到陆羽的诸如《慧山寺记》《僧怀素传》等为数不多的几篇，在宋代确实不为人们熟识。陆羽仅凭一部《茶经》为何能流芳千古？对此，天门市陆羽研究会原会长萧孔斌先生曾撰文加以分析，并总结出如下原因：

一是陆羽是世界茶文化的奠基者。陆羽所著《茶经》把茶和茶文化结合在一起，建立了茶学，开启了为茶著经之先河，是世界茶文化的奠基者。

二是陆羽是中国茶道的首创者。他在《茶经》中言道："茶之为用，味至寒。为饮，最宜精行俭德之人。""精行俭德"就是中国茶道的基本内涵。陆羽的茶道思想传到日本，就形成了以"和、敬、清、寂"为精髓的日本茶道；传到韩国，就形成了以"和、敬、俭、真"为主要内容的韩国茶道。

三是陆羽是淡泊名利的践行者。陆羽淡泊名利，高风亮节，卓越千古。他曾歌曰："不羡黄金罍，不羡白玉杯。不羡朝入省，不羡暮登台。千羡万羡西江水，曾向竟陵城下来。"朝廷曾两次下诏，请他进京，就任"太常寺太祝""太子文学"，他辞而不就。

陆羽所著《茶经》，其实是一部文采飞扬的考察实验报告，因为他是在分三次考察了山南西道、剑南道、湖南道、淮南道、江南道等几十个茶区后，才有了《茶经》中"一之源""二之具""三之造""八之出"的成果；他在湖州住下来，制作煎茶二十四器，通过反复煮饮品鉴，才有了"四之器""五之煮""六之饮"的成果。以上七大方面，构成了《茶经》这部巨著的主体。尽管全书只有七千字，但却是前后耗时五六年、行程数万里的探索实践所得。所以，欧阳修说为茶著书自羽始是事实，确实属前无古人之举。自陆羽的《茶经》问世后，虽紧随其后为茶著书立说的多达百余篇，但没有一个作者是如陆羽那般凭一双脚板踏遍茶区考察的，从这个意义上说，又是后无来者的。

陆羽除《茶经》外，尚有《陆文学自传》《游慧山寺记》《僧怀素传》《论徐颜二家书》四篇完整传于世，今尚可见载于宋代《文苑英华》《咸淳毗陵志》和清代《全唐文》等文献。

纵观陆羽的一生，有待认识的问题似乎越来越多。如陆羽小时质疑释氏"终鲜兄弟，无复后嗣……得称为孝乎？"却终身未娶；在与抚养他的智积禅师相辩时"执儒典不屈"，后却诏拜太子文学不就，老来又归入佛门——"老奉其教"；在撰就《茶经》后，又撰写了《毁茶论》。裴治国的《陆羽在湖州之际遇考》从大历间历史背景做过一些探讨，陆羽一生究竟走过了怎样的心路历程，值得我们进一步广泛而深入地探讨。

千年的茶文化

天门的茶文化，因陆羽而兴于大唐，又兴盛于今天：从"煎茶碑"到"山水图"，从西寺僧到众儒生，千年文脉不断；从"茶交所"到茶善事，从茶庄园到茶匦牌，从铜茶炉到茶食帖，故事历久弥新。

一、彪炳千秋煎茶碑

唐末时期，复州竟陵因一块石碑吸引过众人的目光。公元919年春，诗僧齐己专程从荆州到复州读"碑"寻"传"，留下脍炙人口的《过陆鸿渐旧居》："楚客西来过旧居，读碑寻传见终初。"诗题下有注："陆生自有传于井石。"这块碑便是立于茶井边的陆鸿渐煎茶碑。

《陆鸿渐煎茶碑》立于咸通十五年（874年）闰四月，碑文为刘虚白书陆羽自叙，碑阴刻李阳冰为陆羽画的写真赞，还有刘虚白的后叙。

书丹者刘虚白，竟陵人，大中十四年（860年）进士，曾任桂管观察使赵格的支使，桂林伏波山东岩现存有他作于咸通四年（863年）

《陆鸿渐煎茶碑》（局部）陆羽小像图

闰六月七日的留题。

写真者李阳冰，唐代书法家，是陆羽游历吴越时的朋友。唐肃宗乾元年间，李阳冰任缙云县令时，陆羽就与他交好。大历年间，他与陆羽、皎然、张志和等知名文人雅士多有燕集唱和。

那个年代，唐代帝王倡碑，朝野著名文人雅士热衷于撰碑，众多优秀的文学家、书法家、镌刻家都是碑文化的积极传播者。他们往往带头为自家或当朝名士树碑立传。刘虚白书碑便是碑文化在唐复州竟陵的典型范例，具有划时代的意义。

煎茶碑亦为诔碑，旨在铭刻功勋纂辑德行，看碑主的风采好像在眼前，听到他的话像在悲泣。碑名曰"煎茶"，碑文是陆羽29岁时的自叙。碑立茶井旁，是为纪念青年陆羽创建了煎茶道。

虽然《陆鸿渐煎茶碑》在宋代以后毁于天灾，但李阳冰笔下的陆羽相貌却一直存留在了西塔寺，只是被后世僧人披上了袈裟。清乾隆四十八年（1783年）春，湖北安襄郧兵备使陈大文凭吊陆羽时，见室内陆羽像身着僧人服，便改绘了遗像上的服饰，并令人刻于石碑上。这块《唐处士陆鸿渐小像》碑中的人物，阴刻白描为全身坐式：脸型偏圆，丰颐无须，头戴幅巾，身着襕衫，脚蹬云头如意履，一副逸士打扮。他右手扶膝、左手握瓯至胸，两腿平分端坐，下方以山石陪衬左右。其体态静逸，若有所思，好像浸沉于品茗后的回味状态，悠然自得，好一幅陆子品茶图！其头像当源于"煎茶碑"，题额用篆书，线条遒劲平整，笔画从头至尾粗细一致，婉曲翩然，颇有李阳冰之风。

再说天圣二年（1024年），宋祁任复州军事推官，续履职三年。在离开竟陵之前，他拓印了《陆鸿渐煎茶碑》上的《陆羽自叙》，赴京后送给了欧阳修。欧阳修将其收入《集古录》，题名为《陆文学自

右陸文學傳題六自傳而曰名羽字

鴻漸或云名鴻漸字羽未知孰是然

則宜其自傳也茶載前史自魏晉

以未有之而後世言茶者必本鴻漸

蓋為茶著書自羽始也至今俚俗賣

茶肆中多置一甆偶人云是陸鴻漸

至飲茶客稀則以茶沃此偶人祝其

利市其以茶自名久矣而以傳載羽所

著書頗多云君臣契三卷源解三十卷

江表四姓譜十卷南北人物志十卷吳

興歷官記三卷湖州刺史記一卷茶經

三卷占夢三卷嵩止茶經而已也然作

書皆不傳獨茶經著於世尔

《陆文学自传》跋尾文稿

传》。台北故宫博物院现藏有欧阳修书《陆文学自传》跋尾文稿。

可见，《陆鸿渐煎茶碑》不仅见证了《陆文学自传》的真实性，而且因《陆鸿渐煎茶碑》存世近两百年，其对《陆文学自传》的传播起到了直观性强的信息源作用。

宋祁任复州军事推官后，经皇帝召试授直史馆，历官龙图阁学士、史馆修撰、知制诰。其后的十余年里，他与欧阳修合修《新唐书》。正是主编的身份，给予了宋祁为陆羽立传和将《茶经》名录列进《新唐书》的机会。

《旧唐书》列传中原本没有陆羽，艺文中亦没有《茶经》。由于宋祁有复州三年的经历，在"茶神"故里目睹了遗物，耳闻过传说，又亲眼见过《陆鸿渐煎茶碑》，便亲自为陆羽列传，将其归入《新唐书》的"隐逸"中人物，并将陆羽《茶经》三卷编入了艺文志目录。

《新唐书·隐逸·陆羽传》介绍了陆羽的生平及个性，说明了民间祀其为"茶神"的理由，还颂扬了他的社会贡献——"其后尚茶成风，时回纥入朝，始驱马市茶"。

竟陵进士刘虚白为陆羽立《陆鸿渐煎茶碑》，复州推官宋祁拓碑文送给欧阳修，欧阳修将《陆文学自传》载入《集古录》，三者"接力"，使《陆文学自传》传承有序。宋祁则在《新唐书》中为陆羽立传，将《茶经》编目。他们共同为中国的茶文化史树立了彪炳千秋的里程碑。

二、皮、陆二人咏《茶经》

宋王象之撰《舆地纪胜·复州》曰："皮陆读书堂，在紫极宫，皮日休、陆龟蒙读书于此。"紫极宫位于唐竟陵城北门外泮池附近，乃士子道学之所。少年皮日休就读于紫极观期间，正好陆龟蒙也游学到竟陵。于是，"日休在乡里，与陆龟蒙交拟金兰，日相赠和"，"结彼世外交，遇之于邂逅"。

道举制度是唐代实行的一项考试制度，即修习道家经典并以此开科取士。唐代士子有习业道观之风。当时，寺院、道观几乎遍布全国各地。这些方外之地，以其优雅的环境吸引了当时许多士子驻足、交游，一些寺观甚至常年招延士子们居住、习业，为寺观增添了浓郁的文化气韵。而开设道举则为唐代士子拓宽了进身之阶。士子栖居道观学道与温习举业，两者并行不悖，这在当时成为一种较为普遍的现象。李商隐十四五岁时就有道教养练的经历；李白与杜甫一同到过王屋山王母洞，访道士华盖君；白居易、元稹曾在永崇里华阳观习业……这种社会风尚对少年皮日休、陆龟蒙自然会产生影响。

皮日休、陆龟蒙二人在道学期间都留下不少诗篇。如，从皮日休的《书堂出相》可知书堂位置以及学子初心——"栖迟泮水醉诗书，自是明时未相儒。版筑久淹商傅说，垆沽犹滞汉相如。葛中藜杖双蓬鬓，明月清风一草庐。他日得君行学志，赞襄仁风媲唐虞"。而陆龟蒙亦有《四月十五日道室书事寄袭美》描写道室日常生活："乌饭新炊芼臛香，道家斋日以为常。月苗杯举存三洞，云蕊函开叩九章。一掬阳泉堪作雨，数铢秋石欲成霜。可中值著雷平信，为觅闲眠苦竹床。"

十余年后，从邂逅竟陵到重逢苏州，二人交往日久，又共同书写《茶经》，为中华茶文化史留下了华章。

咸通十一年（870年），皮日休在苏州从事任上目睹顾渚茶园，有感"季疵有《茶歌》，余缺然于怀者，谓有其具而不形于诗，亦季疵之余恨也。遂为十咏，寄天随子"，即作《茶中杂咏》十首。其中，

《茶坞》描述了恬淡、自然、纯净、清新的茶园景象；《茶人》讲述了顾渚山茶人平凡而快乐的生活；《茶笋》描写的是顾渚紫笋茶树及其自然环境；《茶籝》细致地描述了顾渚山茶农一天的活动和他们对茶事生活的态度；《茶舍》描写了茶农汲泉、焙蒸、研茗、拍茶的劳作，以及"相向掩柴扉，清香满山月"的生活；《茶灶》是一首写茶农垒灶煮制茶叶的辛劳的诗；《茶焙》细腻地描述了茶焙的状貌和功用；《茶鼎》描述了茶鼎的由来、作用、形态特征，抒发了诗人煮茶品茗的闲适心境；《茶瓯》赞美的是邢瓷与越瓷，它们圆似月魂，轻如云魄，十分宜茶；《煮茶》生动地描绘了"蟹目溅""鱼鳞起"的茶汤变化过程，抒发了诗人的闲适心境。

总而言之，《茶中杂咏》是对茶事灵动缜密的描写，亦是用诗的形式对陆羽的《茶经》所作的诠释，宛如一幅唐代茶文化的动态画卷。后来，《茶中杂咏叙》一直被多种版本的《茶经》用作首叙。世人也由此尽知皮日休是最早、最完整抄录陆羽《茶经》的唐代学者。

诗人陆龟蒙亦有《奉和袭美茶具十咏》。两位志同道合的"耐久交"，创作了难得一见的唱和诗。少年皮日休与陆龟蒙曾在竟陵紫极宫共读道学，并结拜为兄弟，乃至成为终身好友。这是一段佳话，更是一种缘分。今天的陆羽茶楼，恰巧坐落在"皮陆读书堂"旧址。翻开尘封的记忆，时代赋予了它新的使命：作为一个有故事的纪念建筑，有着深厚的历史传承，向南来北往的茶客讲述皮陆道学的历史。

三、"三皮罐"茶惠民生

宋人何梦桂有《状元坊施茶疏》曰："暑中三伏热，岂堪大驿路往来；渴时一盏茶，胜似恒河沙布施。况有竟陵老僧解事，更从鸠坑道地分香。不妨运水搬柴，便好煽炉爢盏。大家门发欢喜意，便是结千人万人缘；小比丘无遮碍心，任他吃七碗五碗去！"这是一篇陈述状元坊施茶缘起的文字，号召大户人家向"竟陵老僧"学习，施茶行善。

历史上不乏这样的"竟陵老僧"。清乾隆《天门县志》卷二十三"仙释"中载："樵止，乔氏子，为僧于文昌阁。尝募建板港茶庵，寒暑施茶不辍。数十年收字纸甚敬。初不识字，晚通文义。常浃旬不食，惟静室默坐，年七十西归，命徒用瓷龛贮之，三年启视如生。"

竟陵地区传统施茶所用的"茶叶"是"三皮罐"。"茶树"的学名叫"湖北海棠"，蔷薇科苹果属，花蕾粉红，花朵粉白，花梗细长，小果红色，为春秋两季观花、观果的良好园林树种。每到端午时节，即可采摘叶片晾干储存，以备泡茶饮用。砂罐的水开了，放几片粗大的叶子进去，就成了一罐色泽红酽的好茶，故名"三皮罐"。其汤色棕红清亮，口感清冽甘甜。在夏天的夜晚，将茶钵端到室外承接夜露，第二天再饮，清冽香甜，生津解渴。无论放置于凉开水缸还是陶壶中，这种茶汤都可以放置较长时间不变质，制作成本也不高，因此特别适合用作行善施茶。这一点，是任何正宗的茶叶都难以比拟的。

在古代，一般人出行常常只能步行，一旦路途稍远，途中就会出现口干舌燥的情况。于是，有行善之人刻意在路边设茶亭，备茶水，供行人或劳作的人解渴。千百年来，这种善举一直延续至今，成为一种文化传承。

所谓施茶，即商铺或行善人家在门口摆放一茶桌，备有茶壶、茶碗，甚至还摆放大的茶缸（桶），盛装"三皮罐"茶。为助解暑，茶汤里可加食盐、姜片、薄荷等佐料，供顾客与行人随意饮用，不必付茶费。

那时候，农村的房前屋后都种有湖北海棠，采"茶叶"十分方便。盛夏的清晨，母亲早早起床烧上一壶水，用土壶装好放在饭桌上，往茶壶里放进几片"三皮罐"，这就是妈妈的味道。田头放着一条毛巾垫着的土茶壶。田埂的那头，有人戴着草帽在劳作，那是父亲的身影。

农忙时节请人帮忙或者家里办喜事，主人都要在前一天夜里烧上几大壶"三皮罐"茶。那便是乡情。外面劳作大汗淋漓之后，回家倒一杯"三皮罐"仰脖畅饮，"咕隆咕隆"满胸流水，那便是久旱逢甘霖。

中小学里，每天上、下午都各备有一大桶开水，瓦缸里放进几片"三皮罐"。下课后，学生们争先恐后地去喝茶，那是20世纪的风景……

总而言之，"三皮罐"是古代乃至近代社会农村最好的绿色饮料。土茶壶与"三皮罐"更是绝配。人们爱喝"三皮罐"，不仅仅因为方便与廉价，还因为它具有保健功能。中医认为，它的主要功效是生津止渴，促进唾液分泌，滋阴润肺，此外，还能健脾开胃，促进消化，也能消炎杀菌，对肠胃炎也有很好的调理作用。

现代医学研究表明，湖北海棠树叶中不含咖啡因，但富含黄酮类、多酚类，这些物质都具有出色的抗氧化能力，可防止人体细胞癌变，促进人体细胞再生，清理身体内的自由基，延缓衰老；叶中含有大量的根皮苷，能增加身体的耐糖性，促进胰岛素分泌，可以有效预防糖尿病的发生。

用现在的话来说，"三皮罐"是市民的爱心茶，农民的保健茶。原国家卫生计生委于2014年已批准湖北海棠叶为新食品原料。随着人们养生保健意识的逐渐增强，开发生产湖北海棠叶茶饮料具有广阔的前景。

四、私家园林建茶圃

明万历年间，世居东冈南麓松石湖畔的陈所前、陈所学兄弟二人先后辞官归里，兴建了私家园林松石园。松石园是我国历史上唯一含有茶圃的休闲庄园。礼部尚书李维桢赞其为："补陆鸿渐所未有，为八百年邑中盛世。"

陈所学，字正甫，号志寰，别号松石居士，万历十一年（1583年）殿试赐进士，官至户部尚书。他因秉性刚直，为当时宦官魏忠贤所嫉，连续十二次上奏章辞职，归隐老家逍遥林泉。

陈尚书的长兄陈所前，字敬甫，号对庭。万历十九年（1591年）贡生。初授浙江湖州府武康县儒学训导，升南京国子监典簿，职司钱谷，秋毫不染。后升任福建兴化府通判署莆田县令，大得民心。然恬淡少宦情，屡乞休，亦致仕返乡。

陈所学返归乡里后，即在先人墓地旁建小屋陋舍，尽孝守墓，随后大兴土木，建造"松石园"。

松石园相较于当时江南的任何私家园林都不逊色，而更具特色的是，其园中有茶圃、书院、佛堂，可陆可水，可游可学，可耕可樵，焚香瀹茗，禅茶一味。置身其间，逍遥自在。作为古代休闲庄园，其内置茶圃与茶室，这样的格局十分鲜见。

松石园处在松石湖与华严湖之间，气候温和，空气湿润，云雾缭绕，适宜种茶。建成之前，陈氏兄弟特地从庐山天池寺请到精于制

松石湖图

茶的僧人，为种植和焙制出香醇味美的茶叶，供奉于如来佛的常乐庵，在梵修习净、超度父母之余暇，兼为以茶助修，以茶供佛，以茶待客。

松石园栽种的茶主要是顾渚紫笋，因陈所前任职的武康县与长兴县同府，故方便弄回。此外，园中还种有新安松萝茶，产于徽州府休宁县城北松萝山一带，僧得吴人郭第制法，遂名松萝，名噪一时。谭元春有《松石园歌》："兄弟相将看平泉，携种渚茶青蒲园"；福建巡抚金学有《题松石园诗》："佳茗只闻顾渚栽，异物乃自元方表。采焙工夺陆鸿渐，月团香越天池僧"；南京太常寺卿龙膺有《松石园长歌》："故里犹称桑苎翁，茶颠高隐羡冥鸿；伯官苕雪移栽遍，僧住天池采焙工。摘将雀舌试谷甫，烹来鱼眼生松风；客窗七碗霏玄屑，法坐三年荐紫茸"。

清嘉庆年间，武昌教授熊士鹏率乡党同游松石湖，有《九友游松石湖记》曰："子不闻陆季疵品水呼？竟陵自西江文学外，松石为最。舟中若载茶灶瓦铛，停篙中流，掬绿煮之。风温不燥，火活不烈。沸声渊永，松涛生焉；乳色轻园，石花浮焉"；又曰："面有佛气，及见果然。煮茗饮客，着碗碧色。少呷焉，微馨绝类。"可见这里是缅怀"茶圣"陆羽的圣地，禅茶一味的天堂。

五、茶字招牌具匠心

具有茶文化代表性意义的匾牌，天门的存世文物有三种。第一种是茶幌匾。竟陵堤街鄢姓茶馆的葫芦形"茶"字匾，通高62厘米，其造型、字体与花纹设计独具匠心，实属罕见。作为清代的遗物，该匾浓缩了竟陵堤街老茶馆的历史，具有标志性意义。

在古老的竟陵城发展史上，一代代聪明智慧的先人拓展出了各行各业，也逐渐创造了各行各业专属的标识。标识标牌在不同时期都有着不可替代的独特功能。这种仅一个"茶"字的标牌类似于古代的酒旗帷幔，宋代时各地茶店使用较多，之后茶店门前的标识形式越来越多样化，或旗或幔、或牌或匾，以便过往行人在远处即可知该店性质。茶幌取葫芦形。葫芦图像艺术兴盛于明清时期，在这段时期里，葫芦图像的寓意是吉祥福禄，在民居和江南园林建筑中，洞门、漏窗、山墙装饰、铺地、门把儿等，常采用葫芦图案作为造型和装饰。在模仿天然葫芦方面，它们大多处于"酷似""形似"阶段，以突显象征意涵。此外，也有通过谐音而取吉意的。由于方言中"葫"与"福"字谐音，"葫芦"谐音"福禄"，故以之象征有福禄。竟陵河街"茶"字匾上的图案，除主图"茶"字外，下方为水波，上方为祥云，两侧一对云龙，连接着卷草纹（又称"唐草纹"）。"云龙捧茶"，寓意茶和天下。

第二种是"茶"中堂。佛子山镇廖家湾的"茶"中堂，规格为：

竟陵老茶馆葫芦形"茶"字匾

中匾 88 厘米长、43 厘米高、2.3 厘米宽，对联 20.7 厘米长、87.8 厘米高、1.5 厘米宽。中匾除"茶"字外，还有注文："杯小如胡桃，壶小如香橼，先嗅其香再试其味，清芳扑鼻舌有余甘，三杯之后心旷神怡。"将饮茶的行为过程与心理感受描述得有滋有味。而楹联"观水通禅意，闻香知染心"，则诠释的是茶的哲理，可谓出神入化。

中堂为家中最为重要的位置，是用于接待贵宾挚友、谈论要事的地方，如客厅、客堂、上房正厅等正中的地方。这个位置的装饰品以书画最为合适。中堂书画虽然题材广泛，但内容必须是吉祥、喜悦、雅致、和谐等正能量的主题，以彰显居家主人对品味人生的追求。有些修行人为适应自己的心性，常挂有单字中堂，如"佛""禅""悟""道"等，但古人以"茶"为中堂者则十分鲜见。

这幅中堂茶匾的珍贵之处，不仅在于其文墨，在于其书者，更重要的是它留存于火门山区。书者屈大均，明末清初著名学者、诗人，有"广东徐霞客"的美称。顺治十三年（1656 年）后，他以化缘为名云游四海，奔走各地。于是，在陆羽曾经求学的地方留下了这位行者的手迹。

第三种是茶匾额。如下页图中的《禅茶养生》匾，规格 106 厘米长、39.7 厘米高、2 厘米宽，材质为楠木。题款是书法家张岳崧的手迹。张岳崧，字子骏、翰山、澥山，号觉庵、指山。曾任翰林院编修、文颖馆纂修、常镇通海兵备道、两浙盐运使，官至湖北布政使。

匾额作为综合艺术，是中华民族的文化瑰宝，受到世人的喜爱。古人将宣扬教化类文字的牌子称为匾，刻有表达建筑物名称文字的牌子称为额。匾额，面向社会，昭示万众，传承后代，不仅是文化道德的载体，更是社会发展的风向标。匾额以其多变的式样、艺术化的书法，与雄伟壮观的建筑相互辉映，和谐统一，成为建筑中不可分割的

《禅茶养生》匾

一部分，用在屋、斋等居处，以寄情志。匾额往往是一个家族的门面，来访者一进门就能看出这个家庭的门第层次、道德修养、思想情感、处世哲学、精神寄托以及对未来的追求。

横匾常书四字，"禅茶养生"便是一种观念。所谓禅茶一味，更多的是品味茶与佛教在思想上的"同味"：在品"苦"味的同时，品味烦苦人生，参破"苦"谛；在品"静"味的同时，品味遇事静坐静虑，保持平淡心态；在品"凡"味的同时，品味从平凡小事中感悟大道。禅茶中有禅机，能使人修身养性。"茶圣"陆羽三岁时就随着禅师学佛，从小练得煎茶技艺，深谙"茶禅一味"之道。因此，从某种意义上说，茶道因禅茶而生，文人亦提倡"禅茶养生"。

《禅茶养生》匾原藏于岳口。作为清代时期的汉江商埠名镇，这里的宗教文化与茶文化兴盛发达，有省级官员的手迹工艺品留存于当地的官宦人家或者寺院并不稀奇。

总而言之，源于本市竟陵、岳口和佛子山镇的三种存世茶匾，见证了明、清至民国时期天门茶馆业的兴旺，茶文化的传承，以及"茶圣"遗风的厚重。

六、景陵铜鼎秉"遗风"

陆羽煎茶道传世以来，官民烹茶已成习俗。宋人张耒有"予官竟陵时……同游西禅刹、陆子泉，烹茶酌酒甚欢也"之说；明人熊飞说"景陵铜鼎半百清"，可知在当时的景陵人家中铜鼎十分普遍。竟陵派文学家钟惺有《茶诗》曰："室香生炉中，炉寒香未已。当其离合间，可以得茶理"；乾隆三十三年（1768年），天门知县马士伟有诗句"蟹眼徐开知火活，菱花靓漾绝尘遮"；民国岳口诗人刘子作的"鼎沸茶烹香细嚼，案推卷校墨徐磨"句，描写了诗人与长老在斋堂烹茶品茗、挥毫赋诗的情景。可见，竟陵的煎茶之俗源远流长、持续不断。

友人还都先生家留有一尊民国初期的铜茶炉，体积小巧、纹饰精美。茶炉顶部上有提环，上下构件装卸方便，便于携带，又可供观赏把玩。茶炉通高27.8厘米，长宽均为13.8厘米。茶炉整体分为两个部分：上部为水箱，其内置一有孔铜杯，杯壁有孔，当是放置茶叶之用。水箱外壁正面有一龙头，炉壁与背面花纹不同，两侧均有行书铭文。茶炉下部为一正方形空盒，其正面、背面和两侧外壁上的镂空回纹显然用于排气。

从铜炉整体构造上看，它秉承了陆羽"风炉"遗风，符合"坎上巽下离于中"之风炉的基本原理：煮茶时，风助火，火煮水，水煮茶。精华尽在其中。它不禁使人想起皮日休的《茶鼎》一诗："龙舒有良匠，铸此佳样成。立作菌蠢势，煎为潺湲声。"还有黄庭坚的"风炉小鼎不须催，鱼眼长随蟹眼来"。陆游的"雪液清甘涨井泉，自携茶灶就烹煎"……遥想当年茶炉主人，邀两三知己，汲泉煮茗，那景那情，那形那色，那味那神，风雅天成，怎不令人顿发思古之幽情？

民国时期的铜茶炉

见到茶杯盖顶上的隶书"七碗宏量"，耳边就会响起《七碗茶歌》："一碗喉吻润。二碗破孤闷。三碗搜枯肠，惟有文字五千卷。四碗发轻汗，平生不平事，尽向毛孔散。五碗肌骨清。六碗通仙灵。七碗吃不得也，唯觉两腋习习清风生。"卢仝因《七碗茶歌》与陆羽同誉茶坛，文人因《七碗茶歌》而领略茶仙的感受。

在摆件上铭刻古代经典名篇，一般是根据物品的文化内涵及外部空间审美所需。细观铜茶炉炉壁四面的铭文，均摘自古典名篇。水箱右侧为"南昌故郡，洪都新府。星分翼轸，地接衡庐。襟三江而带五湖，控蛮荆而引瓯越。物华天宝，龙光射牛斗之墟；人杰地灵，徐孺下陈蕃之榻。雄州雾列，俊彩星驰。台隍枕夷夏之交，宾主尽东南之美"，此乃《滕王阁序》第一段，只是将"豫章"改为了"南昌"。水箱左侧"夫天地者，万物之逆旅也；光阴者，百代之过客也。而浮生若梦，为欢几何？古人秉烛夜游，良有以也。况阳春召我以烟景，大块假我以文章。会桃花之芳园，序天伦之乐事。群季俊秀，皆为惠连；吾人咏歌，独惭康乐"，出自李白《春夜宴从弟桃花园序》。茶炉前壁下部的铭文："纱窗日落渐黄昏，金屋无人见泪痕。寂寞空庭春欲晚，梨花满地不开门。"其诗为刘方平的《春怨》。茶炉后壁铭文："是日也，天朗气清，惠风和畅，仰观宇宙之大，俯察品类之盛，所以游目骋怀，足以极视听之娱，信可乐也。夫人之相与，俯仰一世。"这里摘录的仅仅是《兰亭序》中间的一小段。从"仲春日书""偶录"等落款字样看，这些文字显然是铜炉主人的笔录手稿。

文以言志，器以载道。千年传承的茶鼎，虽然形体多有变化，但都是陆羽茶道的文化符号。这尊近代铜茶炉，即是竟陵文人以茶会友的一件代表作。

七、茶食礼品显特色

"茶食"，又称"糖食"，泛指饮茶时的糖食、果脯、糕点之类的点心，亦谓"茶点"，包括民间土特产，如花生、瓜子等。天门茶食主要的品种有麻叶子、翻饺子、春饼、炒米、玉兰片、荷叶片、酥糖、雪枣、绿豆饼、花糕等等，多少年来都是城乡居民走亲访友的馈赠佳品。有些茶食为自制，如麻叶子、翻饺子、玉兰片、荷叶片、炒米，适宜于家居食用；有些制作工艺复杂一点，需要到专门的茶食店、食品商店购买，如酥糖、雪枣、京果、绿豆糕、春饼之类。办喜事用的"喜饼"，春节时的"春饼"，是为拜年"送茶"和待客的礼品。

旧时茶食店往往在茶食包装上覆上一纸，起美观和宣传的作用，称为"茶食礼品帖"。追溯天门"茶食礼品帖"的历史，大约在清中期开始流行。

作为清代茶食礼品帖代表的"余祥兴斋"帖，其文曰："本店今在天邑西关，佳制各种清水蜜饯，异味果品，满汉酥食，玲珑巧缠，荤素细点，名茶糕饼，糖食俱全，请认招牌为记。"此帖红底黑字，木版印刷，碑形结构，配以花草装饰，古朴大方，具有清末茶食礼品帖的典型特点。广告语中"满汉"一词，有较深的文化背景。清入关后，在其原有的基础上，吸取汉民族饮食文化精华，形成了更为丰富的宫廷饮食。满族与汉族饮食文化的融合，便是中华民族的大融合。

民国时期茶食店已普及到天门的大小集镇，如八字脑的"杨裕源"、大板港的"黄泰升"、干驿镇的"戴福泰"等等。茶食广告也日渐普及，双旗图成为茶食帖上的一种时尚。双旗图即武昌起义十八星旗，青天白日满地红旗。这种双旗图茶食帖一度流行于大江南北，今

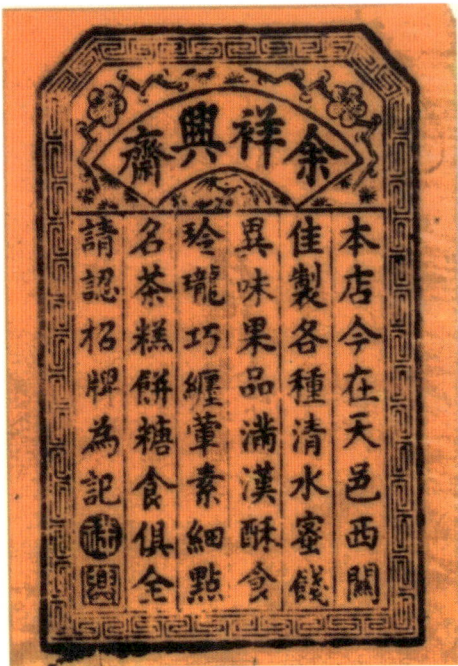

本店今在天邑西關
佳製各種清水蜜餞
異味果品滿漢酥餞
玲瓏巧纏葷素細點
名茶糕餅糖食俱全
請認招牌為記

余祥興齋

▶ 清代时期茶食礼品帖
▼ 民国时期茶食礼品帖

乾驛
戴福泰

本店開設漢鎮正街今分鋪在乾鎮
驛中街開立門面自造狀元烘糕棗
監白仁龍鳳十錦花糕小兒化食茯
苓炙賣米糕一應俱全慈客元商
翁賜顧者請認粘牌為記庶不致悮

横林口
正衛

胡萬順號
葷素月餅

本店精製清水蜜餞後名茶一應俱全
金題紹酒兩蕭名茶一應俱全

天，许多地方遗存的茶食帖上还可见到这一图案。

民国时期天门的茶食礼品帖，主图大多为双旗图，如印行于20世纪30年代横林口正街的"胡万顺"号，天邑南关的"洪源利"号、"李祥兴"号、"史绍炎"食品商店等等。

在民国时期礼品帖的广告语中，慢慢出现了"改良""官礼"等词，这是受到新文化思潮的影响。皇家糕点流散于民间，南式糕点北移西驻，占领了旧中国的大片市场。食品行业进行了一场改良运动，去除了原有工艺、花色的某些缺点，使之更适合于新形势下的新要求，以得到更大的生存空间。

中华人民共和国成立后，特别是改革开放后，茶食广告一度出现新局面。原天门食品厂生产的与陆羽有关的茶点包装盒上的广告语说："茶点系茶祖陆羽游归隐居故寺，余僧人制点供其品茶用之。清乾隆时建陆羽亭，又仿茶姿色制成点，用以祭祖，故名茶点而相传于世。我厂承袭古法经研制改进，使其日臻完善，更富特色，荣获省地优良名特产品。"为天门茶食的渊源谱写了一个悠久的故事。

八、十米画卷续文脉

明正德九年（1514年）正月十五，画家郭诩绘成竟陵山水画长卷，赠送给了国子监祭酒鲁铎。此长卷今人称之为《竟陵山水图》，武汉博物馆藏目录题为《竟陵四景图》卷。作为国家一级文物，长卷较为完美地记录了500年前竟陵城东、西两湖和干驿镇东冈岭的自然风貌，足资印证史志和口碑。

郭诩，字仁弘，号清狂道人，江西泰和人。弘治中被征入京师，授锦衣官，坚辞不就。唯致力于诗文书画创作，擅绘山水、人物，笔墨简括，富有情趣，为时人所重。

弘治年间（约 1497 年），郭诩为避宁王朱宸濠谋反之祸逃出京城，在鲁铎庇护下隐居天门。于是，《竟陵山水图》长卷应运而生。画中落款为："泰和清狂郭诩为莲北鲁司成先生写时正德甲戌孟春望卷。""正德甲戌"是 1514 年，"孟春望"日即正月十五日。"莲北鲁司成"即鲁铎。此画描绘了明代中期天门的风光，代表了当时的流行画风和最高水平，可以说这是存世的天门最早的一幅"风景照"，具有极高的历史和文化价值。

该画脱稿后一直秘藏不露，面世前为干驿人徐声金收藏，后来辗转多年，徐声金的家人将长卷售与了武汉市文物商店。

1982 年，《竟陵山水图》绢本长卷在武汉展览馆首次面世。画幅规格为长 950 厘米，高 31.5 厘米。画上的四处题款从右到左分别为："东冈石湖""竟陵城""东湖别业"和"梦野书院"。可知该长卷是由可以独立的四幅山水画拼接而成。2010 年，武汉市文物商店与武汉博物馆合并，该图便成为武汉博物馆的藏品。

长卷画面从鲁铎的老家"东冈石湖"一直画到他在竟陵城的"东湖别业"和"梦野书院"。时任沔阳州知州李濂赞颂其画曰："而翁清狂君，妙绘不易得。昔年客鄂州，写寄楚江色。"

纵观全画，尽显竟陵文脉。背景中的山脉，东北有龙尾山、五华山，那里有风城，"黄帝得风后于竟陵"；西北有天门山、火门山，那里有令尹子文的传奇，更是陆羽读书成才之地。四幅风景画，无不叙说着与陆羽茶文化有关的故事：

"东冈石湖"图中的村庄里，可见身着官服的鲁铎在接待客人，此外还有房子里的读书人、屋外的游戏者、下地劳作的农民、湖面两岸的建筑及居民身影，当是干驿镇的真实写照。

鲁家世居东冈岭，而陆羽也曾结庐于此，自号"东冈子"。因此可以说鲁铎不仅和陆羽同里，更是不同时代的"同乡"。鲁铎有《东冈》诗曰："湖上东冈旧得名，结庐高处作书生。北瞻京国寸心远，下瞰郊原四面平。风景闲时皆好况，云霄何日是前程。梧桐生在朝阳里，听取丹山彩凤鸣。"《景陵县志》刊载此诗时，文前有诠释："东冈在县东七十里，夹松石、华严二湖。陆羽尝居于此。祭酒鲁铎世家焉。"

遥想当年，陆羽因整理出游各地茶区所得而结庐于此，恰逢司马崔国辅因军务逗留兵站驿馆而居干驿镇。二人泛舟湖上，相互品茶评水凡三年之久，《茶经》从此孕育。也是在这一时期，初入佛门的皎然游历到荆楚，为拜访学成下山的陆羽，从燃灯寺到泗洲寺，与"东冈石湖"相连的东乡水域，都留下过他的身影，也为陆羽日后赴东吴回访皎然留下了机缘。

"竟陵城"画面突显的是西门城外西湖与西江的景色：城墙内外房舍云集，蔚为壮观；湖上烟波浩渺，渔舟唱晚；覆釜洲上西塔寺大殿耸立，寺外有桑苎庐所依。

西塔寺原名"龙盖寺"，为陆羽幼年和少年时期生活的场所。桑苎庐是陆羽晚年傍寺而居之所，因其自号"桑苎翁"，故后人称陆羽故居为"桑苎庐"。

明嘉靖十九年（1540 年），时任住持真清禅师在这里献出了自己抄录的《茶经》，促成了嘉靖二十一年（1542 年）史上第一个单行本《茶经》的出版。自此以后，西塔寺多次收藏和出版过陆羽的《茶经》，成为《茶经》的传播中心，亦是天门历史上最佳的旅游景点。作为天下茶人的朝圣之地，游人到此无不问《茶经》。

《竟陵四景图》局部"东冈石湖"　明郭诩　武汉博物馆藏

《竟陵四景图》局部"竟陵城"　明郭诩　武汉博物馆藏

《竟陵四景图》局部"东湖别业" 明郭诩 武汉博物馆藏

《竟陵四景图》局部"梦野书院" 明郭诩 武汉博物馆藏

画中见到的竟陵城垣，城周六百八十五丈，高二丈余，厚五丈。四门均高二丈四，进深四丈八，其上各置八丈城楼一座，城门皆包以铁。鲁铎写有《陈侯景陵重建城记》。该城垣于1951年拆毁。

"东湖别业"画面下方绘出的是"莲北庄"，砖瓦结构的别业明显有别于一般民居茅舍。亭子中似乎有人品茶的身影，远方是竟陵东门城垣。宽阔的湖面，零星的渔船，环境十分幽静。

"东湖别业"位于东湖东北面的"莲北庄"。亦取"莲出淤泥而不染"之意，洁身自好，故鲁铎以"莲北"自况，并以"莲北"冠文集名《莲北集》。

鲁铎辞官归籍居竟陵东庄。有《东庄》诗云："窗外群峰远更佳，吾庐自可号山家。飞来好鸟寻常语，移种新丛次第花。木客每因求石蜜，贩夫频到送溪茶。不妨兼有渔翁乐，秋水东湖一钓槎。"尚有《登台》诗曰："穿松入竹径迂回，潜绕坡陀却上台。茶熟山童无觅处，东园花里去还来。"这些描写当年莲北庄景物与作者怡然自适心境的文字，无不记录了鲁公不可一日无茶的慢生活。

是的，鲁公爱茶，但更爱《茶经》。《鲁文恪公文集》中有《茶园铺午饭》诗曰："茶园徙倚问山灵，乞取春英入夜瓶。我本陆家同里汉，袖中新注有《茶经》。"该诗前两句描写了作者赴安南途中徜徉于茶园山中流连忘返的心情，后两句则论及由茶及"神"、由茶及"经"的往事。他以自己是陆羽的同乡而感到无比自豪，同时，还透露自己已为《茶经》作了"新注"。诗意极具画面感和故事性。

"梦野书院"这段画面描绘的是建筑在梦野台上的书院，四栋房屋和一座"看鹤亭"。与"东冈石湖"部分的相似之处是，房子里可见身着红色官服的鲁铎在接待客人；不同点在于房子里有更多的学生，书院门外地上还有花草盆栽。

"梦野书院"是继"东湖别业"之后，鲁铎为本族子弟做科举考试准备的书院，是"藏图书、课子弟"的地方。

鲁铎的长子鲁彭，字寿卿，正德十一年（1516年）举人。其号"梦野"取自同名书院。他在此读书长大，成人后管理书院事务。这里是他的生息之所。1541年至1542年，鲁彭在"梦野书院"承担了史上第一个单行本《茶经》的编辑工作。其新增注释及勘误文字，均根据其父留下的藏本和手稿，而这些遗物正是保存在书院里。

1542年初，翰林院侍讲，即嘉靖皇帝的老师童承叙，因病归籍沔州，顺道游访西塔寺和梦野书院，正好得知鲁彭编辑《茶经》一事，便叮嘱鲁彭将有关"叙""传"和"记"文收录进新编《茶经》的"叙集""外集"和"本传"。

四景长卷，尽览千年文脉。托"莲北鲁司成先生"之福，清狂画师为我们留下了孕育"茶圣"的山水图。

嗟呼！岁月沧桑，长卷犹存；文脉赓续，弦歌铮鸣。怎能不说"茶圣"故里人杰地灵？

水上茶道三百里与"回图务"

千年之前的"茶马互市"时期，竟陵有"茶交所"；百年前的"中俄万里茶道"，经过天门县境水路达三百里。

一、"茶马互市"与"回图务"

《新唐书·陆羽传》说："羽嗜茶，著《茶经》三篇，言茶之源、之法、之具尤备，天下益知饮茶矣"，"其后尚茶成风，时回纥入朝，始驱马市茶"。说的是因陆羽的《茶经》而导致了"茶马互市"。

唐末时期，饮茶之风传入了西域之后，茶叶成为游牧民族必需的生活物资；而对于唐王朝来说，缺乏的是战马。于是乎，一方爱屋及乌求《茶经》，一方枕戈待旦需战马，便衍生出了"良马换《茶经》"的故事。

唐朝末年，各路藩王割据与朝廷对抗，唐皇为平定叛乱急需马匹。于是，朝廷与回纥国以茶换马。而回纥使者还要求以千匹良马换《茶经》。那时，陆羽已逝，且生前将《茶经》书稿带回了故里。因

《茶经》尚未普遍流传，唐皇命使者千方百计寻查。使者赴湖州无功而返，最终到其故里竟陵，由皮日休献出一个抄本，才换来马匹，了结这段公案。这一"茶马互市"中的经典故事已广泛见诸当代典籍和茶文化教材中。

少年皮日休在竟陵乡学期间，喜欢抄录先贤文字。其作有《伤进士严子重诗序》，曰："余为童在乡校时，简上抄杜舍人牧之集。"此序中所载"乡校"，指竟陵紫极宫。在这里，他不仅抄录过许多先贤的诗文，还读过陆羽的自传，抄录《茶经》存于方册。

唐竟陵城北泮水边的道观"紫极宫"与陆羽茶井相距不远，不远处还曾有过"茶马互市"的复州"回图务"（即商业货栈）。

"回图务"是唐代茶马古道上的茶叶交易机构。唐末的复州"回图务"就设在竟陵。那时，陆羽的《茶经》已在其故里广为流传，人们种植和饮用茶的意识日渐提升，在楚王马殷鼓励农民种植茶叶与外部通商政策的鼓励下，竟陵地区一度成为后楚茶叶交易中心之一。唐文宗大和九年（835年），宰相王涯向唐文宗提出茶叶官营官卖的榷茶制建议，由朝廷垄断茶叶生产和经营，并提高茶税。文宗采纳了他的建议，征购民间茶园，规定茶的生产贸易全部由官府经营。

后梁开平元年（907年），马殷被后梁封为楚王。开平二年（908年），后梁太祖朱温正式批准在汴州、荆州、襄州、唐州、郢州和复州等六个地方设置"回图务"。

"回图务"既是茶叶北销的转运站，又是茶叶的直接销售点。茶和纺织品的交易主要是发生在中原地区，茶和马的交易主要与北方少数民族开展。交易方式是易货、贸易并举，而以后者为主，即卖出茶叶后，再就地买回缯纤与战马。因此制茶业、贩茶业的发达成为马楚经济的重要特点，茶税亦成为当时楚国的主要税收来源。

设立"回图务"的六个州，汴州即今洛阳，是当时后梁的国都。除汴、唐两州在今河南省范围内，其余四州均在今湖北范围内。在相互间距离不太遥远的情况下，为什么还要在复州设立"回图务"呢？这是因为竟陵不仅具有种茶的人文与地理条件和潜力，而且当时竟陵县域的茶叶生产已有相当规模，且州治所在地的竟陵城有交通便利之优势。

唐代竟陵郡（复州）的治所在竟陵城，五代十国时期依然如此。当时的复州辖今湖北天门、仙桃、洪湖、监利等地。从地理环境看，虽然四地都属江汉平原，但竟陵县位于大洪山山前丘陵与江汉平原衔接地带，北部山岭属大洪山脉的山前剥蚀低丘，因此适合种植茶叶。

晚唐时期的复州置"回图务"，带来过丰厚的税收。北宋端拱二年（989年），荆湖北路转运使张咏作有《赠刘吉》一诗，诗中有"如今竟陵城，榷司茶荈利"一句，这充分说明唐末的复州"回图务"延续到了北宋时期。竟陵因茶税机构的存在，使州县官府不仅获有农业税收，还有不菲的榷茶之利。

二、汉江茶路的天门港湾

在海陆丝绸之路、茶马古道之外，历史上曾有另一条重要的中外商贸交流通道——中俄万里茶道。

中俄万里茶道是一条从18世纪中叶到20世纪初，繁荣了近200年的国际商道。其从汉口出发，经汉水（即襄河）将货物运至襄阳和河南唐河、社旗。上岸后由骡马驮运北上，经洛阳，过黄河，越晋城、长治、太原、大同、张家口、归化（今呼和浩特市），再改用驼队穿越一千多公里的荒原沙漠，抵达边境口岸恰克图交易。俄商再将货物贩运至伊尔库茨克、乌拉尔、秋明，直至莫斯科和圣彼得堡。

山西商人贩运的茶叶，在汉口换装适合汉水行驶的帆船逆水而上，无论是溯汉水到老河口起岸，还是至襄阳、唐河、赊店上岸，由骡马驮运北上，途中经过的下游港口集镇，其中隶属于今天门市管辖的最多。那时，茶道路线于汉口逆汉江西行的水路，经过汉阳府蔡甸、汉川、沔阳州（今仙桃），安陆府天门、潜江、钟祥、荆门、沙洋，襄阳府宜城，达襄阳汉江北岸之樊城，水路约 1065 里。其中属今天天门市境段近 300 里，约占四分之一的航程，平均 40 里就有一处可供歇脚、补给或避风的港湾。沿线港口除重镇岳家口外，还有六个集镇，即仙北、多祥、麻洋、彭市、张港和多宝。

仙北港位于仙桃镇北，历史上属沔阳县（今仙桃市）。1950 年以汉江为天然分界线，将其划归为天门仙北乡。顺治十四年（1657 年），沔阳州三衙衙署迁驻于此，故又有"衙门街"之称。衙门街，从街前河堤抵螺蛳湾长约一里，东有观音阁、城隍庙，西有山陕会馆春秋阁。从衙署到月湖堤，沿河有店铺、行栈、饮食店、茶馆、旅店，再往西有一小径直抵洞庭庙，此处就是过往船只停泊的"避风港"。每当夜幕降临，便见船灯点点，有如繁星映照河滩，别有一番风光。

多祥港古名"拖枪过""多抢河"。相传元朝末年，陈友谅所部被朱元璋的军队击败，逃于此南渡汉江，因士兵困倦，拖着枪支过河，故称"拖枪过"。又传，在明朝初年，以沉湖为据点的胡氏兄弟聚众起义，常常带领人马到此劫富济贫，当地财主望江兴叹：真是多抢河！为避不祥，后改称"多祥河"，现简称"多祥"（镇）。小镇上的人多爱到茶馆听评书，无论是民国前的老堤街，还是后来堤内的新街，都开设有茶馆。

麻洋港古称"马跃潭"，因关羽策马飞越深潭而得名。1951 年6 月定区（镇）名为"麻洋"。明清时期设立塘管处"麻洋塘"，谐音"麻洋潭"。沿河堤街亦多店铺、行栈、茶馆和旅店。麻洋潭开埠以后而逐渐成市，沿岸的吊脚楼独成一景，向着襄河的楼房都被叫作"望江楼"。望江路从北往南一直到襄河边，街两头都有茶楼，北头为"韦连茶馆"；街南头临江的两层木楼，名叫"望江茶楼"，有楼联曰："望江路，望江楼，望江楼上望江流"。楼内有说书唱曲的，有下棋打牌的，有谈经说古的，也有包席谈生意的。人来人往，十分热闹。

彭市港集镇始建于明洪武年间，明清时期设"彭市塘"，现镇名"彭市"。彭市镇的老街道建在汉江的外滩上，呈 T 字形。街道全用青石条铺成，共有居民五百余户。临河吊楼林立，茶馆临江，河下船只停泊成排，街面狭窄，客栈、店铺和作坊满街皆是。茶馆内演唱的渔鼓皮影戏融渔鼓戏和花鼓戏于一体，是谓"渔鼓皮影戏天南派"。该镇因此被命名为"湖北省民间文化艺术之乡"。

张截港古称"塔湾"，南宋绍兴四年（1134 年）岳飞挥师襄汉，其大将张俊驻塔湾屯截击金兵，时人为纪念张将军截击金兵之功绩，改"塔湾屯"为"张截港"。明初形成的集镇，到明末清初已是"东连汉浦，西接郧襄，南通荆监，北达景河，舟楫停桡之区，车马歇息之地。学士大夫、农夫商贾，罔不络绎"（据清康熙三十年《潜江县志》）的水陆要衢。这里一直是汉江流域重要的港口商埠，建有山陕、江西、湖南、咸宁等会馆，历史上属潜江，1955 年 7 月划为天门张港镇。

多宝港在顺治、康熙年间为"多宝湾市"。多宝港原为京山市属地，1949 年划归潜江，1955 年 7 月划归天门。明、清年间，在此设过县丞署、钱粮公署和水师营（外委署）。从 1734 年到 1911 年，多宝湾县丞署一共延续了 177 年。清代的多宝湾有"京南书院"、关帝庙、财神庙等。"京南书院"后成为江西会馆和多宝商会会馆，厅堂的柱子上有楹联曰"活跃通商九万里，记言纪事五千年"，向后世人叙说着古汉江的沧桑岁月。那时，湖南、鄂南的茶叶，安徽的茶、油、文房四宝，云南贵州的木耳、生漆，四川的桐油、药材，江西、福建的瓷器、果品，两广的杂货等等，都可经汉口进入汉水。而山西、陕西的牛羊、皮毛等，便由汉水的上游经汉中、襄阳驶向中下游的各个码头。作为京山市重要商品集散地的多宝湾中码头，究竟停泊过多少商船，谁也说不清楚。

悠悠茶路犹如一曲长歌，留给后人无尽的感叹。从汉口至襄阳，是一段漫长而艰难的航程，也是万里茶道上水运中耗时最长的一段。汉江天门段的港湾群，因水上茶路而兴，形成了相同的商帮文化和茶馆文化。而"来如行云，去如流水"的码头文化的形成，深深地影响了港湾人的生活方式和思维方式，形成了他们豁达豪爽、敢为天下先、无所畏惧的个性。

三、茶路上的"小汉口"

俗话说："襄河自古三大口：上有老河口，下有汉口，中有岳家口。""岳家口"即现天门市的岳口镇，因唐代诗人皮日休途经此地，留下"行樯约物价，岸柳牵人裙"的诗句而得名"约价口"，后因南宋将领岳飞屯兵于此，改称"岳家口"，简称"岳口"。这里自古为行商坐贾交易之所，河下泊舶衔尾、帆樯林立、百舸争流。两百多年前纤夫逆流而上的身影，那艰难而辛酸的步态见证了水上茶路曾经的兴盛与艰辛。

清代，岳口有十大商帮。其中，"山陕帮"为最大的金融集团，有当铺、票号。在岳口经商的山陕商人，除茶叶外，还贩运麻油、汾酒、牛皮、羊皮、生漆等产品，并从岳口大量收购棉布、蓝印花布及南方各省货物，贩回山西、陕西、甘肃等省出售。乾隆六十年（1795年），山陕帮在岳口堤街兴建了会馆"春秋阁"。春秋阁的主建筑有三：一是戏楼，左右各置一小台，钟鼓二楼列于前，中间是凉亭，前有石狮，旗杆左右分立；二是中殿，有神座；三是正殿，两边是偏殿，前是走廊，两边有水池，花台分列左右。面积约3200平方米，规模为岳口众会馆之首。因崇尚晋商义勇精神，本土帮修建了"武圣庙"，与"春秋阁"异曲同工。

旅居岳口的外地商帮都建有自己的会馆：咸（宁）武（昌）帮的瑞庆宫，江西帮的万寿宫，安徽帮的新安书院，汉阳帮的晴川书院，江浙帮的湖震书院，湖南帮的枝江会馆，等等。其中，山陕会馆、江西会馆、安徽会馆和湖南会馆都因茶商而兴。福建人于道光七年（1827年）建天后宫，供奉"海神"妈祖。

一百多年之前，岳口已成为繁华的"小汉口"。沿堤南北为街、东西为巷，纵横布局，交错成坊。自乾隆年间，老街沿汉江干堤扩建，西起狮子脑，东至太平寺，有"四关"（蓬莱关、紫莱关、觐垣关、临兴关），六码头（顶码头、乌龙码头、官码头、青石码头、熊氏码头、竹木码头）。"九街十八巷，七里三分长"：岳口的主要街巷均铺青石板。堤街上下，集市内外，亭台楼阁林立，寺庙道观密布，商号店铺作坊鳞次栉比。至民国时期，岳口堤街上起狮子脑（狮子古河口），下至太平寺，长七里三分，有大小庙宇、道观四十多处，英、美、德、俄等国商洋行十家办事处，日本洋行八家，本地商铺、当铺、金店等六百余家。"一步两座庙，三步两座桥，十八步不见天，步步踏金钱"说的是街两边商铺屋檐，密密匝匝，遮住了视线。

手工业的发达，在小小的铜锁上体现得淋漓尽致。旧时岳口中正街三岔街上坡处开设有"胡和兴""杨大昌""刘柏顺""周树德""帅兴福""鲁长发"等二十家制锁老店，形成铜匠街。他们生产的"熟铜巧锁"，兴盛于清光绪年间至民国时期，畅销于陕西、山西、河南、江西等省，远销东南亚地区。1925年，岳口的熟铜巧锁荣获国民政府颁发的全国手工业产品银质奖章。

熟铜巧锁大致可分两类：一为"字锁"，不用钥匙，锁皮下端串有四个内设卡槽的活动小环，每环下刻字一组，如"老军一才""山匡得""黄得天归""忠功下终"。只有恰到好处地旋转小环，使之组成一首通顺的诗——"老将黄忠，军山得功。一匡天下，才得归终"，方能开锁。二为钥匙锁，又分两种：一种是图案锁，如宝剑锁，即在锁皮封缄的底部增置活动外层，状如宝剑，两端安装活动封皮，欲开锁，必须推开"宝剑"外皮，继而扭动两端转轴，待露出锁孔，方能插入钥匙开锁；另一种是巧孔锁，须逆转锁孔，方能插入钥匙开锁。"岳口密码铜锁"现已被陈列于美国纽约展览馆，并被载入美国夫妇雷彼得、张卫和他们的合作伙伴刘念编写的《趣玩Ⅱ·中国传世智巧器具》中。

岳口地处水陆要津，岳口港曾经是省内十二个水陆联运港口之一，全盛时期有九个货运码头，三个客运码头，停泊船只每天在两百艘以上，邻近八县市的物资、人流在此集散。

水上茶路繁荣了岳口的商贸和金融，也促进了文化与教育的发展，使之成为汉江中下游地区的重镇。1903年4月，湖北省邮局在岳口设二等局。1906年，湖北官钱局在岳口设官票兑换所，1908年单设官钱分局，发行印花税。1927年11月，湖北金库在岳口设分库，1936年改为银行，是全省七大银行之一。1933年9月24日开馆的省立岳口民众教育馆，一度负责辅导随县、钟祥、应山、京山、安陆、云梦、应城、天门等八县的民众教育和文化工作。

四、码头上的茶馆

旧时的岳口服务业，尤以茶馆闻名汉江南北。岳口的茶馆有以下几个特点：一是多为临河吊楼，"人家尽枕河"是一大特色，坐在窗边，看千帆过尽，大雁南飞，夜晚桨声灯影，消闷破愁；二是茶食茶点花色繁多；三是茶馆均是传承地方曲艺的场所。

民国时期，沿河茶馆有岳江、蓬莱、华兴、辉月、桃园、翠华、望襄等十三家。大型茶馆设木制桌椅，有日夜场皮影戏，加说唱锣鼓音乐，要连续看得天天泡茶馆。雅室设书画摆设，多为富人品茗，常见清唱小曲秀女与乐师逐室卖唱助兴。

茶客在茶叶选择方面地域观念强，可供选择的茶叶风味多样，此为岳口茶馆的特色之四。岳口多江西、安徽移民，世代遗风，相传以庐山云雾茶、黄山毛峰、休宁屯绿、霍山翠芽、六安香片及本省鄂西绿茶为主。豪门巨富、官宦世家则饮君山银针、西湖龙井（甚至兼带虎跑泉水），以及洞庭碧螺春，或宜兴紫砂壶泡铁观音。来自河南的回民商家多饮信阳毛尖。夏季多为绿茶，冬春则以祁门红茶、花茶为主。

每天晨曦微露，街上人声鼎沸。不一会儿茶馆便门庭若市，商号携邀生意往来客户、驻岳外地水客采购员、城乡殷实富裕休闲老人、提笼架鹊小老板、探亲访友赴宴者、进城卖花卖菜后歇息的农民，先后鱼贯而入茶馆，享受香茶一杯。这些人或互相寒暄，或交流新闻、交换信息，或洽谈生意，或海阔天空漫谈。贫苦市民、农家爱饮茶者，多选本县境野产之"三皮罐"加姜煮茶，沿街茶摊摆售也多为此。每逢传统节令，香客进城游寺庙，倾城人满，凉茶供不应求，更有众多商家免费施茶。

晚清民国时期，岳口文人邀约品茶风气甚浓，茶诗佳作频出。著名诗人刘子作就描写过多种人物的饮茶场景。例如《与内子品茶》："有客投茶茗，新煎味共尝。未曾杯入口，扑鼻气芬芳。"诗人伉俪试烹新茶，笑逐颜开，香满闺阁，情趣盎然；又如《王熙和诗邀余品茶赋》："小奚忽捧锦囊至，邀尝新茗过墙东。鼎煎水早辨泾渭，腾波鼓流刚三沸。炉残灯掩一秤终，归留香尚沁脾胃。试把君诗再细吟，高山流水有清音。更如橄榄回味旨，淡而弥永耐人寻。"诗人围炉品茗，按《茶经》煎水三沸即饮，回味无穷。

"花晨月夕，茶半香初"，以"茶半香初"室主自诩的岳口诗人、书法家金焕模，与诗人刘子作有唱和之作："狂饮蒲觞恰一杯，阍人报道有诗来。开缄浣手蔷薇露，读罢还钦吐凤才。佳茗争夸谷雨芽，劳君馈赠到吾家。炊香指点银瓶煮，好当霍山山顶茶。"慨馈赠之情，写浣手之景，茶香诗韵交融，诗后小注寄茶友思念之意。字里行间，不难看出"茶圣"故里人，对茶有一种特殊的钟爱与理解。岳口民间茶俗兴盛，由此可见一斑。

从汉江河岸到天门河边，凡设有码头、商帮、会馆的集镇便有茶馆。沿天门河一线，有拖船埠、渔薪河、黄土潭、小板港、大板港、巾河口、卢家口、净潭等集镇。这些乡村集镇作为一个地区的水陆要津、货物集散地，多有一家或几家茶馆。船民、商民和农民是茶馆的主要客源。这便是天门茶馆平民化的特色。

茶馆文化对一代人的影响是深远的。县城里的沿河的茶馆设日堂、夜堂，一天无空座，四时有茶香。几家茶馆的合作与分工十分默契，有清茶馆，有演艺茶馆。演艺茶馆中，有说评书的，有唱皮影戏的。天门籍当代诗人和翻译家邹荻帆在《我和茶神》中是这样描写他的童年生活的："我幼年时县城还没有电影之类。最引我入胜，而且入迷的，就是到鸿渐关街一家名'枕巾'的茶馆看皮影戏。茶馆入门在左边竖有一块金字剥落的黑底匾牌，写的是'陆羽遗风'。我那时大概八九岁，在木工师傅们带我去看过皮影戏后，我跟着了魔一样天天都要到那'陆羽遗风'的茶馆去看皮影戏。那些《七侠五义》中的英雄，那些《封神榜》中的神话人物，那些《水浒传》中的绿林好汉，无一不使我魂不守舍，而每夜都想去看。可是，父母哪儿可能每晚给钱让孩子去坐茶馆看皮影戏呢？我徘徊于'陆羽遗风'的牌匾下不能登堂入室，听又听不清，看又看不见，可我多么关心那些戏中人物的活动和命运。烧茶炉（茶炉都设在大门外）的人显然猜透了我是想看皮影戏而没有茶钱，于是叫着说：'小娃子，是不是想看皮影？成，你给扇炉子，我到里面给客人冲茶，冲完了，你就进去。'我当然乐于成交，于是拿起扇子，在'陆羽遗风'下扇炉子。以后和烧茶炉的成了相识，每夜去扇炉子，每夜都看到皮影戏。我不但是晚上看戏，而且当我读初小时，用学书纸画了好多皮影戏中的人头，自己学着唱，学着表演。这些有韵的唱腔，对我后来写押韵的诗都起了作用。"

五、水上茶路亦"丝路"

在那以水运为主的年代，岳口镇也曾经是海上丝绸之路的节点：

苏杭丝绸经汉口过岳口，至襄阳上秦楚古道到长安踏上丝绸之路远销波斯湾。天门自产的丝、棉织品，亦从岳口水运上行襄阳，下达汉口。

天门绢又名黄丝绢，清同治年间称缎绢，经煮茧缫丝，回倒牵经，上纬，手工机织而成。产品多为本色（淡黄），也可染成桃红、淡绿诸色。天门绢以结构紧密（四经四纬），质地坚韧，立纹匀整，光泽柔雅而驰名中外。穿着则夏天散汗，冬天保暖；既轻松柔软，又经久耐穿。19 世纪，它行销南洋诸岛和港澳地区。

岳家口是天门绢的主要产地。民国初期，岳家口有生产天门绢的机坊二十余家。1929 年，全县产丝绢约 1.1 万匹，销湖南、江西及海外。1956 年，天门绢被全国手工业展览会列为展品。1979 年，天门缫丝厂生产的白厂丝绝大部分产品行销意大利、巴西、法国、德国、美国、日本、朝鲜、新加坡等国家。

1894 年，有上海商人在岳家口、彭市河设蚕茧局收购蚕茧。同时，养蚕户自产的蚕茧多自行缫丝出售。1917 年，天门县城、岳家口、彭市河、麻洋潭、干镇驿等地茧行有缫丝灶 246 口，年收购和加工蚕茧 5038 担①。1921 年，干顺仁商号在天门县城熊家巷开办成和公司，收购蚕茧并缫丝。1924 年，全县养蚕农户约占总农户的 70%。在岳家口周围 12.5 千米范围内，有农户 5000 余户，其中养蚕的近 4000 户。在麻洋潭周围 7.5 千米范围内，养蚕户占总农户数的 90%。1925 年，蚕茧收购量是：天门县城、岳家口共 50,000 千克，彭市河 200,000 千克，麻洋潭 50,000 千克。

作为著名的棉花之乡，天门的满街绸庄花行比比皆是。清道光

---

① 1担=0.05吨。

元年（1821 年），天门县城有"郭复兴""刘茂盛""唐茂盛"等作坊大规模生产蓝印花布。后来，岳家口、干镇驿、皂市、渔薪河等地也相继兴起印染业。光绪年间，岳口蓝印花布作坊有"钟万丰""唐益源""郑德顺""郑和顺""天成锦""吴彩彰"等二十多家大型染坊。民国初又陆续兴起的有"金万发""志成""王永茂""祥茂""义和""张全顺"等十余家。据统计，全县在民国初期，染坊有 52 家，染棉布 60 万匹，加工染纱 10 万多斤。

天门在明代开始种植蓝草，为印染蓝印花布提供了原料上的保证。蓝印花布全凭人工印染而成，其图案由手工刻制。每幅刻好的纸版如剪纸艺术，具有淳朴、粗犷、明快的风格，其艺术形象往往是高度概括和夸张，有着浓郁的地方特色。花版镂空后，经过刷桐油加固，然后再用防染浆加水调成糊状，通过花版刮在布上，待灰浆晾干后，投入缸内染色，染成的布呈深蓝色，晒干后，给人厚朴、沉实之感，故民间有人称它为"老蓝花布"。它可广泛制成衣料、床单、被面、台布、桌布、门帘、窗帘、兜肚、枕巾、头巾等。印花布图案多以蓝底白花为主，也有白底蓝花的，蓝白相间，色调明快，清晰美观，古朴大方，绰约多姿，变幻无穷。如寓意万福万寿的"鹿鹤（六合）同春""福寿延年""松鹤遐寿"，寓意吉祥的"龙凤呈祥""喜鹊登梅""百鸟朝凤"，寓意夫妇恩爱的"金鱼闹莲""彩蝶双飞"，寓意丰收喜悦的"五谷丰登""连年有鱼（余）"等等，寄托着劳动人民对大自然的热爱以及对美好生活的憧憬，富有浓厚的乡土气息。

传统的天门蓝印花布享誉世界。民国时期的岳口蓝印花布曾多次参加世界博览会，样品陈列于美国、法国、日本、新加坡、印度尼西亚等国的国家博物馆。

《茶经》从这里流传世界

"天门市不仅是陆羽的故乡，并且对《茶经》之普及亦尽了先进的角色""明嘉靖二十一年（1542年）以后，天门屡次出版《茶经》，成为《茶经》的普及中心"。20世纪80年代，日本汉学家布目潮沨如此评价天门在《茶经》传播史上的地位。

一、屡刊《茶经》五百年

陆羽《茶经》自公元761年面世以来，一直吸引着世人的目光，并上升到哲学、美学、农学层面，成为中国人的文化象征符号。在其传播链中，绕不过去的是"景陵本"。

公元1273年之前，《茶经》只能靠手抄流传，待左圭编《百川学海》丛书，方才刊行。自从本地有了刻板条件以后，自公元1542年至1946年的四百余年间，竟陵人士出版过《茶经》十余次：文本包括增注、全注和无注，版本包括民本、官本与寺院本。先后有15名官员、文人和僧侣为之作序、跋，四对父子参加过编校或抄稿工作。

明嘉靖二十一年，儒释共编的景陵本《茶经》是我国最早的《茶经》单行本。以此版《茶经》经文为底本的明、清《茶经》，流传到国外的藏本有：明万历二十一年（1593 年）汪士贤《山居杂志》本，藏伦敦图书馆；明万历四十一年（1613 年）《茶书》本，藏哈佛燕京图书馆；明末《唐宋丛书》本，藏哈佛大学汉和图书馆；冯梦龙编明末刊本，藏日本法政大学图书馆；清顺治三年（1646 年）《说郛》本，藏哈佛大学汉和图书馆；清雍正十三年（1735 年）《原本茶经》，藏哈佛燕京图书馆……

明朝天启年间，景陵知县林明甫在西塔寺重刻《茶经》；万历、永历年间，徐同气、徐篁父子两次将《茶经》付梓；清雍正七年（1729 年），王淇父子新刊《陆子茶经》；嘉庆十年（1805 年），马纬云刻《唐代丛书·茶经》"天门渤海家藏原本"，它是历史上唯一的私家印本。

道光元年（1821 年），《天门县志》卷三十六"艺文志"录《陆子茶经》三卷，由尊经阁刊行。这是我国历史上唯一由县政府出版的《茶经》。经文为仪鸿堂藏本中的"王淇增释本"。王淇对《茶经》的增释，是研究天门方言的难得的材料。

民国时期，西塔寺以陆羽故居桑苎庐的名义两次刊印《陆子茶经》，它是我国唯一由僧人编辑并出版的《茶经》。

1946—1947 年，天门教育家黎际明在汉口《大刚报》发表《茶经今译》。这是我国当代最早的白话《茶经》。

此外，与竟陵同属沔州的沔阳人士也出版过陆羽《茶经》。一是明万历十六年（1588 年），大理寺卿陈文烛因"论吾沔人物，首陆鸿渐"而刊《茶经》；二是民国 12 年（1923 年），沔阳卢氏慎始基斋出版《湖北先正遗书》，其中收录有明弘治刻《百川学海》影印本《茶经》。

天門渤海家藏原本

茶經序

茶周禮酒正之職辨四飲之物其三曰漿漿人之職
供王之六飲水漿醴涼醫酏入于酒府鄭司農云以水
和酒也恭當謂人臣以酒醴爲飲謂乎太漿酒之醨者
也何得姫公製醆爾雅云檟苦茶即不擷而飲之豈聖人
之純於用乎亦草本之漬入取捨有時也自周以降及
於國朝茶事竟陵子陸本羽言之詳矣然季疵以前
茗飲者必渾以烹之與夫瀹蔬而啜者無異也季疵始
爲經三卷由是分其源制其具教其造設其器命其煑

茶經

三集

《茶经》天门渤海家藏原本

二、史上最早的单行本

1539 年，嘉靖皇帝南下视察郢都并增设荆西道，不久，即派监察御史柯乔任职荆西道。第二年，柯乔到景陵视察采风凭吊陆羽。当他打听《茶经》时，真清和尚当即拿出了"类写成册"的《茶经》抄卷。柯便叮嘱刊刻事宜，并令随员汪可立负责校雠。

时任西塔寺住持真清，新安歙县人，为弘扬西塔寺文脉，历十年之久，他用心搜集颂扬陆羽的诗歌，并决心出版《茶经》。得到柯乔的指令后，他便与鲁彭商量将《茶经》付梓。当时，止步于科场的举人鲁彭正在家中经营梦野书院。这个书院是他的父亲国子监祭酒鲁铎辞官归籍后藏图书、课弟子的处所。

鲁铎亲手注释过的《茶经》遗稿就存放在梦野书院。鲁彭根据父亲的文稿进行校勘，改动真清抄本的文字 32 处 35 字，新增注释 12 条 100 字。为区别于旧注，他在每条新注释文前专门加了一个"〇"符号。有趣的是，增注本保留了《百川学海》丛刊本《茶经》原版（宋本）上的三处空字块和墨丁。这种"依样画葫芦"的做法，恰恰证明了编者忠于原版的态度，也成为后人鉴别母本的"遗传基因"。

《百川学海》丛刊本《茶经》是我国存世最早的《茶经》刊本。鲁彭所采用的《百川学海》蓝本有两种，即南宋咸淳九年（1273 年）的"左圭本"，明弘治十四年（1501 年）的"华珵本"。它们分别为鲁铎藏本和真清抄本。

1542 年，即嘉靖二十一年夏，曾任嘉靖皇帝老师的沔州人童承叙请准归籍。他在梦野书院会见了鲁彭，得知欲刊《茶经》，两人便为此通过书信保持联系。童承叙撰写了百字《赞》文，又据民间传说改写了《新唐书·陆羽传》，其中有"或言有僧晨起，闻湖旁群雁喧集，以翼覆一婴儿，遂收畜之"句，更加增添了陆羽身世的传奇色彩。同时，他安排儿子抄录了皮日休的《茶中杂咏叙》和陈师道的《茶经》序，嘱鲁彭将其编在《茶经》正文的前面。刻板毕，他还令人持纸印刷了百余部。

是年十月初，候任举人新安休宁吴旦游历景陵西塔寺，见到了《茶经》及相关附录的刻板，他当即草书短跋并刻板付印。因为时间仓促，借刻板时，鲁彭序和汪可立后序尚未刻完，故"吴旦印本"中没有鲁、汪二序，一直以来被人误作"吴旦刊本"。

陆羽故里西塔寺僧人和当地文人的共同努力，使我们看到了历史上第一个《茶经》单行本的新形态：它不光有《茶经》正文，还有序、跋，更有大篇幅的《茶经本传》，辑录了《陆羽传》和《陆羽赞》，还有《水记》。而《茶经外集》主要收录西塔寺茶诗，还有童承叙致鲁彭的一纸书信。这一编辑模式为其后各地刊行《茶经》提供了范本，也为茶经文化的形成与传播提供了标本。

明嘉靖景陵本《茶经》以《茶经外集》的形式辑刊茶诗，收录了唐诗 5 首、宋诗 1 首、明诗 19 首。这一模式开启了茶诗汇编的先河，被明万历及其以后诸多版本所模仿。

三、杏雨书屋藏本与布目潮沨

明嘉靖二十一年（1542 年）的景陵本《茶经》单行本问世之后，相继又有分巡荆西道的几位行政长官观风景陵，为陆羽故居西塔寺留题诗篇：隆庆二年（1568 年）方新的《登西禅访陆羽故居》，万历二年（1574 年）余一龙的《书西禅寺陆羽亭》，万历十三年（1585

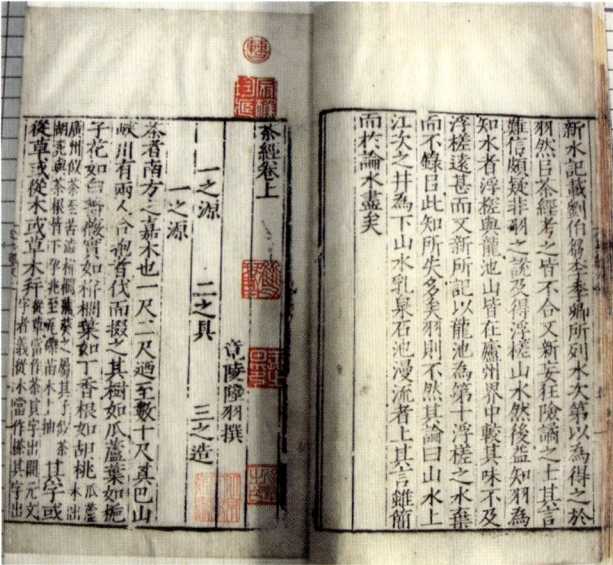

北京大学图书馆藏明嘉靖景陵本《茶经》

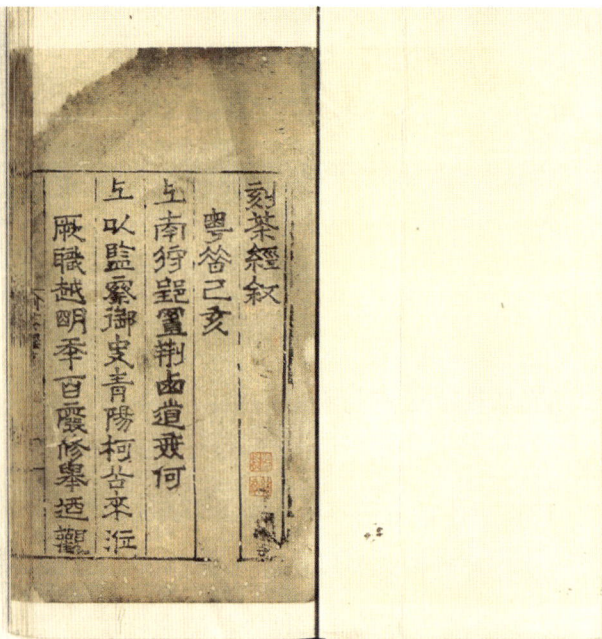

日本杏雨书屋藏嘉靖景陵本《茶经》续刻本

年）苏雨的《游西禅寺》和《西禅寺饮陆羽泉》，等等。为了将这些诗篇补充进《茶经外集》，加上重刻已损毁的个别刊板，万历十三年（1585 年）以后，西塔寺又编印了嘉靖本的续刊本。总印版数由原来的 56 块增加到 59 块。"续刻本"绝大部分印页使用了原刻板，但字迹清晰程度已远不如嘉靖原本，在装订顺序上也与嘉靖原本有所不同。遗憾的是，至今国内尚不见有关此续刊本的文献记载，亦不存善本。此刊直到 20 世纪 80 年代还鲜为人知，是在日本学者布目潮沨的相关研究文章发表后，才逐渐为国内茶人知晓。

这一"续刻本"为存世孤本，仅藏于日本武田科学振兴财团的"杏雨书屋"。书屋位于大阪市淀川区十三之地。

日本学者布目潮沨对"杏雨书屋本"有过仔细的研究。他以"百川学海本"与景陵"续刻本"互校发现，凡认为"百川学海本"有错误之处，在嘉靖景陵"续刻本"中均作了订正。他通过以上的考察大致弄清了《茶经》日刻本的谱系，并且据此制订了谱系图。

他对流传于日本的《茶经》版本进行了钩沉索隐，认定"杏雨书屋本"为日本春秋馆新校刊本（1680 年前，有两个版本）、"宝历本"（1758 年）和"天保本"（1884 年）的祖本。

布目潮沨梳理的日本历代《茶经》刻本，是经江南福建"郑熜本"的翻刻，而"郑熜本"又是"杏雨书屋本"在江南的诸多成熟翻刻本之一。布目潮沨敏感地意识到有明嘉靖景陵本的存在，并且后来也见到过"吴旦印本"。他由此推断道："在陆羽之故乡竟陵（景陵），自嘉靖二十一年（1542 年）以来，突然如此频繁地刊行《茶经》，其原因何在呢？在承天府修建的显陵竣工，帝乃行幸承天府。由于承天府为嘉靖帝之出生地，因而该地区一带，大量开展喜庆活动。竟陵在其庇荫之下，因之也展开了纪念活动，而对该地区出身的茶神陆羽……回图务遗迹重新兴修，并重刻了《茶经》。"

1989 年，布目潮沨根据对嘉靖景陵本《茶经》续刻本的研究，发表了《杏雨书屋藏明嘉靖景陵本〈茶经〉之有关问题——日本刻本〈茶经〉之谱系》及《日本〈茶经〉之普及与天门市之关系》两篇论文。他的结论是"嘉靖二十一年即 1542 年是《茶经》之最古版本之年代，较《山居杂志》早 50 年""明嘉靖二十一年以后，天门屡次出版《茶经》成为《茶经》普及中心"。

总而言之，明嘉靖景陵本及其续刻本，开《茶经》单行本之先河，成为明万历诸本的范本。作为明代《茶经》的祖本，明嘉靖景陵本在《茶经》流变史上具有里程碑的意义。明嘉靖景陵本在刊刻后，通过徽州人的圈子迅速传播到安徽、江苏、江西、浙江、福建一带；同时，沔阳州籍的官员在异地为官时也将它流传开去。这引发了万历朝的茶书刊刻热潮，其影响一度经福建传到日本。

四、王淇父子新编《陆子茶经》

雍正四年（1726 年）十一月初，监察御史曾元迈归籍省觐期间，昔日同学王淇拿出自己注释与儿子考订音韵的楷书《茶经》稿，请其过目。当月十六日，曾御史为之作序，算是了却了一桩曾王二人十年前的心愿。

曾元迈，天门人，早年好饮茶。因好友王淇家的仪鸿堂与覆釜洲上的陆羽旧居桑苎庐相望，故同学时二人常常前往西塔寺消遣胸怀，凭吊陆羽。二人在那里汲水煎茶，共饮于茶醉亭里，十年前有过重刻《茶经》之约。

王淇虽与曾元迈是同学，但为尽孝而没有入仕途，在家潜心研究《茶经》一书，为残缺不全的古籍版本增释注、考音义。因此，王淇被清帝旌为"孝子"，当地政府专门为他在西门外立有"孝子坊"。

因编辑与刊刻工程量大，直到雍正七年（1729 年）仪鸿堂藏本《陆子茶经》才得以问世。该书署书名为《陆子茶经》，开创了改《茶经》为《陆子茶经》的先河。书上特别注有"钟谭二先生鉴定原本"字样，旨在强调《茶经》原本已经竟陵派文学大家阅读过。目录页上的"诸名家参阅"文字，更加可以看出编者对先贤的尊敬，也显示了重刊本的权威性和集体智慧。从增注情况看，"鉴定原本"当为明嘉靖"鲁彭本刊"。

该书封面上加盖有两枚印章：正中上方圆形篆体章"奇文共欣赏"，左下角"仪鸿堂图书印"。"奇文共欣赏"句，源于陶渊明《移居》诗："邻曲时时来，抗言谈在昔。奇文共欣赏，疑义相与析。"意思是邻居老朋友经常来我这里，谈谈过去的事情，人人畅所欲言；见有好文章大家一同欣赏，遇到疑难处大家一同钻研。

该书《序》后单列有目录页，相当于现在的"版权页"。目录依次详述了七卷的内容与数量。目录页后的卷首除有《陆文学自传》与《新唐书·隐逸传》外，还辑录"旧序"七篇：唐皮日休《茶中杂咏序》、宋陈师道《茶经序》、明鲁彭《刻茶经序》、明李维桢《茶经序》、明陈文烛《校茶经序》、明徐同气《茶经序》和清戴祁《竟陵人物志略》，以上序者除陈师道外，皆为陆羽故里名人。

总之，编者将"旧序"汇于册，表达的是"匪独子爱，吾亦爱之"。编者还增加了周愿的《三感说》以颂扬陆羽，这也是"故里版"陆羽《茶经》单行本的一个特色。

比较《百川学海》丛刊本《茶经》，"王淇增释本"增加了注释

102 处，更改原注 12 处。其注释之多、附录之众，为历代《茶经》本之最。此外，"王淇增释本"还仿陈文烛明万历十六年（1588 年）刻本的形式，增加了《附刻茶具图赞》。

"仪鸿堂藏本"是收录唐代茶诗最多的《茶经》版本。卷之六附录唐诗 58 首，含作者 30 人，其主题内容包括：采茶与赏茶 9 首，谢赠茶 6 首，茶会（宴）5 首，饮茶 3 首，茶山 3 首，茶歌与煎茶各 1 首。

新编《陆子茶经》的初始计划较问世本要大。该书目录页末尾有附文曰："是集共一十四卷，因资斧难办未克早竟其事，特先刊六卷合首卷共成七卷，分为上下册，别为初集。此外，复有汇编竟陵山川志略一卷，采录宋蔡襄茶论器论一卷，采录宋诗一卷，采录元诗一卷，采录明诗一卷，近征清诗数卷。嗣再刊行世别为续集，俾与陆子高风逸轨相映发可也。"由此可知，编者原计划辑茶诗茶论之大全，尚有续集七卷未见付梓，书稿不知所终，留下了永久的遗憾！

五、僧人常乐校编《陆子茶经》

民国时期，陆羽故居"桑苎庐"成为当时的游客接待中心。西塔寺住持僧常乐因常听见游人打听《茶经》，便萌生了再版的念头。为此，他多次请教当地名宿"逋叟"吕承源先生。谈到《茶经》，年届古稀的吕老强调了三点：读书必须把字识准，重刻必须校定，不传播和陆羽不相干的东西。

1919 年秋，常乐据"逋叟"的意见完成了《陆子茶经》的编辑，他本人亲自为之作《序》，并由大弟子演清撰《跋》。因为等待廉价的

仪鸿堂藏本《陆子茶经》

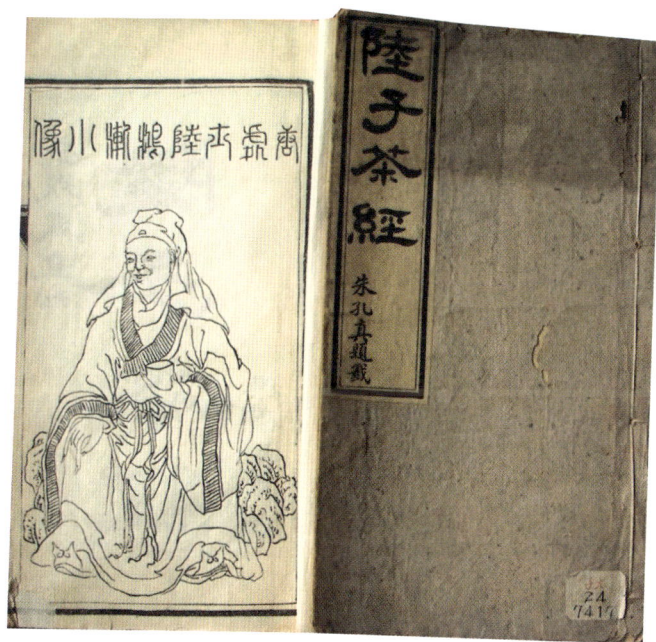

壬戌岁重刊桑苎庐藏本《陆子茶经》

制版方式，该书直到 1922 年才得以石印。它是历史上唯一由僧人编校的寺院本《茶经》，并且是以陆羽故居的名义出版，书名沿用"仪鸿堂藏本"的《陆子茶经》。这样的书名从不见于外地，是谓天门版《茶经》的一个特色。它的扉页刊有"唐处士陆鸿渐小像"，也是历史上的唯一。它删去了《百川学海》丛刊本的"原注"，以及"仪鸿堂藏本"的增注，成为完全的"无注本"，又是一个唯一。

"桑苎庐藏本"依"仪鸿堂藏本"采用了相关的旧序、传、记等，编入"杂诗"十七首。特别重要的是附录增加了明清《茶经》中没有的文献——《西塔寺源流》和《县志考》，为后人了解西塔寺历史提供了准确的史料。例如从《西塔寺源流》可知，陆羽的老师邹野写过龙盖寺的史志。《西塔寺源流》还介绍了为《茶经》传播做出贡献的有关僧人名录，这些在其他书刊无法见到的史料弥足珍贵。从这层意义上来说，编刊者——陆羽故里的僧人，对保存和传播陆学作出了特殊的贡献。

由附录中的《竟陵人物志略》所载"舆歌'衰凤'，羽非鸿渐。即同以称狂可矣，即同以尊圣可矣"一句，可知，清代人们心中的陆羽亦圣亦狂。

附录中的《三感说》鲜为人知，但它对今人认识陆羽十分重要。作者周愿是陆羽晚年在广州"从事"的同事，亦为陆羽身后的州官。

《三感说》讲述了陆羽可以称圣的才华与品德，为其没能获得高位而叹惜。

以故居名义出版的《陆子茶经》，饱含西塔寺僧人对陆羽和《茶经》的深情厚谊。住持常乐在序中说："予虽缁流，性好书，每载酒从西江遄叟——七十七岁源老游，语及《茶经》"，"我生长在西湖，将老死于西湖，唯独知道陆羽而已"。其弟子演清说，重刻《陆子茶经》是为了宣传陆羽，无意借此以垂名后世。是谁用佛家的眼光为《茶经》作者及《陆子茶经》的编者"画像"：常乐说"陆羽无处士相，也并非无处士相"；逬叟说常乐"无和尚相，也并非说无和尚相"；僧人们说"逬叟无隐士相，也并非无隐士相"。而对于重刻《茶经》的行为，"一切僧众莫不合掌诵曰：'善哉！善哉！如是！如是！'"这便是他们的初心。

六、一本《茶经》，四代情缘

1933年农历十月，时值陆羽诞辰1200周年。西塔寺住持新明（演清）又重刊桑苎庐藏本《陆子茶经》。此时，师父常乐和师叔常福已圆寂，新明已被推为方丈，并担任天门佛教协会会长。再版《陆子茶经》中的常乐序、经文及附录内容全部用十年前的"壬戌本"。跋文也用壬戌本，只是署名改"演清"为"新明"，原文中"一众弟子"的名单改写在了落款处。虽名单有所变化，但又一辈僧人决心继续传播陆羽《茶经》的初心不改。刊本由时任湖北省第六区行政督察专员兼天门县县长石毓灵题签。

1940年7月，陆羽研究专家、日本学者诸冈存与池田博士被茶叶工会中心会议所委派，专程到天门拜访陆羽遗迹。时任天门县县长胡雁桥也非常崇敬陆羽，赠予诸冈存1933年西塔寺刻本《陆子茶经》。诸冈存回到日本后，于1941年出版了约50万字的《茶经评释》（上下册），这是现当代最早详尽评释陆羽《茶经》的专著。1943年，他又出版了《茶经评释外篇》，也是现当代最早、最全面介绍陆羽故里历史遗迹以及主要旅居地的文献。1977年，日本的科学综合研究所依

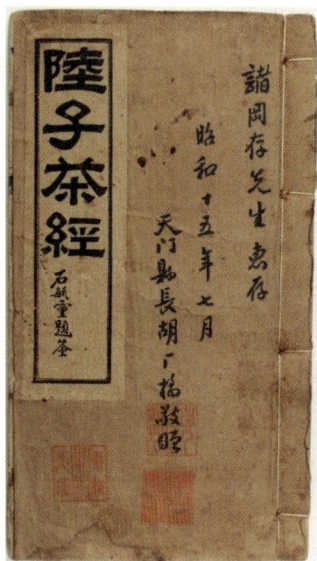

东渡日本的《陆子茶经》

原纸型对这两本书进行了再版印刷，为日本的茶文化学者全面、系统地了解《茶经》、认识陆羽作出了突出的贡献。因此，诸冈存被日本学者称为"茶研究的先驱者"。

1946年诸冈存逝世之前，委托其长女诸冈妙子保管《陆子茶经》，并且叮嘱日后一定将其奉还给中国。1986年5月13日，时年67岁的日本东京女子医科大学名誉教授诸冈妙子，专程前往天门参加首届陆羽学术研讨会。在会上，她激动地说："陆羽先生出生在天门，《陆子茶经》是天门的，不应该由我保存，我应该将它归还给中国人民，让陆羽的著作永远保存在天门。"她在向时任天门县县长、陆羽研究会会长胡嘉猷奉还《陆子茶经》的同时，还将该书的100本影印件赠送给了天门市陆羽研究会。"癸酉本"是西塔寺的最后一个刊本，且又为存世孤本，它承载了自战乱至和平年代近半个世纪中日茶文化交流史上的感人故事，因此弥足珍贵。目前，这本《陆子茶经》已经成为天门市陆羽纪念馆的镇馆之宝。

时过境迁，历史的印记深深地刻在诸冈妙子的女儿风间清子心里。她决心延续这份因《陆子茶经》而结下的中日民间友谊，推动陆羽文化及茶文化在中日民间的交流。2016 年 5 月 6 日，风间清子带着自己的女儿风间美纪子一行造访"茶圣"故里。她们踏着诸冈妙子的足迹，重游先辈故地，先后参观了火门山茶场、西塔寺、陆羽茶楼、三眼井、茶经楼博物馆等。天门市陆羽研究会向这些日本客人赠送了茶文化相关的书法作品；市文体局负责人还向这些日本客人颁发了茶经楼博物馆收藏证书，赠送了竟陵版《茶经》。天门市陆羽研究会特意为之准备了诸冈妙子于 1986 年在陆羽亭和陆羽纪念馆工地拍摄的照片，她们也无比激动地看到了自己外公（曾外公）诸冈存的遗物。

2016 年 10 月 26 日，陆羽茶经楼博物馆代表一行 11 人，赴日本拜访了诸冈妙子、风间清子等日本茶界友人，并且参观访问了著名的产茶地静冈县牧之原市。

八十多年来，日本学者诸冈存一家四代人宣传与守护西塔寺藏本《陆子茶经》的故事，成为中日茶文化交流史上的一段佳话。

七、白话《茶经》第一人

"老岑"撰写的《茶经今译》，自 1946 年 8 月 15 日至 9 月 27 日在汉口《大刚报》的"茶话"专栏上刊载了第一至四章，1947 年 6 月 18 日至 7 月 24 日在《大刚报》副刊《珞珈山》上连载完第五至十章。

"老岑"本名黎际明，又名黎静岑，是当代以白话文译《茶经》的第一人。1907 年，他在竟陵创设过宣讲所及阅报所，向乡邻讲述时事新闻，以启发思想；辛亥武昌首义后，他召集湖北陆军特别小学的教员、学生，在天门县西关开办陆军讲习所；1913 年，他创立"天门县小学教育研究会"，并被选为会长；1919 年，他创办实用补习学校，任校长兼教员十二年，并任《天门教育月刊》主编；1931 年，他任天门县民众教育馆馆长。中华人民共和国成立后，黎际明任湖北省文物整理保管委员会委员、湖北省人民政府文史研究馆馆员。1946 年 8 月 15 日，汉口《大刚报》在"茶话"专栏上开始连载《茶经今译》时，他在前言中写道："《茶经》是唐代陆羽所著，距离现在有一千二百余年。在那样一个科学尚未发达的时代里面，能够有这样一部完整体系的著述，实在不太容易。当然，这并非说唐代制茶方法，到今日的机器制造发明之后还可维持原样，但无论用人工或机器制造，对于怎样保持茶的色香味的原则，总是相同的。当今茶还在我国出口贸易中占有最重要的地位，并须要用全力打开茶的销路的时候，把《茶经》用现代语译了出来，看一看古代的人曾经怎样的注重研究过茶的学问实也不无用处。"由此可见，际明先生对研究推广《茶经》与现代茶产业和茶经济关系的认识有着不同于常人的先见之明。

《茶经今译》刊出了四章后，因"茶话"专栏改版而停发，直到 1947 年 7 月才继续在《珞珈山》副刊上发表。于是，黎际明又在"附志"中写道："近日新茶上市，各处茶山茶市，无不竞求制法进步。鄂茶自抗战以来，尤有长足的进展。陆羽为吾鄂茶学专家，遗经三卷，颇有参考。以珞珈山这一个名山，留一部分园地，植起名茶来，相得益彰。忆此前的鄂园，规模不大，友人程友鹤当时在内经理，武汉茶商，于茉莉的购采，交接频繁，颇极一时之盛。将来珞珈把名茶培植起来，品茶首屈指数湖北之珞珈，当不让于他省的名山名茶。特将茶经的第五章到十章，继续译出来，连载本刊，以作预祝。"此番宏论，字里行间无不流露出振兴湖北茶业的良苦用心，不失为我国现代茶文化史上，有关创建地方品牌的宏论。

黎际明的古文造诣颇深，加之他是陆羽故里人，因而对《茶经》中的方言理解要胜人一筹，故译文流畅，通俗易懂。

黎际明也是"茶圣"故里最早将陆羽事迹与遗迹编入乡土教材的教育家。1935 年 6 月，他在《天门县乡土地理常识辅充读本》中，将与陆羽有关的遗迹，如西塔寺、覆釜洲、桑苎庐、文学泉和火门山陆羽井、土锅等，编成顺口溜，朗朗上口，令人过目难忘。

黎际明还是当代最早讲述陆羽故事的学者。1946 年 12 月 5 日，上海《茶话》杂志发表黎际明的《茶神陆羽》，内容是据《陆文学自传》和《新唐书·陆羽传》的内容编写的白话故事。文中更正了《陆文学自传》中被误刊误读多年的两个文字，即陆羽的老师叫邹墅（"墅"为古"野"字），并将"白驴、乌犎"改正为"白颎乌犎"。这两处至今还在广泛流传的错字，早在七十多年前就被黎先生所纠正，足见其训诂知识的渊博。在这篇文章的结尾，他还不失幽默地谈到了与邹荻帆的趣事："笔者写至此，门人邹荻帆来了。我因他幼年从游时名叫邹文学，就替他取名陆泉。今天写这《茶神陆羽》洽完，他恰来了，问起《茶经今译》来，我说客来茶当酒，早已把它换酒喝了。"

八、当代天门茶文化专著

天门不仅仅是"茶圣"陆羽的故里，而且是陆羽茶文化的研究中心和传播中心。1983 年 10 月，成立了天门市陆羽研究会，是全国首家研究陆羽《茶经》、陆羽茶文化的学术团队；1984 年 8 月，陆羽研究会创办的《陆羽研究集刊》问世，成为海内外第一本研究陆羽的学术刊物，受到全世界茶学专家的广泛关注和积极支持。《陆羽研究集刊》至今已出版了 21 期，发表学术文章 800 多篇，在国内外茶学界产生了巨大影响。

1983 年 11 月，由傅树勤、欧阳勋合著的《陆羽茶经译注》由湖北人民出版社出版；2003 年，周世平、童正祥编注的《新编陆羽与茶经》由香港天马图书有限公司出版；2008 年 11 月，欧阳勋所著的《茶诗八百首》由香港天马出版有限公司出版；2012 年 12 月，萧孔斌主编的《竟陵版陆羽茶经序跋译注》由中国社会出版社出版；2015 年 10 月，由萧孔斌主编的竟陵茶文化丛书中的《竟陵历代茶诗茶文选》《竟陵现代茶诗茶文选》及陈幼发主编的《天门陆羽研究会三十年》由现代出版社出版，该丛书收编了大量的历史文献和文学艺术作品，为研究陆羽与《茶经》，研究陆羽茶文化提供了丰富、翔实的资料。2015 年 11 月，陆羽《茶经》外文译本由中国外文出版社向全世界发行。该书首次由天门市人民政府组织将《茶经》翻译成英语、俄语、西班牙语、葡萄牙语、阿拉伯语五种语言，其中，《茶经》的西班牙语、葡萄牙语、阿拉伯语三种语言是世界上首次翻译，其出版受到海内外广泛关注，有力地推动了陆羽《茶经》在世界的传播。

2022 年，由天门市陆羽研究会专家周世平、童正祥领衔的"茶经二十四器"复制工程获得市社科优秀成果奖。

随着对陆羽《茶经》和陆羽茶文化研究的深入开展，"茶圣"故里天门在国内外茶学界的形象和地位日益得到提升和肯定。

全民饮茶方兴未艾

光阴似箭，日月如梭。在新时代中国特色社会主义的今天，天门市委、市政府对茶文化的普及十分重视，先后开展了全民饮茶日、茶事进课堂（企业、农村）、茶文化节等一系列茶文化活动，受到了国内外各界人士的关注与赞扬。

一、"全民饮茶日"与茶文化节

2008 年 12 月，中国茶叶学会八届二次常务理事会提出：将每年的 4 月 20 日"谷雨"这一天定为"全民饮茶日"。天门是陆羽故里，每年的全民饮茶日活动办得生动活泼。

2003 年 10 月 16 日至 18 日，以"纪念陆羽、弘扬茶文化、发展茶产业"为主题的"纪念茶圣陆羽诞辰 1270 周年暨首届湖北国际茶文化节"在天门隆重开幕了。

茶文化节的活动项目主要包括：开幕式、谒拜"茶圣"、茶道表演、茶文化学术研讨会、茶文化文艺演出、茶商品展销、书画展和陆羽邮票发行及集邮展等。来自日本、韩国、马来西亚、印度尼西亚等30多个国家和地区的茶文化专家、学者及茶商500多人参加了活动。

2017年4月4日，天门市以"天商清明品茶论道"活动为主题，举办了第二届茶文化节。

2022年3月24日至25日，天门市以"茶和天下，品味天门"为主题的"湖北（天门）第三届陆羽茶文化节暨第六届蒸菜美食文化节"如期举行。

茶文化节的举办将茶文化的基因融入城市血脉之中，在传统中弘扬，在保护中发展，典藏城市记忆，培养城市文化个性，让茶文化为天门带来灵气、人气和财气，实现城市的生态转型发展。这无疑是新时代对我们的期冀。

二、竟陵嘉茗韵味长

"楚天浩浩，星汉茫茫。古邑竟陵，茶圣故乡。""谁言竟陵不产茶，且看嘉茗出天门。"如果到访"茶圣"故里，游客会惊奇地发现：天门不仅产茶，而且诞生了多款获得国家茶博会金奖的名茶。

在大兴茶文旅和茶产业的天门市，一批批依托陆羽茶文化背景而生的茶企业如雨后春笋，营运得风生水起。天门市陆泉农业科技有限公司及天门市绿山茶叶种植专业合作社，便是其中的典型代表。

在紧靠北湖公园的北湖大道之南马路边，有一座古色古韵、招牌醒目的茶社——陆子茶社，又称陆子茶道院。这便是陆泉农业科技有限公司的经营项目之一。

到访陆子茶道院，进门迎面是一面巨大的屏风，屏风后面是琳琅

陆子茶道院茶园

满目的各类茶产品，还有各具特色的全套饮茶器具；二楼是一间间大小不一的茶室，适合三五茶友一起品茗闲聊；还有一间茶艺厅，可以举行茶话会、茶艺表演等。若是在冬季，室外天寒地冻，室内生一盆火，茶友们可以一边围着火盆烤火，一边品尝陆子茶社的特产茶，一边饶有兴致地谈论"茶圣"陆羽的传奇故事。如果运气够好的话，会遇见茶社主人张芬，那么，你心中关于天门茶的一些疑问，在热忱健谈的主人那里，一定会得到解答。

天门陆子茶道院的创始人张芬，是一位从陕西远嫁到天门的退伍军人。西北黄土高原养育了她直率、果敢、坚毅的品格，部队军营生活为她增添了坚韧不拔、敢为人先的豪气。她来到天门后，敏锐地发现了在茶圣故里打造陆羽文化品牌的商机。她于 2015 年，注册资金 500 万元，成立天门市绿山茶叶种植专业合作社；于 2018 年创立了"陆子茶社"。凭着敢闯敢干的精神，她多次远赴北京、福建、云南、浙江等地，足迹遍布大江南北的茶区，拜师学艺，参加评茶师、茶艺师、古琴师的学习，并通过了茶类专业鉴定考试。张芬刻苦学习《茶经》及茶文化知识，立志做茶文化的传承人，先后研制出"季儿茶""竟陵红"两大品牌，并于 2020 年、2021 年、2022 年连续在武汉市第 21 届、22 届、23 届中国茶博会中获得金奖。新产品"竟陵陆子饼"在 2022 年刚面世时也斩获金奖。

"竟陵陆子饼"是根据陆羽《茶经》中的记载："晴，采之，蒸之，捣之，拍之，焙之，穿之，封之，茶之干矣"，用新鲜茶叶，经蒸青（"捞青"）软化后，揉捻、拍捣、碾压成型，还原成陆羽烹茶所用的小茶饼，它具有外形青绿、汤色浅黄、香气持久、滋味鲜爽、回味甘醇，且适合存储、取用方便等特点。陆羽字季疵，他的师父智积禅师、邹夫子昵称他为"季儿"，"季儿茶"的名字便是由此而来。

"季儿茶"产自陆羽学堂所在地佛子山上，因纪念陆羽而得名。"季儿茶"是绿茶，颜色嫩绿鲜明，清香持久，滋味鲜润，回甘浓香。"陆羽竟陵红"以陆羽的号"竟陵子"命名，选用佛子山一芽一叶或一芽二叶的鲜叶原料制作，其叶底肥厚、锋苗秀丽，内含营养物质丰富，滋味浓郁。红茶发酵后，会产生茶黄素、茶红素等成分，其香气比鲜叶明显增加，形成竟陵红茶特有的色、香、味。

听到这里，客人在感慨之余，总会产生一种亲身前往茶园体验的强烈愿望。这并不是什么难事：从天门城区出发向西北而行，全程20多公里，半小时就可以到达佛子山陆泉生态茶园。放眼望去，连绵起伏的山岭郁郁葱葱，一大片山势舒缓的南坡，一垄垄呈梯田状的茶畦延伸到远方。茶园现有种植面积近500亩，其中，天门山300亩，火门山观光体验茶园近100亩，长寿林场近50亩。茶园年产干茶约20,000千克，产值1200万元左右。一条平坦的乡道，成为连接外界的通道。

隔着路与茶园相对的是陆子堰，一方清澈水面似明镜，映照着一千多年前负笈苦读的陆羽在这里留下的身影。陆子堰旁，即陆泉农业科技有限公司生产基地，一栋富有特色的房屋。进入房屋内，迎面是会议室、展示厅，侧面及后面是生产车间。天门市陆泉农业科技有限公司与陆子茶道院是关联企业，分居茶产业的上下游。展示厅中，最耀眼的当数"二十四器"。"二十四器"是陆羽《茶经》"四之器"中全套器具的通称，这是陆羽在茶经中详细列解的茶器，也是煎茶道的代表性实物。之前，人们只闻其名，并无完整实物呈现。因而，面对这套罕见的珍品"二十四器"，客人无不惊叹不已。为真实还原《茶经》所描述的唐代的制茶、煎茶工艺，准确地传承陆羽煎茶道，天门市陆羽研究会专家潜心研究多年，于2019年10月完成《茶

张芬带领团队还原陆羽煎茶法技艺

经》"四之器"二十四种二十九件的仿制工作，在国内外首次复原了陆羽《茶经》"四之器"的全套器具。

张芬带领团队依托复原的"二十四器"，原汁原味地还原了陆羽煎茶法技艺，并在省内外多个展会上演示展出，受到社会各界，尤其是茶界人士的广泛好评。之后，他们又仿制出陆羽《茶经》"二之具"的全套制茶工具，从而完整地再现了陆羽《茶经》中有关采茶、制茶、煎茶、饮茶的全部器具。张芬趁热打铁，按照陆羽《茶经》的描述，经过数十次试验，成功还原制成了唐代饼茶"竟陵陆子饼"。

主人热情好客，奉上热气腾腾的茶。其茶水的不同之处在于，所用的水是火门山陆羽井里甘洌的泉水。在这方外之地，贴近大自然，走近"茶圣"遗迹地的美妙环境中，陆子茶道院的茶艺师满怀虔诚之心，在自编自创的茶艺节目——《茶韵》《西塔禅茶》的优美旋律中，以陆羽井之优质水，冲泡"陆子堰"浇灌生长之优质茶叶，动作轻缓，冲泡精巧，茶器精美，配以古琴、舞蹈，将天门陆羽茶演绎得淋漓尽致，让满座的客人获得物质和精神上的艺术享受。

世界茶人的旅游胜地

　　茶是中国继四大发明之后，对全人类的第五个重大贡献。茶叶及茶文化对于世界的影响源远流长。陆羽的《茶经》是中国也是世界第一部茶叶科学巨著，他将儒释道融为一体，凭一己之力开创了一个崭新的茶文化时代，为世界茶业发展作出了卓越贡献。

　　茶为国饮，无论居庙堂还是处林泉，茶都须臾不可或缺。人们只要见到与茶相关联的事物，就会想到陆羽：他谜一样的身世，他的成长轨迹，他住过的房子，他走过的路，他交往的良师益友，他写下的诗文，还有护持过他的大雁……所有的一切，都因一部《茶经》而不朽。有多少人喝茶，就有多少人凭吊、追忆。

　　"山不在高，有仙则名；水不在深，有龙则灵。"竟陵古城因陆羽而闻名于世。他为茶注入了新的文化内涵。他说"茶之为用，味至寒，为饮最宜精行俭德之人"，他说"上者生烂石，磨难铸上者"，他说"茶有九难，方到嘴边"。茶道即人道，品茶即品人生。

　　天地混沌初开之时，大地上的第一棵茶树从哪里来？也许就来自一只神奇的大雁。它衔来一颗种子和一个梦想，播撒在这犀兕麋鹿遍野的膏腴之地；它饮着从云梦古泽流淌至今的湖水，使它的血液保

茶艺表演

持亘古不变的年轻；它的羽翼翩翩苍劲有力，展开翅膀便拂去了历史的尘埃，带着某种神性的、庄严的、亲切又温柔的呼唤，翱翔在竟陵城上空。它带你穿过古老的雁叫关、古雁桥、西塔寺、文学泉，穿过天下第一茶楼茶经楼，穿过那些象征着友情的沧浪桥、司马桥，穿过形态各异的亭台楼阁、九曲回廊……穿越苍茫时空，去追寻陆羽的踪迹。

一、古雁桥、雁叫关

那是大唐开元二十一年（733年），一个寒霜浸地的秋晨，古竟陵城外龙盖寺的智积禅师踏霜于湖渚，在岸边的芦苇丛里，发现有三只大雁张开翅膀守护着一个啼哭的婴儿。智积禅师以慈悲为怀，遂将婴儿抱回，托人抚养。后来，智积禅师以"鸿渐于陆"，给他取姓为"陆"，也是智积禅师的俗家姓；大雁用羽翼护佑过他，便取名为"羽"，字"鸿渐"。冥冥之中，是禅师和大雁给了陆羽最初的温暖，并为他种下鸿鹄之志。

贞元二十年（804年），陆羽卒于天门，后来，故乡的人民为了纪念他，在"雁羽覆婴"的地方，修建了一座单孔石桥，名曰"雁桥"——此地被视为陆羽的出生地；在初闻雁叫处立牌坊，取名"雁叫关"。关前地名"水港口"原建有一茶楼，上祀陆羽，题楹联："品水雅意不在酒，仙子高风只是茶。"

明洪武三年（1370年），县城向南迁移，因城西门隔水，南临雁叫关，为维护城区交通而得以重建雁桥。明嘉靖时雁桥废圮，据道光《天门县志》记载：万历十五年（1587年）中书朱万祚鼎建。清顺治初，朱运暹复修桥面和石栏，不久，被雷震毁。康熙二十一年（1682年），知县钱永自捐奉银重建，礼部侍郎、书法家孙岳颁巡视竟陵，凭吊陆羽，临桥书碑。乾隆十一年（1746年）维修损坏的栏杆。道光二十七年（1847年）由阛城众姓捐款重建雁桥，著名书法家、邑人胡德增恭书桥额。1990年4月，天门市人民政府将古雁桥迁建于西湖陆羽纪念馆门前，将钱永所立之碑移于桥的南侧。移建之桥按原样修复，长14.2米，宽5.9米，高3.7米。两侧石栏板刻古朴典雅的石雕，东边为龙头，西边为龙尾，宛如巨龙穿桥而过。桥下是一池青荷，游人至此，能感受到一种超然物外、温润古雅的静谧。

二、文学泉

过去，这里还是一片汪洋湖泊，只有一条蜿蜒曲折的湖中小径供行人穿过。三眼井就静默地藏在湖畔，藏在岁月深处。以前，当地居民经常呼朋引伴，提着大桶小桶去三眼井打水，那井水清冽甘甜，泡茶煲汤熬粥特别香。

文学泉因陆羽曾被诏拜太子文学而得名。此井又名"陆子井"，俗称"三眼井"，井口盖着一块八角形青石板，有三个直径35厘米的圆孔，呈"品"字形排列。一个"品"字，足见古人独特的匠心与深邃的寓意：品茶就是品生活、品心境、品人生。

煮茶得用心用情，品茶得心无旁骛。一杯好茶，水是关键。陆羽在《茶经》"五之煮"中记录了关于水的品鉴："山水上，江水中，井水下"，"井取汲多者"。"问渠那得清如许？为有源头活水来。"可见，用活水煮茶的效果与用山泉水一样，醇正甘美。对各类水质优劣的考证，得益于陆羽从小的生活积累，以及成年后游走名山大川，对不同水质的品鉴。

通过一杯茶水，可以看到陆羽实事求是的科学精神，与精益求精的生活品位。他告诉我们：无论是饮茶还是对待生活，理当用心细品，才能得其真味。

这口井有史料可查：井深 2.5 米，井壁由砖砌成。据《天门县志考》癸酉岁重刻桑苎庐藏本《陆子茶经》载："文学泉，一名陆子井，县北门外西北隅官池内，口径七尺，深近百尺，中有断碑废柱，字刻'支公'，乃真陆井。"支公（314—366 年），名遁，字道林，是晋代高僧，曾驻西塔寺（时名青云寺）。

多么悠长的历史！秋夜，一个人站在这古老的井边，借着一缕星光，从一个圆孔朝井内望去，里面的一汪泉水清晰地映照着自己的影子，四周是那么祥和宁谧，仿佛陆子从未走远。

在《全唐诗》的第 129 卷，裴迪写有《西塔寺陆羽茶泉》："竟陵西塔寺，踪迹尚空虚。不独支公住，曾经陆羽居。草堂荒产蛤，茶井冷生鱼。一汲清泠水，高风味有余。"诗人讲的西塔寺，不仅支公住过，陆羽也住过，当岁月荒芜了草堂，时光冷了茶井，陆羽的品格一如茶井里的泉水，透着高洁超逸的风范，令人回味无穷。

漫长时光，风云变幻，千年古井几度被岁月的尘埃湮没了踪迹。

据《天门县志》记载：在清乾隆三十三年（1768 年），天地大旱，江河湖泊呈枯竭之势。当地居民掘荷池取水，发现了一块井石盖，上面有三个圆孔呈品字排列；石盖下有泉水，泉水旁有断碑一块，隐约可见上面刻有"文学"二字。当时的知县马士伟是一个有识之士，他懂得陆羽茶学的价值，当下主持掘井，并修建了陆羽亭。井旁所立石碑，正面刻"文学泉"三个字，背面刻"品茶真迹"四个字，乃乾隆年间湖北安襄郧兵备使陈大文所书。

陆子井的正前方立着一块大石碑，用透明的玻璃护着，以免风雨侵袭，磨损了石碑上的字迹。这块石碑是陆子井的见证者，也凝聚着人们对陆子的爱戴与敬重之情。

石碑无声，却能与时间抗衡，倔强地挺立在岁月的尘烟里，向前来瞻仰的人述说着关于陆羽的久远往事。

三、陆羽亭

在文学泉东侧平行线的位置是陆羽亭。那是一座两层六角飞檐攒尖顶的古亭，青瓦作脊，红柱为身，那飞起的檐角宛如大雁的羽翼，矫健有力又灵巧轻逸，似展翅欲飞，又似默然静立，让人想起那个"雁羽护婴"的神奇传说。

人们来到陆羽亭，站在亭外的栏杆边，凭栏远眺，似乎在等待一弯新月的升起。据《天门县志》载，位于古城北门护城河的官池（文学泉水域）中土丘上的陆羽亭，为双层木质结构翘角亭，系清乾隆三十三年（1768 年）时任知县马士伟所建，后毁于兵燹。1957 年，经周恩来总理过问重建；1981 年 6 月，天门县人民政府重修；2003 年，天门市人民政府再度重修文学泉景区。此次重修将湖中土丘砌石护坡，拆除原建陆羽亭，在原址上以混凝土结构重建了陆羽亭。

一座陆羽亭，经历了无数沧桑磨难，才得以鲜活地存在于世人眼前，但愿以后永无天灾人祸，让这座亭子成为真正的"古迹"流传下去。

四、涵碧堂

涵碧堂坐南朝北，将前方的陆羽亭和文学泉囊括怀中，在四周秀木的掩映下，显得庄重典雅又静谧。

"涵碧堂"起源于清乾隆四十七年（1782年）冬，安襄郧兵备使陈大文来竟陵凭吊陆羽，为纪念茶圣而建此品泉之所，门额上题"涵碧"二字，门联上书"香浮碧乳留真味，影动清流惬素心"诗句。

涵碧堂坐落在荷湖之上，放眼望去，湖水澹澹，荷影摇曳。这"涵碧"二字，既指连天荷叶的翠碧，也指葱郁林木的苍碧，还有杯中绿茶的翡翠碧之意。

从诗句中可以感受到，从古到今，人们所追求的不过是生命的真味与一颗清澈素简的心。两句诗没有说一个"茶"字，却体现了"茶"的精神气质：茶有九难，方到嘴边，入口是苦涩，回味是甘甜。

正如陆羽在《茶经》"六之饮"里说"天育万物皆有至妙"，茶的妙处就在于它把自己的生命历程与遭受的磨难都化为一缕芬芳，坦诚慷慨地献给了懂它的人。懂茶的人，也应是懂自己的吧。只有在一桌一椅、一书一茶的静默独守中，回归自然、回归真实、回归初心，才能感受天地万物之精妙。

堂内壁有诗四首，分别是唐代诗人齐己写的《过陆鸿渐旧居》、唐代诗人裴迪写的《题文学泉》、北宋诗人王元之写的《题文学泉诗》和清代天门籍文人熊士修写的《茶井》。茶文化，就这样被一代代爱茶、饮茶之人用文字传承了下来。原来，最好的传承与纪念莫过于用实际行动去践行陆羽的茶道理念与精神品格。

此刻，一弯新月慢慢升起，皎洁的月光洒在文学泉、陆羽亭、涵碧堂四周，给人一种庄静肃穆之感。这弯月亮曾经映照过唐时的陆羽，也映照过那些品泉爱茶之人。皎皎月华，昭示永恒。徜徉在文学泉景区，风摇影动中，久远的往事仿佛历历在目，并未如尘烟飘散。这里的一井一碑，一亭一堂，无不见证着陆羽曾经的足迹，无不述说着陆羽高洁的风范。

五、东冈草堂

据乾隆《天门县志》载："东冈岭，陆子之所居也，位于松石湖畔，松石碧波为古晴滩八景之一。"

东冈岭傍干驿古驿道且交通便利，是专心治学的幽静之所。陆羽作巴川峡山之旅返回竟陵，访友松石湖后结庐东冈，整理所得笔记，深研茶事酝酿撰写茶经，因而自号"东冈子"。唐天宝十四年（755年）冬，安禄山叛乱，烟尘蔽日，难民蜂拥而来，陆羽不能潜心写作了。陆羽在至德元年（756年）告别家乡，随同难民沿长江两岸考察茶事。

东冈岭和松石湖因淤塞和围湖造田，旧时的山水已经不复存在，现在只有遗址尚存。2002年冬，湖北天门陆羽研究会在此立碑纪念。2003年秋，干驿镇人民政府在此重建东冈草堂。2015年，东冈草堂复建于陆羽故园东侧的丘岗之上。

站在东冈岭旧址，令人思绪万千。为考察茶事，陆羽竹杖芒鞋访遍名山大川，翻山越岭深入茶区调研实践，从风华正茂到两鬓斑白。他没有家人，少有俗世的欢乐，只有深切的孤独、持久的忍耐、渊博的学识、强大的内心和一盏总是彻夜通明的油灯。他说"茶有九难，方到嘴边"，说的是茶亦是自己。不经九秋风露，又如何夺得千峰翠色！

六、鸿渐关

明嘉靖中，知县杨应和为纪念陆羽，依其字"鸿渐"在原南门外河街立"鸿渐关"牌坊。民国 24 年（1935 年），专员石毓灵将牌坊迁建于其北的十字路口（今淌子街南端），其上设标准钟，十分雄伟气派。现在鸿渐关是竟陵城最热闹的地方。南起鸿渐关，北到北门桥段，于 1982 年被天门市政府命名为"鸿渐街"。1998 年，建小商品市场，又新立"鸿渐关牌坊"。

七、陆羽故园

陆羽故园原名西湖公园、陆羽公园，位于天门市竟陵西湖，是一个天然水体。为了纪念陆羽，突出天门人文地域特色，2008 年，天门市委、市政府采纳市民建议，决定对西湖公园进行整体改造，建设陆羽故园：2010 年 11 月开始建设，2013 年 2 月建成对外开放，总面积 780 亩，其中水面 504 亩，陆地 276 亩，总投资 1.4 亿元。

每座城市，都有一个地标式的灵魂建筑，她代表着这座城市独特的人文历史风貌。对于天门市而言，陆羽故园就是这样一个诗意的存在。假若有一天你远离了故土，当你回想起这座城市的时候，你的脑海中就会浮现出关于这个地方的记忆。

竟陵古城是一片神奇的土地，这里曾有惊涛骇浪、金戈铁马的过往，也曾有沧笙踏歌、赌书泼茶的豪迈。陆羽以高尚的品质、卓越的智慧、恒久的毅力写下了闻名于世的不朽巨著《茶经》。如春秋时鲁国大夫叔孙豹所言："太上有立德、其次有立功、其次有立言，虽久不废，此之谓不朽。"一个人若在道德、事功、言论的任何一个方面有所建树，立其一者，定能传之久远，虽死犹生，是为不朽。

时间的长河只能淹没芸芸众生，却无法掩盖上者的光芒。在这片土地上被人们记住的，无一不是崇尚大道至简、厚德载物之人，这正是茶道的精髓之所在。

文章是纸上山水，山水则是地上文章。陆羽故园为纪念"茶圣"陆羽而建造，园区根据历史还原了陆羽在竟陵的出生（古雁桥、雁叫关、西塔寺）、生活（伶艺长廊）、学习（火门山陆羽读书处、陆子骑牛背读书）、交游（浮香阁、唱和亭）、交友（沧浪桥、司马桥、双季亭）、著书（东冈草堂）等场景。

每一处景物的背后都有耐人寻味的渊源典故，每一个季节都有各具特色的美：春天繁花似锦，草木葳蕤；夏天荷香蝉鸣，绿意幽森；秋天深红浅黄，落叶缤纷；冬天湖上寒烟，水墨兰亭。

一碧青湖，水光潋滟，撩人的美景尽收眼底。漫步其间，如在画中行，如阅无字书。那亭台楼阁、九曲回廊、小桥流水、树木花草，似乎都在向走近她的人们倾诉关于陆羽的过往，令人沉醉，引人遐思。

走进故园的大门，就会看到一尊纯白色的陆羽塑像巍然矗立在眼前。陆羽一直是受人们仰望的理想化身，他留给世人的不仅仅是一部《茶经》，还有他的精神人格。一曲《六羡歌》，体现了他不贪恋俗世名利，对家乡深沉的爱："不羡黄金罍，不羡白玉杯，不羡朝入省，不羡暮登台，千羡万羡西江水，曾向竟陵城下来。"读到这样的诗句，你就会懂得什么叫赤子之心。

天才总是崇尚自由，率性不羁，视名利如粪土，能超越时代的局限。陆羽孤独，却不愤世嫉俗；他有才华，却不以此为傲；他生不

茶经楼

摄影：张业华

知父母是谁，却视天下人为父母；他遭受命运的磨砺，也遇到贵人的襄助。

他是求学路上的苦行僧，用对茶学的研究化解人生的苦难。他推崇"茶之为用，味至寒，为饮最宜精行俭德之人"的人生理念：精行，即做人做事求真务实，精益求精；俭德，即崇尚勤俭质朴、知行合一的人生态度。他有非凡的洞见与创新意识，将人的饮食习惯、行事风格、品格操守融为一体，诉诸生活的细节之中，开创了一个时代的潮流。

茶经楼位于陆羽故园的中心地段，建筑占地面积948.9平方米，总建筑面积5308.3平方米，建筑高度53.8米。茶经楼宏伟壮观，堪与江南三大名楼（黄鹤楼、岳阳楼、滕王阁）媲美，为陆羽故园标志性建筑物。茶经楼共有十层，契合《茶经》十卷。《茶经》共七千余字，分为上、中、下三卷，是中国乃至世界现存最早、最完整、最全面介绍茶的专著，被誉为茶叶百科全书。《茶经》是关于茶叶生产的历史、源流、现状、生产技术以及饮茶技艺、茶道原理的综合性论著，是划时代的茶学专著，精辟的农学著作，阐述茶文化的书，将普通茶事融入日常生活，并赋予审美的态度。

茶经楼里面的大型浮雕演绎了中华五千年茶文化的发展史；藏茶阁展示着全国各地优质产茶区1200余种名茶，还陈列着历代300余种茶具茶器；藏经阁收藏着近百种版本的《茶经》，供后人前来瞻仰凭吊，学习交流。

那巍峨雄伟的茶经楼，一到夜晚便放射出金碧辉煌的气势。茶经楼的东西两侧各有一方宽阔的观景台，站在东边可以观日出，站在西边可以赏日落。西边观景台的视野最为开阔，西南北三面尽收眼底，不仅可以望见对岸如苍龙盘踞湖面的伶艺长廊，还可俯瞰清泠泠的湖水，远眺卧在水面的几座拱桥。

茶经楼正前方的湖面设有大型激光音乐喷泉，每当夜幕降临，那色彩绚丽的冲天水柱便伴随着悠扬的音乐旋转舞蹈，有"疑是银河落九天"的壮美，也有云漫雾绕的轻灵。

过了茶经楼就是沧浪桥。沧浪桥是仿古拱桥，为纪念唐代竟陵太守李齐物与少年陆羽初次相识于"沧浪"之滨而建造。世上有一种友情叫"与君初相识，犹如故人归"。二人初次在汉江之畔相遇，便结下了深厚的友谊。李齐物之于陆羽，相当于伯乐之于千里马。李太守慧眼识珠，看出年幼的陆羽非池中之物，便推荐他到火门山书院邹夫子门下研修深造，这为陆羽以后撰写《茶经》奠定了文学基础。

每一位来到陆羽故园的人，都喜欢站在拱桥的中心吹风。桥心视野开阔，湖水澹澹，无论是东南西北风，在此都畅通无阻，恣意酣畅。

沧浪桥下是唱和亭。唱和亭是一座亭式建筑，为纪念唐代诗人、竟陵司马崔国辅与陆羽合刊唱酬的诗集《唱和集》而建造。此亭一侧临湖水，一侧连接路面，无论春夏晨昏，一般没有空着的时候，总有人坐在那里，或休憩闲聊，或静坐沉思，或开怀放歌。

唱和亭处有一个分岔路口，往西是司马桥。此桥也是仿古拱桥，为纪念竟陵司马崔国辅与陆羽的忘年高谊而建造。彼时，崔国辅六十有余，陆羽年方二十，但这并不影响他们的相知相契。二人时常在一起品茶鉴水，谈论诗文，好不快活。

陆子读书堂坐落在孤立的湖心小岛上，只有坐船才能上去。假若往北边走，可以看见一处小山丘，四周秀木参天，浓荫蔽日，那里是鸟类的天堂。春赏梅花、樱花、广玉兰、桃杏李；夏赏荷花、石榴花、合欢、紫薇、金丝桃；秋赏叶，满眼都是深深浅浅的红橙黄绿紫，真是一个缤纷的世外桃源。假若你向往那一份静谧，便可在清晨早起，在人迹稀少的时候，独享那一份悠哉怡然。

山丘下面便是伶艺长廊。伶艺长廊是一组排柱长廊式建筑，为纪念少年陆羽不愿皈依佛门而遁入戏班的伶艺生涯。据《陆文学自传》载："因倦所役，舍主者而去。卷衣诣伶党，著《谑谈》三篇。"正是因为"遁入戏班，伶艺显芒"的经历，陆羽才得以于"沧浪"之滨得到竟陵太守李齐物的赏识，被举荐到火门山书院深造。此乃陆羽人生的一个重大转折点。

长廊南北走向，东面临湖，西面林木花草簇拥。雨天在此看雨、听雨是一种莫大的享受。烟雨骤来，湖面一片迷蒙，粼粼波涛夹着无数水花，俨然一幅动态的水墨烟雨图画。哗哗的雨声好似天籁，细闻之、轻嗅之、聆听之，心就净了、静了、空了。

长廊向北，尽头便是浮香阁。这座既是桥又是阁的建筑，雕梁画栋，传说为历代文人雅士寻访凭吊陆羽的聚集之所。康熙年间，景陵知县钱永钦慕陆羽，重新修建了浮香阁。浮香，乃荷香、茶香、书香也。不知行经此处的人们，是否能感知那些衣袂飘飘的文人士子曾经的谈笑风生，那文气、才气、茶气似乎还氤氲其间。

忆历代才子佳人、名人墨客在浮香阁吟诗唱和："一饮涤昏寐，情来朗爽满天地。再饮清我神，忽如飞雨洒轻尘。三饮便得道，何须苦心破烦恼。此物清高世莫知，世人饮酒多自欺。"（皎然《饮茶歌诮崔石使君》）人生最大的乐趣不过是一书一茶一知己，一潭一竹一幽居；最大的幸福不过是将一盏清茶喝到宠辱皆忘、波澜不惊。

下了浮香阁便是双季亭。陆羽字季疵，同时期有名的女诗人李冶字季兰，双季亭为纪念两人的深厚友谊而建。李季兰病中，陆羽前去探望，女诗人感动之余赋诗一首《湖上卧病喜陆鸿渐至》："昔去繁霜月，今来苦雾时。相逢仍卧病，欲语泪先垂。强劝陶家酒，还吟谢客诗。偶然成一醉，此外更何之。"眼泪何其珍贵，向来只留给懂的人。从诗中可见，陆羽是一个很温暖很值得信赖的人，他对朋友的真挚诚恳，总能让他收获许多珍贵的友情。

"知音不在千杯酒，一盏空茶也醉人。"陆羽这一生很值得，除却他的茶学成就，他的感情世界也丰富多彩：有生死之交皎然，有红颜知己李冶。他虽然终身未婚，没有子嗣，但又有什么遗憾呢？他永远不朽，就如亭前的翠竹、茶盏里的茶叶一般，永远鲜活地存在于人们的心中。

穿过双季亭便是樱花大道。在樱花大道的北边，就是庄静肃穆的西塔寺，偶尔能听到梵音袅袅，木鱼声声。西塔寺的前身是西晋时期茅庵肇起，由青云寺和龙盖寺更名而来，几度废圮，屡经修缮。陆羽年幼时由龙盖寺智积禅师收养，并在此传授禅理茶艺。此处乃陆羽的启蒙之地。

在春天，你若是沿着西塔寺前面的湖边行走，一路灿烂的樱花映照着你，微风拂来，花雨缤纷。你若是走在樱花大道的正中心，便能感受到盛唐遗风，两侧立柱式的灯箱上有无数的唐诗，每一首唐诗的背后都有一个深情的灵魂，每一段生命旅程都有无数动人的故事，那里记录着生命感悟、羁旅愁思、咏史怀古、边塞征战以及亲情、友情、爱情的故事。

古代科技不发达，生活节奏缓慢，大多人困于物质，却有自由奔放的灵魂。他们有浪漫诗意的精神世界：与朋友对饮要写诗，和朋友分别要写诗；金榜题名了要写诗，落第了也要写诗；看见一朵花开了要写诗，一朵花凋谢了也要写诗……一个内心丰富，善于发现美的人，生活对他不再是沉重的负担、单调的重复，而是一种惊喜不断的美好体验。

现代人享受着高科技带来的便利，在快节奏的生活重压下，越来越功利；功利并非不好，只是当人的内心只关注金钱名利的时候，他就很难从一花一叶去感受生命萌动的喜悦。当一个人的内心长期与文化断联、与审美绝缘，他的灵魂就会变得苍白、荒凉、冷漠、麻木，贫瘠的心灵又怎能体验到生命的乐趣呢？

陆羽故园的美有自然山水之美，有园林建筑之美，在两者的和谐统一中，展现出老子"道法自然"的深厚意蕴，浓厚的茶文化更是赋予其建筑以灵魂，假如没有文化的底色，再辉煌的建筑也不过是一堆砖瓦木材的混合体。

"茶"这个字在唐朝以前是没有的，代表"茶"的是"荼"字。后来，陆羽将"荼"去掉了一笔而成为"茶"，即人在草木之间也。"茶"是陆羽非凡的洞见和卓越的创新。当一个人的内心处于深切的孤独痛苦中时，往往将自己放逐于山水间，向草木求救，这也是人们热爱山水草木、热爱饮茶的缘故吧。

茶的哲学表达了人与自然为一体的观念，它是开启心灵之门的钥匙，是得知玄鉴之道的眼睛，奔忙浮躁的人品味不到它的隽永，内心荒芜冷漠的人体会不到它的情长。只有心怀悲悯，秉持对人伦敬爱的理想，对美与善的信念，对自我超越的追求，有耐心守得静笃之人，才能从中获得教益。

当人结束了一天的工作，行走于草木之间，成为自然的一部分时，就是处于"天人合一"的状态，这正是饮茶人所追寻的人生境界。由此可见，无论是茶道、人道还是天道，都是追寻心灵的自由，达到内心与外界的平衡。

行走在陆羽故园中，大自然的美滋养着眼睛，丰厚的茶文化底蕴熏陶着心灵。

　　《茶经》和咏茶的诗文，从博物馆、书斋走进陆羽故园，走向大众，赋予陆羽故园以生命，也延续了自己的生命。"碧波荡漾一抹香，茶不醉人人自醉"，陆羽的笔墨流淌千年，"茶圣"故里，满湖清芬。陆羽不仅被这片土地上的人们所铭记，也将永远被世界各地爱茶、饮茶之人铭记。

　　这里的独特美景令人流连忘返，这里的陆羽遗迹令人注目遐思，这里的蓝天白云令人心旷神怡，这里是世界茶人朝圣的精神家园！

炎黄血脉，心系故乡

天门是我国内陆最大的侨乡，约有 28 万华侨、华人从这里走出去。他们主要分布在世界五大洲 40 多个国家和地区，特别是印度尼西亚、新加坡、马来西亚、泰国、斯里兰卡、菲律宾、俄罗斯、美国、法国等国家。全市归侨逾 500 人，侨、港、澳眷属 8 万人。

　　天门华侨出国始于 18 世纪末，经历了早期北上、漂泊欧洲，中期转徙东南亚，近些年遍布世界、四海为家的历程，为中国华侨史写下光辉的篇章。

伤心的故土

早期的天门人移居海外，无非是因为家乡水灾，无非是因为无以为生。有学者说，天门籍移民大多是逃难式移民，他们的迁移属于一种强迫性移民。

一、天灾与人祸

天门地处江汉平原，西北为丘陵地带，东南为滨湖洼地。以汉江、天门河、牛蹄支河为主的河流，以沉湖、华严湖为主的湖泊，既给天门鱼米之乡以舟楫灌溉及水产丰富之利，也给天门带来了无穷无尽的灾难。明代中叶以后，由于旧政府腐败，天门一带的堤防年久失修，四处洼地，水患不断，灾害连年，民不聊生。天门十年九淹，特别是"襄河中腹……两岸堤垸有六年七溃者，有三年四溃者、两年三溃者……"，洪水的灾难从此牢牢地笼罩在黎民百姓的身上。据统计，从清顺治四年（1647年）到1949年，300余年中有120年出现大水灾。

天门的水灾以东南滨湖地区为最，重灾区有干驿、马湾、卢市、麻洋、小板，这些地方地势低洼，易受汉江洪水淹没。为了生存，这里的人们首先是择高而居，厚筑堤防，围垸建村，逐渐形成有名的"七十二垸"及许多无名小垸。可是土筑的堤垸岂是洪水的对手？洪水一来，堤崩土溃，仍是一片泽国。"鱼行鸟窝，鸟无着落。""男子不愿在七十二垸托生，女子不愿在七十二垸嫁人。"

由于连年水灾，加上旱灾和蝗灾，人们求生无路，只得背井离乡，逃亡外地。

易家潭，位于天门马湾镇曾刘村，地处牛蹄支河、汉水之间，这里地势最低。遭受水灾的村民，只得流落他乡。易家潭遭受水灾最多最重，所以出国的人既早且多。据 1982 年的调查，易家潭周围有三个生产队，有村民 437 人，而旅居海外的有 645 人。

另外，严重的旱灾、蝗灾也迫使天门人离乡出走。据 1989 年版《天门县志》记载，清道光三年（1823 年）、咸丰六年（1856 年）、光绪三年（1877 年）大旱，受灾地区土地龟裂，农作物枯死，人畜饮用水困难。咸丰六年和光绪四年（1878 年）的干旱还曾使汉江断流。"蝗虫多发生在干旱年，在道光十五年，咸丰六年、七年、八年，光绪三年，民国 3 年、5 年、17 年、18 年、20 年，都发生过稻蝗危害，严重的蝗灾年份，飞蝗蔽日，成片庄稼被食。"

《中国近代农业史资料》第三辑第 126—127 页记载，民国时期，湖北为了防汛，分别从各种税收中用提成、附加、代征等办法筹措堤防修筑费，"每年至少 1000 万元左右"。这笔巨款名义上是修复堤防专用，实际上几乎全被腐败官吏中饱私囊。除 1928 年修筑过孙家拐堤防外，所有堤防和闸门都未曾大修，而这笔巨款每年却以虚报工事费的形式被全部侵吞。正是因为堤防年久失修，才造成连年溃口，水灾不断。

二、归侨的伤心事

1943 年 11 月，中美英首脑在开罗开会，发表《开罗宣言》；1945年 10 月成立了联合国；中国成为联合国安理会常任理事国之一。得知这些消息后，天门华侨欣喜若狂。

早期移居南洋的天门人都有一个愿望：在南洋侨居几年，带着积蓄回乡，过吃穿不愁的日子。现在，中国已成为世界"五强"，回到祖国去，回到天门家乡，这成为天门华侨的夙愿。他们需要了解家乡的情况，需要办理护照，需要把店铺的生意处理好。此外，还有一件更重要的事情：把多年积攒下来的辛苦钱带回祖国。他们将钱财的大部分换成黄金或港币，一小部分交与当地进出口商，汇到广州或上海，回国后在广州或上海领取中国的"法币"。

还有部分不打算近期回国的天门人，担心国外局势混乱财产没有保障，也把积攒的钱先汇到中国储存，准备将来回国后凭护照领取。他们觉得，把钱存在祖国总比放在身边安全。

最先从南洋返回故乡的天门人，有郑载阳、马义生、程枝松、刘廷献。

郑载阳原在印尼棉兰市客家街开镶牙店，他变卖全部家产后回到天门。不久，他的妻子便遭到土匪绑架，被勒索了大部分财产，不得已，他带着家眷又返回了印尼。马义生也侨居棉兰市，转让店铺后回到天门做小百货生意，也经常遭到土匪敲诈勒索，洗劫殆尽。妻子张氏生病，因医疗条件差便去世了，马义生也只得返回印尼。程枝松于1947 年变卖资产回到汉口，打算办一家小型工厂。他在利济路买地盖了一幢两层楼住房。在筹办开厂时，程枝松被一辆国民党军车撞倒致死。死后，他的所有财物被人一抢而空，其妻从印尼赶到汉口办理后事时，只剩空房子。刘廷献是马湾镇刘家湾人，1947年从印度回乡后也受人勒索，不久肺结核复发，第二年在天门至汉口的一艘小木船上病逝。

从1946年至1947年，还有一些天门青年充满着对未来的憧憬，离开南洋到上海、南京求学，但回到中国后大失所望。在上海、南京的繁华大街，他们看到了不少衣衫褴褛、蓬头垢面的孩童向路人乞讨。大街上一些国人拉着人力车，车上坐着的美国大兵叼着香烟、跷着二郎腿，这些在南洋已经消失的现象，在祖国却是这样普遍。

最令人无法接受的现实是，货币贬值，物价飞涨。归国求学的华侨子弟的全部花销都是依赖国外父兄的资助。而自国外汇款到国内，从汇寄到取款，一般都需要半个月到一个月的时间，其间，所经过的承办银行或钱庄往往因牟利而故意拖延付款时间，收款人收到汇款时，钱已贬值了一大半。还有些天门华侨虽然居住在南洋，却先期汇款到中国，钱汇到中国时已经变成了废纸。

在南洋的天门人觉得，既然自己日夜思念的祖国仍然民不聊生、千疮百孔，便打消了回国的念头，一些原打算回国求学的天门青年也改变了主意。

北上，北上

早期天门人向外移民的路线主要有两条：一是北上，前往沙俄参加西伯利亚铁道线建设，所需条件较简单，因而成为大多数普通天门侨民的选择；二是南下，需要缴纳"人头税"和"行商税"。

一、风靡欧洲的老照片

天门华侨旅居国外的历史，可以追溯到清道光二十四年（1844 年）。

著名归侨作家秦牧在《天门县上了状元榜》一文中写道："外国杂志曾经根据 18 世纪末出版的一本西班牙画册选登了两幅照片：一幅是一个玩猴子的卖艺者，手里牵着一只猴子；一幅是一个卖纸花的人，握着一个稻草扎成的花插，上面插满了纸制的风车和花朵。"可见，这种玩猴子和卖纸花的中国人，在 18 世纪，就已经为许多外国人，包括西班牙人所熟知了。这里的玩猴者，大抵是凤阳人；而卖纸花的人呢，一般都是湖北天门人。

"从前，在一些英国华侨的通讯中，我知道卖纸花的天门人，有好些是从中国的西南部进入印度，经过伊朗、中欧，到达西欧，凭两条腿越过了欧洲。大多数人在这种长途跋涉、艰苦备尝中死去了，但也有若干人幸存下来，定居于英、法等国，并在经营小工商业中逐渐发达起来，以至于能够把家里人接了出来。"

天门人成批出国，是在1840年鸦片战争之后。中国第一历史档案馆有史料记载："中国人大批去欧洲大陆谋生，则是在清末年间，而湖北省天门人尤为先驱之一。"徐艺圃在《从清档看早期湖北天门旅欧华侨》中说："天门在欧洲的人数，1905年时只有23人；到1910年，便增加到了200多人；到1915年，第一次世界大战期间，已增加到500人；到1925年，天门人在欧洲竟有1400多人。那时，多数在俄国、法国、芬兰、罗马尼亚和塞尔维亚等国。"

二、一张《禀帖》

易家潭的归侨杨泽康，出生于1904年5月。十三岁时，他随胞兄杨泽广、堂兄杨卓章一行七人，由东三省流浪到俄国。当时，他们手持的是预先写好的《禀帖》。帖上的禀文为：

家居楚北，籍落天东。素习生理，初未离乎梓里，业勤耕织，岂甘唱夫泣歌！不料阳侯肆虐，洪水成灾，淹没田垸，损毁房屋。牲畜农具，平流逝尽。呜呼！千村那见烟火起。哀哉！四处不闻鸡犬声。欲生者十无八九，愿死者数以万计。民不得已，扶老携幼，糊口于四方；涉水登山，逃奔于贵境。恳乞贵县商店、富户、热心长者，施恻隐之心，体好生之德，偿给口粮路费，以便前途逃生。卑民如有生之日，永感二天之德也！（据老归侨杨泽康口述）

《禀帖》是一种陈述灾情、乞求施舍的小帖子，是由灾民请乡村的私塾先生代写的，语短意深，悲悲切切。

归侨张伯生，出生于1905年。5岁时，因大水，他随父母逃荒到汉口，碰上姑父江文兵等7户20多人。一行人靠一份《禀帖》，沿长江求乞到上海，后又北上，经东北最后到了俄国。

天门人早期去欧洲之前，大多在汉水下游、长江中下游、黄河下游流浪转徙。1870年，俄国为了建筑海参崴港（今符拉迪沃斯托克港），招募山东人去做工，天门人随之前往。1880年以后，华北各省的中国人纷纷前往东西伯利亚开发建设，特别是1891年西伯利亚大铁道开工以后，我国华北、山东的人经过"闯关"转入俄境，其中有不少人春去冬回，像候鸟一样来往于中俄之间。

当时去俄国，办理护照的费用不高；而去南洋，费用则高，上岸要交"压口税"，留居要交"人头税"，谋生要交"行商税"。

天门人从黑龙江出国，与周树模有关。周树模是天门干驿人，时任黑龙江巡抚，因而前往投靠的天门人不少。徐艺圃在《天门华侨万里漂流记》中说："周也确实为这些人的出国提供了手续上的方便。"

据中国第一历史档案馆史料记载，天门旅欧华侨的护照是由当时的黑龙江铁路交涉局签发的。大批湖北天门人之所以能容易地拿到旅欧的护照，正是因为周树模给予了家乡人特别的关照。

三、拖家带口

天门人外出逃荒，哪里能够糊口便到哪里，并没有什么明确的目的地。

从中国到欧洲，可走南、北两路：南路是由海道，经苏伊士运河到欧洲；北路由陆路取道东北或西北去欧洲。天门人多取陆路。当时北上的陆路，交通极不方便。天门人早期是步行，以后则是乘火车。

天门人离开家乡，一路流浪，终于抵达欧洲。大多是夫妻子女，以家庭为单位。哪怕是中途丈夫失去了妻子，或妻子失去了丈夫，仍坚持一家人一起行动。

总的来说，绝大多数旅欧华侨都是单身汉，很少有人从国内携带着缠足的妻子到欧洲。唯独天门华侨，从家乡一直到欧洲，始终与缠足妻子形影不离。无论在欧洲的哪个国家，无论在乡村、城市、公园、戏院、电影院、摊贩市场等，只要看到身着中国农村妇女服装、缠足的妇女，基本上都是天门人。这些缠足的天门妇女能与男人一道，跋涉万里，来到欧洲，其吃苦耐劳的精神，实在令人敬佩！

天门人在欧洲，被人称为非工非商的"怪人"。他们在欧洲的职业，多是做纸花卖，也有挑牙虫、耍三棒鼓的。天门人卖纸花这行生意，遍及欧洲各国，按照他们自己的话说："只要有小孩子的地方，我们就有生意做，就能活下去。"

1911年正月初八，清朝驻奥地利外交官雷补同致清廷的呈文中，列举了湖北天门的易大义等人旅奥的经过：易大义等一行六人（成人男女四人，小孩两人）出国后，经俄国，万里颠簸，最终到达奥地利。他们在奥地利特里斯特流落无着，被当地警方拘留。尔后，被强行押解乘"趁尼木号"轮船回国。

1911年4月，有天门人到奥地利，以演唱花鼓戏为生，后被警察拘留，经由驻奥使节雷补同与奥地利外交部协商，资助遣送其回国。5月23日，又有湖北人来到奥地利，甫至车站，随即被警察拘留，后经奥方甄别，其中大部分为天门人。他们以出洋做工为名，呈准黑龙江铁路交涉局给发护照，由西伯利亚沿途求乞，以唱花鼓戏为朝夕糊口之计。

四、扎纸花、耍三棒鼓、挑牙虫

早期北上的天门人，他们的谋生手段与东南沿海地区的华侨不同。他们不是当苦力、做"猪仔"，而是凭小技艺来赚取生活费用。这些小技艺包含着智慧、艺术和技巧，不仅需要临场发挥的口才，而且需要观察、辨识各种各样受众的心理及行为。这些技艺主要有扎纸花、耍三棒鼓、挑牙虫。

（一）扎纸花

在欧洲的各个国家，做纸花这行生意，唯有天门人是自产自销，垄断经营。

扎纸花是天门人的传统手工：用一块约一尺宽、一尺五寸长的齿面木板，将白纸在齿面木板上一张张地用面糊次第粘连，32张一叠。晾干后，按照各种花样模型用凿子凿，染上各种颜色，最后再用面糊黏成各种花朵。它最大的特点就是花朵能变换形态，做成的花朵有球形、有扇形。纸花能左甩、能右甩：往左甩是一种形态，往右甩又是一种形态。纸花的价钱也便宜，很能吸引小孩的眼球。

异彩纷呈的纸花

摄影：刘天元

纸花在制作上有一定的技巧，手工操作也很劳累，所以一般是男人在家做，妇女外出卖。天门妇女卖纸花遍及欧洲各国。公园、剧院、电影院往往是小孩子聚集的地方，她们便在这些地方，手上拿着纸花左右晃动摇摆，变换花样，逗引小孩子。卖纸花很辛苦，她们一年四季，不分寒冬酷暑，冒着风霜，顶着烈日，在外奔走。清早出去，傍晚回家，一天多则卖百把朵，一家三四口人就靠这笔收入维持生活。在俄国革命时期，市面物资缺乏，纸张来源困难，可是他们还是千方百计地找到纸张，做成纸花去换取粮食和原料。马湾镇廖湾村余香庭于1926年与妻子马全英相偕出国，先后旅居印度、俄国、埃及，最后定居法国，都是以纸花谋生，又兼营镶牙，供三名子女读书。可见，天门人扎纸花在欧洲创造了奇迹。

（二）耍三棒鼓

耍三棒鼓属于杂耍，必须要有一定的技艺。从前，多数天门人在杂耍技艺方面都有点根基，小孩七八岁的时候，家长便开始训练他们。三棒鼓除了需要一个人耍，还得有一个人敲马锣配合，两个人一班。一般来说，同乡的两家，一家一个孩子合成班子。也有的一家有两个孩子，自成一班的。

三棒鼓即三根小木棒及一面小扁鼓的合称。三根棒就是三根约八寸长的小圆木棍，木棍中间挖三个比铜钱大一点的小孔，再用铁丝把铜钱串上两三个，固定在每个孔内。耍者腹前还挂一个鼓。表演时，将三根串有铜钱的木棒轮番抛接，一根抛在空中，两根在手上，不断地转换。抛在空中的木棒铜钱击撞，发出叮叮咚咚的声音，很有节奏。另一配角，也要有节奏地配合敲打马锣，两个人口里还唱着天门的民间歌谣。三棒鼓的《开场曲》是这样唱的：

三棒鼓用具：锣、鼓、棒和刀叉

摄影：刘天元

小小三棒鼓，实在学得苦，

年成不好跑江湖，过路把口糊。

铜钱落下地，躬腰来捡起，

老板不要笑嘻嘻，我们才学的。

鼓儿两边皮，锣儿是铜的，

我们师傅是"泡皮"，没有学高艺。

鼓棒三个眼，二十七个钱，

五湖四海都跑遍，实在真可怜。

老板不用嚷，我们逃水荒，

今天才到你地方，老板帮个忙。

喜鹊口含柴，他去我又来，

三棒鼓台对台，各求各的财。

还有《逃水荒》的三棒鼓调，十分悲凉，让围观的人听了心生怜悯：

…………

五月是端阳，落种来插秧，

大水淹得精打光，沿路逃水荒。

六月三伏天，日头赤炎炎，

指云望雨望瞎眼，地里冒青烟。

七月秋风凉，离家去逃荒，

一家老小泪汪汪，流落到四方。

…………

十月人渐稀，家家哭啼啼，

> 恩爱夫妻两拆离，你看好惨凄。
>
> 冬月把雪落，逃荒人又多，
>
> 这样的日子真难过，真是无奈何。
>
> 腊月飞雪漫，家家喊皇天，
>
> 这样的日子难团圆，害人到明年。

三棒鼓是天门人在欧洲谋生的技艺。按欧洲的习俗，空手向人要钱是不光彩的，如果是卖点技艺给人看看听听，这便是正当的职业了。巴黎的中国饭店、北京饭店、上海楼、东方饭店等，在中午或晚餐时，经常可以看到十几岁的华侨子女，手里拿着三根铜钱棒走进饭店，他们首先向顾客鞠躬，而后表演。孩子们的技艺非常娴熟，姿态也很优美，歌曲唱起来与锣鼓节拍和谐，颇能博得观赏者的称赞喝彩，观赏者便随手付给孩子们几个钱。

也有少数成年人耍三棒鼓，他们玩的花样比小孩多，道具一般有木棒、短刀、铜叉、火刀、火叉等几种，花样有"砍四门""战斗砍""玉带围腰""麻雀钻竹林""金钱吊葫芦""乌龙搅水""白蛇吐箭""织布""双跨花""背花"等十几种。

（三）挑牙虫

挑牙虫，是天门人早期在欧洲赖以谋生的另一职业。名曰挑牙虫，其实是落后的传统牙医。即在牙痛之处，用铜签挑破牙龈，使其出血，然后施用镇痛药水滴上，使患者突然感到一阵轻快。患者还可以看到牙医事先秘密准备好且偷偷放入碗内水中的"牙虫"，极其微小的肉红色"虫"（实为晾干的某树生的小芽）随水波蠕动，带有神秘色彩。干这一行，比起做纸花、耍三棒鼓的收入要略高一些。

　　陈里特先生 1927 年至 1932 年曾对旅居莫斯科、柏林、巴黎、阿姆斯特丹的 188 名天门人的职业情况进行过调查。在 188 人中，做纸花的有 33 人，占 17.55%；挑牙虫的有 58 人，占 30.85%；耍三棒鼓的有 40 人，占 21.28%；靠这三项谋生者就有 131 人，占 69.68%。另外还有做保姆、女佣、店员、木匠、泥水匠、拳师、卖草药的。

　　易成林出生于干驿的小康之家，少时游手好闲，不务正业。他不到 30 岁时，父母都死了。他整天吃喝、赌博，很快就把家产卖光了，并且欠了一身债，在家乡待不下去了。于是他把马卖了，经过东三省进入俄国境地，可是人生地疏，无以为生。幸亏他从前看过一些牙医方面的书，就靠给人医牙齿过生活。当他来到赤塔时，刚好有个俄国军官的儿子正患牙病，痛得很厉害，找了几个西医都未医好。这天，易成林在街上喊着医牙病，经过这军官的官邸。警卫通报说，有个中国郎中能医牙病。那军官抱着试试看的想法，叫易成林为他的儿子治牙病。治疗之后，易成林回到旅店，心里很不踏实，因为他自知医道并不高明，如果出了事故，料想那军官是不会放过他的。他对妻子详细地说了替军官儿子医治牙病的经过，商定尽快离开赤塔。第二天一早，果然那警卫来了。旅店老板转告易成林，他夫妇俩当时吓得魂不附体，只得出来问个究竟。哪知道那警卫对他说，军官的儿子牙病好了，军官很欢喜，愿意送他四百卢布作为报酬。易成林明知这是侥幸碰上的，哪里还敢要多少钱，就没有收。警卫回报后，军官说怎么办呢，警卫说：对中国人而言，最大的荣誉是登报鸣谢。于是，军官在报上登出启事《鸣谢牙医》，并颂扬他"医德高尚""妙手回春"。从此，他就从过路郎中，一跃而成为"名医"。

　　易成林的幸运绝对是一个特例。天门华侨在欧洲蒙受了深重的苦难，忍受着凌辱辛酸。华侨不仅"受其民之鱼肉"，而且受其政府之迫害。在俄国十月革命及内战时期，旅居在俄国和乌克兰的侨民常常被无辜杀害或遣返；1929年至1933年世界经济危机时期在法国的华侨，常被没收"居留证"和吊销"营业执照"，甚至遭到非法拘押。南下东南亚侨民则更惨，"每次血腥屠杀，均有许多天门人惨遭毒手"，其悲惨境况不堪尽述。

南下，南下

　　有一部分天门人沿着长江到达华东地区。这些人在华东地区分成两股：一股流向东北，而后进入俄罗斯和西欧诸国，再从欧洲经地中海、红海辗转抵达印度、缅甸，最终到达南洋；一股流向福建等省，最后流向南洋。

　　鸦片战争之前，从福建等省流向南洋的农民日益增多。尽管清王朝闭关锁国，对私自出海经商或移往外洋海岛者"处斩立决"，但偷渡之事时有发生。鸦片战争后，中国解除了海禁，天门人南下出洋的人数成倍增长：1897年累计为300人，1903年为730人，1906年为770人。

　　鸦片战争后，经福建、广东到东南亚的天门人如此之多有如下原因：南洋殖民主义者需要大量廉价劳动力，甚至以诱人的条件加以招骗；福建、广东与东南亚一海相隔，往返方便，如自福建至吕宋岛不过三四百海里，利用季风之力，三日可达。正是在这种历史、地理条件下，天门农民流徙到了福建、广东后，受闽、粤流民出洋潮的影响，漂洋过海到达东南亚。

一、五次出国的刘朝俊

天门干驿刘家湾的刘朝俊曾于1906年去过缅甸。其子刘海棠在《旅缅印纪录行一》中说："我们这个世界是一把斧头劈开来的，不是一支绣花针绣出来的。"

刘朝俊是天门人中出远门次数最多的一个，也是走得最远、到的国家最多的一个。早期天门人是先闯北，后奔南。他却是先闯南再走北，然后再赴南。

刘朝俊曾五次出国。

第一次：由于家乡灾害频繁，生活难以为继，他携妻子陈氏于1906年取道上海，乘船到香港，过新加坡，最后到达缅甸、印度。其间，陈氏在缅甸病逝，他孤身到印度谋生。由于孤立无援，生活艰难，他被迫于1909年回到家乡。

第二次：刘朝俊回到家乡后，不忍妻子遗骨留在他乡，于是在1910年到缅甸取其亡妻骸骨回国，郑重其事地把亡妻骸骨葬在刘家湾。

第三次：辛亥革命成功，中华民国成立，但南北对立，内乱不止，灾害不断。1912年，刘朝俊再娶妻廖氏，生有一女。为了生计，他再次拖家带口外出谋生。这次，他不往东南亚走，而是向北去了。他先到东北进入俄国境内，沿西伯利亚铁路到莫斯科、基辅，而后经德国到法国。1914年，第一次世界大战爆发，许多在欧洲谋生的中国人无法生存下去。1916年，中国政府雇船免费将一千多名中国侨民撤回。时值寒冬，刘朝俊与这一千多名侨民从法国的马赛港出发，乘远洋轮船经苏伊士运河、红海、安达曼海、沙璜、新加坡至上海，再从上海乘船至汉口，经脉旺嘴返回家乡，历时31天。当时，船经过安南西贡港时，在法国远洋巨轮上，刘朝俊的妻子生下了一个男婴，取名海棠，正名为刘延辉。法国船长宣布这个男婴为法国籍，可永久在法国居住。

第四次：1922年，刘朝俊第二次经俄罗斯赴西欧。次年岁末，他循来路返回。

第五次：1926年，刘朝俊已50岁，他带着一儿一女，与彭香浦、刘菊臣、刘钜臣、刘柏林、张辛乐等7家共20余人，打算经苏俄到法国。在上海恰巧遇到了从爪哇岛回国的姨表兄张菊堂。这位表兄早年曾到俄国谋生。他告诉刘朝俊，北边天寒地冻，非常艰苦；向南走气候虽热，但有海风调剂，而且南边物产丰富，民风淳朴，只要肯干，一定可以闯出一条生路，干一番事业。就这样，一行人从上海到新加坡，最后定居印尼。刘朝俊一家先后在苏门答腊、加里曼丹、马达山卖纸花，后改学镶牙，在印尼的棉兰开牙科诊所。

刘朝俊的出国过程复杂而曲折，在早期移徙南洋的天门人中，具有一定的代表性。在侨史上，他是诸多史事的见证人。更难能可贵的是，刘海棠撰写的《我的一家》一书，详细记叙了父亲几次出国的经历，为天门人侨居南洋的历史研究提供了十分珍贵的资料。

二、镶牙

天门人到达南洋后，大多数仍靠扎纸花、耍杂技、行医（中医）、卖草药和制售膏药等谋生。与在欧洲不同的是，很少有人打三棒鼓、敲碟子卖唱，侨居南洋的天门人学会了镶牙。

他们是怎么学会镶牙的？

欧美各国的牙医多半是欧洲人，而亚洲的牙医则多半是日本人和我国闽、粤、桂籍的侨胞，天门人就是向这些侨胞学得镶牙技艺的。易修坤和杨志春两人最早学会，之后再传给其他天门人。这样，镶牙技艺便逐渐在天门人中普及了。

早期在南洋的天门人，绝大多数都从事镶牙这一行业，其主要原因是这一行业投资少、风险小、经营灵活。最初的镶牙主要是镶金牙：将 20K 或 22K 的黄金熔解，压制成细长薄片，按牙模制成齿形的套子，镶嵌在牙齿上。镶金牙，有的是为了填补牙齿的缺损，但更多的是作为一种饰物，增加牙齿的美观性。当时镶金牙的多半是妇女。许多妇女在结婚前都要镶两颗金牙，一般镶在上门牙的两侧。

过了相当长的一段时间，天门人的镶牙才转为以制作瓷质义齿为主。至于医治齿科疾病，那是在事业有了一定的基础，学习了西方口腔科医学之后才兴起的。

天门华侨通过学习镶牙技艺，开设了自己的店铺。有些天门人家里安装了电话，有了收音机和像样的家具，有的还购置了摩托车。他们也逐渐意识到单靠镶牙不可能致富。一位定居马来西亚的天门华侨说："早期开设镶牙店，以镶金牙为主。生意不好的时候发愁，生意好的时候又忙不过来。白昼忙于为顾客印制牙模、戴牙，夜晚忙于制作金牙和义齿，常常熬到天亮，熬一夜才能制作 10—20 颗金牙。"

20 世纪 30 年代，在印尼镶一颗金牙只收费 1—2 荷印盾，除去黄金、瓷质黏合剂等成本，所得无几。配置一副全口义齿往往也只收费 15—25 荷印盾。

于是，不少天门人开始转向。刘朝俊、刘朝润在经营镶牙店的同时，在当地合资开设"俊润"公司，销售日用杂货。石青云等人在砂拉越（旧称沙捞越）开设钟表店。张海玉等人在苏门答腊岛多巴湖附近的诗地加兰、林东一带收购烟叶和咖啡豆，然后到棉兰市出售。

20世纪30年代，在越南、泰国、马来西亚等国，已有不少天门人从事各种工商业。起初，他们的资金大都不很雄厚，企业规模也不大。第二次世界大战结束后，在南洋的天门人转向的步伐加快了。除眼镜业外，不少人还经营木材业、房地产业、物业、机械进出口业、运输业。有些人还从政、从教、从医。到了20世纪90年代，在新加坡开镶牙店医牙的天门人只有七八家了，在马来西亚也只有六七十家，到2000年则更少了。

三、落地生根

新中国成立后，从20世纪50年代起，绝大多数海外天门人先后放弃中国国籍，取得了居住地的国籍，成为外籍华人或华裔。他们经历了由华侨社会向华人社会的转变，从"落叶归根"到"落地生根"的历史性变化。然而大多数人仍保持固有的民族文化，对祖国有着深厚的感情。

随着美国、加拿大、澳大利亚等国相继修改移民法，放宽了对中国移民的限制，加之东南亚一些国家排华的影响，天门华侨华人逐步由南洋西移，或者迁徙到其他国家。

天门人旅居海外，早期主要分布在20多个国家和地区，到第二次世界大战后，天门人转徙世界各地，遍及五大洲多个国家和地区。据1996年侨情普查，天门全市旅居海外的华侨华人共有78,000多人。其中，分布在亚洲的有67,582人，占86.64%；在美洲的有7005人，占8.98%；在欧洲的有2480人，占3.18%；在大洋洲的有600

人，占 0.77%；在非洲的有 320 人，占 0.41%。

尽管天门人在海外取得了所在国的国籍，在政治上认同所在国，享有该国公民的权利并承担相应的义务，但在文化上他们却依然归属自己的民族文化。政治上，他们把所在国作为服务对象，经济上逐渐适应当地社会和国际经济发展的需要，文化上兼蓄并融。他们在海外政治、经济、文化、教育、卫生、科技及商业贸易等各个领域施展才华，取得了卓越的成就。

首先，他们的参政意识较强，涌现了一批政府官员、议会议员等社会活动家，主要代表人物有：

李三春，祖籍天门小板，是马来西亚著名的华人领袖。

张德发，任马来西亚行动党议员。

易修祺，曾任马来西亚美里市市长。

陈文发，任印尼苏北省议员。

张德焕，斯里兰卡（旧称锡兰）著名的华侨领袖，原斯（锡）中友协副会长。

张银庭，曾获马来西亚最高元首赐予马来西亚纪念奖章、雪兰莪州苏丹 PJK（社会有功人士）、太平局绅、拿督勋衔。

其次，在海外的天门华侨华人，从以往卖艺和镶牙的职业中脱胎出来，组成了一批企业集团和跨国经营公司，为所在国和世界经济的发展作出了重要贡献，主要代表人物有：

黄春生，印尼著名的丁香园主。

董梅卿，马来西亚"柔佛州油棕小园主合作社"董事会主席。

鄢丙林、田保青，著名的橡胶园主。

龚仲勋，澳洲联合投资有限公司董事主席。

除了在政界和商界发展，还有天门华侨华人投身文化、教育、科学研究，成为世界科技领域的耀眼明星，主要代表人物如下：

鲁超，世界著名毒理学家，曾任世界卫生组织食品药品安全系主任，先后获"世界科学成就奖"和"国际成就奖"等殊荣。

卢业雄，获美国生化系博士学位。曾在权威刊物发表生化、药物、毒理等方面的论文 200 余篇，在国际上享有盛名。

程为昌，华盛顿大学电子工程硕士，为美国西雅图波音艾佛雷特工厂科技总负责人。

余良策，法国电化学博士，高能物理研究专家，为法国科研中心电化实验室研究员。

杨文华，美国得克萨斯州胸腔镜检院主任。他发明的"立体电视辅助胸腔检查冠状动脉搭桥心脏手术"，成为震撼全世界心脏外科界的一项创举。

四、立身之本

在南洋的天门人特别重视子女教育，他们记得天门有一句俗话："桑条从小育。"

在南洋，有些天门人居住在没有华文学校的偏僻小镇，但他们总是想办法把子女送到附近较大城镇的华文学校上学。居住在印尼的陈振芳把陈普生送到离家很远的"中华学校"读书。董金海将 5 个子女分别送往新加坡、澳大利亚、新西兰和中国深造。刘廷柱、刘洋锎、刘忠洋、董月珍等将自己的子女送往不同的国家深造，这些孩子后来大都成为知名的专家、教授。

中华人民共和国成立后，生长在南洋的青年憧憬着繁荣、昌盛、强大的祖国，纷纷回国求学。

从南洋回国求学的天门华侨青年，以来自印尼的为最多。马来西亚亦有不少青年回国求学。当时，在南洋有些国家，华侨回中国的手续相当烦琐，如从印尼回中国大陆，要经国家安全局的审查，要在申请归国的表格上盖十个指印，并在护照上签署"不再返回"，但这一切都没有动摇天门儿女返回祖国的决心。

20世纪50年代回国的天门华侨青年，有一部分直接考上高等院校，毕业后被分配到全国各地。

在南洋，就侨居的人数而言，湖北人，其中大多为天门人，排在福建、广东、广西、海南之后，名列第五。若按受高等教育或留学的人数与总人口之比排列，湖北人则名列前茅。

为什么天门人特别注重教育？在主观方面，天门人秉承了重人才、重教育的传统；在客观方面，天门人在南洋，社会地位与经济实力都不能与闽籍的华侨、华人比拟，唯有读书才能跻身当地的上流社会。

新一代移民

　　新一代移民是中国改革开放后，通过留学定居、技术移民以及投亲靠友移居海外的新一代华侨华人。新移民，特别是知识移民，与老一代华侨华人相比，有其自身的显著特点。

　　新移民出国已不再是为了生计，大多数人是为了深造和发展。从人员的分布流向看，老一代华侨大部分集中在东南亚，而新移民则主要流向北美、西欧和大洋洲等一些发达地区以及日本、新加坡等发达国家，其中人数最多的是北美洲。据1979年天门市侨联统计数据，石家河镇有24人出国留学定居，其中留居美国14人，加拿大2人，德国1人，瑞典1人，法国1人，意大利1人，澳大利亚1人，新加坡3人。

　　从文化素质和融入当地社会的速度看，新移民文化素质较高，大多在国内受过高等教育，并通过在海外的深造处于较高的知识层次。他们不但了解国内情况，也了解国外，且思想开放，容易融入当地主流社会。他们在政治、经济、科技、文化、教育等方面发挥出日益重要的作用，成为海外华侨华人社会中一支迅速崛起的新生力量。

一、知识移民

留学定居是天门新一代移民的主要途径。大批学子在国内完成学业后又出国继续深造，最后定居海外，代表人物如下：

李照海，华中师范学院数学硕士，哥伦比亚大学统计学博士，1983 年留学美国获博士学位，现在华盛顿大学医学院从事生物统计的研究与教学，任博士生导师。他还是美国国家卫生局癌症研究所的客座研究员。

董长江，天门师范毕业，英国东安格利亚大学医学院教授。曾在《自然》和《科学》杂志发表研究成果。2019 年，在《自然》上发表的一篇文章中，由英国东安格利亚大学董长江教授和中山大学王文见教授领导的合作研究团队报告了一项新的研究发现，揭示了耐药细菌维持其防御屏障的机理。如果进一步的研究能找到方法突破这些屏障，那么有可能从源头上解决细菌耐药性的问题。

王小兵，武汉大学物理学博士。1995 年至 1996 年在中国科学院物理研究所从事博士后研究，1997 年进入物理学家杨振宁教授在清华大学创办的高等研究院。1999 年赴意大利，应邀到联合国教科文组织国际理论物理研究中心工作，研究 "介观体系中的非平衡现象"。因研究工作取得重大进展，2000 年 7 月受邀参加在德国召开的重要国际学术会议。自 1992 年以来，先后在国内外重要理论刊物上发表有价值的论文 30 多篇。

刘俊，天津大学硕士，美国华盛顿大学材料科学系博士。现任美国国家实验室研究员，华盛顿州三镇华美协会会长。1998 年被评为全美百名明星科学家。1999 年升为美国能源部六级科学家。

也许在人生迁徙的征途上，海外只是他们的歇脚点。

二、技术移民

除了知识移民，还有出国任职和投资创业的技术移民。如马元春在获得学士、硕士学位后，在加拿大创办植物药公司，任总裁。余先蓉，在国内获硕士学位后，任美国惠普公司驻东南亚总部（新加坡）系统支持工程师。魏红刚在新加坡商务印刷总公司任职。邓汉北在加拿大蒙特利尔经商。

在国外就职于高新技术企业的代表人物有：

杨四林，曾任某高级实验室研究员，国际生物技术工程组织亚洲部秘书，美国洛杉矶泰坦国际投资公司经理。

崔目义，先后获犹他州丹佛大学生理生态学博士和计算机科学博士，盐湖城微软公司部门经理。

鄢华中，德国和美国双博士学位，在加拿大皇家银行对外投资部任主管。

李小健，留美博士，美国美凌投资集团有限公司投资分析专家。

潘洪潮，留英博士，牛津皇家医院软件专家。

张海燕，留美博士，福特汽车公司负责机械工程的专家。

景虹，留日博士，日本东京横河计算机公司专家。

鄢晓华，中国科学院物理所博士，由中科院公派到日本横滨市，就职于美国因特网（日本）公司。

沈新华，留美博士，就职于芝加哥机器人计算机公司。

夏德胜，留日博士，就职于日本株式会社开发部。

杨春才，吉林大学化学系博士，在加拿大从事计算器的研究和开发。

周汉祥，留英博士，就职于英国伯明翰达尔康公司。

马峰，留加博士，就职于美国纽约光纤通信软件开发公司。

严竹林，留美博士，在佛罗里达州从事化工产品研究。

金少雄，留美博士，在加拿大医院工作。

桂自奇，留加博士，在多伦多制药公司工作。

徐亚，留美博士，在加州硅谷科思公司工作。

郭银华，留英博士，在蒙特利尔从事电力自动化管理研究。

罗忠祥，博士学位，在美国航天工业总局工作。

在海外兴办实业的企业家代表有：

邓小旭，曾任乌克兰华人华侨联合会主席，戴克森股份有限公司董事长，基辅国际会展中心总经理。在天门组建"公司＋农户"的利益共同体，种植五万亩无公害黄花菜，产品远销欧美。

高家才，澳大利亚留学博士，创办国际贸易公司、计算器培训中心和出国人员咨询服务公司。

边晓，澳洲政府的三级翻译，创办辩信达翻译公司。任澳大利亚凸门（集团）有限公司执行董事。

吴华良，留美博士，在美国洛杉矶开办公司。

那安乐，留美博士，曾在美国北海州开办医学研究公司。

还有张汉华（女）在新西兰兴办中国文化城，廖丽华（女）任德国汉堡群龙进出口贸易公司总经理，等等。

三、悠悠寸草心

"谁言寸草心，报得三春晖。"华侨及海外华人，就是中华民族的支流或根系，他们与祖国和家乡有着血缘亲缘的关系，因而他们对祖国有着浓厚的乡土情感。老一辈天门华侨华人是这样，新一代华侨华人更是如此。

他们积极支持祖国的民族解放事业。中国抗日战争期间，南洋的天门华侨发起了规模浩大的救亡运动。很多人上街宣传抗日，抵制日货。许多人慷慨地捐献金钱、药物和棉衣。天门华侨子女（特别是读初中的子女）常在星期天和外省籍青少年一道，抱起募捐箱，走街串巷，到咖啡店、饭馆、电影院募捐。

他们关心和支持祖国建设。看到抗日战争和解放战争取得胜利，中华人民共和国建立，天门华侨欢欣鼓舞。他们通过回国讲学、捐款救灾、修建学校、组织社会公益活动、建设道路桥梁、投资产业等各类方式参与祖国家乡的建设。

美籍华人鲁超，祖籍天门干驿，是世界著名的毒理学家。他用平生积蓄在中国设立"鲁超预防医学进步基金"。时任全国人大常委会副委员长吴阶平对此给予高度评价，并题词"以赤子之心为发展祖国毒理学贡献才智"。

医学博士卢业竑，先后于 1984 年和 1999 年回国讲学，分别被聘为武汉同济医科大学和湖北医科大学客座教授。

电化学博士余良策，曾先后回国讲学，并向母校捐赠心脏电生理设备一套。

中华人民共和国成立后，天门华侨汇款除资助故乡亲人的生活外，还支持亲人发展生产，促进故乡建设。

马来西亚阳光集团董事会主席李三春等，于 1997 年投资 5.8 亿元人民币于湖北省武黄高速公路建设。

在印尼出生的香港兆隆集团总裁刘纯愉，先后在广东省惠州工业城投资约 6000 万元人民币，创办高亚电镀有限公司和星皇饮食娱乐城，并于 1996 年在天门渔薪创建天隆高压泵业有限公司。

从印尼归国的香港同胞廖汉良，先后投资 3000 多万元港币在广东惠州兴办嘉惠制造厂和冠峰工业村，在武汉兴办华冠石材贸易中心。

周怀玉在广东东莞创办美特电子厂。

金永福在广东深圳和东莞投资兴办金牌螺丝厂。

旅居加拿大的马元春与红桃 K 集团合资，在北京创建植物药实验室。

印尼华侨黄春生，马来西亚华侨张银庭、黄四海屡次为家乡捐款兴建学校。

印尼华侨卢东才曾汇款至家乡建桥。

新加坡华侨团体、马来西亚华侨黄四海、印尼华侨彭豫镐、印尼华侨周腊保等捐款兴建天门侨联大厦、天门华侨宾馆等。

当故乡遇到严重的自然灾害时，海外天门人经常组织同乡募捐，支持家乡人民抗灾自救，发展生产，安定生活。

天门旅居海外同乡积极传播东方文明，弘扬中华优秀传统文化，为促进中国人民同世界各国人民的友好往来起到了桥梁和纽带作用。

可以预见，随着中国开放程度的提高，华人跨境流动将会更加频繁，华侨会更多，归侨和海归也会更多。

三代天门华侨的三位代表人物

侨领张德焕、丹斯里拿督李三春和名医杨文华,是三代天门华侨的三位代表人物。

一、张德焕

侨领张德焕是从流浪汉、镶牙者成长起来的。

1921年,张德焕出生在天门马湾镇便市村。祖父辈以务农为业,兼营杂货。1931年的一场洪水导致张家颗粒无收,杂货店倒闭。父亲张道香只得当了几亩薄地和一栋房屋作川资,携妻带子,随弟张祥侢夫妇准备到印尼谋生。但一行人到厦门受阻,仅持有"回头护照"的张祥侢一人到了印尼。不久,张祥侢来信催其妻去新加坡。然而,这个从未出过远门且目不识丁的农妇,怎能只身漂洋过海呢? 13岁的张德焕手拍胸脯道:"我陪婶娘去!"婶侄俩在海上颠簸了三天三夜,终于抵达新加坡港口。准备上岸时,二人却遭到了英国官员和医生的蛮横检查。婶娘吓得浑身打战,医生说她有病,硬要将她打入沙牢

（又称"狗窝牢房"，指一种面积较小、环境恶劣的牢房）。张德焕上前说理："她是害怕，没有病。不信，你们明天再检查！"英国官员见说这话的是一个虎头虎脑的中国孩童，欣赏其勇气，应允复查。就这样，张德焕随婶娘到了新加坡，后来转徙锡兰（今斯里兰卡）。

1942 年初，英军驻锡总督发表公报：日军将要行动，首都科伦坡的公民均要疏散到乡下。果然，日军于 4 月 5 日首次轰炸锡兰，科伦坡一片混乱。警察局规定，中国人到任何地方都得申请，并通令全国，禁止华人返城做生意，这实际上是禁闭中国人。

锡兰华侨公会会长马泽民听到消息，忧心如焚。他交代张德焕立即赶到锡兰英国大总督府，将公会信件亲自交给秘书长，恳求下令取消限制令。

张德焕走到离总督府大门将近 50 米时，英军岗哨举枪喝令："站住！举起手来！你是什么人？来干什么？"

张德焕抻抻衣角壮了壮胆，然后举信示意："我是中国人，为华侨公会送急件给总督府秘书长先生的。"

"为什么不从邮局寄来？"哨兵将信将疑。张德焕改用当地的伽罗语说："请原谅，这是重大机密信件，必须由秘书长亲手接收。"张德焕有意顿了顿，提高音量："误了大事，你们可要负责！"

一个军官不敢怠慢，挥挥手道："进去吧！"在 3 名卫兵的押送下，张德焕小心翼翼地向总督府走去。

走进总督府大门，张德焕又遭到 4 名军官的盘问，才被引进会客厅。秘书长板着脸用英语发问："什么事？乱闯公府可是要杀头的！知道吗？"

张德焕一惊，在路上想好的话全忘了，慌不择言地用英语回答："是的，我是冒着生命危险来的，可不是为了我自己！"

一句话说得秘书长笑了起来："不为自己，为谁？只有傻瓜才拿生命开玩笑。"

张德焕胆子大了些："我是为了全体旅锡华侨呀！他们那么多生命都在危险中，请您下令解除限制令吧！"

"哟，这么简单吗？假如我们不解除限制令呢？"秘书长轻蔑地说道。

张德焕急得汗都冒了出来。他顾不了许多，连珠炮似的对秘书长说道："如果你们坚持这样，我就到你们英国去求见尊敬的伊丽莎白女王和丘吉尔首相，要他们大发慈悲。他们若是不答应，我就在你们号称民主自由之国的首相府绝食，在锡华侨也将全体绝食。"

"看你年纪不大，没想到还是一个小英雄呢！"秘书长赞许地点点头，伸出手，"信呢？"秘书长看完信，在张德焕的肩上重重拍了一下："小伙子，看在你这么有勇气的份上，我来下令吧。要不然，可得等到太平洋战争结束才会解除限制令了。算你有运气！"

走投无路的旅锡华侨终于化险为夷。

1951年初，锡兰政府通过了一项新法令：凡营镶牙者，均须于1951年6月参加政府组织的严格考试，不及格者停止营业。如果此法实施，中国镶牙者（特别是湖北人）将全部失业，陷入绝境。

怎么办？"只能力争锡兰政府取消这一法令，才有我们的生路！"年轻的张德焕在华侨商会上大声疾呼，"我们不能放弃生存，不能放弃斗争！"转眼到了6月，锡兰医学会和牙医学会无视华人的抗议，发表联合声明："考试者迅速报名，逾期不补。"

"不忧一家寒，所忧四海饥。"张德焕索性放下手中的生意，全身心地投入到力争生存权的斗争中去。他每天提着公文包跑国会、闯内阁，向议员、部长陈述华人不能参加考试的理由，以争取同情。他多次找当地卫生部门交涉，跟医学会注册官抗争："我们华侨只是镶牙，并未做任何牙医工作，你们可以随时检查。华侨乃守法之人，如此对待，我们要向你们的政府抗议！"

张德焕执笔起草了《请求书》，向内阁首相及各部长发函通告。锡兰首相和部长们很是同情，答复支持他们向卫生部争取免考，照常营业。然而，卫生部和医学会仍以国会通过的法令不能更改为由，不予免试。

他还代华侨商会起草了《呈中国驻印度大使书》（当时中锡尚未建交），"第一，华侨镶牙技术，多为祖传或自其他技师学来，与现代牙医之做法，有出入之处，且未究学理，更不精英文及锡兰文，如何能参加该政府之考试耶？且华侨为营镶牙业者，该政府则作牙医考试。第二，主持考试者，为锡兰之医学会。该会之医生早欲排挤镶牙之华侨，此次考试，正是彼等如意之良好机会。华侨纵使精于医术，彼等亦必不予录取。"经过他的多番努力，最终，锡兰国会终于取消了华侨镶牙者必须考试合格才能营业的法令。

1956年，锡中友协成立，张德焕被选为副会长。这一年，一个国际性大会在锡兰召开，中国派出12名代表，在李颉伯的率领下，以东亚观察员身份赴锡参加。张德焕组织湖北籍华侨到机场迎接，并设茶会表示欢迎。同年4月，张德焕以锡中友协的名义举办了佛教展览会，特邀中国驻印度大使馆文化参赞林林为展览会剪彩，林参赞欣然应允。展览会非常隆重，特别邀请锡兰总理兼外交部部长班达拉奈克出席开幕式，并同林参赞分别致辞，共同剪彩。班达拉奈克总理饶有兴致地参观了展览会后，紧握着张德焕的手说："张先生，你做了一件大好事！祝贺展览成功！"第三天，锡中友协在广州大饭店举行盛大宴会招待林参赞，两百多位锡兰官员出席。张德焕主持宴会，餐桌上出现的全部都是中国菜肴。天门籍侨胞全体参加宴会。在林参赞离开的那天，张德焕凌晨就赶到斯比亚加尔多罗酒店。恰好，班达拉奈克总理也赶来为林参赞送行。从礼仪上讲，一国总理是很少为参赞送行的，这是锡兰政府尊重中国的一种亲善行为。

张德焕热心社会活动，关心祖国建设，对于来自祖国的友好使团总是极尽地主之谊。他接待和会见过中国老一辈领导人，许多到斯里兰卡讲学、实习和考察的中国专家、学者，也得到过张德焕的热情帮助。

二、李三春

丹斯里拿督李三春，是马来西亚具有影响力的政治领袖和企业家。"丹斯里"是马来西亚国家荣誉，由国家元首册封给对国家有极大贡献的杰出人士，意为"护国将军"；"拿督"是马来西亚一些有功人士得到的一种头衔，册封的标准是对国家有杰出贡献，但必须要有皇室成员、政府推荐。

李三春担任马来西亚华人公会总会长共10年，被誉为把公会带上空前政治高峰的掌舵人。公会简称"马华"，是马来西亚执政党国民阵线的第二大成员党。他连续六届当选国会议员，被誉为政坛健将和常胜之军。他先后荣任马来西亚劳工部长和交通部长等职，曾与4位首相共事。他那多姿多彩、奋斗不辍的人生，富有传奇色彩。

李三春祖籍天门市小板镇金王村，1935年出生于马来西亚。12岁时，他到镇上的中华小学念书，念的是六年级。他虽然之前未进过学校，但仅用半年时间就毕业了。之后，他进入新山的书院就读，数年后，考获高级剑桥文凭及新加坡高中会考文凭。他精通中、英文，之后又掌握了马来语，成为当时稀有的三语人才。

中学毕业后，李三春就职于政府的社会福利部。在服务于新山福利部公署期间，他常常替一些被遗弃的女人和孤儿安排安顿之所。由此他接触了社会上各种各样的人物，了解到许许多多的社会现实，这对他后来的政治生涯产生了巨大影响。两年后，李三春转入新山淡杯的马来西亚织染厂，出任高级人事主任。

20世纪50年代初，李三春加入马华新山青年团，成为早期活跃分子。1959年，马来西亚举行独立建国后第一届大选，他光荣当选为首届国会议员，是当时全国最年轻的国会议员。从那年起，李三春一共参加了六届大选，每次都胜利当选，荣任国会议员超过20年。

1961年8月16日，李三春被联盟当局委任为联盟执行秘书。

在马华党内，李三春最先领导其青年团。他在1962年全国马青代表大会上当选为全国马华青年团总团长，担任此职长达11年，到他被选为马华总会长为止。

1974年8月，马华中央代表大会选举，李三春以高票当选为马华公会新任总会长，1984年自动辞职。在此期间，马华事业如日中天，成绩斐然。其中最具影响的是他成功地领导和推动了著名的"十大发展计划"。

他致力于提高马华的地位及形象，在全国开展了广招会员运动，马华公会由1973年的20万人发展到约50万人。同时，发动华人大企业或控股有限公司，筹资4000万马币兴建了新马华大厦。

在企业界，李三春以高超的智慧发动及领导了"民族经济自强自救运动"，积极扩展他过去担任全国马青总团长时发起组织的"马来西亚多元化合作社"，社员人数超过10万，使马来西亚华裔界摆脱了以往家庭式经营的小框框，跳跃进现代化及企业化的企业圈子。

在教育领域，李三春为马华创办的拉曼学院打下坚实基础，发起募捐，为该院兴建耗资超过 2000 万马元的学院总院，为华文教育立下汗马功劳。目前，拉曼学院在全国拥有 6 所分院，每年学生总数超过 18000 人，是马来西亚规模最大的一所高等学府。此外，他还亲自主持和推行大专教育贷学金计划、华小发展基金、孝亲敬老运动等。这些计划不仅深得华人社会的支持，也获得其他民族的好评。

1983 年 5 月 8 日，马华公会中央委员会为表扬李三春对党之丰功伟绩，决定将马华大厦礼堂命名为"三春礼堂"。

在政府机构，李三春担任中央政府内阁部长达 11 年之久，曾与东姑阿都拉曼、敦拉萨、敦胡先翁及马哈蒂尔 4 位首相共事。在此期间，他为维护华人权益，加强与其他民族的团结，促进马来西亚的建设与发展，建树良多，功勋卓著。他于 1973 年正式出任马来西亚中央政府部长，掌管"工艺研究兼新村协调部"，对 452 个华人新村的开发做出重要贡献，并着手研究及开发国家工艺科技。1974 年政府改组内阁时，李三春调任劳工人力部长，处理国内数以百万计的工人及工业问题，同时也着手解决国内人力需求问题；两年后，改任公共工程部长。1978 年，李三春任交通部部长，上任不久，因在处理马航照章工作事件中表现突出，受到社会各界的赞许。最让人津津乐道的是，他在 1982 年全国大选中接受行动党强人林吉祥的挑战，上阵芙蓉国会选区，亲自对垒行动党全国主席曾敏兴，结果以 845 张多数票取胜。这场对决震撼了国内外政坛，带动了马华大选的士气。1984 年，李三春急流勇退，辞去马华总会长及部长职务，到商界发展。此举轰动全国，连首相马哈蒂尔也表示惋惜。除了担任马来西亚挂牌公司阳光集团的执行主席，李三春还担任数家企业机构的董事会要职。

2023 年 3 月 3 日，李三春在吉隆坡辞世，享年 88 岁。3 月 7 日，党团领袖逾百人出席告别仪式。

李三春热爱家乡，热爱华夏文化。为弘扬中华文化，他领导成立了华人文化协会，举办书法、国画展览和学术交流，积极促进中马两国人民的友好往来。1978 年，李三春陪同马来西亚前首相胡先翁对中国进行友好访问。1997 年 7 月 1 日，他应中国政府邀请，出席了举世瞩目的香港回归交接仪式。1999 年 10 月 1 日，他又作为特邀嘉宾参加了中华人民共和国成立五十周年国庆观礼。

李三春关心湖北，眷恋故土。1990 年 11 月，李三春率马来西亚工商及乡团亲善观光团来湖北观光。其间，他偕夫人莫泰媛女士回故乡天门省亲，受到天门市政府和家乡亲人的热忱欢迎。1992 年 7 月，李三春来湖北考察三峡工程，向"董必武教育奖励基金会"捐赠 5 万元人民币，用于奖励湖北省及天门市文理科高考状元。1996 年 9 月，李三春率马来西亚企业界的朋友应邀参加"湖北对外经贸旅游洽谈会"，促进湖北的对外经济技术交流与合作。1997 年，李三春与几位朋友合作，投资 58 亿元人民币，兴办"湖北马鄂高速公路经营有限公司"，购买武黄高速公路 70 公里营运权，经营时间为 25 年。李三春任董事长，为法定代表人。他还促成了马来西亚大成集团与湖北国际经济技术合作公司联营，在马来西亚八达灵兴建"高原度假村"。1998 年，湖北省遭受特大洪涝灾害，李三春由马鄂公司向湖北省灾区捐赠 25 万元人民币用于赈灾。1999 年 11 月，湖北省海外交流代表团应邀参加马来西亚湖北同乡会十周年庆典，李三春与夫人莫泰媛热情接待来自家乡的客人。2001 年 5 月 17 日至 19 日，"湖北省农产品出口暨招商引资洽谈会"在天门举行，李三春应邀组团出席。

三、杨文华

杨文华祖籍天门市马湾镇邹湾村，父亲杨德贵于20世纪30年代迁居马来西亚吉隆坡。受两个胞弟杨国华、杨国忠的影响，杨文华中学毕业后到印度上医科大学，获硕士学位。不久便获得菲律宾马科斯总统奖，后到美国某医院担任胸腔镜检院主任。在美国8年，他成为世界第一个发明立体电视辅助胸腔检查冠状动脉搭桥心脏手术的专家。他的这项发明，改写了心脏手术的历史，使心脏病患者"不必再承受开刀手术的痛苦"。

根据传统的心脏手术程序，必须锯开病人胸骨，打开胸腔。医生从脚部取出病人的静脉，再将其移接到心脏。接受这场手术痛苦万分，病人的胸口会留下一道长约33厘米、类似拉链的疤痕。而杨文华发明的手术，只需在病人胸口附近切开7个直径1.5厘米的小洞，然后再把微型摄影镜头伸入，医生便可戴着一副立体眼镜，看着电视屏幕做手术。病人只需留院观察48个小时，再经过约两个星期的居家疗养，就可以恢复日常活动了。

这项手术只需耗资1万—2万美金，与传统的约4万—6万美金相比，可以为病人节省一大笔开销。他的成就，已为亚洲及马来西亚带来无上的光荣。与此同时，无可避免地，他呕心沥血的研究成果，也使他在异邦树立了不少"专业敌人"。

当杨文华在美国首次公开他的研究成果时，心脏手术医学界顿时轰动。在一次会议上，他们对杨文华发出连珠炮似的质疑，并表示，世界上除了杨文华之外，没有其他医生可以学会这种先进、精细、复杂的心脏手术，认为医学界无法推广这项发明。

杨文华在追述这段经历时，很坦率地说："美国心脏手术医生排斥我的发明，追根究底，只不过因为我是个黄皮肤的马来西亚华侨。我回答他们的疑问时说，只要肯向我学习，我可以把这种先进技术毫无保留地传授给他们。"当时，会场上一片静默。到了吃茶点的时间，好几个医生悄悄地跑到杨文华身边："杨医生，请问，如果我有兴趣向你学习，你肯教我吗？"

美国一位 65 岁的世界著名心脏手术医生也向他请教。令杨文华震惊的是，这位被推崇为"心脏病手术之父"的名医，每个星期都会打电话联系自己，因为，他怕失去联络，就没有机会学习这门新技术了。

虽然不少欧美国家的心脏手术医生排队等着杨文华授课，但他却优先考虑亚洲地区。他说，他来自亚洲，来自马来西亚，他的根在中国。他希望亚洲地区，尤其是中国和马来西亚也能够分享到他的荣誉和成就。

他所发明的心脏手术道具，将会以他的英文名字来命名。这套道具共有 25 件，花了两年半的时间，进行过 319 次试验。

杨文华医生的发明，不仅是天门人的骄傲，中国人的骄傲，也是马来西亚人和亚洲人的骄傲！

如诗如画，宜家宜居

自古以来，水在天门历史发展中扮演着重要角色。由于地处江汉平原北部，恰恰是汉江由山丘区奔涌而入平原之地，天门大地经由千百万年来汉江携带泥沙淤积而成。从远古时期的湖泊沼泽地貌，逐渐演变为陆地与湖沼交错盘绕，近古时期继之以陆地广布、人口渐密。随后，人水争地的矛盾逐步突出，筑堤束水、堤溃淹水，这是明清以来不断上演的人水之争。自中华人民共和国成立后，天门才开创了治水患、兴水利的崭新局面，彻底整治屡修屡溃的汉江，理顺以天门河为主体的排水系统，兴建天南长渠为主干、天北水库群为补充的灌溉网络，从根本上解除了洪涝旱灾害的威胁，在这一方古老的土地上终于呈现出水系畅通、碧波荡漾、人水和谐的新局面。

天门灿烂的历史文化还体现在园林艺术上，具体表现为从古至今建设的许许多多精美绝伦的人文建筑、园林景观等。古代有地方志记载，最具代表性的是明朝时期士绅营建的私人园林；现如今，有七屋岭的知青农场、杨林方舟的生态庄园、天海龙的仿古建筑与列入文物保护的胡家花园交相辉映，更有城区四大湖泊公园、张家湖国家湿地公园，以及遍布城乡的口袋公园等小型园林景观。

天门的自然生态环境逐渐向好，防治环境污染力度加大，人居环境不断改善，蓝天白云、碧水荡漾的自然景观装点着人们的生活。天门城区坐拥东西南北四大湖泊，多条长河如飘带一样穿城而过，绿树掩映的大街小巷人流如织，高楼大厦与古城风貌有机融合，一座宜居、宜业、宜游的美丽城市呈现在人们面前。

扑朔迷离的古汉水故道

山形终古不易，水道千年屡变。在历史上，在古竟陵地域范围内，古周河、三澨水、沧浪之水、汉水、沔水、夏水，以及牛蹄支河、狮子古河等河流，流传于人们的口耳间，散见于各类古籍中，但往往这些传说与典籍语焉不详，有时甚至自相矛盾，尤其是汉江古河道多次变迁，扑朔迷离。拨开历史的层层迷雾，厘清古汉江下游的河道变迁，了解伴水而生的文明之发展历程，是一件虽难但十分有趣也有意义的事情。

农耕时代，水运时代，水是天门的命脉，水文化是天门文化的根脉。《水运与国运》一书作者吴鹏教授说："从水的角度思考中国历史，无疑是抓住了中国文化的一条根脉。"

一、关关雎鸠之古汉水

"关关雎鸠，在河之洲。窈窕淑女，君子好逑。"这是一段人们耳熟能详、意境唯美的古诗，来自《诗经》第一篇《关雎》。《诗经》是我国最早的诗歌总集，主要收录西周初年至春秋中叶各地民间诗歌，其中《国风》采集自15个不同地域的民歌，而周南地区排在全篇之首，选录了11首诗，除《关雎》外，还有《汉广》等千古名篇。

那么，周南在什么地方呢？《湖广通志》载："禹贡荆州之域，商称荆楚，周文化行江汉，为周南。"周南，就是西周时期以汉江下游为中心的江汉地区。此地人民勤劳，民风淳朴，"尝被文王之声诗"，周文王以礼教化天下，周南在南方蛮荒之地逐渐开化，广阔的原野初现田园牧歌。

人类生活离不开水，古文明的繁盛都与河流息息相关。天门位于汉江下游，正是古周南的地域之内，"关关雎鸠"这一传之千古的情景就产生于这一带的汉江流域。

汉江是一条古老的河流，它自鄂北地区向南流入江汉平原，基本呈南北走向，在天门南沿张港以下呈东西走向。在今多宝镇，汉江由向南流折向东流，多宝至张港的汉江沿岸，明显可见河岸线由顺直形态变为蜿蜒曲折，甚至出现巨大的"几"字形弯曲，印证了古人"曲莫如汉"的说法。天门地处汉江下游，属于古周南的核心区。直到今天，张港、蒋场、汪场一带仍传说古时有周河流过。古周河即古汉江主河道。"周河"流传于民间，"周南"记载于古籍，巧的是两者皆有"周"字，令人称奇。

为什么《关雎》《汉广》产生于汉江下游的周南地区呢？这与古汉水下游的特点相关。

汉江，是孕育华夏文明的母亲河之一。《孟子·滕文公》载："水由地中行，江、淮、河、汉是也。"把汉江与长江、黄河、淮河并称，说明汉江自古就是一条重要水系。

汉江的起源，要追溯到远古时期。在古地球地质史上，江汉平原所在地区多次发生沧海桑田的变化。在距今 6500 万年前的新生代地质时期，江汉平原所在的两湖盆地是一个巨大的沉陷区。古长江因受阻于巫山而发育成东西两条河流，其中一条向西流入古地中海，一条向东流入太平洋。自距今 260 万年前的新生代第四纪开始，由于地质运动，古长江切穿了巫山，长江上下游连成一体，长江流域形成统一的水系，汉江流域也发育成型。长江与汉江在两湖盆地流淌泛滥，形成了大片的湖沼湿地。由于在此地水流变缓，长江、汉江携带的泥沙逐渐沉淀淤积，越来越厚，湿地沼泽逐步向陆地发展，水流漫散，也慢慢地形成河道，由分汊型、游荡型河道逐步演变成固定河道，到先秦时期便形成了闻名的云梦泽。

对于如今的人们来说，古代历史太过虚无缥缈，人们想知道：有什么令人信服的实证吗？答案是：在天门境内就有石家河文化遗址。

在距今 5000 年前的新石器时代末期，古代先民走出原始森林，寻找维持生存与安全的宜居之地。在当时恶劣的自然环境和极低的生产力条件下，古人依靠自己的智慧选择定居之所：既要靠近森林便于狩猎野兽和采摘浆果，又要靠近河湖有利于捕鱼和取用水源，还要选择高地筑城保障安全，以及有易于开垦的耕地发展农业。石家河就是古人精心遴选的繁衍生息之地——背倚大洪山脉，面朝云梦大泽，东河、西河清流潺潺，平缓低丘簇拥的高地适宜建城，正是一块"两边有抱，后面有靠，前面有照，照中有泡"的风水宝地。石家河先民发展出了陶器、玉器、水稻种植、城垣建筑等多种文明成果，与同时代中原地区夏朝文明交相辉映，成为南方地区长江中游璀璨的文明巅峰，崭露出人类漫长摸索中迈向现代文明的熹微曙光。石家河文化是汉江流域史前文明的先锋。

商末周初，汉江下游河道渐成，陆地广阔，两岸渐有人烟，周南在南方蛮荒之地逐渐发展起来，广阔的原野上人们日出而作、日落而息。汉江上中游在群山峻岭间奔腾，只有在进入下游平缓原野后才形成宽阔的江面，方称得上"汉广"。至今在汉江天门段仍可见，在河宽水缓之下，河道迂曲，沙洲密布。可以想见，这里正是古时两岸人民采集野菜、捕鱼捞虾、嬉水游泳的好去处。"窈窕淑女，君子好逑"，传之千古的浪漫情景就在这一带上演。

随着周朝的兴起，南方楚国也逐步发展壮大，靠着"筚路蓝缕，以启山林"的创业精神，开疆拓土日渐强盛，以江汉地区为基业，繁衍了800多年。云梦泽也逐渐形成江汉内陆三角洲。湖面不断分割、解体和缩小，逐步演变成"平原＋湖泊"形态的自然景观。春秋战国时期，云梦泽成为楚王的狩猎区。《战国策·楚策》载："于是，楚王游于云梦，结驷千乘，旌旗蔽日，野火之起也若云霓，（兕）虎嗥之声若雷霆。"从楚王在云梦泽的游猎生活可见，"云梦"是一片广阔的原野而非仅仅是湖沼池泽。古云梦泽东西约400千米，南北不下250千米，其北部靠近大洪山余脉之地，即石家河先民曾经繁衍之地，以出产优良木材闻名于当时，以山陵至此终止（即"陵之竟也"）而命名为"竟陵"。

奔流数千年的汉江，在江汉平原上展现着绰约的风姿，不仅河道曲折，恰如古称"曲莫如汉"之说，而且水路漫长，水势浩荡。《汉广》曰："汉之广矣，不可泳思。"《江汉》曰："江汉浮浮，武夫滔滔。"这些都是称赞汉江之语。

"孔子论《诗》，以《关雎》为始"，作为整部《诗经》的开篇，《关雎》的意义和作用都是具有源头性和指导性的。这是古竟陵与古文经典、儒家始祖的第一次亲密接触。

二、横林与周昭王的传说

在汉江下游一带，史载最古的地名当数"竟陵"。"竟陵"之名最早出现在东周战国时期的《战国策·中山》。

但是在天门民间传说中，还有一个地名比"竟陵"产生得更早，其名来源于西周初期，这就是如今的"横林"。

横林，古名横岭、横桑口、横鳞口，口语称横林口。位于今天门市中部，是古代战略重地。相传三国时期刘备兵败当阳，从水路撤往夏口，曾经在这里驻扎。

相传元朝末年，农民起义领袖陈友谅率百万雄师举义旗，屯兵横桑口，准备顺江而下。陈友谅见此地湖泊众多，盛产鱼虾，"白日里千人拱手，入夜后万盏明灯"，波光粼粼，加上将士身穿的战袍像鱼鳞，便改"横桑口"为"横鳞口"。后讹音为"横林口"，简称"横林"。

如今的横林远离汉江，那刘备、陈友谅是如何在横林率军队乘船顺江而下的呢？其中的原因在于汉江水系的变迁。换言之，在古代，汉江主河道其实是经过横林口的。

说起"横林口"的来历，还有一段古老的传说。

相传周昭王十六年（约前985年），昭王御驾亲征，直攻楚国。楚国因力量薄弱，乃避其锋芒，待昭王的大军渡过汉水时，埋伏的楚军驱出大兕。周兵突见独角高挺、怒目圆睁的怪兽冲来，以为神兽天降，顿时人仰马翻，落荒而逃。

周昭王十九年（约前982年），昭王再次南征，大将祭公和辛余靡带领骁勇善战的御林军——守卫镐京的西六师随驾出征。周军过得汉水仍不见楚军，正踟蹰间，前后左右忽然涌来无数楚军，周军大败而逃。正逃之间，眼前滔滔江水挡住去路，后面杀声震天，情势危急。此时恰见岸边摆放着数只木船，昭王忙率兵登船撤退。不料，船到中流突然解体，昭王及随从不幸溺死江中，周军西六师也大多浮尸汉水。原来楚人事先用树胶粘接木板做成船，故意放置岸边引周军上钩，船至中流遇水胶液溶解，船体匐然解散，周军从北方来不识水性，因此做了冤死鬼。周王室觉得这事不体面，没有举行葬礼，在当地悄悄将昭王安葬了，史书上仅提及"王南巡不返"。《史记》载："昭王南巡狩不返，卒于江上。其卒不赴告，讳之也。"

如今，在江汉平原各地，当有人逞强斗狠、互不服输的时候，强势一方往往会语带威胁地发问："怎么？你还不服周？"外地人可能会不明白其意。其实，"不服周"就是"不服输""不服气"。

昭王丧命之地起初名为"横丧口"，此处"横"意为"不吉利、意外"，后人为避凶化吉，将"横丧口"改为"横桑口"，之后进一步演化为"横鳞口""横林口"，这就是如今天门市横林镇的由来。

为何横林口不在汉水边而远离汉水十多公里呢？原来，如今的天南长渠原称牛蹄支河，在明朝以前曾长期为汉水主河道，故周昭王攻楚即在今横林口渡汉水而丧命。

三、刘备乘船奔夏口的汉水河道

荆州是三国时期的古战场，多少英雄豪杰曾纵横驰骋在这片大地上，留下千古不朽的传说。如今，天门横林镇境内有"留驾河""诸葛岭"等地名，与刘备、诸葛亮等历史名人有关。

古典名著《三国演义》中描写：汉末建安十三年（208年），刘备与曹操战于长坂坡，兵败后，改变原定退往江陵的计划，为避免被追歼，只得率少数人马斜赴汉津（今沙洋，汉水古渡口），与赶来救驾的关羽相会于船上，乘船经古汉水退往夏口，与江夏太守刘琦（刘表长子）会合。这情节与天门的民间传说是一致的，本地的方志也有记载。据乾隆《天门县志》载："刘先主庙，在留驾河上，今废。"

古典小说与民间传说所述的刘备兵败当阳逃往江夏的故事，是否确有其事？正史中的记载可以印证。据《三国志·先主传》载："曹公以江陵有军实，恐先主据之，乃释辎重，轻军到襄阳。闻先主已过，曹公将精骑五千急追之，一日一夜行三百余里，及于当阳之长坂……曹公大获其人众辎重。先主斜趋汉津，适与羽船会，得济沔，遇表长子江夏太守琦众万余人，与俱到夏口。"可见，刘备兵败后在关羽救驾下乘船赴夏口，确是历史事实。

那么，刘备乘船的古汉水河道在哪里呢？

根据方志史料可知，这里曾经有一条古汉水河道，也就是牛蹄支河故道。这是一条非常古老的河道，时而弯曲、时而顺直，两岸原有高大的堤防，在坦荡如砥的大平原上，高大得有点突兀。如今看来，即使洪汛期洪水涨得很高，洪水位也低于堤顶很多，显然，高大的堤防与现今较低的洪水位不成比例。这就说明，古人之所以筑这么高的堤防，是因为这是古汉江的主河道，其洪水量太大了，不得不筑高堤束之。

天南长渠是中华人民共和国成立后兴建的横贯天门腹地的大型灌渠，西起多宝镇罗汉寺，从汉江引水，向东流经天门市域中南部，至干驿镇界牌止，全长 102.3 千米。其中上游自罗汉寺闸至谢家滩长 51 千米，是在平地上开挖而成；下游自谢家滩至界牌长 51.3 千米，系利用原有的牛蹄支河故道加以疏挖而成。由于牛蹄支河的防洪标准降低，有些堤段被降低高程挖去余土，后来在实施引汉灌区续建配套与节水改造工程时，将天南长渠两岸堤防统一降低至合理范围，使之规范化、美观化，原来高大的古堤也就消失了。

作为古汉水的一部分，牛蹄支河从谢家滩往下的古河道已经明确，那么，谢家滩向上的古河道在哪里呢？沧桑巨变的大地无法给出答案，只有在古籍资料中才能寻觅其踪迹。

明万历《承天府志》卷七附《访水道之故》载："大河东行，绕多宝湾，此处地兼京山、景陵冲要。不五里，为丁家河（今塞），又三十里，曰泗港。泗港之内曰泗汊湖，周亘数百里，旧可容水，诸大姓塞之矣。又三十里，曰张济港（今塞）。"万历《湖广总志》卷三十三附万历二年（1574年）巡抚都御史赵贤《开复荆承二府属六口疏》云："据景陵县民邓伸等禀，称该府所属旧有小河口、丁家河、泗港口、张接港、黑流渡、渔泛泽、沙口、潭子口等处流入各湖，往时二三十年不闻一次决堤塍，后自嘉靖年间富豪侵占湖地，私图己利，陆续筑塞，止存一二口，不能杀水，以致三十九年迄今，堤塍无岁不决等情……泗港口见今深洼，水涨即能疏通，亦非费力……"

由此可知，古汉水流经江汉平原，分岔口很多，支流岔流交织，湖泊广布，但随着人口逐渐增多，开垦湖沼荒地、兴建挡水民垸渐成风气，人水争地矛盾日渐突出起来，支流岔流甚至汉水主流受自然淤塞、人为改造的影响，逐渐变得面目全非。上文中，"泗港……旧可容水，诸大姓塞之矣"，表明泗港旧时与汉水相通，大姓家族为挡住肆虐为害的洪水而堵塞；"泗港口见今深洼，水涨即能疏通"，泗港仍能通汉水。据乾隆《天门县志》卷一"地理考"中"襄河"条称："襄河，汉水也……明季泗港堵塞，此河独受汉水。"

由此可知，汉水至泗港，古河道应是由此向东北流，过三澨，再东流；还有一支河道由此沿今汉江河道走向，经黑流渡、牛蹄口，自牛蹄口又分两支河道，一支经岳家口、彭市河东流，一支折向东北，至谢家滩折向东流，经横林口、马湾、干驿而东去。但由于明朝末年泗港堵塞，原汉水主河道废弃，"此河独受汉水"。乾隆《天门县志》"周河"条称："周河，县西南，有上中下之名，即汉水故道。北会县河，中连莱子、老鹳、岳港、龙潜等湖。自操家口、泗港塞后，今一望平田矣。"这说明周河是汉水故道，在天门境西南部，泗港即是其源头，但在历史变迁中废弃了。自明朝嘉靖年以后，泗港在大多数时间里应当是堵塞的，疏通之时较少，而围绕着泗港之疏、塞，在潜江与景陵之间发生了一系列错综复杂的冲突，这又是一段历史旧账。

古汉水在漫长的岁月中，发育成多条河道，主河道常常会在不同的支流、岔流中变迁，随着时间的流逝，原来曾经的主河道会变成支流、岔流，甚至最后完全消失。从漫长的历史中，梳理出的古汉水最古的主河道线路是：自多宝湾经泗港口，大致沿杨家新沟上游河道，至谢家滩接牛蹄支河，经横林、马湾、干驿、田二河，至脉旺而东流。这就是刘备乘船赴夏口的古汉水线路，也是更早时代周昭王南巡不返所涉的古汉水。

四、沧浪之水与古夏水

国学大师章太炎先生认为，中国又称华夏，乃因华山夏水得名。据《周礼》和《国语》记载，古之夏水即今之汉水。史学家吕思勉在《中国民族史》里指出，夏为禹有天下之号，夏水亦即汉水下游。可见，先秦时代的中国人自称夏或华夏，夏水（汉水）起着举足轻重的作用。

夏水与沧浪之水有关。历史上，岳口汉江岸边曾有过沧浪亭。"沧浪亭""沧浪之水"与古汉水又是什么关系呢？

沧浪之水因屈原而闻名。屈原经历了两次流放。第一次是公元前304年，被流放到汉北地区，5年之后，被楚怀王召回任用。3年后，屈原再次被流放，流放到江南荒僻之地，长达18年。公元前278年，楚国都城被秦军攻破后，他便自沉于汨罗江，以身殉国。屈原在第一次流放中作《楚辞·渔父》，其中有《沧浪之水歌》。《孟子·离娄上》记载："有孺子歌曰：'沧浪之水清兮，可以濯我缨；沧浪之水浊兮，可以濯我足。'"《沧浪之水歌》传说是春秋战国时期汉水流域一带的民歌。

沧浪之水当与夏水密切相关。东汉应劭《十三州记》载："江别入沔，为夏水源。夫夏之为名，始于分江，冬竭夏流，故纳厥称。"东汉郑玄注《尚书》："沧浪之水，言今谓之夏水，来同，故世变名焉。"古时，有一条水道从长江分流，分流口在今荆州市分长江水东出，经今监利市北，折东北流，在云杜县入汉水。自此以下的汉水，也兼称夏水。宋朝欧阳忞《舆地广记》："景陵县……有汉水、夏水。"很明显，直到宋朝时期夏水仍存在，且流经景陵县。那么，夏水注入古汉水的地点究竟在哪里呢？

以《水经注》为线索来探查，其中"沔水"条下描述："沔水又东得浐口，……又东南过江夏云杜县东，夏水从西注之，即堵口也，为中夏水……沔水又东经左桑……沔水又东合巨亮水口……沔水又东，谓之横桑……"由此可看出，夏水汇入古汉水的堵口应在"横桑"之上游不远处，而"横桑"即今天门市横林镇，牛蹄支河（古汉水）上游即今新堰口附近，此处谢家滩正是一支河由南向北汇入古汉水之处，只是由于这段古汉水上游（古周河）在历史演进中逐步淤塞并消失，导致明清时期谢家滩并不是二水相汇之处，只成为牛蹄支河由向北流急转至向东流的拐弯处。因此，由长江分流西来的夏水，其下游改为向东北流，即沿牛蹄支河上游故道向东北流，于谢家滩汇入古汉水，谢家滩即"堵口"。

在汪场至岳口的乡道上，有座跨越天南长渠的截河桥，因地处截河村而得名。那么，"截河"之名有什么来历呢？史料上无明确记载，从字面意思理解是"截断河流"之意。放眼望去，天南长渠里流水潺潺，岸边花木扶疏，没有"截断河流"的迹象。

从截河桥沿着天南长渠西行，可见略显弯曲的水道突然变得笔直。这里，就是史书上记载的"谢家滩"。滩，河边水深时淹没、水浅时露出的地方。以"谢家滩"作为地名，一方面说明此地古时是谢姓人家聚居地，另一方面说明这块"滩地"足够大且有特色，值得作为地名称之。眼前的河岸坡面齐整，完全没有"河滩"的痕迹，而且河流太小也不足以形成大滩；看来，曾经宽阔泛滥的古汉水历经千百年沧海桑田的变迁，已经杳无踪迹了。

谢家滩，是古夏水自西南向东北流来汇入汉水主河道之地，古汉水之上游即泗港口。后来，由于泗港口逐渐淤塞，泗港口至谢家滩的古汉水河道逐渐废弃，被另一条河流（即泗港口经黑流渡、牛蹄口至谢家滩的河道）代替，这就是明朝时期汉水主河道。到清朝时期，汉水主河道再次变迁，即泗港口经黑流渡、岳口、彭市、麻洋、多祥的河道为主河道，牛蹄口至谢家滩的河道变成汉水的岔流（即牛蹄支河）。清末至民国时期，牛蹄支河逐渐废弃，尤其是牛蹄口至谢家滩段的河道被毁垦成农田，谢家滩以下河道作为排水通道而保留。1959年兴建天南长渠时，将谢家滩以下牛蹄支河河道作为天南长渠的下半段，而谢家滩至罗汉寺闸的上半段全是平地开挖而成。因此，谢家滩是新旧河道的衔接点，以上是笔直的人工开挖河道，以下是自然弯曲的天然河道，这就是古名"谢家滩"仅存的一点痕迹了。

但由此又引出新的矛盾——今东荆河作为古沔水（也可能是古沔水的岔流），在潜江、仙桃境内由向南流折转向东流，夏水怎能穿越古沔水而流入北部的天门境内呢？这是因为，夏水是一条季节性河流，只是在夏季洪汛期水量丰沛的情况下才流动成河。据此推测，其河床因长期淤积而逐步变浅，导致过水能力减退，成为一条时断时续、逐渐消亡的浅河，与其他河流交叉也就并不奇怪了。这是符合当时河流自然生态状况的，也是江汉平原水系自然发育的写照。古人说："山形终古不易，水道千年屡变。"汉江下游河道自古迁徙不定，支流岔流分分合合，是不足为怪的。

随着岁月的流逝，汉江各主支河道进一步演变，以泗港口为节点，泗港口以下两条河道，时而北支为主河、南支为支河，时而南支为主河、北支为支河，时而两支并驾齐驱分不出主次。最终的结果是，南支替代北支成为后世的主河道，北支即周河水流渐少乃至泗港口于明朝后期被堵塞，古汉水千百年来的河道被彻底废弃了。

历史往往有惊人的相似。明朝古汉水主河道变迁的一幕，在清朝时期再次上演，只是这次的变迁的地点不同，由张港境内的泗港口，转移到下游四十多公里处的牛蹄口，即如今汉江岳口镇龚新垸村堤段。由此可见明朝嘉靖年间汉江主河道的走向：古汉江自牛蹄口分为南北两支，南支称"小河"，东流经彭市、麻洋、多祥等地而去；北支为正流，即所称"大襄河"，折向东北流，沿途分流多条岔流，经干驿镇东流入长江。这南北两支再次发生彼消此长的变化：北支虽是正流，后来流量逐渐减少，反而成了支流，遂由"大襄河"更名为

"牛蹄支河"；南支原为"小河"，流量逐渐增大，演变为主河道。

清顺治十八年（1661年），岳家口建沧浪亭，为楼阁轩榭齐全的园林建筑，成为人们缅怀屈原寄托愁绪之所，可惜毁于光绪年间。有人可能生疑：古沧浪亭在岳口汉江对岸，那是仙桃（原沔阳）辖地，怎么说成"岳家口建有沧浪亭"呢？这是因为当时此地汉江南北两岸均属岳家口，只是在新中国成立后行政区划调整，才成为如今现状。汉江沿途在屈原流放遗迹处以"沧浪"之名而建的亭台楼馆曾经有多处，如历史上沔阳张沟建有沧浪馆，汉阳建有沧浪台。多少年来，"沧浪渔唱"成为古时岳口汉滨沧浪亭闻名遐迩的景观。江汉地区广为流传着《沧浪渔唱》："汤汤江水接沧浪，欸乃歌声送夕阳。濯足濯缨皆自取，恨无孺子共徜徉。"后来，沧浪亭毁于战乱。

五、三澨水与天门河

天门河，是一条流经天门城区的古老的河流。喜欢考究历史的人可能会问："天门"是从清朝雍正年间才有的称呼，"天门河"之称的历史应该更短，那么，在清朝以前，古人是怎么称呼"天门河"的呢？

要弄清楚这个问题，需从古代典籍记载中探寻一番。

东汉学者郑玄注《尚书·禹贡》曰："三澨，水名也，在江夏竟陵县界。"明竟陵派文学代表人物谭元春，其五弟谭元亮之子谭篆，为清初顺治十五年（1658年）戊戌科进士，后来官至国子监侍讲，他曾作诗《宿三澨河上》，以故乡的古河起兴抒发自己的感情。

明万历《承天府志》卷四《山川》载："汉水由京山小河口分流，

经青山东南，至三汊河，巾水来注之。巾即巾港，俗名石家河，源出青山，南流与小河合。……又经景陵前，曰义河；经杨林口，亦名杨水；至便河口，复入于汉。"

小河，古汉水的岔流，相对于汉水主流而言，在明朝时指天门河，小河口当在今钟祥南境王家营附近，在陈洪口稍上处，陈洪口则是嘉庆年间汉水新决之口。

流经天门县城的天门河，在历史上有不同的名称：明万历《承天府志》称其为"小河"，与汉江相通；清代顾祖禹《读史方舆纪要》称其为"三澨水"，发源于京山市之磨石山，与汉江并不相通。这说明，天门河上游在历史上发生过变迁，明朝时期本与汉江相通，但到清朝时期则与汉江隔绝了。

天门河与汉江相通，还有史料可以证明。明嘉靖《沔阳志》卷六《提封下》"城南河"条称："亦潜也。其河西自南河口，南自黑流渡入，石家河自北来注之。东过县，经杨林口，又东经便河口，又东经板港，又东趋风门入于汉。"这里，"城南河"指天门河，因其流经县城南边而得名。"亦潜也"是什么意思呢？古人说："汉出为潜。"意即：从汉江分流而出的河道称为"潜"，"潜江县"之名就来源于此。这说明，在明朝嘉靖时期，流经景陵县城的"城南河"（天门河），其上游与汉江相通。

明嘉靖《沔阳志》称："景陵县南三十里有便河"，"县去汉远，元知府白景亮开此河，民便之，因名"。对于"便河"，清乾隆三十年《天门县志》记载得更详细："板港河：县东二十里，有大小二名。金家沟河：县东南三十里，小板河分流，其外为便河。……便河：县东南三十五里，在新冲河北岸，元知府白景亮开通县河，民便之，因名。时掘土得石，有白公沟三字，咸异之，今塞。"

从上述史料来看，清朝时期所称"小板河"、"大板河"（板港河）实际上指流经小板、大板的天门河，就像"渔薪河"指流经渔薪的天门河一样，而今所称"小板河"实为清朝时期的金家沟河，现在小板河上游芦埠北有金沟村，即为证据，此处离便河口仅数里之遥，金家沟河"其外为便河"。因此，连通天门河（县河）与牛蹄支河（古汉水），是金家沟河和便河。

元朝时，沔阳府知府白景亮主持修建便河，是历史上的一件大事。在古代，交通不发达，陆路运输费时费力不被看好，而水路船运则因相对省时省力受到青睐。古汉水上连襄阳乃至河南、陕南，下通长江各地，天门河（县河）流经县城，两大水系如果能顺畅地连通，无论对官府还是民间，无论对经济发展还是其他方面的交流交往，都是非常有利的。为减少工程量，这两大水系连通的河道，尽量采用已有的河流，不得不人工开挖的这一段人工河，因居民称便而名之为"便河"。后来，这一段古汉江河道逐渐萎缩，其后主河道甚至移徙他处，此河减流更名为牛蹄支河，不再具备水运功能，加上其他因素，便河逐渐淤废。史籍所述："汉水自小河支分，由景陵县治以下西入便河，复出此与大河会。"是对这段历史的记载。

可能有人疑惑：怎么会是《承天府志》《沔阳志》记载天门境内的事？又是沔阳府知府主持天门境内水利工程建设？原来，天门在元明时期称景陵县，元朝时隶属于沔阳府，明朝时隶属于承天府。

明清时期，除便河口外，小板河还在杨仙口与牛蹄支河相通。清末民初，杨仙口淤塞。1965 年，小板河流域在芦埠建倒虹管穿越天南长渠底，北通小板河，南连天星潭排水沟，以解决南部横林、麻洋、彭市等地排水问题。今小板河长 9.2 公里，流域面积 186 平方公里；天星潭排水沟长 13 公里，流域面积 120 平方公里。

原县城西门外有截河口，此截河口在姜家河口以东，因姜家河在县西三里，自姜家河口至截河口的天门河，古称"西江"，长三里，这便是茶圣陆羽在《六羡歌》里提到的"西江"。姜家河，今称江家河，位于天门河北岸，自天门河分流曲折而入风波湖，直到新中国成立后才淤废。截河口，在天门河南岸，即曾家小河口，县志载明其"今淤，犹通其半"，这说明更早前此处有一条河名"截河"，只是因为淤塞，不能称其为河，故县志未列"截河"条，而仅列"截河口"条，当时还能半通水，没有完全淤废，但截河河道起止及走向均未详载。《湖北汉水图说》载："牛蹄支河至截河场分支，北流为杜子沟（又名铁李港），北会县河。""截河场"即今岳口镇截河村，位于天南长渠（原牛蹄支河）北岸，正处于此天门河"截河口"之南，相距约10公里，这说明"截河"（或称杜子沟）是天门河与古汉水（牛蹄支河）的连通水道。古时江汉平原水系纵横交错，古汉水与天门河两大水系在上中下游各处皆相通，只是连通的河流大小不同。

天门河的古称，除了前文提到的"小河""三滏水""城南河"之外，还有"县河""义河"之称，其中"义河"的来历与宋太祖赵匡胤有关。宋建隆元年（960年），因竟陵义水流入汉川县，便将汉川县更名为义川县；宋太平兴国二年（977年）为避太宗赵光义讳，再改名汉川县。

灾荒之地嬗变为安居乐土

人类生活离不开水，天门人与水之间的关系更是难分难解，水之害乃千百年来的悲事，水之利则是新时代的幸事。洪水似猛兽，必束之以堤防，旧时代科技不彰、人力有限，加之政治腐败低能，在旷日持久的人水之争中，洪水冲决堤坝、祸害家园，人类无奈败北、望水兴叹。新时代以"敢教日月换新天"之气概，大手笔重塑天门河山，关好大门拒外洪，理顺水系排内涝，灌溉网络布大地，水随人意惠万民，昔日灾荒之地嬗变为如今安居之乐土。

一、汉江堤防与民垸的兴衰

"依堤为命"——这是古时天门人的感叹，说明了"堤防"在天门人民生活中的极端重要性。为什么这么说呢？这与天门所处的独特地理位置有关。

早在春秋战国时期，楚庄王奖励耕战，令尹孙叔敖鼓励百姓利用洪水归泽时，在露出的沙丘地上围垸筑堤。《湖广图经志》载：竟陵县西南下白湖村有班堤，世传鲁班所筑，以防京山县山水。

自秦朝设立竟陵县起，虽然历朝历代竟陵县（包括景陵、天门）所辖区域有所不同，但差异不大，都是北接大洪山余脉，南辖广阔的平原湖区。在人烟稀少的古代，为避开水患，人们择高地而居，首选之地是北部低丘岗地。古时先后设置竟陵县、长寿县、霄城县、角陵县等，皆设在北部，并无一县设在南部。

随着江汉平原逐渐淤高，汉水分汊河道减少，主流归槽，水患减少，加上人口逐渐增加，人们逐步往南部迁徙，在低地平原中择高处而居。梁武帝天监二年（503 年），置沔阳郡，治所云杜城，因在沔水北部（沔水之阳），故名沔阳，在今岳口镇截河村，这是史上首次在南部设立县治。梁天监中期，太守裴渊明在围置屯田的过程中，对公私利益都处理得十分恰当，使屯田发展顺利。

宋庆历四年（1044 年）正月，朝廷下诏以兴水利、课农桑、辟田畴、增户口的成绩作为地方官考核任用的主要依据，并规定："请佃，不限顷亩""承佃后，放免租课五年"。因此，南北方各地人民以田亩宽税赋轻而集结于江汉，筑堤围垸。随着人口增多，竟陵南部荒滩荒地逐渐开发，村庄、农田散布在广阔的湖泊沼泽之间，为防止洪水的侵害，以家族纽带围居的村庄在临水处建筑堤坝，成为江汉平原堤防的雏形。沿湖《何氏宗谱》：始祖道澄公于南宋嘉定十五年（1222 年）自江西卢陵徙居竟陵沿湖，见因"干戈扰攘""产业无主"，即"树帜为标"，划"东至杨台湖，西至风波湖，南至白湖，北至龙山"为域，垦地种田。

元朝中期，社会相对安宁，外地人继续迁入竟陵。元仁宗皇庆二年（1313 年），陈文通自岳州府徙居景陵马昌河之左方乐村（今横林镇白场），历经数代的艰苦努力，辟置了新兴垸。

元末明初，景陵地区战乱频仍，人口减少，田地荒芜。沔阳人陈友谅随同徐寿辉起兵，建立"天完"政权，之所以定名"天完"，乃是为盖住"大元"，在其上加"盖"，寓意压倒"大元"。后来陈友谅自立为大汉皇帝，于 1363 年率 60 万水军与朱元璋大战于鄱阳湖，兵败而亡。传说，朱元璋为防范陈友谅部将死灰复燃，对其祖籍地江汉平原大肆剿灭，意在斩草除根。嘉靖《沔阳志》载："沔承兵燹之后，人物凋敝，土地荒秽。"在此兵荒马乱之际，江汉地区许多人背井离乡逃往他乡避祸，留下了"湖广填四川""江西填湖广"的历史传说。

据《天门李氏宗谱》记载，早在元朝末期至正二十二年（1362年），明朝国初听征元帅李廷琛"奉旨差往景陵""收集管理军民""抚绥屯种"。

明朝初期，为发展生产休养生息，朝廷实行鼓励垦荒的优惠政策。《明太祖实录》载："州郡人民，因兵乱逃避他方，田产已归于有力之家，其耕垦成熟者，听为己业；若还乡复业者，有司于旁近荒田内如数给与耕种。其他荒田，亦许民垦为己业，免徭役三年。"从洪武、建文到永乐年间持续半个多世纪的大移民，波及了大半个中国。

江汉平原成片的荒地吸引了一批批江西人来此定居。明太祖洪武二年（1369 年）开始，外来"客民"将荒地"稍稍垦辟"，就可"因攘为业"，特别是"湖田未交税亩"，即使是"田连数十里，而租不数斛"，形成家族式迁移围居热潮。明成祖永乐年间（1403—1424 年），大批流民多次涌入江汉平原地区，景陵人口再次大增，开荒垦田又形成高潮。因汉江水患不断，地势低洼处易受水灾，故人们择高地而居。每逢汉江汛期涨水，与汉江相通的各条支流同时洪水滔滔，因支流无堤防束水，洪水肆意徜徉，漫入广袤原野，也侵入低处的田野、村庄，人与水的矛盾逐步呈现。随着人口增加，后迁的人们向低地拓展，为避水患，依据宗族力量创设民垸，修筑垸堤，保障垸内本族安居乐业。据有关资料记载，明宪宗成化年间（1465—1487年），金氏宗族在狮子古河以南、汉江以北创筑陶林垸；明武宗正德年间（1506—1521年），张港隗家洲以东创筑太平垸；明熹宗天启元年（1621年），在净潭乡南部外滨巾河、内邻华严湖之地，蒋、文等族创筑太平垸。

自明洪武二十二年（1389年）至成化十年（1474年），由于多次"大水倾圮"，堤垸破坏严重。成化年间，知县姜绾为巩固和发展民垸，亲自选任塘垸长，"统其里人"，组织修筑堤垸，年终对垸长论功加赏，并将垸堤的规模、垸长姓名刻石立碑，以利社会监督保护。

随着人口、垸田日益增多，汉江水患治理逐步得到重视，汉江沿岸断续的民垸堤防逐渐连成一线，形成汉江干堤雏形。说起来，历史上完整汉江堤防的形成，与明朝一段皇位更替的历史有关。

公元1521年，明武宗朱厚照在扬州游玩时不幸溺水而亡，因无子嗣继位，其堂弟兴王朱厚熜从湖广安陆府赴北京入继大统，即明世宗嘉靖皇帝。嘉靖皇帝追赠其父兴献王朱祐杬为"献皇帝"，王墓改为帝陵，钦定陵号为"显陵"。公元1531年，嘉靖皇帝以自己出生、发迹于此，取"风水宝地、钟聚祥瑞"之意，赐县名"钟祥"，升安陆府为承天府，为明朝三大直辖府之一。为治理汉江，便利显陵修建所需大量石木材料等水运之需，显陵以下汉江堤防列为皇堤，进行全面整修，并堵塞九条支流口，即铁牛关、狮子口、旧口、张壁口、黄付口、操家口、唐心口、泗港口、官祭口等九口。史上传说"周天官一本筑九口"的故事就发生在此期间。周天官即周嘉谟，天门干驿人，曾上书皇帝堵塞九河以治理汉江水患。

由此，汉江下游堤防列为官方管辖的堤防，称为"皇堤""部堤"，实行统一管理、整治，并统一组织防汛抗洪。这样一来，原本各地自发修建的民垸、民堤，以汉江水系防线为纽带连成一体，形成完整的防洪屏障。

明末清初，本县沿河、滨湖之处，垸田已是鳞次栉比，但堤身多单薄矮小。

清康熙四十八年（1709年），本县已有民垸72个。

清乾隆时期，民垸普遍存在，大垸与"团"（相当于现在的村）并称，作为当时的一级行政单位。据县志记载，全县共有团垸360个。

明清以至民国时期，汉江堤防实行岁修制，每年冬春季节组织民工修堤。汉江堤防屡遭溃决，堤防岁修形成惯例。康熙三十九年（1700年）朝廷议准："湖广筑堤，责令地方官于每年九月兴工，次年二月告竣，如修筑不坚，以致冲决……同知以下原承修官例议处。"汉江堤防由县丞督率修筑，分段工程以圩长负责，每届霜降，圩长照上年水痕，签记工程地点，丈量工程大小，订亩派夫，责令挑培。同时，民垸更加发展，垸堤逐步完善。

乾隆二十二年（1757年）至道光二十年（1840年），本县垸田略有增加，少数小垸开始并为大垸。《楚北堤防纪要》记载，牛蹄支河左岸的彭垸和邹鲁垸合并为邹鲁彭，麻垸和截竹垸合并为截竹沤麻垸，牛蹄支河右岸的毛湖垸和胡小垸合并为毛湖胡小垸。

民国时期，沿用清朝汉江岁修制，每年冬季勘测估算，春季包工或征工实施。民垸发展到饱和状态，据民国6年（1917年）统计，共有民垸278个。

民国20年（1931年）和民国24年（1935年）大水后，为解决长虹大垸、七十二垸等地区渍水难排问题，当地各民垸联为一体，集合人力物力财力，与下游地区汉川县协商合作，共同开挖兴建华严湖、沉湖排水工程。

中华人民共和国成立后，民垸的发展进入新的阶段。

1954年发生特大洪水，灾后重建，成立天门县民垸堤堵口复堤工程指挥部，对毁损的73处民垸进行堵口培修。1955年，对天门河堤进行加高培厚，目的在于提高天门河堤防抗洪能力，为全县合堤并垸打好基础。

1958年，随着汉江干堤抗洪能力的增强，张港以上民垸、七十二垸地区民垸的防洪作用逐步消失，多数垸堤陆续予以毁平耕种。

1970年后，随着汉北河、皂市河、东河、西河等改道工程及沉湖、白湖、华严湖等围垦工程的进行，大型河堤、湖堤取代了以往分散的民垸堤，在随后的大规模土地平整过程中，绝大多数民垸堤都平毁成田。

二、载入史册的水患之痛

天门地处江汉平原北部，正处于汉江从山区进入平原的"平原之门"，奔腾千多公里的汉江久受山势束缚，到了广袤的平原犹如脱缰的野马，在天门大地上横冲直撞，洪流浊浪，淹没了农田、房舍、道路等，给人们带来了无尽的灾难。"倒了狮子口，水从屋上走""大雨瓢泼，田亩成河。鱼行鸟窝，鸟无着落"成为旧时代天门人口口相传的民谣。

历史上汉江堤矮小单薄，多处迎流顶冲，堤内管涌等险情较多，溃口频繁。尤其是处于天门上游的钟祥及多宝等地，地势高，汉江决口犹如"提壶"灌顶，对地势低洼的下游带来灭顶之灾。据史料记载，明嘉靖二十六年（1547年）到崇祯九年（1636年）的90年中，钟祥境内就有9年溃口，溃口18处。明崇祯九年至民国25年（1636—1936年）的301年间，多宝湾至上罗汉寺溃口16处，溃口大多位于旧口至多宝湾长37.2千米的堤段上，许多堤段反复溃口。

民国10年（1921年）夏，王家营大溃口，口门宽3240米，冲成6米深的潭泓，形成宽约1100米的洪道，灾区涉及钟祥、京山、潜江、天门、云梦、应城、黄陂、汉川等11县，灾民百万，伤心惨目，闻者为悸。当时湖北省政府呈准大总统派李开铣为督办，堵复王家营溃口，次年6月竣工，耗费150万余串文。民国11年（1922年），湖北省署委员驻堤大修堤防，设上、中、下三分局，专司修防，以第三、四工段为险工，修石矶5座。

到了民国24年（1935年）夏，一场空前的洪灾席卷汉北地区。汉江堤防钟祥段相继溃18口，总宽6957米，洪水顺天门河而下，泛滥9县1市，直抵汉口，一夜之间汉北平原悉成泽国，淹没耕地640万亩，受灾人口370万，被淹死者逾8万人，史称"乙亥大水"。每当提起"乙亥大水"，耄耋之年的天门老一辈便心有余悸，不忍回忆。

这次洪水到来时，人们都往家里跑。因为那时农户人家台基做得比较高，但洪水已漫过台基往屋里灌，更有许多野兔、黄鼬等动物顾不上怕人，拼命往屋里跑。洪水漫天而来，一两个小时后，大半截房子就淹没在水中了，人们赶紧爬上屋顶躲避。只见洪水汹涌咆哮，吼声如雷，简直惊天动地，摄人心魄；到处一片汪洋，白水茫茫，非常恐怖。人们只得爬屋上梁，或攀树求生，躲避不及的人只能丧身水中。

天门河成为洪水奔涌的主通道，依河而建的天门城首当其冲，护城堤溃口达 24 处，溃口处水声怒吼，水到之处，屋倒墙塌，有的树甚至被连根拔起，呼救声、墙塌声接连不断，令人心惊胆战。县城内外尽成泽国，民众淹死无数，城墙内外、堤街上下均可行船。在城北边的人都上了古城堤，在城南边的人都上了堤街。

天门河水仍在不断地往上涨，更多的洪水撇过天门县城，顺着天门河向下流奔涌而去。

河面上不时出现恐怖的一幕：上游流来黑压压的一片，其中有屋架、木排、树木，快倒而未倒的房屋、农具、牲畜笼子，有的房屋内还有人在呼救；还有大堆大堆的小麦垛子，有被水冲来的棺木，以及抱着树木在呼救的妇女和儿童，以及数不清的什物，真是触目惊心。

对于这次百年罕见的洪灾，汉口商会的一则募捐救灾的通电可作佐证："汉、沔、天、潜，沦为泽国。激流奔放，居民逃避不及，卷入洪涛而死者，约数以十万计，随流漂没，触目皆尸，是诚见不忍见、闻不忍闻之惨痛也！"天门受灾极重，除北部少数地势较高的地方外，其他地方均被洪水淹没。据灾后统计，天门受灾面积达 2261 平方千米，占总面积的 90%，受灾农田 132.6 万亩，占农田总数的 70%，受灾人口 808,760 人，淹死 13,819 人。另据资料记载，岳口附近连日捞尸 1.4 万具。因淹死、病死、饿死及出外逃荒，灾后天门共减少人口 36,540 人。

而"乙亥大水"只是天门历史上遭受"十年九水"惨重灾害的一个缩影。这次水灾带来的一个直接后果是，导致了钟祥境内汉江堤防的易地重修。由于这次溃堤口门长，经省水利部门组织中外专家考察，决定不在原地复堤，而在离河较远的地方重新修筑一道新堤，因此叫作"遥堤"。

在多宝境内顺汉江而下，会远远地望见岸边突兀地出现一座峭壁，待近前一看，原来是一座半圆形石壁，这便是有名的唐心口矶头。

一般来说，河流的急拐弯会使河泓有超强的惯性，因而直冲河岸，迎流顶冲之处导致坡岸不断崩垮，进而危及堤防安全。古人对此总结出的经验，就是在拐弯迎流顶冲处兴建石矶，以达到挑流防冲护岸、改变河泓走向的作用。唐心口石矶，就是前人的遗产。如今，汉江兴隆枢纽工程兴建后，唐心口位于兴隆大坝上游，汉江水位升高导致唐心口矶头大半淹没于水中，矶头已不再发挥挑流引泓的作用了。

唐心口，是传说中"周天官一本筑九口"中的九口之一。古时候，汉江在江汉平原支流汊口繁多，导致汛期洪水泛滥，田地房屋受淹，人民深受其害，要求堵塞汉江分流汊口，整修加固堤防，保境安民。对汉江流经天门段，要求堵塞九个分流汊口，但由于利益纠葛难以实施。周嘉谟顺应民心，上奏朝廷堵塞九口得准，因此阻断洪水泛滥之口，造福当地人民，被天门人世代传颂。这唐心口，就是被堵塞的九口之一。

唐心口虽然堵塞了，但由于属汉江迎流顶冲点，以及堤防质量差等因素，仍然常常溃口成灾。光绪二十年（1894 年）唐心口堤段漫溢溃决；光绪二十二年（1896 年）唐心口又溃，冲毁房屋 300 多户，35 万人受灾，并导致天门县城被淹。

此时期，周树模受湖广总督张之洞之聘，主持唐心口堤防修筑工程。他目睹了故里水灾惨景，万千感慨不能自已，作《述灾》一诗：

> 汉水古巨渎，民倚堤为生。一岁一穿决，汤汤来无情。
> 百川灌洪河，直泄千里平。去夏张壁溃，高浪在孤城。
> 今冬唐心开，水至疲农惊。风怒何轩轩，猛雨助之鸣。

> 高廪鬼神瞰，寸田鱼鳖争。岂无旧屋庐，推倒如奔霆。
>
> 亦有新垛积，漂流随波萍。夜黑月魄死，千郊同哭声。

千疮百孔的汉江堤防，如同摇摇欲坠的大清王朝一样，依仗再高明的修补能手也是于事无补的。修复唐心口堤，成为清末汉水左岸的最大工程。光绪二十二年（1896 年）七月，候补知府彭觉先主持抢筑唐心口挽月工程，工程未完，春汛来临，修而复溃。光绪二十三年（1897 年）冬，江西候补道恽祖祈为唐心口堵口挽月工程的督办，工程十一月开工，十二月合龙，分永、庆、平、安 4 段，筑堤 6.7 千米，光绪二十四年（1898 年）三月告竣。

行走在汉江大堤上，随处都可见到古时洪水肆虐留下的痕迹。

在汉江蒋场与岳口交界处的中和场，有一座水潭，名"倒口潭"，这是历史上的汉江干堤多次倒口冲决而成的深潭，称其为"倒口潭"，正是为了让后代子孙永远铭记那段堤防倒口失家园的惨痛历史。无独有偶，历史上多宝湾汉江边也有一座倒口潭。据史料记载，清康熙三十九年（1700 年），汉江多宝上街倒口潭堤溃。这说明，在漫长的旧时代，"倒口""溃堤"在汉江沿岸好似家常便饭，也成为当地人们挥之不去的梦魇。

沿汉江大堤东行，进入岳口镇区，镇区西北部有一座荷花潭，就是洪水一怒之下的杰作。这里本是当时誉为天南第一园的熊氏花园，园内粉墙环垣，曲径通幽，小桥卧波，修竹怪石，佳木荟萃，波光荷影，鸟语花香，亭台楼榭错落有致。花园主人熊葵园在清嘉庆年间历任河南汝宁、卫辉府知府。

洪水无情，势如浇汤。熊氏花园遭遇灭顶之灾。清光绪四年（1878 年）六月初六半夜，大雷暴雨倾盆，汉江迎恩寺段突然崩溃，洪流冲走熊家花园山石亭榭，一代名园顿成废墟。诗人陶林叟重游旧地，所见"岳江有废园，瓦颓垣倾堵""石笋犹秀出，字镌八分古"，昔日花柳繁华地，唯剩残荷芳草萋萋。洪水过后，平地成深潭，这就是如今的荷花潭。花园沉水底，亭台变废墟，这沧海桑田的变化显示了洪水之患的巨大破坏力，也是旧时代治理水患不力在大地上留下的实证。

三、关大门开防洪新局

中华人民共和国成立之初，百废待兴。党和政府始终不忘水患治理，提出治水首先要"关好大门"的方针，就是要将汉江洪水拒之门外，率领人民开始大修汉江堤防。

1949 年 10 月，天门县成立打堤生产救灾委员会，同时成立蒋家滩、长春观堵口复堤工程处和当时属潜江县的张港江家湾退挽工程处，3 处工程均于 1949 年冬开工，次年 4 月竣工。蒋家滩位于汉江岳口段，长春观位于彭市段，这两处堤防于 1949 年 9 月 17 日溃决，淹没农田 51.8 万亩，受灾 25.5 万人，淹死 140 人。这是天门千百年历史上汉江最后一次溃堤成灾，此后天门人民从根本上改写了历史，汉江自此安澜永固。

1950 年冬，参加施工的劳力 4 万余人，动用石硪 528 架。在翻筑邹场堤段时，挖断堤身 250 米，清除兽洞、树洞等隐患。施工队在岳口堤街中心"开膛破肚"，抽槽翻筑，翻出杂土、砖渣等，这些隐患都是堤防溃口的致命弱点，也是旧时代汉江水患连绵不绝的根本原因。对出过险的重点险工险段，通过大规模地挖堤翻筑，清除堤内杂物，层土层压地夯实堤身，增强堤防抗洪能力。每年冬春岁月，正值农闲时节，当地政府组织农村劳动力上汉江修堤，形成惯例，称为汉江岁修。

1954 年大水后，政府采取加高与加固并重的方针，对汉江干堤进行了普遍加高和加固，继续在堤身翻筑工程中挖出砖渣、蚁洞、獾洞、树蔸等各种隐患。同时，改变旧时代不得在堤防禁脚植树的愚昧规定，开始在堤外遍植防浪林，在新加培的堤坡上植满爬根草。1950至 1958 年，汉江堤防天门段共完成土方 2108.61 万立方米。至此，汉江"关好大门"的任务基本完成。

1964 年汉江再次发生特大洪水，洪峰水位超过历史最高纪录。1964 年 10 月 6 日至 8 日，13 万天门人在汉江大堤奋战三天三夜，抢在洪峰前筑起了长 130 公里的子堤，肩挑人扛，完成土方 26 万立方米，预报将漫堤成灾的特大洪灾最终化险为夷。灾后大干水利建设，汉江干堤按照新的"三度一填"标准整治，即堤顶高度超过 1964 年洪水位 1 米，堤面宽度不少于 6 米，内外坡度 1∶3，填塘护脚后禁脚地的宽度为迎水面 30—40 米，背水面 20—30 米。随之对汉江干堤天门段普遍进行了加高和加固。

从 1949 年至 1998 年，汉江干堤天门段持续整修加固，完成土方3992.46 万立方米，与 1949 年前相比，堤顶普遍增高了 3.5 米，堤身增加到原来的 2.5 倍。

在开展汉江堤防土方加培的同时，按照"守点顾线，护脚为先"的宗旨及对旧存护岸进行整修加固的原则，对沿岸原有的坦坡、砖矶进行整修改造，在汛期，整个堤段又多用柳帘护岸。如今，汉江天门段护岸工程共有 29 处，总长 40.08 千米，是 1949 年前护岸长度的 10倍，完成总土石方量 103.6 万立方米，是 1949 年前的 20 倍。

汉江岳口段新貌

1998年长江流域大洪水后国家对重要堤防整治力度加大，汉江遥堤和干堤再次实施全面综合整治，进一步提高了汉江堤防的防洪能力。

行走在汉江堤上，可以感受到一幅壮观的美景：巍巍大堤像守护江汉平原的长城一样伸向远方，堤坡上绿草如茵，时常可见无名小花悄然绽放，堤内堤外绿树林带像两条绿色巨龙一左一右地护卫着汉江大堤，间或有牛羊悠闲地或立或卧享用着美味青草，一派升平盛世的田园牧歌情景。

四、人工开河的空前壮举

在天门主城区往西出城而去，会经过一座交通繁忙的大桥，这就是汉北河大桥。站在大桥上南望，可以看到原本从西往东流的天门河在此分支北流，这就是汉北河的起点。

分流向北而去的是汉北河，实际上是天门河之改道河。两河在此分道扬镳，天门河由此进入天门主城区，而汉北河向北绕开天门主城区，折向东北，再向东流去。两河在汉川境内殊途同归，汇入汉江。可以说，天门河是一条古老的自然形态的河流，汉北河是一条现代的人工开挖的河流。天门河承载着历史沧桑，是大自然在江汉平原千百年自由挥洒的写意之作；汉北河寄托着当代人定胜天的梦想，是数十万民众双手开河治水患壮举的结晶之作。九曲十八弯的天门河，显现桀骜不驯我为王者的气概；顺直平展的汉北河，展示出循规蹈矩造福人民的时代风貌。如今，两河同源相倚，互补互惠，清流分赏，洪患共御，成为润泽天门大地的孪生之河。

人工开挖汉北河是一项非常浩大的工程，尤其是在物质条件落后时期，采用原始的人挖肩挑方式，其艰辛的程度一言难尽。那么，为什么要开挖汉北河呢？这要从天门河、从汈汊湖流域说起。

汈汊湖在汉川境内，邻近汉江，地势低洼，西北部迤逦而来的天门河以及溾水（皂市河）、大富水等注入汈汊湖，再汇入汉江，形成汈汊湖水系，总流域面积为 8655 平方公里。天门河长 238 千米，上游钟祥、京山境内汛期大量洪水汹涌而下，而下游汈汊湖出口宣泄不畅，地处中游的天门平原地区洪涝灾害非常严重。

以 1969 年汛期为例，共有 25 亿立方米洪水注入汈汊湖，当时只有汉川闸和东山头闸泄洪，排洪流量为 800 立方米／秒，只占来洪总流量的 30%。汉北平原湖区农田受灾面积达 120 万亩，其中绝收农田达 70 万亩，粮食减产 2.7 亿斤，棉花减产 40 万担。同时，这里钉螺滋生，血吸虫病流行，危及人民生命安全。因此，治理汉北平原湖区是人民的迫切愿望，解除这一地区渍涝的根本措施是实行天门河改道。

1969 年 10 月 25 日，国务院批准汉北水利工程列入 1970 年度建设项目。湖北省安排天门县汉北河施工任务是：从改道河口至麻河段长 65.25 千米的河道开挖与筑堤，计划土方 2800 万立方米。汉北河在天门境内长 35.5 千米，而天门人民承担的挖河长度远大于此。天门作为湖北省第一人口大县，人民受苦受累极为严重，不仅开挖汉北河承担超额的工程任务，修建京山市境内的惠亭、石龙、吴岭、大观桥、绿水堰水库等，由天门人为主甚至全额承担施工任务，在汉川境内兴建沉湖五七泵站，也是由天门人承担土方施工任务。

汉北河工程天门段于 1969 年 11 月 7 日破土动工，11 月下旬掀起施工高潮。在施工高潮中，日出勤人数最多达 22.97 万。由于人工开河工程太过庞大，困难巨大，1970 年春，京山、江陵、沔阳三县人民长途远征，支援天门县修筑汉北河北堤工程，长 27.17 千米，完成土方 266 万立方米。

天门县施工的河道段面中，上段 20 千米处于低丘尾脉，挖深 1 米后便是坚硬的"焦板土"，铁锹一碰就卷口，挖锄只能挖条印。小庙区截河公社民工杨天才，创造了"人工倒土法"，攻克了"焦板土"。下段 20 多千米是破湖开河筑堤。汉川境内的东西汉湖北堤由卢市区刘集公社施工，有一段长 340 米、水深 2 米多，施工异常艰难，公社副主任黄木年带头跳入冰水中抢筑防浪埂，想方设法保证了工程的顺利进行。天门县境内南堤的老红旗闸堤段，北堤的龙骨湖、沉底湖、庙洼汊、肖严湖等堤段，人们都是在 5 米多深的淤泥中筑堤，几次出现下陷塌方，但施工团队毫不气馁，排除万难，坚持完成筑堤。

汉北河工地上，按那时集体住宿的惯例，统一以稻草垫底打地铺，再铺上棉絮、被褥等，空间狭小，地铺上人挤人。那时，民工上工地实行半军事化管理，以行政区划组成工地管理机构，县工地指挥部称师部，区称团部，社称营部，大队称连部。工地出工的基本单位是连部，一个连一个司号员，人们听军号作息。食宿仍以生产队为单位安排，每个生产队有一名农民做饭。大米、蔬菜和烧柴是从生产队运来的。农民上工地修水利都是无偿出工。

1970 年 5 月 29 日，汉北河第一期工程竣工通水。天门县完成挖河土方 1955.8 万立方米，标工 1830 万个，后勤运输 400 万人次。1972 年至 1974 年，建成张家湖、沿湖、龙骨湖等一批配套涵闸。到 1974 年，汉北河天门段工程基本完成，天门县共完成土石方 3208.7 万立方米，标工 3003.7 万个，投资 1935 万元。

在开挖汉北河天门段时，挖埋有钉螺土地面积 7000 余亩。汉北

天门汉北河挖河现场

河开挖后，改善了白湖、华严湖的排水条件，有螺面积减少 27,100 亩，增垦农田 50,000 亩。汉北河实行河湖分家，使张家大湖、白湖、龙骨湖、沉底湖和庙洼汉等边河湖泊都建立了专业养殖场，发展了水产养殖事业。

汉北河的建成通水还改善了天门的航运条件，全年通航 100 吨级船队；天门每年大量商品物资通过汉北河运输，年运量达 20 万吨。

五、引来甘霖润泽大地

在天门西部汉江遥堤上，有一座雄伟的引水闸——罗汉寺闸。滔滔不绝的汉江水，通过引水闸进入引水渠内，翻腾着浪花，欢快地奔向天门大地。这便是为天门提供生产、生活、生态用水的骨干水利工程，被天门人誉为"命脉闸""幸福闸"。

天门自古以来未能解决好抗旱水源问题，除了天公恩赐无规律的降雨外，就只有靠湖泊塘堰的水救急了，农业生产不得不处于"望天收"的状态。可以想见的是，彼时站在汉江堤上眺望，堤内是渴望甘霖浇灌的广袤大地，堤外是奔流不息东流而去的汉江，那可望而不可即的江水，让多少天门人遗憾不已！

进入新时代，擘画大手笔。天门地势西高东低，从罗汉寺引进的汉江水顺流而下，可以自流灌溉平缓的天门大地，是一项效益显著的水利工程。

1959 年特大干旱，使引水工程成为众人注目的中心。天门县抗旱指挥部在工程设计紧张进行的同时，决定提前实行抗旱引水，于 9 月 19 日破汉江遥堤开挖明口，并开挖 24 千米长的引水渠。参加施工的劳力达 3 万人，仅用 6 天时间就成功地引进汉江水，为天门大地送来幸福水，引水流量约 30 立方米 / 秒。在此期间，县水利局完成了该工程的技术设计。

另一项重点水利工程，是天南长渠的挖掘。1959 年 11 月上旬成立天南引水灌溉工程指挥部，11 月 27 日，10 万余民工开赴工地正式动工。为了减少工程量，利用 51.3 千米的牛蹄支河故道作天南长渠下段，上段 51 千米全为平地开挖。

天南长渠开挖工程参加施工的有多宝、张港、黄潭、渔薪、耙市、横林、干驿、麻洋、卢市、小板等 10 个公社及城关、岳口镇、蒋湖农场、沙洋农场、白茅湖农场等，共计 10 万余民工。1959 年冬至 1960 年春形成大规模施工高潮，整个工地白天人山人海，夜晚灯火通明，人人争先恐后，干劲冲天。正值三年困难时期，工地遭遇各

天南长渠上的多宝节制闸

种困难，上段虽全面动工一直挖到谢家滩，但渠道断面达不到设计标准，多宝至罗台段渠底宽不够，最窄处只有 2 米，罗台至谢家滩段渠底宽也只有 6 米；下段需对牛蹄支河全面疏挖，干驿、麻洋公社的施工段没有达到渠底设计高程。由于已到 1960 年春耕生产大忙季节，工地指挥部决定工程暂停，民工返乡投入农业生产。

1960 年冬至 1961 年春，由多宝、渔薪、小庙、横林、麻洋、干驿等 6 个公社及蒋湖农场共派出劳力 3300 多人，继续实施天南长渠第二期工程，主要是清除第一期工程遗留下的界埂、高台，奋战 42 天，完成土方 11.2 万立方米。工程开始产生效益，但未达到设计标准，即使罗汉寺闸前水位达 37.2 米，引进流量也仅 25 立方米 / 秒左右。

1961 年冬至 1962 年春，继续组织施工，上段渠道底宽扩大到 6 米，并相继完成了一些渠系建筑物。1962 年 5 月，天南长渠全线通水，标志着这一宏大水利工程建成并投入运行。

天南长渠全长 102.3 千米，横贯天门市中南部，引入的汉江水顺流而下，灌溉沿途农田，从天门西部罗汉寺直到东部干驿界牌，成为一条输水大动脉。

为合理配置灌溉网络，天门人民又陆续开挖了中岭、青沙、东风、永新、天北、长虹等 6 大干渠，成为干渠、支渠、斗渠、农渠、毛渠成龙配套的灌溉体系，成为有效灌溉面积达 159.93 万亩的大型灌区，极大地促进了天门农业生产及国民经济的发展。

从罗汉寺闸引汉江水的这条灌溉长渠，因横贯天门中南部腹地，故名"天南长渠"。天南长渠建设之初，主要是为天门中南部广大地域提供灌溉水源，而天门北部地区主要靠水库提供灌溉水源，因北部低丘岗地的地势偏高，水库水由高处顺流而下易于灌溉。其弊端是水库蓄水量有限，灌区范围广，渠系长，大中型水库均位于京山境内，位于渠系尾端的天门地区常常面临灌溉供水十分困难的局面。为解决这一难题，唯有引入水量丰沛的天南长渠的水，使北水（水库水）与南水（汉江水）互为补充，相得益彰。故此，在天南长渠修建竣工不久，便着手修建天北长渠。天南长渠灌区原称罗汉寺灌区，后更名为引汉灌区，是全省排第三位，全国排第十八位的超大型灌区，灌溉面积 160 万亩。

在天门城区南部，一条宽阔的河渠碧水东流，两岸绿树成荫，花木扶疏，漫长的亲水步道、洁白的临水栏杆，构成市民休闲漫步的带状公园。这条为城市带来活力的河渠，其实是一条灌溉渠，名曰东风干渠，总长达 60 千米。

东风干渠，原名河山支渠、东风支渠，渠首在张港镇北部的河山庙。在天南长渠的六大干渠中，东风干渠是继天北干渠之后，最晚修建的一条重要干渠。

天门南部有一条古河，起于狮子脑（古岳口上街），途经新兴垸、东岳庙、桃林埠（薛熊滩）、车湘渡（邬越）、习家桥、小堤口（灯塔）、程桥、白场、冯庙至麻洋潭，称为狮子古河。这是一条历尽沧桑的古运河。据说，早在北宋端拱年间（988 年），朝廷为便利漕运上解营田的皇粮，发丁夫开通漕渠，自景陵（天门）狮子口入于汉江。那时，满载二百石米谷的木船，从这里成排扬帆襄阳，北进中原。狮子古河原来与汉江相通，河口距牛蹄口不远，两河皆是汉江的分流汉河，清朝后期为避洪水入境之害，两河均与汉江断开绝流，成为既无源流又无出口的死河。

在天南长渠开挖之时，利用原狮子古河河道疏浚扩挖，形成灌溉岳口、彭市、麻洋、多祥等地的分流灌渠，原称中岭支渠，后改称中

东风进水闸

岭干渠。中岭干渠长 47 千米，因其原为古河道，渠线逶迤绵长，沿途更有几处与深潭连通，为当地人民生产生活提供源源不断的活水。

此外还有青沙干渠、永新干渠等多个水利工程。一方水土养一方人，天门的水土成就了天门"米鱼之乡"和"文化之乡"的美名。

1987 年，天门花鼓剧团创作现代戏《水乡情》，剧团赴京演出，受到中央领导和首都观众的高度赞扬。戏剧大师曹禺看戏后在贺词中写道："喜滋滋，'水乡情'；活生生，盛日新景。怪不得，个个叫好，个个说行，真正行。"

2016 年，天门市委宣传部推出首张《天门民歌》光盘，10 首就有 5 首与水相关：《车水情歌》《割早稻》《赶秧雀》《襄河谣》《打湖草》。其中，《襄河谣》的歌词为：

> 襄河水哟黄又黄啊，河水滚滚起波浪啊。
> 年年洪水冲破堤，襄河人民遭灾殃。
> 窟窿多哟浪涛狂啊，河岸浑身是脓疮啊。
> 冲坏了多少庄稼地，冲走了多少茅草房。
> 笑嘻嘻，喜洋洋，打好河堤唱一唱啊，唱呀么唱一唱。
> 嗓子越唱越响亮，襄河变成了百宝箱啊。
> 襄河宽，襄河长，襄河喜得日夜忙啊，日呀么日夜忙。
> 人人跟着襄河唱，襄河是个好家乡啊。

天门人民战天斗地、耕耘家园，终于变水患为水利。《襄河谣》就是最生动的写照。

园林奇葩惊世界

由于历史久远，天门有明确记载的园林景观始自明朝，最有代表性的是5位著名人物的园林，即鲁铎的己有园、周嘉谟的采真园、陈所学的松石园、徐成位的冲漠馆、谭元春的剪石台。清朝时期代表性园林建筑有岳口熊葵园的熊氏花园，又名倚园别墅。随着岁月的流逝，这些古代园林已湮没于历史的尘埃中，唯从古人留下的典籍中可窥见一斑。近代以来，代表性园林建筑有胡家花园，它是华中地区仅存的巡抚官邸，被列为国家级文物保护单位。

一、己有园

己有园是鲁铎所建。鲁铎不搞攀附交际，闲暇时间，多用于清静读书，晚年辞官回家，居住在竟陵城外梦野台，建书院开学堂教导童子，自号止林老人。

兴建梦野台书院时，一同建起了"己有园"。明武宗正德十一年（1516年）八月，鲁铎因病请归得复，据城中梦野台作己有园，以为偃息所。台西构屋数楹为书院，藏图书、课子弟。

鲁铎仿楚辞体自作《己有园赋》《己有园后赋》，又有《己有园记》及与友人记游诗歌多首。己有园的"热度"也源于中晚明代文人士大夫怠于秕政、走向自我内心的修为及对"百姓日用即是天道"心学流行的体认有关，顺应的是以物欲为表征，以品茗、园冶、交游、读书、围棋……为场域的生活美学，其空间格局简直是明代园林生活的典范。

鲁铎以"山家"自称，因为他本身有服食（一种道家修炼方式）的习惯，喜欢堪舆之学，有点蓬莱不远人的道家风范，而梦野台书院则是己有园的入口。他说："自书院以东，别设垣镭。凡予入，则童子反扃焉。人莫敢呼。虽呼，亦复不闻。故池台、林亭诸处，自为一区，总名曰'己有园'。"

从梦野台书院进入己有园，居然像对暗语，涉重关才可入。对有幸受到主人邀约，进入其间游赏的客人来说，真有游于仙境之感。来访者中，不乏名儒显宦。

"客至，则葛巾野服，延坐或泛舟磐池，呼酒三数行，自歌古诗，歌有物外之趣。"鲁铎的风致可想而知。

梦野台书院大约竣工于公元 1516 年的重阳节。修成后，沔阳州府与景陵县学都前来献贺。鲁铎作诗记述了当时的盛况：

九日梦野台修砌适成用杜韵

荒台髡茸凭虚起，望极中原复汉滨。

圣代鸿图雄旷古，山灵老眼忽更新。

同升此日携诸幼，能赋从前阅几人。

郢客悲秋曾到未，试从乡国访音尘。

修台成同县学诸公登高

高台补茸前朝土，缥缈凌虚石磴危。

万里山河全盛日，百年宾从大观时。

菊开不减柴桑里，酒到休辞金屈卮。

新诗肯为浮生欢，只和齐山杜牧之。

曾任沔阳知州的李濂曾过访梦野台书院，其描述可窥一斑："丙子（1516 年）试守沔阳，而景陵其属邑也。时文恪公在告里居。余以公家事往来厥邑，聿访公于梦野台书院。猥辱款宴，文谈弥日。窃尝从公杖履泛磬池，眺凫洲，酌己有之园，游大椿之洞。徘徊于红雪、午阴之矶者屡矣。公不鄙寡陋，间出其著作示余。则见其根柢六经，春容醇雅。理到而辞昌，气充而意足，味隽而光烨。洋洋乎可以用之朝廷，奏之郊庙。诚所谓典则之文、和平之音也。"

可见，己有园与梦野台书院虽然是鲁铎别业，在景陵一带可是人文蔚起之区。它建立在鲁铎崇高的声望上，对当地的乡风民俗起到了极大的塑造作用。正是在这点上，童承叙赞道："穆穆黉序，蔼蔼弦歌。髦隽优游，道德观摩。化兴江汉，教重菁莪。礼乐弘敷，郡国是吡。"

二、采真园

采真园，明代周嘉谟在其老家干驿所建的园林，濒临古汉水（今天南长渠），风景秀丽。

周嘉谟晚年致仕归籍养老，在故里修了一处园林，名为"采真园"。"采真"一词来源于《庄子》。《庄子·天运》曰："逍遥，无为也；苟简，易养也；不贷，无出也。古者谓是采真之游。"自由自在、无拘无束，便是无为；随意简单、无奢无华，则易于生存；不予付出，就没有什么损失：这是古人推崇的采真之游。

同为干驿人的陈所学，与周嘉谟同朝为官，也是密友，自然是游园的常客，他以一篇《采真园记》，描述了园中美景及与主人周嘉谟探讨人生哲理的对话。陈所学描写道："从荆扉北入萝径，宛转数百武而遥，跨池为桥。从桥西入委巷，曲折数十武而遥，负池为草堂。堂中杂置经史、贝典、壶博之类，以便翻娱。面临孔道，车毂击、人肩摩之声，连日夜不休。湖光万顷，平楚苍然，一遥睇可尽收焉。"

借着陈所学的文字，500年后的今天，我们可以欣赏园中的美景："园中有冯虚阁，池水环带其后，修竹掩映于前。石几可据，芙蓉可集，平台可步。如果有客人来，举网即可于池中获鱼，即兴作出一道鲜鱼美食。再左转而深入，若杳然别一天者，则有亭在焉。负阴抱阳，四封苍翠。所植芦橘、梅李、桃杏、梧槐、葵榴、楂梨、君迁、文樿、棕桂诸果树，以数十百计。而河流之滴瀑也，帆樯之缤纷也；轮困之虹蟠也，比屋之鳞接也。远近浓澹，寓目可眺，是以寓目名亭耳。未也，复右旋而深入，有室廊如，奇卉、锦鳞、名蔬、嘉谷皆足以供适。幽靓庵蔼，蹊径隔绝，人迹罕有至者，最可以独适。室之中一几、一榻、一蒲团，闲则科头祖跣、踟跌其中，合气于漠，游神于玄，是以尚玄名室耳。"

周嘉谟功成身退，得偿所愿回家养老，心情舒畅，在采真园完建之后，乐得赋诗《采真园初成用壁间韵》：

采真园绕汉江滨，隔岸楼台一水分。

隐几坐看移石月，把杯频吸傍花云。

参差帆影中流见，欸乃歌声静夜闻。

双鹤唳从天外响，顿忘身世在人群。

牛蹄支河帆樯林立，桨声歌声不绝于耳。采真园与江北文昌阁对峙，一园一阁，一今一古，相映成趣。

采真园的绝佳风景与周嘉谟的雅致情怀吸引了众多仰慕者。陈所学写道："故其园最著闻，四方贤豪往往祈向裹粮，以愿得望见为幸。而君复性好客，客至必备宾主之礼。所交烟霞素心，数相过从。或浮白饮满，或清言解颐。童子唱淮南之曲，榜人奏采菱之歌。胸次气象，容与自得。而天地逆旅，万态泡沫，举不足撄其虑矣。"

三、冲漠馆

在天门市熙来攘往的老城区，有一条东西走向的长街，叫四牌楼街，虽然街道不宽，但是一条历史悠久的老街。这条街原名"中横路"，早在明朝时期就是城内繁华之地，矗立着徐氏四座牌坊，遂名"四牌楼街"。

据清乾隆《天门县志》卷二"建置"记载："四牌坊在县治西，为徐清、徐鹏、徐麟、徐成位立。"徐氏四座牌坊，为表彰徐氏父子四人而立，即：徐清，敕封文林郎；徐鹏，举人；徐麟，字仁卿，举人，授金华训道，天台山教谕；徐成位，字惟得，进士。这父子四人中，最有名的是徐成位。

徐成位，明朝隆庆元年（1567年）丁卯举人，隆庆二年（1568年）戊辰进士，仕至中丞。曾捐资重建南门桥，置田送贫民，建众善寺收留流浪者；去世后，城内建有祠堂，以表其德。

冲漠馆，是徐成位建造的一座园林建筑，作为自己归老故里的居所，成为当时县城一道亮丽的风景。他的好友李维桢、王稚登、陈文烛、费尚伊等，常同徐成位在其内赏景游玩、吟诗作乐，并有序记其事。冲漠馆旧址，在今天门市鸿渐路与元春路交会处西南，邮政营业厅所在地。

明朝万历年间李维桢所著《大泌山房集·卷之五十八》中，有一篇《冲漠馆记》，从这篇文章中，人们可以窥见四百多年前冲漠馆这一当时名园的概貌。

李维桢在文章开篇写道："徐惟得以观察大夫归，久之，而后有城南第。第之旁隙地，衡若干尺，纵若干丈。以其余力为冲漠馆。"徐成位身居观察大夫高位，致仕归故里，在县城南其祖籍地老宅居住，老宅旁边有块空地，徐成位将其营建成园林景观，作为休憩场所，名之曰"冲漠馆"。

冲漠馆的位置极佳，"入馆最南得阁，曰久青。两湖若珥，大河若带。负郭滨水而居者，户以万计；帆樯之往来者，日以数百千计。环堤而树，榆柳之属无算。其气郁葱暗霭，与邑中炊烟朝夕吐欲也。摩空群峭，在数十里外，作佛髻观，而是阁皆得有之"。进入冲漠馆，登上久青阁，满眼可见古城之水乡特色，东湖、西湖像一对玉石耳环分列县城左右两边，天门河如玉带飘过，万户民房滨河阵列，千帆民船往来如画，河堤绿树林带延伸至远方，城内朝夕炊烟袅袅尽收眼里。

从其下左入为洞，曰"白云深处"，夏不知有暑。从其下右入为亭，曰"四顾"，四方多植花树，四时以次妍秀，而编竹藩之。又从其右得石池，池所畜锦鳞累百，为石梁其上，击钵施食，人与鱼乐可知也。临池为轩，轩后皆苍筤竹，是名水竹居。从竹径右入为阁，曰"九玄"，藏书万卷。其左室以诵颜曰"适意"，其右室以寝颜曰"偃息"，而馆之能事毕矣。

客有游于馆者，馆人献疑曰："观察之经营此也，池亭洞阁，异体而同致；寒暑燥湿，异宜而同适；禽鱼花树，异类而同美。启居惟时，吟眺无常。外有宾从，内有子姓。上下论议，啸歌酬酢，耳目玩好备具，此亦天下之极娱也，乌在其名冲漠？"客曰："观察好养生家言，善养生家言者，无如漆园、柱下，道以冲漠为宗。夫水之性，不杂则清，莫动则宁；郁闭而不流，亦莫能清。人固若是，将盈嗜欲、长好恶，则性命之情病矣；将黜嗜欲、擘好恶，则耳目病矣。故举而归之冲漠，其视物之悦来，寄也，来不可圉，去不可止，顺物自然而无容私焉。见素抱朴，以恬以愉。故曰：万物负阴而抱阳，冲气以为和。游心于淡，合气于漠，而天下治矣。是天地之平而道德之质也。释氏亦然，应无所住而生其心，于世法中行出世法，是以不坏世相而成实相。岂必穷闾厄巷，终窭且贫，苦体绝甘，槁项黄馘，然后为冲漠也与哉？"馆人曰："客之言深矣。窃闻之老庄、儒者所不道，况乃贝典。请折衷于孔氏。"

客曰："孔氏之学，莫精于克复。克复之目，非礼则勿言、勿动、勿听、勿视，非并视听言动而一切绝之，如外道断灭相也。故曰：'素富贵，行乎富贵；素贫贱，行乎贫贱。'颜回箪食瓢饮，居陋巷不改其乐，则贤之。曾点偕童冠，浴风咏归，则与之。舜禹有天下而不与，则亟称之。意必固我，不留其中；仕止久速，相时而动。冲漠何大于是？"馆人曰："客之言正矣。顾犹泛也，请就馆论。"客曰："琼宫瑶台，章华虒祁，阿房未央，为世炯戒，墨氏矫之。治天下者，裘褐为衣，跂蹻为服，必自苦以腓无胈、胫无毛，是非素位，是犹有已也。文王为灵台灵沼，囿方七十里，鱼鸟麋鹿，充牣其中，雉兔、刍荛者悉往焉，天下不以为泰。诗人诵之曰：无然畔援，无然歆羡，诞先登于岸；不长夏以革，不大声以色，顺帝之则是则，冲漠者也。以观察之力为是馆，不丰不约，一宅而寓于不得已。彼视夫寒暑燥湿，造化之委和也；池亭洞阁，禽鱼花树，宾从子姓，造化之委形也。取无禁，用无竭；不内变，不外从；不雄成，不患失。因以为茅靡波流，其于冲漠几乎？"

馆人唯唯，以质惟得。惟得卑陬失色，曰："吾今乃为人所窥，如是馆矣。馆人其以客语记吾过，且记吾馆。"

徐成位对冲漠馆情有独钟，徜徉其间，悠闲自得，流连忘返，闲情逸致之间常常吟诗作对，有《冲漠馆十咏》传世，令后人感怀不已，辑录如下：

万劫由来一聚尘，秋风感叹二毛侵。

而今自驾柴车转，鱼在深渊鸟在林。

乞得官家梦里身，三湘鱼鸟伴幽人。

月团片片清肌骨，满地榆钱未是贫。

占得城隅半亩宫，泠泠松竹四时风。

何人解得烟萝意，便是云山一万丛。

百年踪迹付烟霞，三径松风两部蛙。

倚杖柴门无底事，书囊药鼎是生涯。

丛花片石暮烟霏，竹径萧萧长蕨薇。
手把琼枝独远望，瞳瞳初日照荷衣。

玉林烟薄槿篱空，香径参差待晚风。
红翠满庭明月到，自疑身在蕊珠宫。

深巷幽栖半野蒿，白衣柔橹送村醪。
开樽洗盏花阴下，旋剪春葱擘蟹螯。

酒痕狼藉杂莓苔，柳暗花明劝举杯。
蓬鬓强梳冠未正，夕阳又照玉山颓。

混样新弘碧玉寒，白榆初坠五云端。
鲈鱼正美无由得，斩取龙孙作钓竿。

芒鞋竹杖穿林樾，兰叶荷花香不歇。
洞庭春色琥珀光，管领烟霞弄明月。

四、胡家花园

天门河穿城而过，河北岸是一条古老的街道，以前叫河街，现在正式名称叫竟陵中街。这条古街目前以小商铺经营日杂百货为主，人来人往热闹非常。其实在古时，沿河几大码头人气旺盛，河街热闹程度超过如今。

随着岁月更替，河街已不复往日的景象，怀旧的人总是惆怅不已，不知不觉在街巷中寻找旧时的记忆。令人欣喜的是，河街地标性的古建筑——胡家花园，历经一百多年的沧桑变化，又重新展现在人们面前。

胡家花园位于竟陵中街与孝子里路交叉口，在沿街商铺密集阵列中，突现一片空旷的小广场，让人眼前一亮。

胡家花园始建于 1899 年，是清代山西巡抚、晚清洋务派重臣胡聘之故居。它是华中地区现存唯一的官厅建筑，是湖北省规模最大、保存最完整的晚清官邸，被誉为晚清"华中第一豪宅"。

胡家花园"轴线渐进，前厅后堂"，由主殿、厢房、前堂、客厅、厢楼、天井、花园组成。其府衙结合的式样，是清代建筑的典型代表，具有很高的建筑研究价值和旅游观赏价值。

胡家花园不仅是供人们休闲游玩的旅游景点，它在建筑艺术上也具有很高的成就，是留给后人的宝贵遗产。

胡家花园严整完美的总体布局承袭中国古建筑的独特风格。整个建筑以中厅为轴线纵深展开。中厅共五进两天井一过廊，建筑沿百余米的中轴线对称布置。从中厅大门向里行进，大厅、大堂、正厅、二堂、上房及书房，秩序井然地坐落于中轴线上。大厅与大堂、大堂与正厅之间有天井围合的小院落，两个天井都是十米见方，第二道天井略大，正中植一大树。天井除采光、通风之外，隐喻着"四水归堂"的含义。大厅是迎送宾客和会见一般客人之所。大堂的形制高于厅，为会见贵宾之所。正厅为主人办公处事之用。二堂则为办理婚丧嫁娶、处理家政之处。上房为夫人卧室。荣仁斋为绣楼，是子女的卧室及书房。整个建筑的功能分区明晰，空间由公共部分渐入隐私部分，同时充分体现了严格的封建等级及宗俗礼教制度。

　　胡家花园巧妙的结构体系堪称完美。东厅、西厅建筑开间约 15 米，略小于中央主体建筑，西厅前厅进深约 30 米。令人称奇的是，在如此大跨度的内部空间中，竟未看到一根立柱，同时室内光线充足，照明度能保证工作需要，通风与排水系统比较完整。室内采光主要通过两侧山墙的高侧窗以及屋面的两座老虎窗和均匀分布的亮瓦天窗来组织。结构的处理独特巧妙，通过横梁、三角梁以及异形梁的层层叠递，将屋顶及结构自重受力传递到外墙的壁柱上。老虎窗除用于采光外，还起到通风换气的作用。

　　胡家花园处处体现出建筑工匠高超精湛的手工技艺：外墙的山花，额柱，檐门处的木纹，窗棂屋架上的雕刻，柱础的收分，牛腿支架的造型及墙体的抹角等，无不体现出工匠们的精湛技艺。两侧山墙由马头墙形式组成，级级云阶高耸入云，建筑群的轮廓线参差错落，形象甚为壮观，生动地表现出威严显赫的官邸气势。其建筑形式、形制、结构处理手法明显带有中国北方民居的特色，同时又因地制宜地结合南方的气候特征，采取了相应的构造形式。另外，该建筑在墙体、天花板、门柱的装修装饰上，还带有西方装饰的特点，因而具有相当深厚的历史文化积淀。

　　从花园穿过官邸与学堂间幽深的巷道，就来到书院和学堂门前。书院大门灰砖青瓦，廊檐下两旁的木门柱上挂着楹联："兴科技改革振朝纲维新名将，护工商采煤修铁路洋务先锋。"

　　书院为砖木结构的二层楼房，廊檐下大门上挂着"勤政为民"的匾牌，大门两旁木柱上挂有"做国家之事自寻艰苦，察民众之心各圆其说"的楹联。

　　书院的一楼为胡聘之生平存列和业绩展示厅，他的官帽官服、在晋为官的政绩以文字、图片和视频的形式展示其中。二楼为胡聘之的书房，书房很大很宽敞，用珠帘分割开来，里面有雕刻精美的座椅和书桌。胡聘之作为山西巡抚，身处清末多事之秋，向光绪帝提出一系列富民强兵之策。1892 年，他发起筹建山西第一家工厂——太原火柴局。1894 年，他又筹建山西招商局，因甲午战争的影响，到 1898 年农历正月初一日始获诏准，着令"从速开办，以重军需"。他随即建成机器局，又提出兴建铁路、发展矿务的主张，筹备修筑自直隶正定府柳林堡至山西太原的铁路（即正太铁路）。身居官位，胡聘之忧国忧民，成为洋务运动的一员猛将。

从书院出来就到了仅一墙之隔的胡家学堂了。学堂东西两边的马头山墙由青砖白灰砌成，南北两面主要由木柱、横梁、木板和宽大的雕花玻璃门窗组合而成，既利于通风又保证了采光。学堂大门上面挂有"先生悦之"牌匾，大门两旁的木柱上挂着"遵道而行不负皇天后土，建功辄返还亲楚水荆山"的楹联。

走进学堂，用仿真塑胶制作的若干学生端正坐着，有一个学生正在先生的身边背诵，神态逼真，栩栩如生。学堂东头书柜里存放着唐诗宋词、《三字经》《弟子规》和算学等书籍，以供学生借阅。据史料记载，胡聘之十分注重教育，他主张"育才之道，首在兴学"，力主改变旧书院空读讲学、溺志词章的积弊，上书《晋省设立储才馆以育人才疏》得到光绪皇帝的支持，同时上《请变通书院章程》奏折，奏准颁布各省实施。他率先在太原令德书院开设算学、天文、舆地、农务、兵事等课程，延请硕学之士任教，以使学士"新法明通，兼达时务"。

走出胡家花园，游人的思绪穿越在历史与现实之间。古老的竟陵，似乎依然回响着青石板上时紧时慢的马蹄声。

古时，胡府的对面是胡家中药铺"恒春堂"。在"恒春堂"西侧有一条青石铺成的小巷直达天门县河，那里有胡府专用码头。

物换星移，朝代更替，胡家花园历经百年风雨，因自然破损、人为改建占用等因素，至 20 世纪初期已面目全非，东厅和私家园林已不复存在，主体建筑的前厅也被改作商铺，尚存的厅室破损失修。东厅于 1965 年改作盐业公司仓库，其余出租给 30 多户居民居住，临街门面出租用于商业经营。

为保护和开发胡家花园，2008 年胡家花园被批准为湖北省重点文物保护单位。2013 年 6 月，天门市投资 1800 万元，对胡家花园实施抢救性修复工程，恢复了原有的庭院景观，包括中厅、西厅、绣楼、书院及附属建筑等。在修复胡家花园的同时，天门市博物馆还征集了大量文字、图片资料和部分实物，以重现山西巡抚胡聘之在天门的晚年生活情况。2016 年底，胡家花园正式对外开放。2021 年 10 月，胡家花园景区被确定为国家 AAA 级旅游景区。

蓝天碧水宜居城

在武汉都市圈内，若论空气质量优良指数，长期以来非天门莫属。进入天门市区，悠悠白云飘散在湛蓝的天空中，清清碧水荡漾在河湖水域里。天门虽以山得名，却以水彰显个性，城区坐拥东湖、西湖、南湖、北湖四大湖泊。以前，天门有"百湖之县"的称号。中华人民共和国成立初期，天门市为治理水土增加耕地而围垦了一些湖泊。目前，全市45处湖泊都被加以生态保护与有序开发，其中张家大湖被列入国家湿地公园名录。遍及城乡的湖泊焕发出独特的魅力，尤其是穿越城区的河流与四大湖泊水系连通，源源不断的清流为美丽的天门城增添了一分秀美与灵气。天门是一座宜居、宜业、宜游的城市。

一、治污

天门河自西而来，宛如一条碧绿的丝带穿城而过，水清岸美，碧波荡漾，鱼翔浅底，蓝天白云，好一幅人水和谐的美景。

流经天门市区的东风干渠

摄影：许磊

但在十多年前，天门河还受到污染的困扰：上游养殖污染排放；天门船闸因防洪而阻断上下游畅流；加上城区雨污混流，生活污水直排，天门人民的母亲河污染越来越严重。

当经济发展与生态环境保护显现冲突之时，"绿水青山就是金山银山"的理念指明了社会的发展方向。天门市将水生态综合治理摆在突出位置，全面推进天门河水质问题的整改工作，强化重点流域水生态环境治理，坚持科学治理、精准施策，逐步扭转了环境污染的被动局面，河畅、水清、岸绿、景美的河湖生态环境逐步形成。

农村畜禽养殖经历过大发展阶段，但养殖主体数量多、分布广，畜禽养殖污染一直是影响生态环境改善最突出的问题之一。为此，天门市于 2017 年启动天门河、汉北河流域畜禽养殖污染治理工作，依情况对辖区内的养殖场进行关停、拆除、转产、禁养等处理。5 年之间，全市先后关停、拆除中小养殖场 2575 家，改造规模养殖场 538 家，全市规模养殖场治污设施全覆盖。

为解决生活污水直排天门河的问题，2018 年开始实施大规模管网改造工程，重构城区雨污管网，确保城区生活污水经管网流进污水处理厂；对天门河及其支流杨家新沟、大庙泓沟、谌桥河沿线开展截污整改工程，改造污水主管网和沿岸居民区连接管网；同时，实施城乡生活污水治理，开展乡镇污水处理工程建设。这项史无前例的雨污分流改造工程累计投资约 9 亿元，建设城区污水管网约 235 千米，改造截污管网约 35 千米、排水管网约 98 千米，建设集并井 184 个，解决 800 多户居民生活污水直排问题，实现 400 多家单位、学校、小区雨污分流。在天门河陆羽大桥下，一艘垃圾清运船缓缓驶过，身着橙色工作服的工作人员拿着网兜，仔细捞起水面上的漂浮物。水环境治理成效来之不易，为维护水生态环境质量，巩固治理成果，天门市常态化开展水环境治理与监管，定期对天门河城区段开展保洁工作，对水生杂草较多的水域集中"围剿"，清理水面漂浮物与岸边垃圾，开展天门河支流河道清淤工作，确保天门河河畅水清。

天门市农村人口比例高，生活垃圾量大，垃圾的再利用率低，生活垃圾随意倾倒和生活污水未经处理直排入河问题严重。全市采取统一治理模式，加强沟河湖渠内的水体垃圾清理，减少生活垃圾对水体的污染：26个乡镇办场园组建河湖保洁员队伍，468名河湖保洁员包保88个市级河湖卫生；建立河湖长制管理机制，全市43条市级河流、45个市级湖泊、224条镇级河流、7061个小微水体纳入管理体系，全市1200多名河湖长常态化巡河，实现河湖管理保护制度化、长效化。

为守护"天门蓝"，天门市创新举措、科学治污、铁腕出击、精准防治，持续开展工业污染治理、扬尘污染治理、餐饮油烟治理和机动车污染治理，坚持秸秆禁烧、城区禁鞭、锅炉禁煤，积极开展重污染天气应急保障和重点时段大气质量保障工作，空气质量明显改善，人民群众蓝天幸福感明显提升。2021年，天门市优良天数比例达到84.4%，较2015年提升19.2%，天门成为全省空气质量最好的地区之一。

二、浚湖

全市现存湖泊53个，其中，被列入省级名录的湖泊45个，湖水总面积37.38平方千米，其中千亩以上的湖泊有14个，湖水面积27.17平方千米。

张家大湖（亦名张家湖）位于九真镇，流域面积167平方千米，湖泊面积6.53平方千米。由于湖泊淤积严重、湖堤堤身单薄等原因，张家大湖外洪内涝问题突出。市政府引进投资2.31亿元，实施张家大湖综合治理工程，采取生态清淤、堤防加固、岸线整治、生境岛建设、水生态修复、退垸还湖等措施，改善水利条件与水生态环境，同时，开展张家湖国家湿地公园试点建设。2020年12月，张家湖国家湿地公园成功通过国家湿地公园验收，并免费开放，成为市民休闲旅游打卡目的地、受热捧的网红景点。

渡桥湖位于佛子山镇西南部，流域面积79.4平方千米。长期以来，由于大量围湖造田和围湖养鱼，导致渡桥湖最终全部被分割成农田、鱼塘。2020年6月，市政府开始实施渡桥湖综合治理工程，建设内容包括退垸还湖、堤防加固、岸线整治、生态修复，同时关停所有沿湖养殖场，并规划兴建渡桥湖湖光休闲旅游景区。如今，昔日被分割殆尽的渡桥湖重现烟波浩渺、水天一色的美丽景象，不仅能在汛期拦洪蓄峰，还成为人们休闲游玩的好去处。

张家大湖、渡桥湖综合治理工程，只是全市湖泊治理工作的一个缩影。天门市全面推进水环境综合治理，逐步实施退田还湖、退垸还湖，湖泊管理保护力度加大，全市湖泊生态环境得到明显改善，人水和谐的美景重回天门大地。

天门市的北湖也是市内的一道亮丽风景线，位于天门城区北部。北湖原本是沼泽地。湖区北岸的走马岭曾是晋代支公纵马之地，湖区南有古城堤。

北湖的形状像一把绿色的"玉如意"。以如意状的北湖为核心，周边依次分布内陆侨都文化广场、纸花现代艺术公园、水韵北湖湿地公园、侨都国际度假酒店、五洲风情园等功能区。

张家湖湿地公园

北湖是天门最大的城中湖，与城区内的东湖、西湖形成三足鼎立之势。它们既是天门市内重要的公共开放空间，又是重要的三块"生态绿肺"。

市政府改造北湖，把整个北湖片区农村变成城市，沼泽变成公园，片区的农民变成市民；在片区内新建学校、幼儿园、养老院、医院、商业网点和金融网点，完善配套，极大改善片区人民的生活条件。

北湖项目全面融入地下综合管廊、海绵城市等新技术、新理念。2019年底，天门市首条城市地下综合管廊——北湖城市地下综合管廊竣工交付使用，全长3463米。它的建成，意味着天门市地下管线老化、大雨内涝积水、"马路拉链"、污水垃圾处理等问题将得到改善，并消除北湖片区主要街道蜘蛛网式架空线，能更好地提高城市综合承载能力，满足民生之需。

北湖公园绿化面积近40万平方米，以原有乡土物种为生态基底，设立了包括垂柳道、早樱道、乌桕道等9个特色道，百果林、杉林、玉兰林等11个特色林，形成了"春花烂漫、夏日浓荫、秋日如染、冬季常绿"的丰富景观。

每天傍晚直至夜里，北湖公园都有众多市民畅游其间，有的坐在休闲椅上亲切交谈，有的伴着音乐跳起广场舞，有的边散步边听着音乐，有的骑着自行车环湖而行，有的陪着骑童车的孩子快乐前行，等等。与东湖、西湖相比，北湖公园不仅整个园区更大，而且小游园、小广场等供市民休闲娱乐的空间也更大。

一座城市，高楼林立，若有湖泊及绿地点缀在人来车往的喧嚣之间，定能让人心旷神怡，也为城市增添色彩。更难得的是，一座城市拥有这么多座湖泊，这只能归结于上苍的格外恩赐。天门，就是幸运之城。

北湖

三、建城

改革开放以来，天门城市建设突飞猛进，扩容提质，协调并进。尤其是进入 21 世纪后，城市建设投资暴增，城区面积不断扩大，城市功能不断完善，城乡面貌焕然一新。

改革开放之初，天门的交通建设进展缓慢，瓶颈制约尤其明显：进不来，出不去，走不快。在汉宜高速公路通车后，天门日渐边缘化。如今，过境天门并且设站的铁路就有沿江高铁、汉宜铁路、长荆铁路、江汉平原货运铁路。在沿江高铁汉川至钟祥诸站中，天门站距离中心城区最近。乘坐高铁到天河机场或武汉市区，也只要三四十分钟。过境天门的高速公路有武荆高速、许广高速、武天高速，位于天门的深水港口有岳口港和仙北港。20 多年前，公路崎岖不平，坑坑洼洼，与周边县市相比，落差明显——坐在车上摇摇晃晃，连盲人都知道车进天门了。现在，天门的交通瓶颈已彻底打通，水陆空均占尽地利。

中心城区道路骨架快速拓展，天仙大道、复州大道、竟东路、西环线、汇侨大道贯通合围，勾勒出了城区的轮廓。城区天门河大桥由撤县建市时的 1 座增加到 7 座，天堑变成通途，渡船几近绝迹。建成区已超 40 平方千米，是撤县建市时的两倍。

卫生、文化、体育设施加速建设，学校布局调整按下"快进键"，城市功能快速完善：陆羽广场、博物馆、图书馆、群艺馆、体育中心、工人文化宫、青少年宫、科技馆在天门市次第建成；天门职业学院从无到有，天门中学、天门实验高中、天门市实验初中、天门市实验小学、天门一小异地新建，天门外国语学校、天门华斯达学校、东湖学校、育才小学、华泰小学、万林小学新建；天门市第一人民医院、天门市中医医院扩建，天门市妇幼保健院、天门市精神病医院、天门市第一人民医院汇侨分院新建；市委党校异地新建，天门剧院改造；实施汉江引水至城区工程，新建第二自来水厂；等等。在天门城乡，最漂亮的房子是学校和医院。近几年，中心城区推进15分钟社区生活圈建设，有效方便了居民生活。

天门市以美丽乡村建设为抓手，着力推进生态文明建设。水泥路、高压电、自来水、天然气、有线电视以及垃圾转运实现村村通，农村居民生活环境加速改善。村民拼命奋斗，希望搬进大城市，希望吃上商品粮，这样的经历，这样的想法，如今成为笑谈。

阳春三月，走进黄潭镇七屋岭村，映入眼帘的是绿树成林、花团锦簇、鱼塘连片。前几年，村里水、电、路都不通，村民出行都是一个大难题。近几年，七屋岭村积极改善村容村貌，调整产业结构，形成美丽乡村建设与产业转型升级"两翼齐飞"的局面，获得"省级年度美丽乡村建设试点村""省级生态文明建设示范村"等荣誉称号。七屋岭村大力发展以"三军菊花基地"为龙头的旅游业，逐步打造集吃、住、行、游为一体的"农家乐综合体"，带动农民既"卖风景"又"卖特产"，让老百姓切实尝到"绿水青山就是金山银山"的甜头。在天门市，像七屋岭村这样的"省级生态文明建设示范村"共有90个。

有人说，如今，最惬意的生活其实是在慢节奏的中等城市。是的，天门就是这样一座环境优美又生活便利的城市：闲暇时间，可漫步竟陵中街，游览胡家花园之后，走进河岸小店，边嗑瓜子吃花生，边欣赏说书、皮影，体验一把古街小巷的民俗文化。约三五好友，参观博物馆、科技馆，四千多年前石家河文化藏品让人惊艳，现代科技动态演示妙趣横生，或者登临茶经楼鸟瞰小城风景，或者到剧院欣赏古韵悠扬的花鼓戏。进餐之时，街头巷尾既有高档酒店餐厅，也有特色大排档、快餐店，当然也有外卖饮食速送，人们可以各取所需，尽情享用。傍晚及入夜时分，在东湖、西湖健身步道竞走或漫步，或在南湖、北湖拉琴、打太极拳、跳广场舞，各随所愿。你也可以与友人约在陆子茶社，品茗听曲之余，探寻茶圣陆羽的传奇故事。如果驾车出游，则可广览天门风景名胜：皂市白龙寺千年佛光普照，九真张家湖湿地公园赏心悦目，石家河文化遗址情思悠远，佛子山茶园采茶品茗，陆子读书处虔拜"茶圣"，黄潭知青农场体验村风民俗，麻洋天海龙游乐园亲子同乐，方舟生态庄园走近珍禽异兽，小板采摘园亲手采果尝鲜等等，看不尽的自然风景，赏不完的古风文韵。途中饿了也没事，无论走到全市哪个地方，都可就近享用当地美食。

"茶圣"陆羽在《茶经》中引用汉代张载的《登成都白菟楼诗》云："人生苟安乐，兹土聊可娱。"当然，那首瑰丽长诗赞的是古时的成都。巧合得让人惊讶的是，如今成都仍然是当代无可争议的、让人艳羡的慢生活城市；而穿越千年的历史云雾，天门在新时代成为江汉平原宜居宜业的明珠城市，与休闲名城成都有不少相似之处，想必"茶圣"老祖若泉下有知，也会发出"兹土聊可娱"的慨叹吧。

勇立潮头，再创辉煌

淳朴、善良、智慧、敢为人先的天门人民，在历史的长河中，不仅用自己的勤劳双手创造了丰厚的财富，用聪明的才智谱写了光彩夺目的文化，而且用辛勤的汗水浇灌出了令人瞩目的奇迹。这些奇迹，在中国大地上，有如怒放在春天的朵朵鲜花，散发着浓郁的芳香。中华人民共和国成立之后，特别是改革开放以后，天门人民又创造了一个又一个新的奇迹。

农业发展的新成就

天门农业之兴旺，首推棉花。天门素有"棉乡"的美称，在 20 世纪的绝大多数时间里，天门农业总产值占 GDP 的 70%—80%，而棉花产值又占农业总产值的 40%—50%。天门是全国优质棉生产基地，棉花质量好，被誉为"棉中极品"、棉纺织中的"钢筋"。天门棉花产量高，曾 16 年总产过百万担，长期居全国县市之首。全国每 100 件棉织服装中，就有 1 件是用天门棉花生产的。而且，天门为国家提供的不仅仅是看得见、摸得着的实实在在的棉花，还有百万棉农在半个世纪里为全国棉花产业提供大量的高产技术、植棉经验及生产经营模式。

一、大力发展棉花生产，为国民经济纾困

棉花作为化工制造、国防军工、纺织服装的不可替代的原料，在国民生活中一直占据举足轻重的地位。特别是中华人民共和国成立后的近半个世纪内，我国棉纺业一直处于"吃不饱"、群众穿衣买布

一直凭票供应的状况，棉花被国家作为战略物资受到高度重视，周恩来总理亲自抓棉花生产。为了增加棉花生产和收购量，保障市场供应，中共天门县委于 1950 年 8 月，发布了《开展爱国售棉、购棉、储棉运动号召书》，并建立棉花联购委员会，实行统一等级、统一价格、统筹分配的收购办法。从那时起，天门全县上下劳力归田，人心向棉，"少吃一口饭，多产爱国棉"。"斗笠大，扁担长，处处种上棉花王"就是那个时代天门百万干群勒紧裤带、铆足干劲、战天斗地、勇爬陡坡、发展棉花生产的真实写照。随后的半个世纪，天门先后实行了预购政策、统购统销政策、合同定购政策以及相关奖售政策，极大地增加了棉花生产，增加了棉花供应。据统计，从 1949 年到 1996 年，天门调拨供应北京、上海、天津、山东等 21 个省市共 136 个棉纺厂，湖北省内 20 个棉纺厂的棉花总产量达 155 万吨，极大地填补了棉花紧张的缺口，为支援国家社会主义现代化建设作出了巨大贡献。

20 世纪 50 年代，为了发展棉花生产，天门县委就设置了棉花专干，负责棉花的相关生产、收购事宜；20 世纪 60 年代先后在农业、供销、金融等部门成立负责棉花生产、收购、储运、调拨的机构。1973 年，县委建立了棉花领导小组，组长由主管农业的县委副书记担任，副组长和成员人选由主管农业的副县长和有关部、办、委、局的一把手担任。领导小组的工作主要是负责棉花生产计划、政策贯彻、技术推广、高产竞赛、检查评比、结账兑现、棉花收购、接待参观团组。全县形成大办棉花的热潮，各行各业对棉花生产大力支援，从气象服务、金融服务、农资供应、化肥生产、水利建设等方面全力配合支持，谱写了一曲棉花增产的大乐章。

棉花生产，一靠政策，二靠科学，三靠投入。中华人民共和国成立以来国家陆续出台了一系列棉花政策，有力地推动了棉花生产的不断发展，使中国由缺棉国变为余棉国，由棉花进口国变为棉花出口国。

天门作为老棉区、产棉大市（县），对各项优惠政策情有独钟，特别是以棉吃粮政策和各种奖售政策，更是要求对棉花加价政策迫切、坚决执行。县（市）政府相应制定一些地方政策，保证了棉花生产的稳步发展。

从20世纪50年代开始，天门就开始抓棉花高产竞赛，坚持年年抓，一直抓到20世纪90年代，促进了天门棉花低产变中产，中产创高产，高产变更高产，平衡大增产。

从20世纪50年代到20世纪70年代，不论是大队、小队，还是干部试验田和高产田，只要绝对产量高，就会分别受到大队、公社、县级的表彰和奖励，如渔薪的新建大队、黄潭的新华大队、小庙的灯塔五大队等就是这一时期涌现出来的棉花高产大队。以雷培炎、程书远为代表的一批棉花生产先进人物也是这一时期评选出来的农业劳动模范。

20世纪80年代到20世纪90年代，高产竞赛逐渐升级为"亩十万棉竞赛""高产优质高效竞赛""高产综合达标竞赛""高产村组农户竞赛""百、千、万科学植棉能手赛"。与此同时，相关高产单位间还开展了对手赛，市农业局、市妇联等有关单位还组织了自己命名的相关竞赛。

这类竞赛，除了竞赛内容与时俱进、不断提高，相关奖励也随着时代的变迁而逐渐变化：20世纪50年代的奖励只是大红花、奖状，60年代进化为奖旗、政治鼓励，70年代奖励生产工具，80年代奖励大彩电、自行车、石英大挂钟等物资，90年代的奖励以现金为主。通过这些竞赛，天门市不断地涌现出植棉能手、高产典型，弘扬了棉农的拼搏精神，调动了基层干部和广大棉农的生产积极性，促进了天门棉花的产量不断提高、效益不断增加，为保障国家的棉花供应作出了突出的贡献。

二、不断探索种植模式，为全国棉农作示范

据相关资料记载，天门的棉花种植始于元代初年，经过数百年的不断探索，产量不断提高，种植面积也不断扩大，到19世纪40年代，种植面积曾一度达到38万亩。特别是中华人民共和国成立后，人民政府不断出台各种鼓励政策，使棉农的积极性空前高涨，棉花种植面积不断增加，种植面积最高超过77万亩。天门市棉花种植模式不断革新：全面改撒播为条播，改迟播为适时早播，改稀植为合理密植，推广更换优良品种、化肥提苗、农药治虫等等，使天门棉花产量不断提高。同时，天门市还不断向外界传授自己的棉花种植经验，为全国的棉花生产起到了良好的示范作用。全国先后有5次在天门召开棉花生产现场会，会后有19个省市产棉县的近万人来天门参观棉花生产和学习植棉经验。1973年，中央领导曾两次视察天门，关心指导棉花生产。从1974年开始，天门瞄准"百万担"的目标，提出了"三年三大步，一年上陡坡"的奋斗口号，到1976年，天门棉花总产首次超过百万担，实现了百万棉农百万担的棉花梦。1977年6月，中共中央领导来天门视察棉花生产，天门百万棉农喜借东风，乘势而上，又创造了棉花总产、收购量双超百万担的佳绩。

1956年，天门小庙乡皮棉亩产首次超过50公斤，成为全国第一

个皮棉亩产超过国家纲要规定的指标的乡，荣获国务院奖状。次年2月，北京农业展览馆展出其成果。8月，农业部组织江苏、浙江、江西、安徽、湖南、湖北、云南、贵州、四川、陕西、河南等省近300名代表参观天门小庙乡的棉花生产。1958年，全国棉花"跃进"增产现场会代表316人，在农业部的组织下，参观小庙、张港等地棉花试验田和丰产片。

1957年，黄潭乡新华农业生产合作社社员邓昌盛创造的棉花中耕器、自动喷雾箱在北京农业展览馆展出。1958年12月，小庙公社灯塔五大队党支部书记，植棉能手傅文官出席全国社会主义建设积极分子大会，荣获国务院奖章、奖状。同年，张港公社党委书记张家庆代表棉花生产先进单位，赴北京参加农业社会主义建设先进单位代表会议，获国务院奖状。

1960年，张港新合大队植棉能手张发山应邀参加《中国棉花栽培学》的审稿工作。1963年，中国农业科学院棉花研究所3人来天门渔薪新建大队蹲点，研究总结南方两熟棉区麦棉套种经验。

1964年，天门县委书记孙连清赴北京参加第二次全国集中产棉县代表会议。次年，健康大队党支部书记程书远参加全国棉花会议，获国务院奖状。

1966年，天门县副县长邹梓根赴北京出席全国第五次棉花生产会议。会上，周恩来总理表扬天门县1965年皮棉总产93万担的好成绩。会后，各地代表数千名来天门参观。同年，国务院棉花标准改革领导小组在岳口举办棉花品级实物标准改革试点，9月全国棉花标准改革会议在天门召开。

1969年，健康大队党支部副书记丁金庭参加全国棉花先进代表国庆观礼。

1970 年，天门县农业局副局长参加《中国棉花栽培学》的审稿工作。

1975 年，湖北省委书记赵辛初带领工作队来天门棉区黄潭公社向阳大队蹲点。

1976 年，全国棉花生产中后期管理现场会在天门召开。同年，中国科学院棉花研究所在天门召开全国棉花高产栽培技术研究会。

1977 年，党和国家领导人在国务院会议厅接见天门县委第一书记唐玉金、副书记张道洲等人。

1979 年，植棉能手、渔薪公社党委副书记雷培炎出席全国农业劳动模范大会，荣获国务院颁发的全国劳动模范证书和奖章。

1982 年，由农业部、化工部主持在天门召开了全国棉花施用硼肥现场会，来自湖北、江苏、上海、河南、河北、山东、湖南等省市主产棉县的土肥站负责人及有关科研、教学等 87 个单位的 150 多名代表参加会议。同年，上海科技电影制片厂在天门拍摄科教片《棉花使用硼肥》。

1986 年，全国《棉花原良种产地检疫规程》审定会在天门召开，中国科学院、北京农业大学及全国 13 个省市的 43 名代表参加了会议。

1987 年，全省棉花生产现场会在天门召开。产棉县市分管农业负责人和棉办主任参加了现场会。同年，市委副书记马荣华在全国优质棉基地建设会议上代表天门做了"抓基地建设，促棉花生产"的典型介绍。

继 1987 年后，1988 年和 1989 年，全省棉花生产现场会又相继在天门召开。

1992 年 12 月 21 日下午 3 时至 4 时 35 分，党和国家领导人及有关部委负责同志在省委书记关广富、省长郭树言、副书记回良玉、秘书长张洪祥等同志的陪同下视察天门。在天门皂市镇委办公大楼与荆州天门干部群众座谈农业和棉花的问题。听完汇报后，中央领导指示："总的来讲农业的基础地位是要深刻牢记的，不管是在农村还是城市，农业为基础的思想永远不能丢。粮食……这个问题到将来，到我们社会主义明天，都要认真对待……始终不能掉以轻心。其次就是棉。棉是穿衣的问题……没有粮食吃，那就难以生存，是生命的源泉。那你没有棉花，没有衣穿也是不行的。"座谈会上，中央领导还亲切地接见了植棉能手宋桂枝，勉励她把植棉技术传授给周围的农民，为国家多做贡献。

1993年，来自湖南、河南、江西、安徽、湖北五省的农业厅分管棉花生产负责人到天门参观精加工棉种大样板。同年，植棉能手宋桂枝作为全国10个农民代表之一，应邀赴京参加全国棉花工作会议，受到中央领导的接见，并作为唯一的农民代表在会上向全国农民发出倡议，倡导农民科学植棉，再攀植棉新高峰。

1995年，全省棉花生产现场会再一次在天门召开。

三、深入钻研高产技术，为科学植棉立规程

棉花要增产，除了扩大种植面积，更主要是增加单位面积的产量，而增加单位面积产量的有效方法就是使用行之有效的新技术。天门市从一开始就充分发挥农业科技工作者的作用，采取先小面积对比试验，证明有增产效果，然后扩大示范，取得成功后，再大面积推广的方法。这些技术的推广，促进了棉花生产的不断发展。为了提高棉

花单产，天门不断研究、完善棉花"三新"技术（新品种、新模式、新技术）。1975年，农业科技人员选育的"天棉一号"新良种在全县推广普及，为1975—1977年连续三年棉花总产过百万担立下了汗马功劳。之后，该新良种在湖北、湖南、河南、安徽、江西、江苏等主产棉省得到了推广种植。农业科技人员先后于1972年研制了"7216"红铃虫、芽孢杆菌种，1978年研制了"78-3型"棉铃虫多菌体病毒杀虫剂，1979年发现了红蜘蛛的天敌——德氏钝绥螨等生物农药和害虫天敌，开创了生物防治生态农业的先河。20世纪80年代初，广大农业科技人员在长期的生产实践中总结出来的科学植棉"三字经"，不仅在全县普及推广，还在全省推广适用。

20世纪50年代的试验示范主要集中在播种方式及播种时间，使播种方式由解放初期的撒播逐步改为条播，而后发展到50年代后期的穴播。播种时间也由5月底逐步提前，到20世纪60年代提前到谷雨前。60年代，天门围绕种子进行了大量的试验示范：一是使用硫酸脱绒技术，提高棉种播种品质，在增强发芽率、防病保苗方面收到了良好效果；二是进行药物拌种试验，对杀菌杀虫药物进行拌种，从前期开展病虫害的防治；三是进行新品种的引进、试验、示范以及老品种的提纯复壮，不断提高品种的生产潜力，后来在全省大面积推广的"天棉一号"就是在这一阶段打下的基础。

20世纪70年代是天门引进、试验、示范、推广棉花新技术的高潮阶段。这一时期不仅各乡镇（公社）设置了农科所，各村（大队）也专门设立了农科站负责示范和推广新技术。据初步统计，这一阶段引进试验的新技术逾千项，最后示范推广的也有一百多项，主要包括：赤霉素涂茎、矮壮素应用、乙烯利催熟等激素类药物的应用；根外喷硼、叶面喷磷酸二氢钾、施用"5406"菌肥等非土壤施肥；去除早蕾、打旁心、打顶心、延迟收获期等操作模式的运用；麦棉套作，合理密植，土面增温剂育苗，杂交优势的利用，各种物理防治、化学防治、生物防治棉花病虫害的技术。经过这一阶段的新技术的推广，天门的棉花种植水平得以大幅度提升，棉花生产年年都有提高。1976年，天门成为全国第一个棉花总产过百万担的县。

从 20 世纪 80 年代开始，天门的植棉技术逐步进入"高精尖"领域。天门市积极引进和推广国家和省级农科院试验后的有较大潜力的成熟技术，到本地后经过精准细化的示范，再系统化地进行推广。这一系列的高标准的技术，从品种选择、种子处理开始，将棉花生产各环节的技术进行集成，经过逐步的配套完善，使之系统化、科学化、规范化，最后形成一套完整的规程——《营养钵育苗移栽技术规程》。这一操作规程经湖北省农业厅批准，1989 年 7 月由湖北省标准局发布实施。只要让整个江汉平原棉区和湖北丘陵棉区的棉农严格按照这一规程操作，就可以获得较高的产量和较好的收益。

在 20 世纪 90 年代，天门市在《营养钵育苗移栽技术规程》的基础上，又研究发布了直播地膜棉和移栽地膜棉（又称双膜棉）的高产技术规程，为天门棉区及相关棉区增产增收作出了巨大贡献。

四、加长加粗产业链，为棉花行业试点

我国的棉花在 20 世纪 90 年代前一直处于供不应求的状态，随着改革开放的不断深入，原有的计划经济体制严重地制约了棉花经济的发展。在 20 世纪 90 年代初期，国家对棉花生产的刺激政策，虽然调动了棉农的生产积极性、缓解了棉花紧张的局面，但由于流通体制长

期"三不放开"，使得整个产业链难以获得突破性进展，众多流通企业陷入亏损状态，纺织企业大量倒闭。导致棉花收购"打白条"，棉农"卖棉难"，收入下降，生产积极性受到影响。

为了搞活棉花生产、棉花经营、棉纺织业乃至整个棉花行业，天门市于1994年开始酝酿实行棉花贸工农一体化。1996年，天门市政府向湖北省政府、国家经贸委上报了实行棉花贸工农一体化试点的请示。1996年8月，国家经贸委正式批准在天门进行棉花贸工农一体化试点，随后省人民政府也下文批准了天门市的棉花贸工农一体化试点方案。

天门市棉花贸工农一体化试点的主要内容是：以天门西南部的7个乡镇和2个农场的25万亩棉田为基地，湖北天门金田纺织工业有限公司为龙头，实行紧密的组织形态、一体化的经营方式、产业化的发展方向、股份化的利益联结，向"四条产业链"和"五个一体化"的方向发展。

"四条产业链"即以科学植棉为基础的良种培育、棉花生产原料产业链，以棉花为原料的纺纱、织布、印染、服装产业链，以棉秆为原料的纤维板、建材、家具产业链，以棉籽为原料的棉籽油、高级食用油、精细化工产业链。"四条产业链"齐头并进，可以将基地的棉花、棉秆、棉籽全部吃干榨尽，实现多次增值。

"五个一体化"即集先进的技术设备于一体，集科学的管理方法于一体，集优秀的人才于一体，集植棉、纺纱、织布印染、服装于一体，集农工商多元化经营于一体。"五个一体化"使天门得以建立起一个现代化的贸工农一体化的大型企业集团，在同行业中达到全国第一、世界一流。

国家经贸委和省人民政府批准天门的棉花产业化试点后，在国家计委、国家体改委、农业部、纺织工业总会等众多部门的支持下，1997 年试点正式展开。经过几年的运作，到 1999 年，试点取得了很大的成功：一是广大棉农享受到多方的利益，除了植棉收入，还取得了部分产品的增值分红；二是棉花经营企业效益提高，主要体现在降低了仓储、保管等各环节的成本；三是纺织企业产品质量及原料来源有了保障，企业产品质量从源头抓起，经济效益有了很大提升。

天门市的棉花贸工农一体化试点作为全国棉花行业的唯一试点，在较短的时间内为搞活整个棉花产业链进行了全面的试运行并积累了宝贵的经验，同时接待了全国众多地方政府、管理团体及企业单位的参观学习，并将相关经验介绍、推广到全国，为全国棉花行业的全面脱困作出了突出贡献。

农村改革的新飞跃

  天门市农村改革的第一次飞跃是以"大包干"为标志的家庭联产承包责任制的实行;第二次飞跃是以发展"高产优质高效农业"为目标,形成以"三足鼎立"农村经济格局为特征的农村产业结构调整;第三次飞跃是为了适应农村市场经济体制的要求,各类农民专业合作社、家庭农场等新型农业经营组织的大量涌现。

  天门市农村改革的第一次飞跃,是在安徽凤阳小岗农民"冒险"改革的冲击下迅速展开的。中华人民共和国成立之后,农村经营体制先后经历了"单干""互助组""初级合作社""高级合作社""人民公社",特别在人民公社期间,农民"上工像拉纤""生产磨洋工""收工像飘箭""干好干坏一个样""干多干少一个样""干与不干一个样",致使农业生产质量下降,农产品减产,不久又经历了三年困难时期,给农民带来了深重的灾难,曾一度出现大饥荒。农民没粮吃,就去挖草根、剥树皮、挑野菜度日,靠咽糠饼维持生活。"大呼隆"的经营模式和大自然的惩罚,给天门农民以深刻的教训。十一届三中全会之后,在党中央的号召下,在小岗村农民的影响下,经历了风风雨雨之后的天门农民,迅速推进以"大包干"为主要形式的家庭联产承包责任制。饱受旧体制之苦的天门农民生产积极性获得了历史性的解放，长期被压抑的生产积极性空前高涨，农村生产力水平迅速提高，农产品大量增加，农民收入大幅度增长。长期困扰农村的农产品有效供应不足、农业生产徘徊不前的局面得以改变，在短短几年时间内，农民的温饱问题得到了彻底解决，农村呈现出一派生机勃勃的景象。这场伟大变革给僵化的旧农村体制以猛烈冲击，波澜不惊的农村经济从此活跃起来。

天门市农村改革的第二次飞跃以第一次飞跃为基础，在促进农村经济全面振兴方面迈的步子更大。第一次飞跃解决了农民与土地的关系问题，但由于仍然是大宗农产品的指令性的种植，农民仍然没有完全意义的自主权，因而不可能突破单一种植模式，按市场需求发展商品生产。后来，国家取消了农产品统购统销，改为合同订购，这就给农民合理支配资源，继而带动整个农村经济结构、产业结构调整提供了可能和条件。如果说，第一次飞跃带来了农村经济的增量型发展的话，那么第二次飞跃带来的则是农村经济的增效发展。其突出表现就是农村产业结构得到合理调整，"三足鼎立"的农村经济结构开始形成：一是传统农业焕发生机。农民生产积极性的高涨，农业科学技术的推广，优化种植模式的普及，农业社会化服务体系的完善，使得传统的粮棉油生产继续保持增产增效势头，并为发展农村多种经营创造了一定空间。二是乡镇企业异军突起。这些生存和发展于国家计划经济之外的经营实体从一开始就按市场需求组织生产，带有完全意义的市场经济基因，在夹缝中显示出顽强的生命力，迅速崛起而成为农村经济的一大支柱。三是多种经营迅速发展。各具特色的多种经营生产已由第一次改革时期的单个大户向一乡一业、一村一品、集约经营规模发展推进，与传统农业、乡镇企业并进，形成三分天下的经济结构。"三足鼎立"农村经济结构的形成，使农村经济结构趋向合理，农村综合经济实力明显增强，农民收入稳步提高。与此同时，天门农民大量进入流通领域，奔向沿海，奔向经济发达地区，去开创新的业绩。

天门农村改革的第三次飞跃，是农村经营组织由单一的家庭联产承包责任制向适度规模经营的农业生产合作社、家庭农场、股份制有限公司的跨越。这一新型的农业经营组织为农村经济的发展提供了源源不断的动力。这种完全出于自愿平等的合作经济组织，与二十世纪五六十年代的合作化时期的合作有很大的不同，"今看花月浑相似，安得情怀似旧时"。

2006年10月31日，第十届全国人民代表大会常务委员会第二十四次会议通过了《中华人民共和国农民专业合作社法》；2008年，党的十七届三中全会报告，第一次将家庭农场作为农业规模经营主体之一；2013年中央"一号文件"再次提到家庭农场，并鼓励和支持承包土地向专业大户、家庭农场、农民合作社流转。在党和国家的提倡、鼓励和支持下，从2013年开始，天门农民专业合作社以年均增加320家的速度飞速增长。到目前为止，天门市有国家级示范合作社15家，省级示范合作社241家，市级示范家庭农场181家。从2007年到2022年，经过15年的努力，涌现出了不少在全省乃至全国都有影响力的农村生产合作社，其中最有名的就是"华丰模式"。

2009年3月16日正式注册登记成立的天门市华丰农业专业合作社流转经营的土地达86,000亩，农机总装备量460台/套，固定资产1.2亿元，年经营收入1.08亿元，社员人均收入达8万元。合作社拥有占地面积4600多平方米、建筑面积2520平方米的办公培训大楼、维修车间和场库棚以及占地面积4000平方米的现代化育秧工厂和占地面积 11,000 平方米的粮食烘储中心，占地面积 5 万平方米的秸秆收储板芯制造厂、土地流转中心和农产品展示区。

华丰农业专业合作社目前已在全国各地及东南亚地区成立了 21 家分社，总社加分社土地面积共计 40 多万亩。合作社计划 5 年内，将土地面积规模扩大到 100 万亩。

华丰农业专业合作社理事长吴华平是一个智慧、勤奋的农民。早在 1985 年，他就先富了起来，盖起了"小洋楼"。1999 年，他成为种粮大户，每年收入十几万元，曾被国务院授予"全国种粮售粮大户"称号。创办华丰农业专业合作社之后，他又被授予"湖北省农业领军人物""全国十佳农民"荣誉称号。

招商引资的新举措

　　1995 年 5 月，天门市委、市政府根据全国经济发展走向，及时发出了"引凤还巢"，实施"回归工程"的号召。"回归工程"即通过政策宣传，感情联络，动员、组织在外打工经商的天门人，实施资金、技术、项目、信息还乡，兴办企业、实业，促进地方经济的发展。"回归工程"一经提出，就吸引了在外经商的天门人。他们情系家乡，纷纷回乡投资兴业，很快在天门这块美丽的热土上形成了一股来势汹涌的"回归"潮！1996 年 5 月 13 日，《中国乡镇企业报》以《敞开天门，引凤还巢》为通栏大标题，报道了天门实施"回归工程"的做法与成效。从此，天门的"回归工程"便引起了各新闻媒体的关注和世人的瞩目。

　　1995 年下半年，天门市委、市政府把实施"回归工程"作为振兴经济的一项重大战略措施，到 1997 年下半年仅两年的时间，就取得了显著成效。全市回归企业 200 多家，回归资金 5 亿多元，吸纳大中型技校毕业生 1000 多人，为 800 多名城市下岗职工提供再就业岗位，消化农村剩余劳动力 12,000 多人，建成农业产业化龙头企业 12 家，创经济效益 2 亿多元。不仅如此，回归潮的兴起也使天门与国内外市场联系得更密切了，与外界的交流更自觉、更频繁了。天门人的思想再次大解放，视野再次大开阔，才能再次大升华，发展经济的信心再次大增强。

实施"回归工程"是发挥天门优势的明智之举。一个地方的快速发展就如同一个人的发展一样，要扬长补短，善于用足、用活自己的强项。天门人口众多，全市总人口160多万，在湖北省各县市居首位，其中外出务工经商人员50多万。除外出务工经商人员，还有众多天门籍在外工作人员、海外华侨华人，这"三外"人员是天门最现实也是潜力最大的优势。因此，必须打好这张牌，让"三外"优势充分发挥，转化为最直接的现实生产力和巨大的经济社会效益。

实施"回归工程"是抢抓历史机遇的最佳选择。机遇是千载难逢的也是瞬息即逝的。"回归工程"提出时，早期外出务工经商的成功人士已经完成了资本的原始积累，正欲谋求更大的发展，特别是经商利润相对下降，必然使他们把资金投向工业领域和农业产业化领域，这成为他们新的追求目标。天门市委、市政府正是顺应这一要求，抓住这一机遇，及时提出了"回归工程"：提早了，时机不成熟；提迟了，"三外"人员就会在经商所在地适时实施资本转移，彼时再动员他们回乡兴业，困难就大了。

实施"回归工程"适应了国家发展经济战略转移的方向。当时，国家先后制定了一系列促进中西部地区经济发展的政策和措施。国家经济发展的重点开始从沿海向内地转移，从东部地区向西部转移，在外务工经商人员由沿海和经济发达地区向家乡转移的历史机遇期，一些有远见卓识的天门"三外"人员就带资金、带技术、带信息、带项目回乡兴业，他们的这一举动，正符合了时代潮流的大趋势。

海上生明月，潮涨万里银。为了乘势而上，1998年底，天门市委、市政府适时提出了"三抓三促"的指导思想，即"抓回归、促引进；抓小的、促大的；抓老乡、促老外"，使"回归引进"工作高潮迭起。到 2017 年，全市共回归引进项目 425 个，一些规模较大的企业，如顾翔制冷、国登制冷、莎丽绿色建材产业园、天门苏州纺织工业园、他她爱乳胶、宇电新能源、天门外国语学校、天宜学校、天之泓源等回归工程项目落地天门。通过不断改进和创新招商引资方式，大力实施"回归工程"，天门市形成了以纺织服装、生物医药、装备制造、农副产品深加工为主的四大支柱产业及以电子信息技术、新能源、新材料为辅的新兴产业。

（一）纺织服装产业

到 2024 年，全市共有纺织服装企业 2069 家，其中规模以上企业 47 家。纺织织造类企业 22 家，年纺纱能力 80 万锭，年织造能力 2880 万米。服装加工类企业 1600 多家，年生产能力 2.1 万件，年销售 1.8 亿余件（套），年销售 100 多亿元。初步形成 6 个服装产业集聚区。

（二）生物医药化工产业

现有高新园生物产业园（核心区）和岳口工业园 2 个省级化工园区，规模以上生物医药化工企业 52 家。重点企业有益泰药业、华世通医药、人福成田制药、延安制药、润驰环保、优普生物等。

（三）装备制造产业

以机械制造、模型制造、智能家居产业为主。天门现有规模以上机械制造工业企业 65 家，涉及纺织、机械、环保机械、粮食机械、工程机械、石化机械、电线电缆等 10 多个行业，主要产品有并条机、各类环保车辆、冷风机、冷凝器、电梯、渣浆泵等 100 个品种。徐工集团生产的各类环保车辆年销售额近 4 亿元。

（四）农副产品深加工产业

市级以上农业产业化龙头企业 115 家，其中国家级 3 家，省级 15 家，市级 97 家；有省级农业产业园 2 个，省级农业产业化联合体 4 个。2021 年，农产品加工产值达 368.9 亿元。

（五）电子信息产业

现有电子信息企业 30 家（含在建项目），初步形成了以鸿硕电工、宝昂新材料、应友光电、芯创电子等为代表的电子信息产业集群。

在外赤子千千万，回归后浪推前浪。泰康人寿保险公司董事长、楚商联合会会长陈东升情系家乡：捐赠 1000 万元兴建天门市图书馆（万林图书馆），并捐赠 100 万元图书；捐赠 4000 万元建造天门泰康大桥；捐赠 9000 万元建设万林实验小学。而陈东升只是回归潮中的一朵浪花。

目前，"回归潮"汹涌澎湃，数以万计的沿海服装企业回乡兴业，一个"买全球""卖全球"的服装电商城将会展现在世人面前。

城市建设的新面貌

冯骥才先生把城市比作生命，他曾在书中写道："城市和人一样，也有完整的生命历史。从其诞生至今，与自然环境和人文环境相互融合。一代代人创造了它之后纷纷离去，却将此转化为一条条老街道、一座座名胜古迹，还有民间手艺、历史人物……"

时光无言，标记奋进者的坚实步履。

天门是一座怎样的城市？拉一条时间轴，追溯改革开放以来天门城市建设的缩影，或可管窥一二。

一、不断修编的城市规划图

从空中俯瞰，如今的天门城区，高楼林立、路网纵横、河湖交错、绿树成行，现代都市风光与水乡园林景色兼具。

截至 2024 年 6 月，天门中心城区建成面积 48 平方千米，城区常住人口达到 30 万。

改革开放以前，天门的城市建设基本处于停滞状态。到 20 世纪

东湖风光

摄影：张业华

70 年代末，竟陵才形成了以鸿渐路、元春路、孝子里、南湖广场为核心的商业中心，城区人口不到两万人。

1978 年以后，特别是随着 1987 年天门撤县建市，城市建设才真正被提上日程。有道是"不谋全局者，不足谋一域"。在城市长远发展的过程中，规划的重要性不言而喻。1988 年，天门市规划管理局成立，标志着全市的城市规划管理工作迈上正规化、科学化、法治化的发展轨道。

在从 1978 年改革开放至今的 40 多年时间里，天门大致提出过 4 个版本的总体规划。在各版总体规划的指引下，天门的城市建设和发展也先后起到了引导改革开放后城市建设跳出计划经济约束、对外空间扩张、转变发展路径的作用。

第一部具有法律权威的《天门市城市总体规划（1988—2000）》于 1989 年 5 月由湖北省人民政府批准实施。从此，全市的城市建设有了科学依据，严格实行"审批一支笔，建设一张图，管理一盘棋"，有效地维护了总体规划的权威性，刹住了违章建筑和乱搭乱建的歪风。

1994 年，天门市城市规划设计研究院修编《天门市城市总体规划（1994—2010）》，确定了中心城区范围为"四办 + 新堰"，城市性质为以发展纺织、机械、食品加工为主的中等城市。

2000 年，湖北省城市规划设计研究院修编《天门市城市总体规划（2000—2020）》，按照中等城市建设发展规模的需求，站在新世纪可持续发展的高度，注重适应市场经济形势和发展经济环境，在城市建设发展方向为侨乡工业园区、竟陵工业园区、钟惺大道西端、陆羽大道东端，以改造建设老城区，拓展建设新城区，总体向南发展，将城市功能定位为"轻纺医化城、文化旅游城、水乡园林城"。

2007 年，上海同济城市规划设计研究院修编《天门市城市总体规划（2006—2020）》，当年 5 月通过大纲评审、11 月通过方案评审。本轮总体规划确定天门市的城市结构为主副结构（中心城区为主城区，岳口为副城区）；城市发展方向是向南发展为主，适度向西，远期向东；城市性质为以轻纺、机械为主的水乡园林城市。

二、编织"十一横九纵"城市路网

驱车从孝子里、鸿渐路一路向北，旧城新区的痕迹会首先清晰地在路上显现出来，单行道、双车道、双向四车道的渐变，仿佛能把人一下子从老竟陵的慢时光中拉回到现代生活的快节奏中。

道路，是一个地方经济发展的命脉，也是衡量一座城市现代化水平的重要标志。审视天门中心城区版图，"十一横九纵"路网结构贯东西、通南北，拓展城市的腹地纵深，使资源要素得以流动起来，城区面积更是依托这些奔涌的"大动脉"而不断拓展。

20 世纪 80 年代，天门城区道路比较狭窄，以鸿渐大道、人民大道和竟陵大道为主街，路面的材质多为渣油或水泥。

2003 年以后，天门城市道路改造修补和开发建设并进，横向的陆羽大道、钟惺大道、汇侨大道、南洋大道、创业大道、发展大道、北湖大道，纵向的西环路、状元路、西湖路、接官路、东湖路、竟东路等相继建成，架起了城市路网的骨架。随着打通"断头路"、小街小巷改造的进行，天门城市道路逐渐形成目前布局合理、功能齐全、交通便捷、景观亮丽的棋盘式结构。

天门水系发达、河流众多，作为重要通道的桥梁自然不能缺少。

2022 年 10 月，全长 210 米、双向四车道的天门泰康大桥建成通车，勾起不少人对竟陵地区第一座横跨天门河的大桥——天门大桥的怀念。20 世纪 70 年代，天门大桥的建成结束了县河两岸居民划船过河的历史；2018 年 12 月，因原设计标准低、超期服役及自然毁损等原因，天门大桥被鉴定为危桥，随后被封停，如今，它又以全新姿态屹立于县河之上。

改革开放 40 多年来，仅城区天门河段上就有船闸、天门二桥、星星大桥、陆羽大桥、义河桥等 5 座大桥横跨其上，成为连接南北的重要通道。

此外，随着道路的不断扩展，城区人行道、排水设施、路灯、绿化、交通设施等也日趋完善，道路配套整体水平有了质的飞跃。

三、一城风光半城湖

如果问天门城市建设最大的特点是什么，稍微对它有点了解的人都一定会脱口而出：水。

"千羡万羡西江水，曾向竟陵城下来。"千年之前，"茶圣"陆羽以水寄托思乡之情，一个充满生机和灵气的竟陵城瞬间跃然眼前。

千年之后，天门做足"水文章"，"一城风光半城湖"从蓝图走进现实。

"龙池春涨""三澨渔歌""梦野秋蟾""天门夕照"……晚唐诗人皮日休曾留下竟陵十景诗。2013 年 10 月 1 日，陆羽故园与东湖公园同日开园，使得"竟陵十景"自古代浮香而来，融入天门市民日常生活之中。

陆羽故园　摄影：张业华

西湖，俗称锅底（覆釜）湖。据汉末两晋时的史志记载，有西湖就有覆釜洲。清乾隆《天门县志·山川》中绘有西湖图，覆釜洲四面临水，洲上建有西塔寺。1949 年以后，西湖曾被改为莲藕种植场。20 世纪 90 年代起，为了重现西湖盛景，市委、市政府分别于 1984 年、2000 年、2008 年对西湖进行改造，并修建了以茶文化为主题的陆羽故园。园区总面积为 52 万平方米，其中水域面积 34 万平方米，占了园区总面积大半。园内建有陆羽雕像、陆羽纪念馆、茶经楼、景观喷泉等标志性景点。每到华灯初上，茶经楼巍峨矗立，流光溢彩映着湖影，美不胜收。

东湖地处城东，风光旖旎，历史悠久，清末民初面积为 23 万平方米。1958 年建立了东湖渔场，1977 年后，部分渔场又改种稻谷。1982 年，市委、市政府实行退耕还湖，建设了总面积为 24 万平方米的东湖公园。后经过数次扩建和升级改造——2013 年，东湖公园一期工程完工；2020 年，东湖公园二期改造全面完成——至此，鸟瞰整个公园，宛如一只腾飞的凤凰，翱翔在天门城东。园内波光潋滟、绿树繁荫、栈道回环、游船点点，糖塑、采莲船、蚌壳精、花鼓戏、皮影戏、天门渔鼓等体现民俗文化的雕塑特色迥然、惟妙惟肖。

北湖，位于天门城区北部，汉北河以东。据《湖北省湖泊志》记载，很早以前，北湖面积上千亩，且湖水清澈，水生生物和鱼类众多。每到秋季，这里芦花泛白，鸿雁南飞，渔舟点点，水天一色，有"竟陵烟月似吴天"之赞。然而，随着时光流逝和大量围湖造田，1990 年起，北湖没有了湖的影子，只留下少量的几片鱼塘。2017 年，市委、市政府启动北湖片区综合改造，经过 5 年多的建设工作，水域面积约 70.93 万平方米的北湖以如意状的身姿重现，以侨乡文化为主题的北湖公园也惊艳亮相，成为市民休闲游玩的热门打卡地。

城在水中，水在城中，除了城中湖改造，天门坚持推进水体综合治理工程，打造河畅景美的生态空间：累计投入超 14.5 亿元整治天门河水环境，母亲河重荡碧波；杨家新沟旧貌换新颜，臭水沟变身城南地区最大的生态休闲、运动健身和休憩场所；"四湖六河"全线连通，城区水系多源互补、调控自如。

水，带来灵动；绿，氤氲生机。截至 2024 年底，天门市建成区绿化面积达 16.13 平方千米，基本形成"一轴、两环、三带、五心"的城市绿地系统结构。此外，全市共建成综合公园、社区公园、专类公园、带状公园、街旁绿地 100 多个。

四、功能场馆，让生活更美好

改革开放 40 多年来，随着物质生活的极大丰富，人们的精神文化需求应运而生。

在图书馆遨游书海，在体育场挥洒汗水，在博物馆触摸历史……曾几何时，这些都是天门人生活中可望而不可即的景象。

改革开放以前，工人文化宫算是天门仅有的文化体育场馆，天门县的第一个舞厅、第一个图书馆阅览室、第一个博物馆、第一个露天灯光篮球场、第一个电视教学场地、第一个乒乓球馆都诞生在这里，是陪伴几代天门人的地标性建筑。2015 年 10 月，新工人文化宫建成开放，旧馆于 2019 年被拆除。

功能场馆的建设是提升城市品位与气质、增加群众幸福感的必由之路。

天门图书馆成立于 1959 年 10 月；1979 年，图书馆设在县文化馆内；1987 年 12 月，天门市新建图书馆落成。新馆占地面积 2333.35 平方米，建筑面积 1060 平方米，总投资 35 万元。2012 年，总投资 3000 万元（其中，陈东升先生捐资 1000 万元）的万林图书馆建成开放。万林图书馆建筑面积 7200 多平方米，是一座集收藏、借阅、交流于一体的现代化图书馆。

天门最大的"城市客厅"——陆羽广场，占地 75,000 平方米，于 2001 年 4 月动工兴建，2002 年元月工程竣工并对外开放。广场在整体设计上采用了古典园林对称布局与现代造景艺术相结合的手法，分为市政广场、中心广场、步行商业街、人防工程四大功能区。广场以南北为主轴依次形成层次丰富的视觉走廊。场中拥有绿化面积 35,000 平方米，铺装硬质地坪 40,000 平方米，建有气势磅礴的叠水瀑布、音乐喷泉和旱喷泉。

天门市体育中心于 2011 年 11 月动工，2015 年 7 月建成，由综合体育馆、游泳馆和田径、足球、篮球、网球等项目竞赛场地组成，总建筑面积 2.4 万平方米，可容纳观众 5200 余人，目前已成为天门市市民运动健身的首选之地。

天门革命历史纪念馆位于竟陵街道办事处陆羽大道西端，2013 年动工，2015 年 9 月 3 日开放。该馆占地面积 1100 平方米，建筑面积 2000 余平方米，展厅内设从大革命时期到社会主义建设时期天门市的革命史、建设史展览，是全市爱国主义革命传统教育基地、国防教育基地。

天门市博物馆于 2018 年 5 月正式开馆，展厅面积 8000 平方米，举办有 4 个基本陈列展，分别为《文明之光——天门石家河文化展》《竟陵记忆——天门通史陈列展》《三乡宝地——天门民俗和侨乡文化展》《状元之乡——天门状元与进士展》。天门市博物馆的馆藏文物品类丰富，其中石家河遗址出土的玉器精美绝伦，陶俑千姿百态，历代瓷器、金银器、书画等独具特色。

五、平房变广厦

从狭小拥挤到宽敞明亮，从几代同室到各居其屋，从有房住到住好房，改革开放 40 年来，百姓生活的巨变还体现在住房条件的不断改善上。

在天门商品房小区的开发历程中，新城是浓墨重彩的一笔。2005年，天门市委、市政府与中国星星集团有限公司达成合作协议，由该公司投资 18 亿元，共同建设"天门新城"。新城项目开发占地面积约 667 万平方米，总投资 18 亿元，分为 A、B、C 三大块区，由 8 个住宅小区、中央商务区、市场区、中心广场、江滨公园和 1 座小学组成。如今，新城社区已经发展成为天门最大的社区，吸纳常住人口 3万余人。

商业的发展状况是一座城市繁荣的风向标。随着房地产开发的推进，天门商圈也在不断增多，目前已经形成宝安、中百仓储、大润发、国贸、万达等五大商圈。2021 年 9 月 30 日，位于陆羽大道与竟东路交会处的天门万达广场开业，这个集潮流精品、黄金珠宝、服装服饰、餐饮美食、娱乐体验五大业态于一体的现代商业综合体，开业 8 天客流量累计达 107 万人，总销售额突破 6000 万元。

如果说建筑是城市凝固的音乐，那么建筑师无疑是谱写城市乐章的乐师，他们用一砖一瓦弹奏绚丽音符，用一刀一铲书写建筑辉煌。经过改革开放 40 年的持续发展，天门建筑业的实力、地位和对经济社会的贡献得到了显著的提升。截至 2021 年底，全市在库建筑企业有 60 多家，其中，施工总承包特级企业 1 家，总承包一级企业 7 家。

六、保障民生"最后一公里"

如果说，时间是一把巨大的尺子，丈量着时代的变化；那么水、电、气和城市公共交通便是一把小型标尺，标记着人们生活水平的不断提升。

从井水到自来水，从煤油灯到电灯，从蜂窝煤到天然气，从步行为主到乘坐公交、出租……改革开放 40 多年来，得益于城市公用事业的快速发展、提档升级，天门儿女感受到时代发展的巨变，也感受到民生福祉的稳步提升。

供水对于一座城市，犹如血液对于人体一样重要。自中华人民共和国成立后至 60 年代末，天门城区没有一家供水企业。直到 1971 年原天门县城关镇才兴建了第一家水厂，称"天门县城关镇自来水厂"，日供水规模 2000 立方米，为泊船取水。随着社会经济的发展，日供 2000 立方米生产规模已远远不能满足群众日益增长的用水需求。1984 年，选址在汉北桥附近的江家河口征地建设第一水厂，经过三期工程建设，到 2004 年形成了日供水 5 万吨的规模。考虑到城区用水量的日益增加，汉北河水源减少，水质污染越来越严重，市政府积极争取利用国债资金，引进武汉凯迪水务有限公司筹建第二水厂，直接从汉江取水，实现了一水厂、二水厂联网运营，日供水能力达到 15 万吨。近几年，市委、市政府斥资 1.5 亿元对原水务公司进行回购，并投资 5.28 亿元启动二水厂改扩建及加压站、取水船改造、输水管道建设等相关工程，城市供水能力进一步提升。

柴米油盐酱醋茶，"柴"位列开门七件事之首，其重要性可想而知。改革开放以前，天门城乡居民大部分使用柴火、蜂窝煤等作为主要燃料烧火做饭。20 世纪 90 年代初，液化石油气站兴起，俗称"煤气站"，最早建设的液化气站为"陆羽气站"。进入 21 世纪，全市市民迎来"天然气时代"，天门中燃城市燃气发展有限责任公司从 2006 年开始城区天然气管网铺设。截至目前，天门城区铺设高压管线 1.849 千米、中压管线 257.7 千米、低压管线 1408 千米，城区天然气全面覆盖。

城市公交一直是市民出行的重要工具。天门市于 1989 年 11 月正式开通城区公交线路。2005 年，按照建设部、湖北省政府等部门《关于优先发展城市公共交通的实施意见》，天门市对市公汽公司实施整体改制，在公交企业国有身份不变的情况下，实行了对全员职工转变身份后的一次性安置，并通过政府采购，对现有车辆实行统一更换。2006 年 1 月，90 辆新公共汽车投入营运，5 条公交线路开通。2017 年，天门利用城区公交承包经营权到期的契机，全面实现公交更新换代，增加线路并扩大覆盖面，并逐步向乡镇延伸。如今，天门新增新能源公交 239 辆，公交线路 21 条，其中城区公交线路 12 条，乡镇公交专线 9 条，乡镇公交通达率超 75%，公交均等化服务惠及沿线 18 个乡镇。

现代化建设的新征程

时间前行，不舍昼夜，连接起过去和未来，铭记着光荣与梦想。

回望千年，历史的如椽巨笔在天门这方热土上绘下壮美画卷，如红日东升，如长风浩荡。

豪情满怀，党的二十大吹响"全面建设社会主义现代化国家"的号角，天门儿女也在党的领导下朝着更加开阔的天地奋勇前行。

一、发展力迸发

一座城市有一座城市的梦想。

一代代企业家艰苦奋斗，奠定了天门如今的工业基础，形成了纺织服装、生物医药、装备制造、农副产品深加工、电子信息"4+1"主导产业。

近年来，为增强城市发展的内驱力，天门市一直在推动优势产业集群发展、传统产业转型升级、新兴产业突破成长，从而加快构建现代产业体系。

纺织服装产业华丽蝶变。更多中大型时尚服装企业集聚，带动服装工厂走向数字化、自动化、现代化，设计、生产、仓储物流、面辅料、销售的全产业链初步形成。

生物医药产业蓬勃向上。益泰药业"退城进园"项目投产，岳口化工园向集聚化、绿色化方向转型，更多医药拳头产品在这里问世。

装备制造产业提质升级。天门纺机"智慧工厂"引领潮流，徐工智能环卫设备行销国内外，更多企业朝着转型升级的康庄大道阔步前行，模塑产业集群、智能家居产业集群茁壮成长。

农副产品深加工产业活力满满。天门粮食助力端稳中国"饭碗"，"天门味道"飘香全国，天西蔬菜产业奏响富民新乐章。

电子信息产业大放异彩，芯创、沃格、宝昂、彤兴等享誉业界的明星企业在这里安营扎寨，引领天门强"芯"亮"屏"，追光逐电，快步跑入武汉产业圈。

二、创新力澎湃

如果踔厉奋发是天门最鲜明的底色，那改革创新则是天门最强劲的脉动。

天门是全国内陆地区著名的"侨乡"，"敢为人先、敢闯天下"的侨乡精神深藏于天门人的血脉之中。

然而，作为一个县域城市，受区位、资源和人才等短板制约，天门市在科技创新存在"先天不足"。近年来，天门市加快追踪科技前沿的脚步，不断探究解锁"创新密码"，"创新先行"成为发展的亮点所在。

建成国家级高新技术产业园，科技创新政策体系加快构建，五大产业技术研究院作用凸显，一项项业界先进技术和产品在天门大地孕育、成长，引领天门企业勇登创新高峰。

备受期待的天门（武汉）离岸科创园投用，"研发在武汉，生产在天门；孵化在武汉，加速在天门；引才在武汉，用才在天门"的科创人才新布局形成，中小企业创业园、科技孵化器成为梦想起航的摇篮。

"天门英才工程""万名大学生回归工程"构筑人才"磁场"，引来高层次创新团队金凤翔集，更多高新技术企业和科技型中小企业涌现，园区经济活跃度日益增强，科技创新迸发出"乘数效应"。

"热带雨林式"营商环境让每一天都成为市场主体创新创业的春天。

三、"城"长力喷涌

一方土地的价值不仅在于面积的毫厘丈量，更在于其演绎的历史和承启的时代。

天门加快构建"一核引领、三极支撑、全域协同"的市域空间布局，规划及引导中心城区常住人口达到 50 万，城乡基础设施更加完善，城市功能品质迭代升级。

遵循城市发展脉络，可感知未来的蓬勃新生。

沿江高铁、武天高速的建成是浓墨重彩的一笔，在进一步拉近与武汉的时空距离、极大改善市民出行环境之外，还将为区域发展导入海量的人口与商机，带来城市的空间扩张、产业升级、人居迭代。

如果用无人机将我们的视线带到天门上空来一次云游，便可俯瞰一场由时光雕琢出来的城市变迁史诗。

高效便捷的交通路网纵横交错，拉开城市骨架；鳞次栉比的高楼取代田野与平房，尽显大城气象；茶经楼、西塔寺与万家灯火相映成趣，诉说着古老与现代碰撞的传奇；公园、游园星罗棋布，市民在家门口尽享"诗和远方"。

方寸之间，有文化中心书香馥郁，有体育中心活力四射，有公园绿道落英缤纷，有"城市大脑"指挥若定，有绕城公路快捷直达，还有特色文化街区彰显个性……厂园相间、城景相融、休闲娱乐一体，置身其中，既能感受现代工业的快，也能体会亲近自然的慢，更能感受到品质生活的美。

城市建设蓬勃向上，乡村振兴也跑步前行。

岳口、皂市、多祥建成市域副中心，综合实力和产业竞争力全面提升；天东生态水产集聚区、天西现代农业示范区、天南乡村振兴样板区、天北农旅融合先行区加快形成。

美好环境与幸福生活共同缔造推动更多乡村蝶变，"望得见绿、看得见水、记得住乡愁"的田园美景随处可见，特色产业、宜居环境、幸福食堂在更多地方开花结果，发展中的农村召唤千万外出游子归乡。

四、幸福力满满

幸福是城市发展的终极目标。发展力迸发、创新力澎湃、"城"长力喷涌的天门，最终都将落笔在百姓的获得感、幸福感、安全感。

幸福，源于居民收入加速快跑。天门市推动更加充分、更高质量的就业，加大自主创业、灵活就业扶持力度，工资增长机制逐步健全，更多低收入人群迈入中等收入行列。

幸福，源于优质教育触手可及。城区义务教育阶段学位紧张问题有效缓解，北湖小学、东湖学校、高新园学校、高新园初中等一批新建学校投入使用；"高中进城"带来的红利逐渐凸显，"状元之乡"品牌再次点亮；深化教育共同体建设，薄弱学校、农村边远学校办学条件明显改善，教育教学水平整体提升。

幸福，源于卫生服务长足进步。市一医汇侨分院建成，弥补城南无优质医疗资源的短板；基层医疗卫生服务更加完善，小病不用跑去大医院；疾病预防控制能力提升，应对传染病疫情更加得心应手。

幸福，源于兜底保障更加可持续。实施全民参保计划，全面落实城镇职工和城乡居民养老、医疗、失业、工伤等保险制度；构建以居家为基础、社区为依托、机构为补充、医养相结合的养老服务体系，老年生活更有依靠。

幸福，源于精神生活丰富充实。志愿服务蔚然成风、全民阅读热度升级、群众文艺受到追捧、健身运动成为潮流……文明的种子在城乡大地播撒，优秀文艺作品奏响时代强音，覆盖城乡的公共文化服务设施网络初步形成。

幸福，源于天更蓝、水更清、环境更宜人。张家湖国家湿地公园，飞鸟掠过湖面，绿色葳蕤生长，花海与落日相映成趣，交织成一幅瞰水、穿林、见花的盛景。

不骛于虚声，不驰于空想。征途漫漫，唯有奋斗！

后　记

　　长江和汉水之间，一马平川。在这江汉平原上，是极目无边的丰饶平野，是水光潋滟的大小湖泊，是长流不息的纵横河渠，是绿树如云的村庄。在这平得像熨过的江汉平原上，却奇特地出现一排淡淡的山影，这就是首尾相接的龙尾山和佛子山。

　　龙尾山和佛子山之间有一个峡口，远望显出蓝天的一角，人们把它叫作"天门"。龙尾山形如飞腾的龙尾，佛子山状似一尊坐佛，像佛子乘龙入天门。龙头已冲上云霄，佛身也在雾气中。

　　爬上龙尾山和佛子山的峡口，站在"天门"往外瞭望，一片云海白茫茫，在茫茫的云海中，浮现一座闪光的绿岛。当你目眩神摇，仿佛置身在蓬莱仙境的时候，一种现实感却又提醒你，那白茫茫的云海是棉田，那浮现闪光的绿岛是天门县城。（选自《天沔短集》）

这就是著名散文家碧野笔下的天门。

天门历史悠久，文化灿烂，气候适宜，土地肥沃，物产丰富，英才辈出，在长达五六千年文明发展过程中，逐步形成了天门城市独特的性格，塑造了与众不同的城市特色。这种特色集中体现在：历史悠久的文明古城，光彩夺目的文化之城，独具特色的茶文化之城，享誉海外的华侨之城，水乡园林宜居之城，勇立潮头的奋进之城。它以"全国百强县"的实力鼎立在荆楚大地上。

《荆楚风华：天门传》以这六大特色为主线，深入剖析，娓娓道来，用朴实无华的文字，充满豪情的语言，记录和展示了这座城市的精神与底蕴，气质与灵魂。如细细品味，"无边光景一时新"的城市景象就会浮现在读者的脑海之中，就会觉得《荆楚风华：天门传》是一部"此卷长留天地间"的不朽诗篇，令人回味无穷。

《荆楚风华：天门传》的编纂出版，由中国邮政报刊发行局副局长戴建华、天门陆子茶道院张芬首倡，在"一带一路，万水千山"丛书编委会指导下组织进行。在《荆楚风华：天门传》的写作过程中，天门市领导、市直单位给予了大力支持。天门市陆羽研究会承担了全书的组织协调工作，研究会常务副会长兼秘书长向克林协调解决编纂出版中的问题，副会长肖新国承担初稿组稿、图片编辑等工作，天门市政协原秘书长李国仿负责部分书稿的修改润色工作，等等。《荆楚风华：天门传》编辑部统筹安排，分工合作，其中，第一章作者杨运灿，第二章作者范齐家，第三章作者童正祥、裴治国，第四章作者鲁鸣皋，第五章作者张福祥，第六章作者萧孔斌，发挥集体智慧，共同完成本书撰写。鉴于编写者的能力有限，加之众手成书，可能存在文风不一，详略不一之现象，书中亦有不足之处敬请谅解。

萧孔斌

天门市政协原主席　天门市陆羽研究会名誉会长

撰稿人简介（按姓氏笔画排序）

李国仿 1959 年 9 月生，天门市政协原秘书长，代表著作有《归来集》
《李逢亨史料辑录》《天门进士诗文选（全三卷）》等。

杨运灿 1955 年 2 月生，天门市作家协会主席，代表著作有《门前一棵
梧桐树》《秋恋》《心中的月亮》等。

肖新国 1971 年 10 月生，天门市陆羽研究会副会长，中国国际茶文化
研究会理事，参与编辑《陆羽茶文化与侨乡民俗文化》《长江中
下游文化丛书》《陆羽传说》等。

张福祥 1964 年 1 月生，天门市陆羽研究会副会长，代表著作有《天门
之水》《陆子茶经通俗读本》等。

范齐家 1937 年 12 月生，天门市陆羽研究会顾问，代表著作有《茶圣
故里话古今》等。

萧孔斌 1946 年 10 月生，天门市政协原主席，天门市陆羽研究会名誉
会长，代表著作有《竟陵版陆羽茶经序跋译注》《竟陵历代茶诗
茶文选》《竟陵现代茶诗茶文选》等。

鲁鸣皋 1959 年 8 月生，天门市陆羽研究会副会长，中国国际茶文化研
究会学术委员，代表著作有《天门茶文化与民俗文化》《楚风诗
联》《鲁铎文集》等。

童正祥 1945 年 1 月生，天门市陆羽研究会顾问，代表著作有《新编陆
羽与茶经》等。

裴治国 1956 年 9 月生，天门市陆羽研究会副会长，天门市茶叶行业协
会会长，代表著作有《陆羽年谱》等。